U1009190

21世纪普通高等教育规划教材·公共基础课系列

微观经济学

李雪平　曾凡诠　陈亚红　主　编

郭若艺　王江元　蔡维琼　杨　巧　副主编

上海财经大学出版社

图书在版编目(CIP)数据

微观经济学/李雪平,曾凡诠,陈亚红主编.—上海:上海财经大学出版社,2015.10

(21世纪普通高等教育规划教材·公共基础课系列)

ISBN 978-7-5642-2200-0/F·2200

Ⅰ.①微… Ⅱ.①李…②曾…③陈… Ⅲ.①微观经济学-高等学校-教材 Ⅳ.①F016

中国版本图书馆CIP数据核字(2015)第161489号

□ 责任编辑 石兴凤

□ 封面设计 晨 宇

□ 责任校对 王从远

WEIGUAN JINGJI XUE

微观经济学

李雪平 曾凡诠 陈亚红 主 编

郭若艺 王江元 蔡维琼 杨 巧 副主编

上海财经大学出版社出版发行

(上海市武东路321号乙 邮编200434)

网 址:http://www.sufep.com

电子邮箱:webmaster @ sufep.com

全国新华书店经销

上海市崇明县裕安印刷厂印刷装订

2015年10月第1版 2015年10月第1次印刷

787mm×1092mm 1/16 17.25印张 441千字

印数:0 001—4 000 定价:38.00元

21世纪普通高等教育规划教材

21 SHI JI PU TONG GAO DENG JIAO YU GUI HUA JIAO CAI

编委会

BIAN WEI HUI

前 言

微观经济学作为经济学入门课程，主要是以单个的市场、企业、家庭和个人作为研究对象，解释个体行为特征。不管是经管类专业的学生，还是非经济专业的人士，了解基本的经济学基础知识都是必要的，因为在我们每个人的一生中，经济学真理总是如影随形，它隐藏于我们所做的每一个决策背后。本书既适合高等院校经济管理类专业的师生，也可作为广大经济工作者和经济爱好者的学习用书。

本书由多位从事经济学教学多年且授课经验丰富的教师编写而成，以简明扼要、通俗易懂的形式介绍了微观经济学中最基本且最重要的观点。在编写过程中，参考了国内外的多本教材和相关文献资料，精心构思布局，注重知识结构体系的建立和微观经济学基础理论在实际中的运用，主要有以下几个特点：

(1)在介绍微观经济学基础理论的同时，穿插了大量的复习思考题、新颖案例以及拓展阅读，用来帮助读者理解和巩固基础理论、拓展知识面，注重培养读者应用基本经济学原理解决现实世界中经济难题的能力。

(2)理论表述上用文字辅以坐标图形和数学分析，力求深入浅出。特别重视对公式和图形经济含义的说明，以利于读者理解经济学内容。

(3)注重整个学科和各个章节的结构体系的建立，对日益庞杂的经济学体系内容和结构删繁就简，在每章均建立知识结构图，帮助读者理清逻辑思路，力求融会贯通。

本书写作分工如下：第一章、第二章、第三章由郭若艺编写；第四章由杨巧编写；第五章、第六章、第八章由李雪平编写；第七章由蔡维琼编写；第九章、第十章由陈亚红编写；第十一章和第十二章由王江元、曾凡诠共同编写。全书由李雪平、曾凡诠统稿。在本书编写过程中，得到了各位作者所在单位的大力支持，还参阅了一些国内外学者的研究成果和著作，在此深表谢意。

由于作者水平有限，书中难免有缺点甚至错误之处，恳请读者批评指正。

编 者

2015 年 7 月

目　录

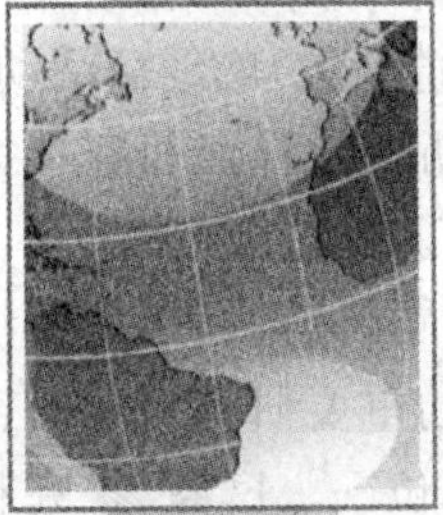

第一章 导论

【本章导读】

本章简要地阐述了微观经济学的产生和发展、微观经济学的研究内容和方法，概括地介绍了微观经济学中一些最基本的概念。这些基本概念对初学者来说可能会感到抽象、晦涩，但学习和把握这些概念是非常重要的，它是继续学习的基础。在对本章一些基本概念有了粗浅认识和理解的基础上，随着学习的深入和认识的深化，将会逐渐加深理解和掌握微观经济学中更多的概念和原理，形成对微观经济学的整体认识，并增强应用理论知识解释现实问题的能力。

【学习目标】

1. 掌握经济资源、稀缺性、机会成本的定义。
2. 熟悉实证分析与规范分析、均衡分析与边际分析。
3. 了解微观经济学的主要内容及现代经济学的发展史。

【能力目标】

1. 从感性上了解微观经济学的内涵及其外延。
2. 了解现代微观经济学的由来和演变过程，对微观经济学的思想演变经历有一个大致的认识。
3. 能从感性上认识到微观经济学的重要性和有用性，树立学好、用好微观经济学的信心。

【案例导读】

打开罐头的"假设"

一个烈日炎炎的中午，几位在沙漠上旅行的学者经过长途跋涉，饥渴交困。然而，不幸的是，当他们坐下来围着随身所携带的一堆罐头时，却因为没有开罐工具而一筹莫展。于是，一场研究如何用最简单的办法开启罐头的学术讨论会便开始了。

物理学家首先发言："给我一个聚光镜，我可以用阳光把罐头打开。"

化学家接着说："我可以利用几种化学药剂的综合反应来开启罐头。"

而经济学家则说："我的办法最简单，假设我有一把开罐刀……"

思考与讨论：在经济学研究中，可以任意使用假设吗？

第一节　微观经济学的产生和发展

经济学作为一门独立科学，其诞生已有两百多年，而且是一个内容相当广泛和松散的名词，"经济"一词源于希腊文，意指"家庭管理"，这显然是一种微观概念。经济学理论渊源主要有两大分支，即源于马克思主义的政治经济学理论和欧美资本主义国家的西方经济学。现在一般谈论的经济学，都是指西方经济学。现代西方经济学中存在着诸多派别，其中一些派别居于统治地位，其他一些派别则处于次要和受冷遇的地位。本书的内容主要包括居于统治地位的流行说法，一般也被认为是西方经济学最基本和最重要的部分。

作为经济学的分支，微观经济学以单个经济单位(个别厂商和个别消费者)的经济活动、单个市场的经济现象为研究对象，故又称为个体经济分析和个量经济分析。它重点研究单个的决策主体的经济行为，系统研究家庭和厂商如何通过市场机制协调它们之间的经济关系。因此，微观经济学主要涉及市场机制如何运行、价格和销量如何决定的问题，又称为市场经济学或价格理论。价格理论是微观经济学的核心，分配理论是微观经济学的重要研究对象。正如斯蒂格利茨所说："微观经济学集中于研究构成整个经济制度的各个单位——厂商、家庭和个人的行为，研究单个的单元如何做出决策以及影响这些决策的因素。"微观经济学是一门高度抽象的理论经济学，它的意义不仅仅在于描述真实世界中可能出现的经济问题，更为重要的是，它为人们认识和研究现实问题构建了一种理性决策的经济思维方式。

运用微观经济学来考察经济活动，渊源甚早，当微观经济学发展成为一门独立的学科，并采用边际增量分析方法来考察和分析经济活动现象，起源于 20 世纪 30 年代，兴盛于第二次世界大战以后。到了 20 世纪 60 年代以后，宏、微观经济学大为流行，在美国经济学界更是风靡一时，成为各大高等院校商学院的专业基础课程。本章把微观经济学的产生和发展大致划分为四个阶段：①

第一阶段，早期微观经济学阶段(17 世纪中期到 19 世纪中期)——宏、微不分。

第二阶段，现代微观经济学的滥觞时期(19 世纪晚期到 20 世纪初期)——奠定基础。

第三阶段，现代微观经济学的确立阶段(20 世纪 30 年代到 60 年代)——初步建立体系和进一步发展。

第四阶段，现代微观经济学的发展和演变阶段(20 世纪 60 年代至今)——进一步发展、扩充和演变。

一、早期微观经济学阶段——宏、微不分

17 世纪中期到 19 世纪中期是经济思想史上的古典政治经济学时期，以价值论研究为核心对象，也是微观经济学的最早产生时期。在这一时期，经济学家们在研究整个经济活动的同时，把个别商品价值的形成和决定、个别市场价格的决定和变动作为重要研究对象，即在对市场经济活动做宏观考察的同时，也进行了微观探讨。威廉·配第在 1662 年所著的《赋税论》中，从微观经济学的角度，最先提出了劳动价值论，认为劳动是商品价值的源泉，从而为古典政治经济学奠定了基础。亚当·斯密(Adam Smith)在 1776 年发表的名著《国富论》中，既对国民财富的性质和原因作了全面的宏观考察，又对劳动价值论作了深入的微观分析和研究，从而把政治经济学发展成为一种完整的体系。马克思曾对此作了高度的评价，他认为，"在亚当·斯密那里，政治经济学已发展为某种整体，它所包括的范围在一定程度上已经形成"。② 亚当·斯密发展了劳动价值论，明确区分了使用价值和交换价值，并确认劳动决定商品价值。劳动是衡量一切商品交换价值的真实尺度，这是斯密在经济学上的主要功绩。同时他又认为商品的价值不再由耗费的劳动决定，而由能购买到的或能支配的劳动决定，并且这种能购买到的

①张培刚.微观经济学的产生和发展.湖南人民出版社，1997.
②马克思.剩余价值论.马克思恩格斯全集(第 26 卷Ⅱ).人民出版社，1973.

或能支配的劳动量则由工资、利润和地租三种收入所构成。这样，斯密就从劳动决定价值论转到了三种收入决定价值，这种“收入决定价值”的观点，被后来的传统经济学家继承和发展成为生产费用价值论。李嘉图于1817年发表的著作《政治经济学及赋税原理》在很多方面发展了斯密的理论，特别是在微观考察方面进一步发展了斯密的劳动决定价值论。李嘉图继承了斯密的劳动决定价值论的正确方面，确认劳动时间决定价值，坚持商品的价值由生产商品时所耗费的劳动量来决定的原理，为劳动价值论的科学体系奠定了基础。同时，他又认为政治经济学的中心问题是分配问题，着重分析了工资、利润和地租的数量比例关系以及它们之间的相互矛盾关系。因此，马克思认为李嘉图比斯密更加充分地发挥了剩余价值理论。李嘉图的分配理论后来也成为微观经济学分析的主要对象。19世纪上半叶，早期的传统经济学家萨伊、马尔萨斯等人利用亚当·斯密价值论中的某些成分，提出了“生产费用价值论”，他们认为商品的价值取决于工资、利润和地租所构成的生产费用。这是用“价值决定价值”的循环推论，把利润和地租都当作生产费用，作为合理的报酬。早期古典政治经济学的研究，虽大多数从国民财富、国民收入、货币流通总量等宏观考察入手，但在考察过程中又会常常涉及一种商品的价值和价格如何决定、各类收入如何分配和决定等微观分析，在这一政治经济学初期，微观分析和宏观分析经常混在一起，没有明确的划分。

二、现代微观经济学的滥觞时期——奠定基础

发生于19世纪70年代的“边际革命”是经济思想史上又一重大转折，是新古典经济学形成的标志，也为现代微观经济学奠定了基础。19世纪晚期到20世纪初期正是资本主义由自由竞争向垄断过渡的时期，社会生产力的快速发展伴随着生产关系矛盾的不断激化，经济发展与经济危机并存。这对经济学界提出了两方面要求：一方面，从国民经济总体上即从宏观上探寻和解释经济危机和周期波动的原因；另一方面，从企业单位的角度即从微观上研究如何进一步改进生产技术和经营管理，降低成本，运用价格体系扩大销路。加之自然科学的发展，数量分析尤其是边际增量分析和统计分析方法以及均衡概念等逐渐运用到经济学科上来，形成了分析方法的重大变革。另外，由于垄断导致了生产和销售的集中与吞并，催生了现代化大公司的不断涌现，为运用新的数量分析和统计分析方法对企业进行微观研究提供了有利条件。所有这一切，为现代微观经济学的诞生奠定了基础。就其内容而言，这一时期的微观经济学主要是奥地利学派的边际效用价值论、马歇尔的均衡价格论和克拉克的边际生产力分配论。

19世纪70年代初，奥地利学派代表门格尔(C.Menger)、英国的杰文斯(S.Jevons)和法国的瓦尔拉斯(L.Walras)等提出了“边际效用价值论”，并经由后来的继承者庞巴维克发展成为一个完整的体系。他们认为“效用”是价值的源泉，而“边际效用”则是衡量价值的尺度。这一“边际效用价值论”与早期传统的“生产费用论”构成了现代微观经济学价值理论在供求上的理论支柱，特别是“边际效用价值论”占据了微观经济学的主导地位。

英国剑桥学派的代表人物马歇尔(A.Marshall)是“均衡价格论”的创立者，他在1890年发表的名著《经济学原理》中提出“均衡价格论”，通过供求论把以萨伊(B.Say)为代表的生产费用论和以瓦尔拉斯、门格尔等为代表的边际效用论融为一体，形成了均衡价格论。此后经济学界大多承袭了马歇尔的均衡价格论，以价格论代替价值论，以均衡价格来衡量商品的价值。马歇尔认为，成本是供给的原动力，而效用则是需求的原动力，两者通过市场供求力量的作用共同决定商品的价值，并且用需求曲线和供给曲线的交点来表示均衡价格。所谓“均衡价格”，是指一种商品在市场上的供求达到均衡时的价格，即一种商品的供给价格和需求价格相一致时的

价格。消费者对某一商品愿意支付的最高价格即“需求价格”，由商品对消费者的“边际效用”决定；生产者为提供一定量的商品愿意接受的最低价格即“供给价格”，由生产这一定量商品的“边际生产费用”决定。一种商品的供给量越多，需求价格就越低，而供给价格则相反。这一理论被新古典综合经济学派继承下来，并保存到目前的微观经济学中。马歇尔从均衡价格出发，分别考察了个别市场与个别商品的需求和供给问题，研究了需求方面的消费者行为和需求规律以及供给方面的生产成本和供给规律，关于这两方面的分析仍然是现代微观经济学的理论基础和主要内容。但是以上的分析都是建立在完全竞争的前提条件下，而现代的“厂商理论”则是在垄断或垄断竞争的前提条件下才有形成的基础。

随后，美国经济学家克拉克(J.B.Clark)在1899年发表的《财富的分配》一书中明确提出并系统地阐述了“边际生产力分配论”，他继承和发展了自19世纪70年代建立起来的边际学派理论，通过边际生产力理论将边际概念应用于分配理论中，用边际概念直接阐述各生产要素的分配原则，即各种生产要素的价格(如工资、利润、利息和地租等)都按各自的“边际生产力”来决定。这一理论问世后，被经济学界广泛应用，成为经济学界最有影响的一种分配理论，也成为现代微观经济学关于分配理论的重要理论基础。

三、现代微观经济学的确立阶段——初步建立体系和进一步发展

尽管价格理论是微观经济学的核心，但只有当价格理论和分配理论被运用到单个经济单位的考察上，现代微观经济学才真正确立。一方面，数量分析方法特别是边际增量分析方法的运用，为现代微观经济学的确立提供了方法上的必要条件；另一方面，当时社会由自由竞争向垄断或垄断竞争过渡，现代化大公司的产生和扩充及经济危机的反复出现，又为进行个别经济单位活动的数量分析提出了迫切的要求。作为现代微观经济学重要组成部分的“厂商理论”本该应时而生，然而这一时期，马歇尔、庞巴维克等都是以完全竞争为立论前提，在完全竞争市场条件下，所有厂商的情况都一样，其行动也是一致的，任何个别厂商都被假定对市场无能为力。厂商作为个别经济单位已经失去了独立的个性，因而也失去了在理论上单独存在的凭依。因此，不改变完全竞争的假设和前提，就难以面对垄断阶段的现实，也就不可能产生自成体系的“厂商理论”。1933年，美国的张伯伦(H.Chamberlin)和英国的琼·罗宾逊(J.Robinson)分别发表了《垄断竞争理论》和《不完全竞争经济学》，从根本上改变了以完全竞争为前提的理论分析，把不同形式的垄断作为分析市场运行规律的主要假定前提，对马歇尔完全竞争假设和均衡价格提出了批判。他们以厂商利润最大化来说明市场运行规律，建立起以厂商行为分析为基础的市场结构理论。完全竞争和完全垄断都只是在理论分析上各自所代表的一种极端情况，在现实中几乎不存在，而垄断竞争或不完全竞争则是20世纪初期以来社会的常态，比较接近现实。张伯伦把垄断归因于“产品的差异”，罗宾逊认为单个生产者“拥有对自己生产的垄断”，这些观点虽然不全面，曲解了垄断的实质，但是他们对垄断的分析研究却使价格理论在一定程度上比较接近实际，并通过对收益和成本的分析，使“厂商理论”得以建立起来，从而为微观经济学初步建立了理论体系。

1940年，特里芬(R.Triffin)在《垄断竞争与一般均衡理论》中认为“边际收益等于边际成本是厂商均衡的必要条件”。[①] 这种均衡条件表明，厂商要使利润最大化，就必须将产量调整到边际收益等于边际成本处，从而达到均衡状态。这种均衡状态即称为“厂商理论”，就是在

① 罗伯特·特里芬.垄断竞争与一般均衡理论.第一部分：现阶段的垄断竞争理论.商务印书馆，1995.

不同程度的垄断或竞争条件下，分析和研究单个厂商的价格与产量是如何决定的，即研究厂商如何达到最优生产规模以获得最大利润。厂商理论问世后，需求理论和成本理论尤其是关于边际收益和边际成本的分析也相应有了进一步发展，特别是边际收益与边际成本相等决定价格和产量的原则，对任何市场结构的最大规模确定提供了很重要的参考意义。张伯伦和罗宾逊的不完全竞争理论问世后，在经济学界引起了巨大的反响。随着后继者们的不断继承和发扬，分别把该理论应用到农业经营和国际贸易研究分析上，结果表明这些领域同样也存在不完全竞争。如 1939 年英国的希克斯(R.Hicks)在其发表的《价值与资本》一书中，利用马歇尔和帕累托(V. Pareto)关于效用研究的成果，采用无差异曲线分析方法建立了消费者行为理论，极大地丰富了福利经济学和微观经济学的内容。

以上四本代表性著作的先后问世，概括了 20 世纪 50 年代以前微观经济学革命的基本内容，它们所涉及的领域也日益广泛，现代微观经济学在马歇尔的“均衡价格论”和克拉克的“边际生产力分配论”的基础上补充了“厂商理论”，不仅丰富了内容，而且逐步建立起独立的体系。

四、现代微观经济学的发展和演变阶段——进一步发展、扩充和演变

20 世纪 60 年代以后，现代微观经济学在理论和方法上有了进一步的发展，其内容和范围也有了较大的扩充和一定程度的演变。

首先，在方法上，数量分析大为加强。继“边际革命”之后，数量分析加强，特别是广泛运用了边际分析方法，侧重分析了各种变量的增量之间的关系，这对于现代微观经济学的建立和发展具有深远的影响。边际分析方法最早的应用始于 19 世纪末期，“边际效用价值论”和“边际生产力分配论”成为微观经济学价格理论和分配理论的支柱，边际增量分析方法开始被采用。直到 20 世纪 30 年代后，张伯伦的“垄断竞争理论”和琼・罗宾逊的“不完全竞争理论”问世，才把边际增量分析方法广泛运用到微观经济理论中，从而系统地建立起“厂商理论”。20 世纪 60 年代以来，随着科技进步和计算机技术的迅猛发展以及跨国公司的不断壮大，使得现代化企业的经营管理都发生了空前的变化，因此作为企业管理学科基础的厂商理论和微观经济学也随之采用更多、更高级的数理方法和统计方法以适应变化和发展。

其次，在理论内容上，现代微观经济学也有了进一步的发展和扩充。20 世纪 30 年代以后，福利经济理论也开始作为微观经济学的研究对象，它既涉及个人，又涉及整个社会，与宏、微观分析都有关系。无论是以庇古(A.C.Pigou)为代表的传统福利经济学派，还是以萨缪尔森(P.A.Samuelson)、希克斯和阿罗(K.J.Arrow)等为代表的新福利经济学派，都是以效用理论和边际分析为基础，探讨生产资源的配置如何达到最优程度，国民收入如何达到极大值，作为个人福利之和的“社会福利”如何达到极大化，在实证分析的同时也引入了规范性分析。在以后的十几年里，“企业决策理论”也开始成为现代微观经济学一个新的重要内容。美国的赫伯特・西蒙(Herbert A.Simon)在 1960 年出版的《管理决策新科学》著作中①，从现代企业管理职能的角度出发，对经济组织内的“决策程序”进行了开创性的研究，指出决策程序就是全部的管理过程，“决策”就是“管理”的统一概念。全部的决策过程主要包括：首先确定企业目标，然后寻找为达到目标而可供选择的各种方案，再比较和评价这些方案，从中进行选择并作出决定，最后执行这个决定，并在执行过程中进行核查和控制，以保证目标的最终实现。同时提出“决策人”或“管理人”的概念，以代替亚当・斯密以来的“经济人”传统概念，“经济人”的活动

① 赫伯特・西蒙.管理决策新科学.1960 年英文版(第 1 版)。

受“最大化”行为准则支配，而“决策人”的活动则受“令人满意的”行为准则支配。实际上，由于受认识上的限制，“决策人”不可能完全知道他们的决策所产生的全部结果，同时由于时间、金钱和资源上的限制，也不可能把所有的方案都进行比较，但“决策人”可以规定能够满足最低原定目标的最低要求，然后寻找满足这些最低要求的方案。西蒙认为，对现代企业而言，“令其满意的”最低要求是“市场份额”“适度利润”和“公平价格”等，他的这种“企业决策理论”已经成为现代企业经济学和组织理论的基础。

最后，与此同时，美国经济学家萨缪尔森在1979年第11版的《经济学》一书中提出了“新微观经济学”(New Microeconomics)一词，把“时间经济学”“人力资本”“人口的经济理论”“法律经济学”“爱与利他主义经济学”都作为“新微观经济学”的内容，不仅使现代微观经济学的考察范围大为扩充，而且使它的研究内容和对象也发生了重大变化。萨缪尔森和托宾(J.Tobin)将凯恩斯的宏观理论和新古典学派的价值论和分配论融合在一起，并吸收了张伯伦、琼·罗宾逊和希克斯等人对微观经济学的发展，形成了新古典综合学派。在以后相当长的一段时期内，该派成为经济学界的主流学派，其综合而来的相关理论构成了当代微观经济学的基本框架和主要内容。

从微观经济学的产生和发展过程看，现代科学技术的进步和自然科学的专业化对宏观和微观两学科发展成为独立的学科体系产生了巨大的影响。但是宏观和微观两学科仍然难以截然分开，宏观分析必须以微观理论为基础，而微观分析又必须以宏观理论为其条件和前提。微观经济学的核心理论即市场有效性和决策主体最优化一经确立，其研究内容会不断地得到丰富、结构体系会不断地趋于完善、解释和预测现实经济的能力会不断地增强，并始终贯穿着“稀缺资源如何优化配置”的中心思想。

第二节　微观经济学需要解决的问题

一、经济资源的稀缺性和经济学的产生

(一)经济资源的稀缺性

任何生命体征在地球上都不会独立存在，必定与特定的资源发生一定的联系，人类更是如此。资源(Resource)是人类赖以生存和发展的基础，人类要生存，就需要衣、食、住、行各方面的物质资源，没有这些物质资源，人类就无法生存，社会更不可能发展。从经济学的角度，把与人类的生存和发展息息相关的物质资源分为两类：一类是自然资源(Natural Resource)，指人类无须付出代价就能自由获取的资源，如阳光、空气、水等，其数量是无限的；另一类是经济资源(Economic Resource)，指人类必须付出代价方可得到的资源，即必须通过人类生产劳动加工后方能使用的资源，这类资源在自然界中是有限的，如汽车、房子、粮食和土地、石油、森林和矿藏等资源。经济学上讨论的资源都是指经济资源。这类资源一般有四个共同特点：一是有用性，二是获得必须付出代价，三是有市场价值体现，四是经济资源相对于自然资源而言总是稀缺的。

经济资源的稀缺性通常包括两层含义：一是绝对意义上的稀缺性，也称为资源的绝对有限性。在人类生活中，许多经济资源的绝对数量是有限而且无法再生的，如石油、煤炭、土地和矿藏等。但经济学上所讲的稀缺性是指第二层含义，它是相对意义上的稀缺性，相对于人类无穷无尽的欲望而言，经济资源总是不足的，这就是稀缺性。这里所说的稀缺性，不是指物品或资

源绝对数量的多少，而是相对于人类欲望的无限性来说，再多的物品和资源也是不足的。

案例分析

稀缺与充裕：天下真的有免费午餐吗?

现实世界中，一直存在着稀缺性的问题，那么，天下所有的物品或服务都是稀缺的吗?难道就没有非常充裕的物品或服务吗?

从经济意义上看，充裕是指某种资源在价格为零时其供给大于需求。换言之，即使这种东西是免费的，也不会有短缺。因此在供应这种资源时，必须没有机会成本。如政府向病人免费提供保健，从经济意义上说，它仍然是稀缺的，因为对政府来说，这是有成本的(因为纳税人是有成本的)。

现实中，有两种资源也许是充裕的，那就是空气和水。

第一是空气。从某种意义上说，空气是充裕的。对大多数人来说，在大部分时间里，空气不会有短缺。但是，如果我们说空气是干净、无污染的，那么，在世界的某些地方，它可能就是稀缺的。在这种情况下，不得不制造可利用的空气。如果城市有污染或住在工厂附近，就要花钱净化空气。居民也许不花钱(净化的空气对“消费者”来说是免费的)，但纳税人或企业(及其顾客)要花钱。还有一个例子是为了净化建筑物内的空气而不得不安装排气扇。即使你生活在一个没有污染的地方，你可能曾经为迁移到这个无污染的地方而花费了一笔钱。可见，获得清洁的空气也有机会成本。

第二是水。水是否充裕取决于你生活在哪里，还取决于水用来干什么。在降雨量大的国家或地区，用来浇地的水是充裕的，而在干旱的国家或地区，灌溉水就要花钱。饮用水不是充裕的，因为要建水库，还要铺设管道送水，使水净化，用泵抽水。

思考与讨论：

(1)在经济学中有一种说法“天下没有免费的午餐”，是什么意思?

(2)任何其他(可获得)的物品或服务都是非常充裕的吗?

(二)欲望的无限性

现实生活中，人们的需要(Needs)也称欲望(Wants)，总是难以被满足的，既有物质上的，也有精神上的，这两者都要依托一定的资源才能被满足。美国学者亚伯拉罕·马斯洛(Abraham Maslow)将人类的欲望或需要分为五个层次：第一，基本的生理需要，即吃、穿、住等生存的需要，这是最底层的需要；第二，安全的需要，即希望未来生活有保障，如免于受伤害、免于受剥削、免于失业等；第三，社会的需要，即情感的需要、爱的需要、归属感的需要；第四，尊重的需要，即需要有名誉、威望和地位；第五，自我实现的需要，即出于对人生的看法，需要实现自己的理想。这些欲望或需要一个接一个地产生，当前一种欲望或需要得到满足或部分满足以后，又会产生新的欲望或需要，所以欲望或需要是无穷无尽的。比尔·盖茨已经是世界上富有的人之一了，但是为了他更高的需要——带领全球有钱人一起做慈善，为此他辞去了微软的CEO，以便腾出更多的时间。人类的欲望或需要还具有随着资源的丰富而不断发展的趋势，因此，需要还会因时间、空间以及人的不同而有所不同。

(三)基本矛盾与经济问题

人类之所以要进行生产活动，是为了满足他们无限的消费欲望。人们的消费欲望所引起的对物品或服务等经济资源的需要是无限的，但是在一定时期内，满足欲望的手段是有限的，经济资源又是稀缺的，于是在人类无穷的欲望与经济资源的稀缺性之间便产生了矛盾。这就需要人们在资源约束条件下如何做出选择，以便使有限的资源得到合理的配置与充分的利用，从而使人们的需要得到更大的满足，由此便产生了经济学。

任何社会中经济组织都面临稀缺资源如何进行合理配置的问题，这就是选择问题。选择包括：第一，如何利用现有的经济资源；第二，如何利用有限的时间；第三，选择何种满足欲望的方式；第四，在必要时如何牺牲某种欲望来满足另外一些欲望。选择所要解决的问题是：(1)生产什么和生产多少？(2)如何生产？(3)为谁生产？(4)通货膨胀对购买力产生了什么影响？(5)资源是否被充分利用？(6)如何确定经济增长水平？这六个问题被认为是人类社会共有的基本经济问题，经济学正是为了解决这些问题而产生的。其中，前三个问题属于微观经济学研究的内容，后三个问题属于宏观经济学考察的范畴。

二、机会成本与生产可能性边界

从经济资源稀缺性的事实出发，解决人类社会经济生活的六个基本问题，归纳起来，实际上就是要解决好问题的两个相互关系：一是各种欲望的轻重缓急程度；二是为了满足欲望所需要付出的代价。例如，甲种欲望的重要程度大于乙种欲望的重要程度，但是满足甲种欲望的物品所需的投入大于满足乙种欲望的物品所需的投入，即满足甲种欲望所需的花费大于满足乙种欲望所需的花费。在这种情况下，有限的经济资源是用来满足甲种欲望还是乙种欲望呢？这就需要把上述两个问题联系起来考虑，即必须把既定目标与达到这一目标所需要的代价联系起来权衡比较，作出选择。因为经济资源除了稀缺性外，往往还具有用途上的多样性。比如土地除了用于种粮食外，还可以建房子、修路等。正因如此，经济资源用途的多样性可以满足人们的多种需要。然而，一定时期内可以利用的经济资源总是有限的。如上述两个问题一样，如果有限的经济资源用来满足了甲种欲望，就意味着必须放弃乙种欲望。为此，西方经济学家提出了机会成本(Opportunity Cost)和生产可能性边界(Production Possibility Boundary)两个概念。

经济资源的稀缺性决定了一个社会的经济物品在某一时期内是个定量，这就意味着，为了生产某种产品就必须放弃其他产品的生产。当把一定的经济资源用于生产某种产品时所放弃的在另一些产品上得到的最大收益就是这种产品生产的机会成本。机会成本是由选择产生的，一种经济资源往往具有多种用途，选择了一种用途，必然要丧失另一种用途的机会，后者可能带来的最大收益就成了前者的机会成本。例如，农民在获得更多的土地时，如果选择养猪就不能选择养其他家禽，养猪的机会成本就是放弃养鸡或养鸭等的收益。假设养猪可以获得 12 万元，而养鸡可以获得 10 万元，养鸭可以获得 9 万元，那么养猪的机会成本是 10 万元，养鸡的机会成本为 12 万元，养鸭的机会成本也为 12 万元。又如，对于投资者来说，机会成本就是指将资金进行某种形式的投资所获得的收益相对于其放弃的另一种形式的投资所获得的收益。假设某企业有一笔闲置资金，用来购买设备，当年可盈利 10 万元，也可存入银行，每年得到利息 8 万元。8 万元即为购买设备的机会成本。同理，若将这笔资金存入银行，就会损失因购买设备可获得的利润 10 万元，10 万元即存入银行的机会成本。很显然，决策者会选择机会成本小的方案，即将这笔钱用来购买设备，年获利 10 万元。机会成本虽然不构成一般意义上的成本，不构成企业的实际支出，也不入账，但它是决策者进行正确决策所必须考虑的现实因素。

理解机会成本这一概念，需要把握几个要点：第一，机会成本是与资源的稀缺性和选择紧密相连的，没有稀缺性，就没有机会成本。同时，如果资源的用途是单一的，没有其他选择，也就没有机会成本的概念。第二，机会成本与个体能力的差异或天赋有关，同样的选择对不同人而言面临不同的机会成本。以上大学为例，对于多数人而言，高中毕业后进入大学继续学习，放弃的可能是他出去打工的收入。第三，机会成本与一般意义上的会计成本不同。会计成本是指企业在经营过程中所发生的一切实际支出，表现在企业财务账目上的成本，包括工资、材料成本、折旧费和租金等。机会成本是指把该种资源投入到某一特定的用途以后所放弃的在其他用途中所能获得的最大收益，它不是在做某项选择时的实际支付费用或损失，而是一种观念上的成本或损失。第四，机会成本是作出一种选择时所放弃的其他若干种可能的选择中最好的一种。

与机会成本密切相关的概念是生产可能性边界。一个经济社会，必然具有一定数量的人口、一定程度的技术水平、一定数量的工厂和工具以及一定数量的土地、水和其他自然资源，总之具有一定数量的经济资源和一定程度的生产技术水平。当它在为解决六个基本问题而进行选择时，实际上就是要决定这些相对稀缺的经济资源如何被分配到千千万万种可能生产的不同产品和劳务中。资源的稀缺性决定了在一定的社会时期内，可以利用的资源是有限的，从而可以生产的产品数量也是有限的。一国可利用的资源按用途来分，主要分为生产资本品和消费品，资源的总量是一定的，要多生产消费品就必须减少资本品的产量。那么一个国家如何兼顾目前利益和长远利益，把有限的资本分配使用于消费品和资本品的生产，这就要回答生产什么产品以及各种产品生产多少的问题。这个问题可以用生产可能性边界来解释和回答。为了简化起见，假定这个社会用既定的经济资源和生产技术只生产两种产品——粮食（消费品）和原子弹（资本品），多生产粮食就必然减少对原子弹的生产，反之亦然。假定全部经济资源用来生产粮食，可生产 15 数量单位，全部用来生产原子弹，可生产 5 数量单位；如果同时用来生产粮食和原子弹两种产品，则可能有各种不同的产量组合，即通过经济资源从一种用途不断地转移到另一种用途，两种产品的数量会产生此消彼长的格局。假定共有 A、B、C、D、E、F 六种组合方式，如表 1—1 所示。其中，A 和 F 分别是只生产粮食和只生产原子弹的极端情况，它们之间的组合分别表示粮食的产量不断地减少，原子弹的产量不断地增加。

表 1—1　　可供选择的生产可能性组合

可能的组合	原子弹	粮食（万吨）
A	0	15
B	1	14
C	2	12
D	3	9
E	4	5
F	5	0

在这里，原子弹转换成粮食并不是实物上的直接转换，而是把资源从一种用途转化成另一种用途，再将两者各种不同的产量组合描绘在坐标图上，便可得出生产可能性边界，如图 1—1 所示。图中，纵轴表示粮食，横轴表示原子弹，根据表中的数据找出相应的坐标点，连接各点可得到一条曲线，这条曲线就叫生产可能性边界（见图 1—1），指在既定的经济制度、经济资源和生产技术条件下所能达到的各种产品最大产量的组合，又称为生产可能性曲线。可用粮食与原子弹来表示各自的机会成本，比较一下 C 点和 E 点，多生产 2 个单位原子弹必须少生产 7 个单位粮食，则多生产 2 个单位原子弹的机会成本是少生产 7 个单位粮食。

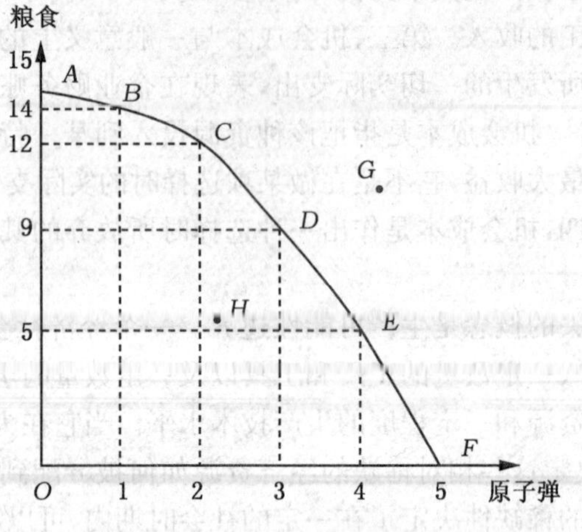

图 1—1 生产可能性边界

从图 1—1 中可以看到,当社会处在生产可能性边界上时,表示社会经济处于有效率的充分就业状态(指资源被充分利用)。但在这种状态下,社会在选择两种产品的组合时,必须确定最佳的比例,是选择 *D* 点还是 *E* 点,抑或是其他点？这便是微观经济学中所要解决的资源配置问题。生产可能性边界图是供社会选择的清单。生产可能性边界把坐标平面分为两个部分,曲线外的任何一点,如图 1—1 中的 *G* 点,表示在现有资源和技术条件下不可能实现的生产可能性组合。曲线内的任何一点,如 *H* 点,表示资源没有被充分利用,经济中可能存在失业、设备和土地闲置等情况,这样的生产是缺乏效率的。此时可以通过技术更新等改变生产方式,使生产组合向可能性边界靠近,以获得更多的产出。

需要注意的是,生产可能性曲线并不是固定不变的,它会朝着原点(*O*)方向向外或向内移动,向外移动表示可能生产更多的产品和服务,向内移动则相反。移动原因有多种:一是经济制度变动,如我国 20 世纪 80 年代初开始实行改革开放,由计划经济体制转向市场经济体制,使同样多的资源(如土地、劳动等)生产出更多的产品。一项新的经济制度如果能给人们提供更多的激励或促进专业化分工,就会增加经济产出。二是经济资源变动,如发现了更丰富的矿藏,就会在同样的制度和技术条件下生产更多的产品。三是生产技术变动,如一项技术革新或引进一项更先进的技术,也许会使产量翻番。任何一国经济增长过程实质就是生产可能性边界或生产可能性曲线不断外移的过程。

三、资源配置和经济体制

(一)资源配置的手段

生产可能性曲线图中讲到了两个问题:一是经济资源是否合理配置的问题,这是微观经济学主要研究的内容;二是经济资源是否被充分利用的问题,这是宏观经济学主要研究的内容。经济资源配置和利用的方式就是所谓的经济体制问题。西方经济学家将经济体制大体上分为四种类型:自给经济、计划经济(命令经济)、市场经济和混合经济。不同的经济体制,实现资源配置和资源利用的方式不同。

自给经济的特征是每个家庭生产它们消费的大部分物品,扩大一点说,是每个村落生产它们消费的大部分物品,只有极少数消费品是与外界交换来的。在这种体制下,资源配置和利用由居民的直接消费所决定,经济效率低下。

计划经济,是指以计划(或命令)作为资源配置的主要方式的一种经济体制,在这种体制下,生产资料和各种资源基本归国家所有,企业只是政府的附属物。资源配置和利用通过中央政府统一计划进行。产品的数量、品种、价格、消费和投资比例、投资方向、就业及工资水平、经济增长速度等均由中央当局的指令性计划来决定,生产的产品也由国家统一分配。也就是说,由中央政府来决定生产什么、生产多少和如何生产等问题,企业或生产单位完全是计划的执行者,对资源配置没有什么影响。历史实践证明,这种体制不能解决资源配置问题,效率低下,由此产生了社会主义国家经济体制改革。

市场经济,是指以市场作为资源配置的主要方式的一种经济体制,其基本特征是产权明晰,经济决策高度分散。这种经济被一只"看不见的手"所指引,资源配置和利用由自由竞争市场中的价格机制来解决。在市场经济中,每个消费者、生产者或经营者都是相互独立的,政府对企业的经营决策一般不进行直接干预,生产什么和生产多少由消费者的"货币选票"决定;企业之间的竞争决定了如何生产;为谁生产由生产要素的价格决定。因此,生产什么、如何生产和为谁生产都完全由企业按照自己的经营目标,根据市场价格的变动和市场供求状况来决定。正如亚当·斯密所言,在市场经济中,人们追求自身的利益,却往往使他们能比在真正出于本意的情况下更有效地促进产生社会利益。市场上琳琅满目的供应,并非由于生产商考虑到消费者的需要,而是他们追求利润的结果。总之,市场机制是解决资源优化配置、增进社会福利的有效机制。

然而,市场在资源配置方面并不是万能的。在克服垄断和外部性中的弊端、提供公共物品和管理信息、调节收入分配、控制经济波动等诸多方面,市场都无能为力,需要国家或政府来发挥作用,于是混合经济体制就产生了。

混合经济的基本特征是生产资料的私人所有和国家所有相结合、自由竞争和国家干预相结合,因此也是垄断和竞争相混合的制度。政府限制私人的某些活动,垄断的成分限制完全竞争的作用。在这种体制下,凭借市场制度来解决资源配置问题,依靠国家干预("看得见的手")来解决资源利用问题,这种体制被认为是最好的制度,效率和公平可以得到较好的协调。

上述四种经济体制在世界经济发展过程中均产生了广泛的影响。随着各国经济的不断发展,不同国家在经济体制领域越来越趋向相互借鉴。特别是我国社会主义市场经济的伟大实践证明,计划经济和市场经济之间并没有不可逾越的鸿沟,当今世界绝大多数国家摒弃了完全的计划经济或完全自由放任式的市场经济,而是采取混合制经济体制。根据政府干预的程度,有的国家政府控制的范围和力度相对较大,有的国家市场机制作用更大,而且各国对经济进行干预和控制的形式及领域也不尽相同。因此,尽管都属于混合经济,但还是存在经济体制侧重上的不同。

(二)资源配置效率的衡量

效率是指社会能从其稀缺资源中得到的最多福利。一般与之相关的有两个概念:帕累托标准(Pareto Criterion)和帕累托最优(Pareto Optimality),由意大利经济学家帕累托在1897年系统地提出。如果一个经济社会中某些成员的状况得到改善,而其他成员中没有任何人的状况因此恶化,该社会的福利就可以提高,后人称之为帕累托标准。如果一种改进措施剥夺了一部分人的既得利益,不管是否能带来更大的利益或者是有助于实现崇高的目标,都不符合帕累托标准。帕累托标准是通过持续改善,不断提高效率,各方都有利、都同意的事情或制度安排。例如,一条溪流之水终年不断,外来至此的某个人从溪流中取点水饮用,从正常供水的角度看对附近居民并无任何影响，那么这个外来人员的取水饮用就是符合帕累托标准的。

经济效率的衡量标准是帕累托最优，它特指这样一种状态：如果不使其他人的状况恶化就不可能使任何一个人的状况得到改善。即在这种资源配置状态下，不存在着任何改变都可能使至少一个人的状况变好，而又不使任何人的状况变坏。接上面的例子，来此饮水的人不断增加，直至再来一个人取水时，会减少附近居民原有正常的取水量，在此之前即达到了帕累托最优。

第三节 微观经济学的研究内容和研究方法

一、微观经济学的研究内容

(一)微观经济学的基本假设

微观经济学理论的建立是以一定的假设条件为前提的，在微观经济分析中，根据所研究的问题和要建立理论的不同需要，假设条件也存在着差异。但是，在众多不同经济理论的各自不同假设条件中，有三大假设条件是所有经济理论均具备的基本假设条件。

1. 市场出清

市场出清是微观经济学的一个重要概念。在一般经济分析中，常常假定通过价格机制，可以自由实现市场出清，即价格波动决定了消费者的购买量和厂商的生产量，并使供给量与需求量相等。但是，在现实经济中，影响市场出清的因素有很多，例如，在不同的市场结构中，产品的同质性、需求和供给的变动性、存货量以及生产的计划性等有较大的差别，这导致不同市场中厂商行为的较大差别，这些都会对市场出清过程产生很大的影响。具体来说，市场出清是指在市场调节供给和需求的过程中市场机制能够自动地消除超额供给和超额需求，市场在短期内自发地趋于供给等于需求的均衡状态，在给定的价格下，市场上的意愿供给等于意愿需求。

2. 理性人

理性人(Rational Man)的假定，是西方经济学家在经济分析中和由此得出的经济理论中关于人类经济行为的一个基本假定。作为经济主体的居民、厂商和政府，尽管在经济生活中的作用不同，各具特点，但由于理论抽象需要，在理论分析中一般都被视为理性人。它意味着作为经济决策的主体(居民、厂商和政府)都充满理智，既不会感情用事，也不会轻信盲从，而是精于判断和计算，其行为符合始终如一的偏好原则。具体来说，消费者追求满足最大化，生产要素所有者追求收入最大化，生产者追求利润最大化，政府则追求目标决策最优化。这种理性人，实际上就是亚当·斯密在《国富论》中所讲的"经济人"(Economic Man)，但斯密的"经济人"是指"人"，主要指资本家。而理性人假定则包括经济活动的所有参与者，既有资本家和工人、生产者和消费者，也包括政府，即理性人假定把政府也人格化了。

理性人假定是对在经济社会中从事经济活动的所有人的基本特征的一个一般性的抽象。这个被抽象出来的理性人在一切经济活动中的行为都是合乎理性的，总是受利己动机的驱使，总是从个人利益出发；在做出经济决策时，总是要对各种可供选择进行权衡比较，力图以最小的经济代价去获取最大的经济利益。在微观经济学中，理性人假定起着十分重要的作用，正因为每个消费者和厂商都是以利己为目的的理性人，自觉地按利益最大化原则行事，既能把最大化作为目标，又知道如何实现最大化。所以，价格的调节才能使整个社会的资源配置实现最优化。

案例分析

"占座"的经济学分析

"占座"这一现象在生活中时有发生,在大学校园里更是司空见惯。无论是三九严冬,还是夏日酷暑,总有一帮"占座族"手持书本忠诚地守候在教学楼前,大门一开,争先恐后地奔进教室,瞅准座位,迅速地将书本等物置于前排桌上,方才松了一口气,很得意地守护着自己的"殖民地"。后来之人,只能望"座"兴叹,屈居后排,其上课的视听效果难免要打折扣,因而牢骚声四起,大呼"占座无理"。

思考与讨论:

1. 你有过"占座"的经历吗?为什么需要"占座"?

2."占座"是否存在机会成本?如果存在,有哪些机会成本?

3."占座"者是否符合理性人选择?如何有效地解决这一客观难题?

3. 完全信息

完全信息是指市场上每个从事经济活动的个体(消费者和厂商)都了解其决策所需要的信息,而且获取信息不需要支付任何成本。例如,消费者都能免费地了解到每一种商品的性能和特点,准确判断一种商品给自己带来的满足程度,掌握商品价格在不同时期的变化,从而能够确定最有效的商品购买量。同样,生产者也能准确地掌握产量与要素投入量之间的关系,了解商品价格与要素价格之间的变化,了解在每种商品价格水平上消费者对产品的需求量,从而能够做出最优的生产决策。在微观经济学中,完全信息假设也是很重要的,正因为每个消费者和生产者掌握的信息量都很充分,所以他们才能分别做出最优的消费额选择和最优的生产选择。

以上三个假设是传统微观经济学的基本假设,只有在这三个假设前提下,微观经济学关于市场调节能实现资源优化配置的结论以及由此引出的自由放任的经济政策才能够成立。但是随着经济学理论的不断发展,经济学家们发现西方经济学的理论蕴含着更多的假设,例如产权明晰、交易成本为零、制度设计恰当和执行严格等。如果假设前提发生变更,经济学理论及其适用性也会发生重大变化。

(二)微观经济学的基本内容

微观经济学的内容相当广泛,其中主要有均衡价格理论、消费者行为理论、生产者行为理论、成本和收益理论、市场理论和厂商理论、生产要素价格理论、帕累托最优与市场失灵。

1. 均衡价格理论

介绍了商品的价格如何决定,以及价格如何调节整个经济的运行,这一理论是微观经济学的核心内容,其他内容都是围绕这一核心来展开论述的。

2. 消费者行为理论

研究消费者如何把有限的收入合理地分配在各种不同物品的消费上,以实现效用的最大化。它是对决定价格的重要因素——需求的进一步解释和说明,是探讨需求规律背后的原因。

3. 生产者行为理论

研究生产者如何把有限的资源用于各种不同物品的生产而实现利润最大化。从物质技术形态上分析生产要素的最佳组合,即研究生产要素投入与产量关系之间的最优化。它是对决定价格的另一个重要因素——供给所作的进一步解释和说明,是探讨供给规律背后的原因。

4. 成本和收益理论

从货币形态上通过对成本与收益的比较来分析生产者的最优行为。假定生产者都是具有完全理性的经济人,他们生产的目的是实现利润最大化,即在既定的产量下实现成本最小,或在既定的成本下达到产量最大。

5. 市场理论和厂商理论

市场理论和厂商理论是从市场因素的角度对生产者行为即厂商行为的进一步研究,通过分析完全竞争、垄断竞争、寡头垄断和完全垄断四种不同市场结构下厂商的行为,面对不同的市场类型,厂商如何确定产量以实现利润最大化。

6. 生产要素价格理论

即分配理论,研究产品按什么原则分配给社会各利益集团,即工资、利息、地租和利润如何决定,运用价格理论来研究产品如何分配。分配的原则一般是等价原则,即生产要素的需求和供给决定的价格是分配标准。这部分主要说明为谁生产。

7. 帕累托最优与市场失灵

帕累托最优提出了理想的市场机制评判标准,论证了"一只看不见的手"的完美性。在不减少任何效用或福利的情况下,如果任何生产与分配的重新安排都不能增加另外一些人的效用和福利,就是帕累托最优状态。它是以完全竞争市场为条件的,认为完全竞争市场是最符合帕累托最优条件的经济体制。

市场失灵意味着市场机制不能对微观个体的行为发挥有效的作用。市场失灵说明"一只看不见的手"并不总是那么美妙、自如地调节市场行为。当存在市场失灵问题时,就需要政府干预,即需要政府的微观经济政策来加以规制。

二、微观经济学的研究方法

(一)实证分析与规范分析

对经济现象进行分析通常采用两种不同方法:一种是判断经济学现象的后果,并确定经济变量之间的数量关系,这属于实证分析方法;另一种是从个人的价值观出发,对这一现象作出评价,这是规范分析方法。

实证分析(Positive Analysis),是描述经济现象"是什么"以及社会经济问题实际上是如何解决的,不涉及价值判断问题。这种方法旨在揭示有关经济变量之间的函数关系和因果关系,分析和预测人们经济行为的效果。用实证分析方法来研究经济问题时,要提出用于解释经济现象的理论,并根据理论做出推测。具体地说,在进行理论研究时,首先要对所研究的经济变量下定义,然后在一定的假设条件下提出假说,并根据这一假说对未来进行预测。如果预测是对的,那么这种假说就被认为是正确的理论;反之,则假说就要被否定或修正,以便形成正确的理论。这种经济学的实证分析通常被称为实证经济学(Positive Economics)。例如,在充分就业以前,失业与通货膨胀之间存在反方向的变动关系。扩张性的经济政策在增加就业的同时会出现一定的通货膨胀,紧缩性的经济政策在降低通货膨胀的同时也会减少就业。政府重视就业的后果是通货膨胀,政府抑制通货膨胀的后果是失业。对失业与通货膨胀之间关系的这种分析就是实证分析。

规范分析(Normative Analysis)是研究经济活动"应该是什么"以及社会经济问题应该是如何解决的,这种方法以一定的价值判断标准为基础,提出行为准则作为经济理论的前提和制定经济政策的依据,并考察经济主体的行为如何才能符合这些准则。这种经济学的规范分析也被称为规范经济学(Normative Economics)。例如,同样是研究失业和通货膨胀问题,两位经济学家可能都认为它是可以用事实来验证的,也都认为通货膨胀是坏事、增加就业是好事,但在政府如何权衡通货膨胀和失业这个问题上却出现了分歧：一个可能认为应该优先考虑增加就业；另一个可能优先考虑降低通货膨胀。之所以如此，是由于二者的价值判断有差异。关于权衡通货膨胀和失业的问题就是一个规范问题。

实证分析和规范分析是两种不同的分析方法，它们既有区别也有联系。它们的区别主要表现在以下几个方面：

(1)二者命题的客观性不同。实证分析所研究的内容具有客观性，所提出的用于解释经济现象的理论是否正确，可以用经济运行过程中的经验事实进行验证；而规范分析所研究的是经济现象的是非善恶，是以一定的行为准则为出发点，从而具有一定的主观性。

(2)二者回答的问题不同。实证分析回答"是什么"的问题，而规范分析回答"应该是什么"或"不应该是什么"的问题。实证分析研究经济变量之间因果关系的结果，最终总能给人们一个确定的回答，告诉人们是什么或不是什么。规范分析则没有这么确定，它的侧重点在于研究事物应该是什么。

(3)二者分析问题的前提不同。实证分析不需要任何价值判断，只需要在既定的假定条件下找出经济变量之间的因果关系。而规范分析总是与一定的价值判断相结合，离开价值判断，就不可能对经济事物进行评判。例如，某一家企业在其产品生产过程中污染了某条河流，那么，实证分析将研究对于这条河流的污染，社会将对这家企业征收多少消除污染的费用，从而使企业的外在成本(因污染所导致社会增加的成本)内化。但是，如果该企业宁可停业也不支付清理污染的有关费用，那么，规范分析就要根据一定的价值判断标准进行决策，是允许这家企业继续生产并污染这条河流，而由社会承担相应的清理污染、净化河流的费用，还是强迫企业停业，而承担随之而来的失业后果呢？

尽管实证分析和规范分析是两种不同的分析方法，但二者之间存在着密切的联系。一般来说，实证分析需要以规范分析为指导。实证分析命题的选择、假设的确定、方法的采用都涉及研究者的价值判断问题。规范分析需要以人们的实证经验为基础，价值判断往往源于一定的实证分析结论，不同的人有不同的价值结论，这主要取决于他们的实证经验。因此，经济学的研究既需要实证分析，也需要规范分析，二者结合运用，才能确保经济研究的正确方向，才能找出经济运行的规律性。

在微观经济学分析中，主要采用的是实证分析方法，这是一种定性和定量相结合的理论分析方法。微观经济学家对规范性问题不太感兴趣，一般也不回答规范性问题。但在其他一些特别是社会福利和政策层面上的经济学分析中，人们会涉及一些规范性问题。由于价值取向不同，不同的经济学家对同一事件会有完全不同的看法。应该指出的是，经济学的实证化是经济学家长期追求的目标之一。然而，在实际应用中两种分析方法又是难以分离的。微观经济学中的边际分析就是属于实证分析的范畴。

(二)边际分析

边际分析 (Marginal Analysis)是运用导数和微分方法研究经济运行中微增量的变化，用以分析各经济变量之间的相互关系及变化过程的一种方法。边际分析是微观经济分析最常用的方法，人们在理论上对它的系统研究时间虽然不长，但它的原理很早就被人们用于日常生活中。例如，浓缩果汁太甜，人们一边兑水，一边不断地尝味道，直到自己满意为止。换句话说，不再兑水了，即兑水量等于零时就达到了满意标准。这种方法的本质，就是对某种变量的增量，以及由其引起总体的某个或某些特性值的变化，统筹考虑来寻求最优解。

边际即边缘、额外、附加的意思，在经济学分析中指的是一个微小的增量带来的变化，即数学微分函数的含义，表达的是总量与其变化率的关系。为了更准确地把握边际分析的含义，我们从其数学原理上加以简要介绍。边际分析是基于各种经济现象中所存在的某一因变量依存于一个或几个自变量的函数关系分析。如总收益（TR）为因变量，产出（Q）为自变量，ΔTR 与 ΔQ 分别代表它们的增量，则边际收益（MR）表示增加 1 单位产出，总收益增加多少，即边际值表示自变量每变化一个单位，引起因变量变化的多少。

$$边际收益(MR)=\frac{\Delta TR}{\Delta Q} \tag{1.1}$$

从增量角度拓宽一些，变量的增量有时不一定要求是连续的微量（单位）变化，对实际应用也能有所帮助。

根据数学微分求极值原理，边际就是因变量的变化率，求最优解的必要条件是函数的一阶导数为零，即

$$边际收益(MR)=\lim_{\Delta Q\to 0}\frac{\Delta TR}{\Delta Q}=\frac{dTR}{dQ} \tag{1.2}$$

最优解的必要条件：

$$\frac{dTR}{dQ}=0$$

若总收益函数已知，导数作为比值极限的概念恰好等于曲线上某一点的斜率。因此，当斜率为正（$\frac{dTR}{dQ}>0$），一般称为增函数，即边际值大于零时，增产增收；当斜率为负（$\frac{dTR}{dQ}<0$），一般称为减函数，即边际值小于零时，增产减收；当斜率为零（$\frac{dTR}{dQ}=0$），即边际值等于零时，相对应的产出可以使总收益达到最大值。因此，只要函数关系已知，运用微分方法就可以求出边际值，不仅可通过边际值的变化趋势进行决策，还可以在此基础上寻求当因变量的值最大限度地满足目标时自变量的值。

边际分析贯穿于整个微观经济学结构中，应用领域包括消费者理论、生产理论、成本理论、市场结构理论和要素价格决定理论等。边际分析既是实现资源优化配置的准确定量方法，也是指导行为主体进行理性决策的经济思维方式。厂商决策一定要考虑边际变动，因为决策通常会引起收益和成本的同时变动。若收益超过成本，则决策者的境况变好；反之，若成本超过收益，则决策者的境况变差。进而推知，若边际变动使得决策者的境况变好，则最初的选择显然不是最优的，可以说边际分析在经济学分析中再怎么强调也不为过。

（三）经济模型

现代经济学在规范分析的指导下，更为广泛地使用了实证分析方法。实证分析一般是通过构建经济模型实现的。经济模型（Economic Model）是用来描述同研究对象有关的经济变量之间相互依存关系的理论结构。简单地说，把经济理论用变量的函数关系来表示就叫作经济模型。

经济模型是对经济现象的抽象描述，是对从现实世界的具体事件中抽象出来的现象的简单描述。真实世界是一个庞大而复杂的经济综合体系，经济研究不可能也没必要究其全貌。因此任何经济模型首先都是在一些假定前提下舍掉若干次要因素或变量，把复杂现象简化和抽象为为数不多的主要变量，然后按照一定的函数关系把这些变量编成单一的方程或联立方程组；再根据建立经济模型的目的不同，以及要探讨模型所涉及的变量相互关系的不同，对同一个经济问题的研究，建立多个不同的模型；最后借助这些经济模型，人们可以预测经济变化

的结果。下一章阐述的均衡价格模型就是这样一个经济模型。

这个模型表明了某种商品的买者与卖者的行为情况:价格越高,买者愿意购买的量越小,卖者愿意出售的量越大;当愿意购买的商品量与愿意出售的商品量相等时,价格便不再变动,换句话说,当价格不再变动时,成交的商品量便被确定下来。这个模型还可以帮助人们预测:一切倾向于减少供给的行为,都会引起物价的提高和交易量的减少;一切倾向于减少需求的行为,都会引起物价的降低和交易量的增加。

经济模型可用文字说明(叙述法),也可用数学方程式表示(代数法),还可以用几何图形表示(几何法或画图法)。叙述法比较浅显,几何法比较直观,代数法比较精确。传统的经济模型一般用叙述法表示,而现代经济模型多用代数法表示。其实作为经济分析工具,二者没有什么本质区别。代数法的广泛运用,主要在于它简练、精确,可以借助数学定理,并且容易处理多个变量,因此研究经济学,良好的数学基础必不可少。

通过函数关系、公式或图形等形式,用以表达一个经济学原理,解释一种经济现象,或预测某些变化的经济意义。例如,在一个微观的经济循环模型中,经济主体之间的经济关系通过产品市场和要素市场得到简明体现(见图 1—2)。

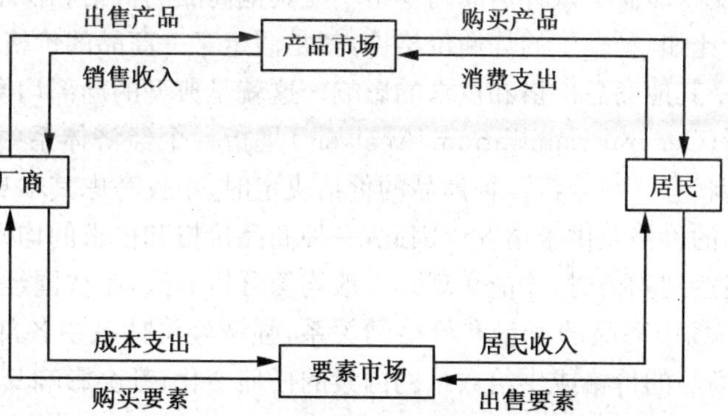

图 1—2 微观经济循环

微观经济循环模型准确地描述了行为主体的特征及其相互依存关系。它包括内循环和外循环。外循环是实物流量,表达的是厂商提供给家庭所需的商品和服务,或者家庭提供给厂商所需的各种资源;内循环是货币流量,表达的是家庭的消费支出,或者是厂商的收益回报。经济模型解释经济现象的功能由此可见。

在解释经济模型的预测功能方面,经济学家运用科学方法观察经济生活中的现象,收集数据,建立模型,对经济现象的变化做出预测,从而为决策主体的决策提供参考。例如,经济学家对某地区的居民工资水平与某种工业品的生产和销售进行统计,建立了时间序列模型,指出随着该地区工资水平的提高,将增加对该种工业消费品的需求,从而为厂商扩大产量的决策提供参考。

经济模型在解释和预测经济现象时并不一定要求精确到什么程度,这取决于对经济目标的设定。曼斯菲尔德指出:"从某种意义上说,一个能够预测出每磅牛排汉堡的价格在上下 1 美分之间波动的模型,当然要比预测出每磅的价格在上下 2 美分之间波动的模型好。但这并不是说,一个模型如果不能做出非常精确的预测就毫无用处。在有些情况下人们并不需要非常精确的预测。对一些目标来说,模型的精确度在 1 英里之内就足够了;而对于另一些目标来说,模型的精确度必须在蚊子的一个斑点之内。"这对我们正确使用和评价经济模型及其作用提供了启示。

(四)均衡分析

均衡分析在西方经济学中处于十分重要的地位。“均衡”(Equilibrium)原本是物理学中的名词,指一个物体因受外力作用会沿一定的方向运动,如果物体同时受到方向相反的两种外力的作用,这两种力量恰好大小相等,则物体会因受力均衡而处于平衡状态。英国经济学家马歇尔把这一概念引入经济学中。经济学中的均衡,指的是当经济体系在相互抗衡的力量作用下,处于一种相对静止不再变动的状态时,称为均衡状态。在均衡状态下,经济决策者都感觉重新调整资源配置方式已不可能获得更多的利益,从而不再改变其经济行为,各种经济变量不再变动。

均衡分析(Equilibrium Analysis)就是在假定其他条件不变的前提下,考察经济体达到均衡时出现的状态以及实现均衡状态所需条件的研究方法。

均衡分析可分为局部均衡分析和一般均衡分析。局部均衡分析(Partial Equilibrium Analysis)是指经济体系中单独一个消费者、一个商品市场或要素市场、一家厂商或一个行业的均衡状态。它在分析一种商品的价格如何由市场供求两股力量的作用而达到均衡时,总是假定“其他条件不变”,即假定该种商品的价格不受其他商品的价格和供求的影响,仅取决于其本身的供求状况。比如,马歇尔的均衡价格论,就是假定某一商品的价格只取决于该商品本身的供求状况,而不受其他商品价格和供求的影响。这就是典型的局部均衡分析。

一般均衡分析(General Equilibrium Analysis)是指一个经济体系中,所有市场的供给和需求同时达到均衡状态。在分析一种商品的价格决定时,不仅考虑其本身的供给与需求,而且还要考虑其他商品的价格及供求情况。因此,一种商品价格和供求的均衡,只有在所有商品的价格和供求都同时达到均衡时,才能实现。一般均衡分析方法,是法国经济学家瓦尔拉斯首创的。它重视不同市场中商品的产量和价格的关系,强调经济体系中各部门、各市场的相互作用,认为影响某种商品的价格或供给数量的因素的任何变化,都会影响其他商品的均衡价格和均衡产量。

因此,一般均衡分析是关于整个经济体系价格和产量结构的一种研究方法,是一种比较周到和全面的分析方法。但由于一般均衡分析涉及市场或经济活动的方方面面,而这些又是错综复杂和瞬息万变的,因而这种分析实际上非常复杂。所以在西方经济学中,传统上大多采用局部均衡分析。局部均衡分析对所需结果给出一个初始值,所研究的市场与经济的其余部分联系越弱,这种近似就越好,从局部均衡分析就越有用。

从是否考虑时间因素的角度,均衡分析可以分为静态分析、比较静态分析和动态分析。经济学中所采用的分析方法,从一个角度看是均衡分析,从另一个角度看就是静态分析、比较静态分析和动态分析,所以实际上它们是密不可分的整体。

静态分析(Static Analysis)是一种分析经济现象的均衡状态以及有关的经济变量达到均衡状态所需要条件的分析方法。这种分析方法完全抽掉时间因素和达到均衡的变动过程,只考察任一时点上的均衡状态,注重经济变量对经济体系影响的最终结果,是一种静止地、孤立地分析经济问题的方法。例如,考察市场价格时,它研究的是价格随供求关系上下波动的趋势或者是供求决定的均衡价格。

比较静态分析(Comparative Static Analysis)是分析在原有的已知条件变化后均衡状态的变化情况的比较分析方法。这种分析方法不论及原有的均衡状态到新的均衡状态的转变时期和变化过程,只是对经济现象的有关经济变量变动后的结果与变动前的既定状态进行比较。

例如,已知某种商品的供求状况,可以考察供求达到均衡时的价格和产量,这就是静态分析。现在如果由于消费者的收入增加而导致对该商品的需求增加,从而产生新的均衡,则价格和产量都会较前提高。这里只把新的均衡所达到的价格和产量与原均衡的价格和产量进行比较,这便是比较静态分析。

动态分析(Dynamic Analysis)是一种考察经济体系的实际发展和变化过程,分析经济体系中有关经济变量在一定时间过程中的变化、各种经济变量之间的关系以及它们的变动对整个经济体系的影响的分析方法。这种分析方法注重时间因素对经济体系变动的影响,把经济现象的变化当作一个连续不断的过程,考察经济变量在继起的各个期间里的变化情况,是一种期间分析方法。应用动态分析方法的经济学称为动态经济学。

静态分析、比较静态分析和动态分析是不同的分析方法,它们之间的区别主要在于是否考察了时间因素。静态分析不仅不区分经济变量的时间先后,把它们仅看成既定时点的变量,而且还略去变量调整所需要的时间和过程。它分析的问题是,假定自变量既定来考察因变量达到均衡时的状态。如在均衡价格理论中,当分析某种商品的均衡价格和均衡产量时,假定作为自变量的需求状况和供给状况是已知的、既定不变的,在此前提下考察需求与供给达到均衡状态时应有的价格和数量。比较静态分析尽管不考察变量调整所需要的时间和过程,但考察外生变量变化后对均衡状态所产生的影响。如在上例中,决定需求状况的消费者对商品的偏好变化了,比如说是增加了,那么,在任一价格水平下,需求量就会比起初有所增加,如果供给状况不变,则均衡价格和均衡产量都会比起初增加,这是不同于初始状态的又一均衡状态。与静态分析和比较静态分析不同,动态分析则考察经济的实际变化过程。

在微观经济学中,无论是个别市场的供求均衡分析,还是个别厂商的价格、产量均衡分析,经常采用静态和比较静态分析方法,动态分析在微观经济学中运用不多。

案例导读评析

虽然这则故事近乎可笑,但包含着重要的哲理。它说明经济学家分析问题时总是从"假设如何如何"开始的,离开了一定的假设条件,分析与结论都是毫无意义的。

第一,适当地运用假设,是经济理论形成的重要方法。一个完整的经济理论包括定义、假设、假说和预测等。定义是对经济学所研究的各种变量所规定的明确的含义,假设则是某一理论所适用的条件。因为任何理论都是有条件的、相对的,所以在理论形成过程中,假设非常重要。当然,在形成理论时,所假设的某些条件往往并不现实,但如果没有假设,就很难得出正确的结论。在假设条件下得出理论,就像自然科学在严格的限定条件下分析自然现象一样。

比如,你去问一个物理学家,一块大理石从10层楼的顶端掉下来需要多长时间,他会通过假设这块大理石在真空中落下来回答这个问题,这个假设是不现实的。事实上,楼房周围的空气对下落的大理石产生摩擦,并使其下落速度变慢。但是,物理学家将正确地指出,这种对石块的摩擦如此之小,以至于可以忽略不计。这种假设使问题大大简单化,而又对答案没有实质性的影响。

第二,经济学家由于同样的原因而作出假设。经济领域是极其复杂的,其中有成百万的人口和企业、千百种的价格和行业,在这种环境下探索经济规律是很困难的。假设可以从各种复杂的经济关系中抽出最本质的关系加以研究,从而使解释这个世界更为容易。例如,为了研究国际贸易的影响,我们可以假设,世界只由两个国家组成,而且每个国家只有两种产品。当然，现实世界由许多国家组成，每个国家都生产成千上万的、不同类型的产品。但是，通过假设两个国家和两种产品，我们可以集中进行思考。一旦我们理解了只有两个国家和两种产品这种假想世界中的国际贸易，我们就可以更好地理解更复杂的世界中的贸易。

第三，假说是对两个或更多的经济变量之间关系的阐述，也就是未经证明的理论。在理论形成中提出假说是十分重要的，这种假说往往是对某些现象的经验性概括或总结。但是，要经过验证才能说明它是否能够成为具有普遍意义的理论。因此，假说并不是凭空产生的，它仍然来源于实际。马克思主义经济学强调假设的现实性和辩证性，而西方经济学的许多假设是虚假的、脱离现实的和以偏概全的。

第四，预测是根据假说对未来进行预测。预测是否正确，是对假说的验证。正确的假说的作用就在于它能够正确地预测未来。在形成一种理论时，首先要对所研究的经济变量确定定义，并提出一些假设条件。然后，根据这些定义和假设提出一种假说，根据这种假说，可以提出对未来的预测。最后，用事实来验证这一预测是否正确，如果预测是正确的，这一假说就是正确的理论；如果预测是不正确的，这种假说就是错误的，要被放弃或进行修改。

本章小结

本章知识结构图：

- 导论
  - 微观经济学的产生和发展
    - 早期微观经济学阶段——宏、微不分
    - 现代微观经济学的滥觞时期——奠定基础
    - 现代微观经济学的确立阶段——初步建立体系和进一步发展
    - 现代微观经济学的发展和演变阶段——进一步发展、扩充和演变
  - 微观经济学需要解决的问题
    - 经济资源的稀缺性和经济学的产生
    - 机会成本与生产可能性边界
    - 资源配置和经济体制
  - 微观经济学的研究内容和研究方法
    - 微观经济学的研究内容
    - 微观经济学的研究方法

本章主要知识点：

1. 经济学研究的基本问题。经济学是研究在一定的经济条件下如何选择的一门社会科学。它产生于人类欲望的无限性与经济资源稀缺性的矛盾中。稀缺性迫使人们进行选择，选择就是决定如何利用现有的资源生产更多的经济物品，以更好地满足人们无穷的欲望。选择的需要产生了经济学。微观经济学是研究在有效率的经济体制下，人类社会如何充分利用稀缺资源优化配置于各种用途，以满足人类欲望的一门社会科学。

2. 稀缺性与选择。相对于人类欲望的无限性，可用于生产经济物品的资源，无论其绝对量是多少，总是一个有限的量，这就是稀缺性。资源的稀缺性迫使人们做出选择，即在资源有限的约束条件下，如何把具有竞争性用途的稀缺资源按需要的比例分配到各个部门中去，以便生产出满足人们不同需要的各种物品和劳务。这就是稀缺资源的优化配置问题。

3. 机会成本与生产可能性边界。机会成本是指社会或个人在作出一项决策时所放弃的其他可供选择的最好用途。因此，只要资源是稀缺的，并且只要人们对稀缺资源的使用进行选择，就必然会产生机会成本。假定把所有社会资源都用来生产两种物品，在给定技术不变和社会资源总量不变的前提下，该社会的全部资源

所能生产的两种物品的组合所形成的轨迹，经济学上称为生产可能性曲线或者生产可能性边界。生产可能性曲线表示社会生产在现有条件下的最佳状态。失业、低效率、资源浪费等使生产处于生产可能性边界以内。

4. 实证分析与规范分析。实证分析是指超脱或排除人们对事物的主观价值判断标准，通过对事物运动过程进行客观描述，反映事物的一般现象，揭示事物内在联系及其运行规律的研究方法。实证分析试图如实地描绘经济活动并揭示其客观规律；规范分析以既定的价值判断标准为前提，来分析和评价事物发展状态的研究方法，进一步试图规定经济活动应该如何展开。前者回答“是什么，怎么样，为什么”，不对事物作好坏、善恶的评价。而规范分析研究“应该是什么，应该怎么样”的问题，涉及主观评价。经济学作为一门社会科学，无论是规范分析还是实证分析，都难免不受价值观念的影响。

5. 边际分析法。“边际”一词在经济学中是指“最后一单位”的意思。边际分析就是根据某种活动（自变量）每改变一单位所导致的结果（因变量）变动决定是否继续增加这种活动，以至最终找到最优状态。边际值为正，说明因变量随自变量增加而增加；边际值为负，说明因变量随自变量增加而减少；边际值为零，说明因变量为极大或极小。

6. 静态分析、比较静态分析和动态分析。所谓静态分析，就是分析经济现象的均衡状态以及有关经济变量处于均衡状态所必须具备的条件，但并不论及达到均衡状态的过程，即完全不考虑时间因素。比较静态分析就是分析已知条件变化后经济现象均衡状态的相应变化，以及有关经济变量达到新的均衡状态时的相应变化。动态分析指考虑时间因素对所有均衡状态向新的均衡状态变动过程的分析。

7. 均衡分析。经济均衡是在外界条件不变的情况下，各个经济决策者所做出的决策正好相容，都不愿意再调整自己的决策，不再改变其经济行为的状态。均衡分析法是假定外在诸因素（自变量）为已知，考察因变量达到均衡状态时会有的情况和所需要的条件。均衡分析有局部均衡和一般均衡之分。

8. 经济模型是用来描述同研究对象有关的经济变量之间相互依存关系的理论结构。一个模型是指论述某一经济问题的一个理论。运用经济模型研究经济问题通常包括观察与测量、做出假定、建立模型、检验模型等步骤。经济模型是在一些假定的前提下建立的。经济学中最重要的假定是合乎理性人的假定和具有完全知识或信息的假定。经济模型可以用叙述法、代数法和几何法来表示。

9. 微观经济学是以单个经济主体为考察对象，研究单个经济主体的经济活动和经济行为以及相应的经济变量的单项数值如何决定的经济学分支。微观经济学的主要内容包括均衡价格理论、消费者行为理论、生产者行为理论、成本和收益理论、市场理论和厂商理论、生产要素价格理论、帕累托最优与市场失灵。

复习思考题

一、名词解释

稀缺性　机会成本　理性人　生产可能性边界　边际分析法　自由物品与经济物品　实证分析与规范分析　局部均衡与一般均衡

二、选择题

1. 下列资源最不具有稀缺性的是（　）？

A. 学生　B. 石油　C. 手机　D.空气

2. 稀缺性问题（　）。

A. 只存在于依靠市场机制的经济中　B. 只存在于依靠命令机制的经济中

C. 存在于所有经济中　D. 意味着抢购和“黑市”交易

3. 经济学科又定义为（　）。

A. 研究政府机制如何对市场进行干预的科学

B. 研究消费者如何获得收入并进行消费的科学

C. 研究如何合理地配置稀缺资源于诸多竞争性用途的科学

D. 研究生产者怎样取得利润的科学

4. 可自由取用的物品是（　）。

A. 无需排队就能得到的物品　　B. 机会成本为零的物品

C. 价格为零的物品　　D. 任何人都不想要的物品

5. 下列属于微观经济学研究的问题是(　　)。

A. 上半年物价上涨超过预期设定上限　　B. 上年美国的失业率再度升高

C. 总产出的增长率　　D. 厂商的利润最大化

6. 上大学的机会成本不包括(　　)。

A. 食宿费用　　B. 书费和学费

C. 如果从事工作可能得到的工资　　D. 因学习而失去的闲暇时光

7. 市场配置资源意味着(　　)。

A. 社会的每个成员都能得到他想要的任何东西

B. 把稀缺的物品出卖给出高价的人

C. 政府必须决定每个人应该得到多少物品

D. 要得到急需的物品就必须排队

8. 当经济学家说人们是理性的,这是指(　　)。

A. 人们不会做出错误的判断

B. 人们总会从自己的角度做出最好的决策

C. 人们根据完全的信息行事

D. 人们不会为自己所做出的任何决策而后悔

三、判断分析题

判断下列问题哪些是实证的,哪些是规范的?

(1)最低工资法引起了失业。

(2)应该提高最低工资。

(3)我们的地球由于空气中二氧化碳的增加而变暖。

(4)我们应该减少使用煤和石油等燃料。

(5)20世纪70年代世界油价暴涨主要是由于垄断力量所致。

(6)效率比平等更重要。

四、简答题

1. 什么是理性经济人假定?日常生活中有哪些行为是符合这个原则的,有没有“非理性”或“反理性”行为?自私自利和损人利己是理性的还是反理性的?为什么?你给出的答案是实证性的还是规范性的?

2. 在经济学中的“稀缺”和平时所说的“短缺”有何区别?在一个不受管制的市场经济中,稀缺是否存在?短缺是否存在?

3. 资源配置和资源利用各有哪些内容?

4. 你要完成大学学业有哪些机会成本?

5. 如果要达到生产可能性边界以外的产量,有哪些方法?

6. 经济学中的均衡含义是什么?

7. 为什么说微观经济分析离不开边际分析法?

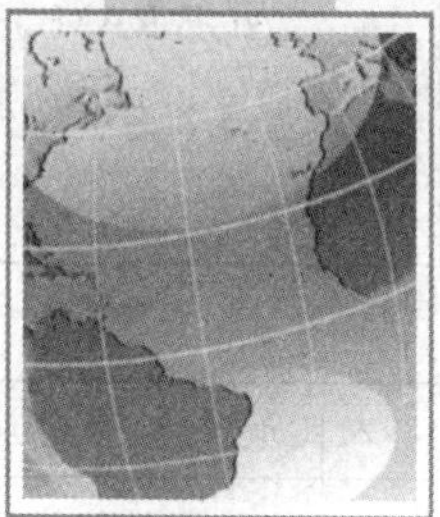

第二章 价格与市场供求

【本章导读】

微观经济学主要研究价格如何配置资源、调节经济，因此，价格理论就构成了微观经济学的核心。在市场经济中，商品的价格是由市场需求和市场供给两种力量共同决定的，因而对需求与供给的研究也就成为微观经济学分析的出发点。本章重点研究市场机制是如何运行的，阐述了需求和供给的一般理论，以及两者如何相互作用达到市场均衡。

【学习目标】

1. 熟练掌握需求和供给的定义、函数及影响需求和供给变化的主要因素。
2. 掌握供求定理的内容及应用，掌握均衡价格的决定和变动。
3. 理解需求量和需求变动、供给量和供给变动的区别及表现形式。

【能力目标】

1. 熟练运用供求理论解释现实中价格与供求变动的关系。
2. 运用供求曲线解释政府对不同行业实行不同价格政策的理论依据。

【案例导读】

为什么 iPhone6 卖那么贵还热销

2014 年 9 月，苹果推出大屏幕手机 iPhone6 和 iPhone6 Plus，一年一度的“苹果节”如期而至，全球开启疯抢模式，上市首日销量就达到了 400 万台。哪怕等了 1 年，iPhone6 依然火爆得一塌糊涂，更何况还有 iPhone6 Plus 助阵。据瑞士银行统计报告显示，2014 年最后一个季度，苹果共卖出了6 930万部 iPhone，其中中国区和美国区的销量各占总销量的 35%和 24%。与 2013 年同期5 100万部的销量相比，苹果达到了近年来的最高峰。同时中国区销量增长显著，当时中国区的销量占总销量的 22%，而美国区占 29%。2014 年第四季度，苹果的整体收入达到 680 亿美元，较 2013 年同期的 576 亿美元增长 18.1%。这让苹果公司在科技界的地位瞬间提高了 20%。

而与之形成鲜明对比的是 iPhone6 的主要竞争对手——三星，连续下滑的财务报表给人的印象就好像是 Galaxy 再也卖不出去了一样。国内唯一能与 iPhone 产品同台竞技的高端智能手机——华为，同等配置参数下在国内的价格无疑是最亲民的，但是销量比起备受热捧的 iPhone6 和 iPhone6 Plus 简直是弱爆了。自此业界也基本能下一个结论：同样配置的条件下，苹果更牛。表 2—1 列举了以 64G 相同存储空间为例的三款手机的配置及定价对比：

表 2—1　　苹果、华为和三星手机配置及定价对比

产品型号	iPhone6 Plus	华为 Mate7	三星 Galaxy S5
CPU	Apple A8 双核 1.4GHz	海思 Kirin 925 八核 1.3GHz+1.7GHz 32bit	骁龙 801 四核 2.5Hx 32bit

续表

产品型号	iPhone6 Plus	华为 Mate7	三星 Galaxy S5
内存容量	1GB	3GB	2GB RAM
尺寸	5.5 英寸	6.0 英寸	5.1 英寸
人民币价格(元)	5 690	6 369	5 288

表 2—2　　苹果 iPhone6 Plus 香港裸机官方价格

型　号	容量	香港价格(港元)	人民币价格(合约)(元)
iPhone6	16GB	5 588	4 424
	64GB	6 388	5 057
	128GB	7 188	5 690
iPhone6 Plus	16GB	6 388	5 057
	64GB	7 188	5 690
	128GB	8 088	6 403

中国内地没能上榜首批上市国家,中国香港则在 2014 年 9 月 12 日开启预定,iPhone6 售价5 588港元起(约4 424元人民币),iPhone6 Plus 售价6 388港元起(约5 057元人民币)。入手 4.7 英寸还是 5.5 英寸,就要掂量掂量。由于 iPhone6 和 iPhone6 Plus 的热卖,目前这两款产品仍然未能实现供求平衡。综观全球的苹果在线商店,现在只有美国地区标上了"有现货",中国内地为 3～5 个工作日发货,中国香港地区则是暂无供应,日本地区更是已经下架了很长一段时间。

资料来源:根据 IT 时代网 http://news.ittime.com.cn/news/news_3350.shtml 相关数据资料整理。

思考与讨论:

(1)为什么 iPhone6 和 iPhone6 Plus 定价那么高还有这么多人买?买方与卖方的平衡点在哪里?

(2)华为 Mate7 和三星 Galaxy S5 的定价相对较为便宜,为何销量却远不及 iPhone6 和 iPhone6 Plus?

(3)结合 iPhone6 和 iPhone6 Plus 的热卖,分析是先有智能手机 iPhone6 和 iPhone6 Plus 产品的供给还是先有 iPhone6 和 iPhone6 Plus 产品的需求?

(4)上述市场经济现象是否有悖一般供求规律?

第一节　市场概况

一、市场的概念

市场(Market)是把买卖双方联系在一起并实现交换的一种组织形式或制度安排,是彼此相互作用以寻求某种交换可能的买卖双方的集合,买卖双方相互作用就构成了市场。一个市场可以是有形的买卖物品的交易场所,也可以是利用现代化通信工具进行物品交易的接洽点。最初的市场是买者和卖者面对面进行交易的场所,如农贸市场。但是,随着互联网的发展,市场也可以是电子化的虚拟市场,比如许多金融资产或服务都是通过电脑网络进行交易。发展到现在,更多的物品交易也开始网络化。电商已经更改了我们传统购物的模式,将成为未来发展的大趋势。

二、市场的分类

市场可以采取多种形式，市场类型的划分也可以是多样化的。按产品的自然属性划分，可分为商品市场、金融市场、劳动力市场、信息市场和房地产市场等；按市场范围和地理环境划分，可分为国际市场和国内市场、城市市场和农村市场。市场不受地理位置的约束，有些市场是地方性的，有些是地区性的，有些是全国性的，有些则是国际性的。市场也不受时间限制，如期货市场和期权市场等。一个市场的范围是由被交易的物品或劳务的单一价格所通行的区域决定的。

经济学以市场组织如何影响销售价格和数量的决定为标准，将市场分为两大类：一类是竞争性(Competitive)市场，其中买卖双方都根据由市场形成的价格来决定交易；另一类是不完全竞争性(Imperfectly Competitive)市场，其中买卖双方拥有足够的市场势力(Market Power)以影响市场价格，这些拥有市场势力的决策者为其物品或服务谋求最好的价格。本章有关市场机制的分析主要是以竞争性市场为背景，但其中涉及的许多原理不仅仅局限于竞争性市场。

三、市场主体与价格机制

在市场经济中，微观经济行为主体大致可以分为两大类：一类是买方(Buyer)，包括购买消费品的消费者和购买用于生产物品或劳务的劳动、资本以及原材料的厂商；另一类是卖方(Seller)，包括销售物品或劳务的厂商、出售劳动力的工人，以及向厂商出租、出售矿产资源的资源所有者。尽管一个经济行为主体经常转换角色，经济学还是都从某一特定功能来界定考察对象的身份。也就是说，当他购买东西时，只把他看作买方；而当他卖东西时，只把他看作卖方。

一般而言，微观经济学中描述的市场参与者即市场主体，是用经济人来描述买卖双方。经济人即理性人，是指每一个从事经济活动的人都是利己的，即每一个从事经济活动的人所采取的经济行为都是力图以自己最小的经济代价去获得最大的经济利益。

在市场体系中，每种产品都有价格。价格代表了消费者和厂商愿意交换各种商品的条件。价格具有两重重要而又相互区别的功能：第一个功能是价格的配给功能(Rationing Function)，配给现有商品或劳务，通过把稀缺的物品配置给对商品或劳务出价最高者，这是短期功能，关注的是现存产出的分配。第二个功能是价格的配置功能(Allocate Function of Price)。价格作为一种经济信号，引导生产性资源在经济的各个部门之间进行配置。在过度需求的行业，厂商的要价可以高于生产成本，这个差价带来的利润足以吸引更多的资源进入该行业；相反，亏损会使得生产性资源从存在过度供给的行业撤离。这就是亚当·斯密所谓"看不见的手"在背后的驱动力量。它使资源从过度供给行业向过度需求行业转移，因此资源的配置是价格机制的长期功能。

市场运行就是市场主体出于各自的经济目标，参与市场生产交换的过程。价格调节着生产者生产什么、生产多少、如何生产以及为谁生产，同时指导消费者购买与否和购买数量的多少。本章主要讨论市场运行中市场需求主体和供给主体决策的规律及价格作用机制。

第二节　需求分析

一、需求的概念

需求(Demand)是指在某一特定时期内对应于某一商品的各种可能价格水平，人们愿意而且能够购买的数量。

需求的概念说明了三层含义:(1)经济学中所述的需求不同于人们自然的、主观的需要。需求以人们的货币购买力为前提,是有支付能力的需要或者是有效需求。仅愿意购买而没有支付能力,只是欲望和主观需要。因此作为有效需求必须同时满足两个条件:一是要有购买意愿,二是要有支付能力。(2)需求涉及两个变量:商品的价格及与该价格相对应的购买数量。从日常经验可以知道,人们购买的数量一般总是随着价格的变化而变化。例如,当新鲜猪肉的价格为每千克 24 元时,某人也许购买 2 千克;当价格涨到每千克 32 元时,他也许只购买 1 千克。因此,需求实际上反映了人们购买的商品数量与商品价格这两个变量之间的关系。(3)需求量是一个预期概念,不是指实际购买量,而是消费者预计、意愿或打算购买的数量。

需求可以分为个人需求和市场需求。个人需求是指单个消费者或家庭对某种商品在各种可能价格水平上愿意并且能够购买的数量。市场需求是个人需求的总和,是全体消费者在某商品的各个价格水平上愿意而且能够购买的各个可能的数量总和。个人需求是构成市场需求的基础,市场需求是所有个人需求的加总。本章如无特殊说明,所研究的都是市场需求。

相对而言,需求量(Demand Quantity)是指在一定时期消费者在某一价格下愿意而且能够购买的商品或劳务的数量。需求和需求量都是指消费者对商品的需求数量,其区别在于需求是在一系列价格水平时消费者对一组商品或劳务的购买数量,而需求量则是在某一特定价格时消费者对商品或劳务的购买数量。相应地,需求价格是指对于购买一定数量的商品,消费者所愿意支付的最高价格。另外,还需要注意,这里的需求量是指人们愿意或者打算购买的数量,而不是指人们实际购买的数量,因为他们实际购买了多少,还要取决于市场上供求决定的销售价格。

二、需求表、需求曲线和需求规律

需求表(Demand Schedule)是描述在每一种可能的价格下商品需求量的表格。需求表可以直观地表明价格与需求量之间的一一对应关系。表 2—3 就是一张假设的需求表。

表 2—3　　个人需求表和市场需求表

价格(元)	需求量				
	个人需求量(千克)				市场需求量(1 000 千克)
	A	B	C	…	
6	1	2	5	…	2
5	3	3	7	…	3
4	5	4	8	…	4
3	6	5	10	…	6
2	8	7	17	…	9
1	10	9	20	…	14

需求表也相应地有个人需求表和市场需求表之分。表 2—1 描述了某一时期内,对某种商

品的个人需求和市场需求：当价格为 1 元/千克时，消费者 A、B、C……各人的需求量分别是 10 千克、9 千克、20 千克……，整个市场的需求量为14 000千克；当价格为 2 元/千克时，消费者 A、B、C……各人的需求量分别是 8 千克、7 千克、17 千克……，整个市场的需求量为9 000千克；以此类推，当价格涨到 6 元/千克时，消费者 A、B、C……各人的需求量分别是 1 千克、2 千克、5 千克……，整个市场的需求量为2 000千克。

描述某消费者(家庭)与任一价格相对应的需求数量的表格，称为个人需求表。用图示法把需求表中需求量与商品价格之间的关系表示出来，就可以得到一条曲线。这种表示需求量与商品价格之间关系的曲线，称为需求曲线(Demand Curve)。如图 2—1 所示，以纵轴表示商品价格，以横轴表示市场需求量，根据表 2—1 中所列数字，可以作出市场需求曲线 D。类似地，也可以作出个人需求曲线。

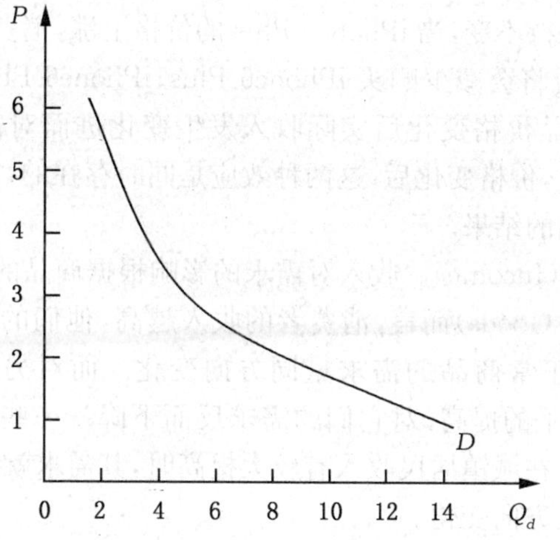

图 2—1　需求曲线

从图 2—1 可以明显看到，需求曲线是向右下方倾斜的，即它的斜率为负值。这说明，在影响需求的其他因素既定的条件下，商品的需求量与其价格之间存在着反向的依存关系，即商品价格上升，需求量减少；商品价格下降，需求量增加。这就是所谓的需求规律(Law of Demand)。

显然，需求规律与人们的日常经验是相吻合的。但需要指出的是，需求规律是对一般情况和一般商品而言的，需求曲线在通常情况下是一条负向倾斜的曲线，但也有可能出现一些例外的情形。例如，某些低档商品，在特定条件下当价格下跌时，需求会减少；而当价格上涨时，需求反而会增加。这类商品因英国人吉芬最先提出而命名为“吉芬商品”(Giffen Goods)。吉芬发现，在 1845 年爱尔兰发生灾荒时，马铃薯的价格虽然急剧上涨，但它的需求量反而增加。原因是灾荒造成爱尔兰人民实际收入急剧下降，不得不增加这类生活必需的低档食品的消费。这类现象在现在也很常见。随着人们的收入和生活水平的提高，尽管肥肉(非健康类食品)的价格下降了，但是人们却减少了对它的需求量。

再如，某些炫耀性消费的商品，如珠宝、文物、名画、名车、名表等奢侈品。这类商品的价格已成为消费者地位和身份的象征。价格越高，越显示拥有者的地位，需求量也越大；反之，当价格下跌，不能再显示拥有者的地位时，需求量反而下降。

三、影响需求的因素和需求函数

(一)影响需求的因素

现实生活中,很多因素会影响到消费者对一种商品的需求数量。其中,最重要的因素包括商品自身的价格、消费者的收入、相关商品的价格、消费者的偏好以及消费者对未来价格的预期等。它们各自对商品的需求数量的影响如下:

一是商品自身的价格 P(Price)。由于满足同一种需求有多种商品可供选择,例如,在其他商品价格不变的前提下,如果 iPhone6 Plus 价格上涨,消费者可能会购买三星 Galaxy S5、诺基亚 Z7 mini、小米 4 等手机来代替 iPhone6 Plus,因而 iPhone6 Plus 的需求减少;反之,价格下跌,需求增加。在经济学中,将这种商品相对价格的变化对需求产生的影响称为替代效应(Substitute Effect),称功能上相互替代的商品为互替商品(Substitute Goods)。此外,若消费者的收入在一定时期内保持不变,当 iPhone6 Plus 的价格上涨,消费者会感觉到实际购买力降低,相对收入下降,因而也将会减少购买 iPhone6 Plus,iPhone6 Plus 的需求减少;反之亦然。在经济学中,将这种因商品价格变化后实际收入发生变化进而对需求的影响称为收入效应(Income Effect)。事实上,价格变化后,这两种效应是同时存在的,需求曲线之所以负向倾斜,正是这两种效应共同作用的结果。

二是消费者的收入 I(Income)。收入对需求的影响根据商品的不同特性而有所不同。对大部分正常商品(Normal Goods)而言,消费者的收入越高,他们的需求就越大;反之则越小。即消费者的收入水平与正常商品的需求量同方向变化。而对另一部分劣等商品(Inferior Goods)而言,随着收入水平的提高,对它们的需求反而下降。一些较低档次的日用消费品如化纤服装、黑白电视机等,在城镇居民收入有较大提高时,其需求就会下降,即消费者的收入水平与劣等商品的需求量反方向变化。

三是相关商品的价格 P_r(Price of Good Relate)。当一种商品本身的价格保持不变,而与它相关的其他商品价格发生变化时,这种商品本身的需求量也会发生变化。这要区分两种情况:(1)如果其他商品和被考察的商品是互替商品,如 iPhone6 Plus 和三星 Galaxy S5,当 iPhone6 Plus 的价格上升时,三星 Galaxy S5 的需求就会增加;而当 iPhone6 Plus 的价格下降时,三星 Galaxy S5 的需求则会减少。互替商品价格变化引起该商品需求量同方向变动。(2)如果其他商品和被考察的商品是互补商品(Complementary Goods),像汽车和汽油,当汽油价格提高时,就会引起汽油的需求减少,并引起汽车的需求减少;反之,当汽油的价格下降时,就会引起汽车的需求增加。互补商品价格的变化引起该商品需求量反方向变动。

四是消费者的偏好 T(Taste)。消费者的偏好对需求的影响是显而易见的。当消费者对某种商品的偏好程度增强时,该商品的需求量就会增加;相反,偏好程度减弱,需求量就会减少。消费者对某种商品的偏好增加后,即使价格不变,需求量也会增加。消费者的偏好是一个心理因素,但更多的受人们生活的社会环境,特别是当时当地的社会风俗习惯的影响。

五是消费者对未来价格的预期 P_{ex}(Price Expected)。当消费者预期某种商品的价格在将来某一时期会上升时,就会增加对该商品的现期需求量;当消费者预期某种商品的价格在将来某一时期会下降时,就会减少对该商品的现期需求量。这也是一个心理因素。

对消费者需求量影响的预期因素,不仅包括价格预期,还包括对未来收入和支出的预期、未来政府政策、气候、时间、消费者人数等因素,但上述五个因素是影响需求变动最基本的因素。

案例分析

材料1　年轻人购房意愿强烈，无奈购买力不足

广州社情民意研究中心2012年7月3日调查显示，近两年超过三成的中国内地民众有各种形式的住房需求，其中购房意愿尤为强烈，有18%的人表示将“买商品房自住”，而欲“申请保障房”者为7%，仅略高于“到市场上租房”者6%的水平。

虽然大部分中国内地民众购买住房的意愿强烈，却难以将其转化为房地产市场购买力。数据显示，想买房的民众主要是年轻且收入不高的群体。尽管所谓的中国内地“史上最严厉”的房地产调控政策已实施了一段时间，但仍有75%的年轻人表示不能承受当前的房价，这一群体的房价承受力明显比其他群体弱。

房子等同于面子的房产观，给年轻人造成很大的压力。另外，年轻人的攀比心理、对安稳生活的过分期待以及对买不起房的过分担心，是当下许多年轻人急于买房的主要原因。

材料2　有钱不买诺基亚

2007年，是第一代苹果产品iPhone4问世并进入中国的一年，也是诺基亚在全球手机市场份额达到40%，为历史最高峰的一年。但是，随着后来几代iPhone手机的长驱直入，使得拥有147年历史和14年霸主地位的诺基亚手机只用了5年时间便跌下神坛。

同比iPhone4手机，诺基亚手机相对而言更便宜，更适合大多数消费者，形成了在中低端手机市场的品牌地位。这本该有好的发展势头，但近几年随着中国的发展，大部分人的消费水平显著提高，消费者的需求再次被放大，诺基亚已经不能满足消费者的购买意愿了。iPhone这部“改变世界”的手机打破了移动设备的世界格局，一次又一次地刷新了人们对手机技术的理解。一代又一代的iPhone手机不仅引领了新潮流，极大地满足了消费者的购买意愿，而且形成了品牌效应，使得人们都跟风买iPhone，同时也降低了消费者对诺基亚的购买意愿，所以大部分人都倾向于购买iPhone，而不去购买诺基亚。

资料来源：根据搜狐新闻网数据资料整理，http://sjz.focus.cn/news/2012—07—04/2126722.html。

思考与讨论：

1. 两则材料各反映了需求定义的哪一个方面？

2. 为什么iPhone4手机推出后，即使iPhone4的定价远高于诺基亚，但是诺基亚的销量仍然直线下降？由此能否体会到影响商品需求的其他因素有哪些？

3. 通过上述两则材料理解什么是经济学上的有效需求。

（二）需求函数

将上述各种因素综合起来，就可得到需求函数(Demand Function)，是指在某一特定时期内某种商品的需求量与影响这些需求量的因素之间的相互关系。记作：

$$Q_d = f(T, I, P, P_r, P_{ex}, \cdots) \tag{2.1}$$

其中，Q_d代表某种商品的需求量，T代表消费者的偏好，I代表收入，P代表该商品的价格，P_r代表相关商品的价格，P_{ex}代表对未来价格的预期等。

假定影响需求的其他因素不变，只单独研究某种商品的需求量与其价格之间的关系，需求函数可记作：

$$Q_d = f(P) \tag{2.2}$$

需求函数$Q_d = f(P)$表示一种商品的需求量与该种商品的价格之间存在着一一对应的关系。这种函数关系可以分别用商品的需求表和需求曲线来加以表示。

商品的需求表是表示某种商品的各种价格水平和与各种价格水平相对应的该商品的需求数量之间关系的数字序列表。表 2—4 是某商品的需求表。

表 2—4　某商品的需求表

价格—需求量组合	A	B	C	D	E	F	G
价格(元)	1	2	3	4	5	6	7
需求量(单位数)	700	600	500	400	300	200	100

从表 2—4 可以清楚地看到商品价格与需求量之间的函数关系。譬如，当商品价格为 1 元时，商品的需求量为 700 单位；当价格上升为 2 元时，需求量下降为 600 单位；当价格进一步上升为 3 元时，需求量下降为 500 单位；如此等等。

商品的需求曲线是根据需求表中商品不同的价格—需求量组合在平面坐标图上所绘制的一条曲线。图 2—2 是根据表 2—4 绘制的一条需求曲线。

在图 2—2 中，横轴 OQ 表示商品的数量，纵轴 OP 表示商品的价格。应该指出的是，与数学上的习惯相反，在微观经济学中分析需求曲线和供给曲线时，通常以纵轴表示自变量 P，以横轴表示因变量 Q。

图 2—2 中的需求曲线是这样得到的：根据表 2—4 中每一种商品的价格—需求量组合，在平面坐标图中描绘相应的 A、B、C、D、E、F、G 各点，然后顺次连接这些点，便得到需求曲线 $Q_d = f(P)$。它表示在不同价格水平下消费者愿意而且能够购买的商品数量。所以，需求曲线是用几何图形来表示商品的价格与需求量之间的函数关系的。

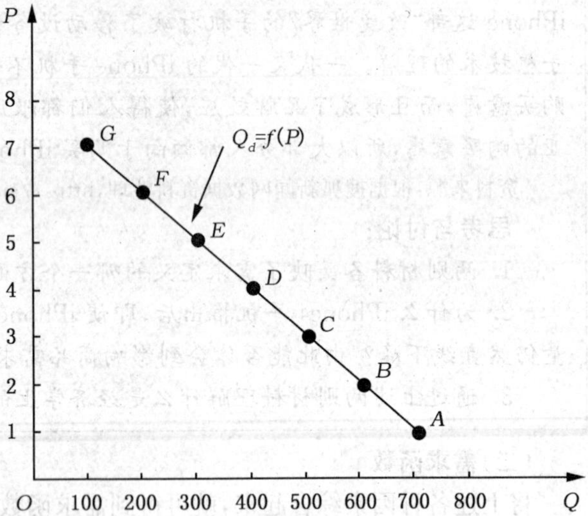

图 2—2　某商品的需求曲线

微观经济学在论述需求函数时，一般都假定商品的价格和相应的需求量的变化具有无限分割性，即具有连续性。正是由于这一假定，在图 2—2 中才可以将商品的各种价格—需求量的组合点 A、B、C……连接起来，从而构成一条平滑的、连续的需求曲线。

图 2—2 中的需求曲线是一条直线，实际上，需求曲线可以是直线型的，也可以是曲线型的。当需求函数为线性函数时，相应的需求曲线是一条直线，直线上各点的斜率是相等的；当需求函数为非线性函数时，相应的需求曲线是一条曲线，曲线上各点的斜率是不相等的。在微观经济分析中，为了简化分析过程，在不影响结论的前提下，大多数使用线性需求函数。线性需求函数的通常形式为：

$$Q_d = a - bP \qquad (a > 0, b > 0) \tag{2.3a}$$

或

$$P = (a - Q_d)/b \qquad (a > 0, b > 0) \tag{2.3b}$$

其中，a 表示纵轴截距，即当 $P=0$ 时的需求量。$-b$ 是需求曲线的斜率，表示当 P 发生微小变动时所引起的 Q_d 的反方向变动情况。该函数所对应的需求曲线为一条直线。

假设 $a=16$，$b=2$，则需求方程式为：

$$Q_d = 16 - 2P \quad 或 \quad P = 8 - 0.5Q_d$$

因此，公式(2.3b)(如 $P=8-0.5Q_d$)所代表的需求方程式，实际上是公式(2.3a)(如 $Q_d=16-2P$)所表示的需求方程的反函数。

建立在需求函数基础上的需求表和需求曲线都反映了商品的价格变动和需求量变动二者之间的关系。从表2—4可见，商品的需求量随着商品价格的上升而减少。相应地，图2—2中的需求曲线具有一个明显的特征，它是向右下方倾斜的，即它的斜率为负值，表示商品的需求量与价格之间呈反方向变动的关系。

四、需求量的变动和需求的变动

在经济分析中特别要注意区分需求量的变动和需求的变动这两个概念。在西方经济学文献中，需求量的变动和需求的变动(也称为需求水平的变动)都是需求数量的变动，它们的区别在于引起这两种变动的因素是不相同的，而且这两种变动在几何图形中的表示也是不相同的。

(一)需求量的变动

需求量的变动是指在其他条件不变时，由某商品的价格变动所引起的该商品的需求数量的变动。在几何图形中，需求量的变动表现为商品的价格—需求量组合点沿着同一条既定的需求曲线的运动。例如，在图2—3中，当商品的价格发生变化，由 P_1 逐步下降为 P_2，它所引起的商品需求数量由 Q_1 单位逐步地增加为 Q_2 单位时，商品的价格—需求量组合由点 a 沿着既定的需求曲线 D，移动到 b 点。需要指出的是，这种变动虽然表示需求数量的变化，但是并不表示整个需求状态的变化，因为这些变动的点都在同一条需求曲线上。

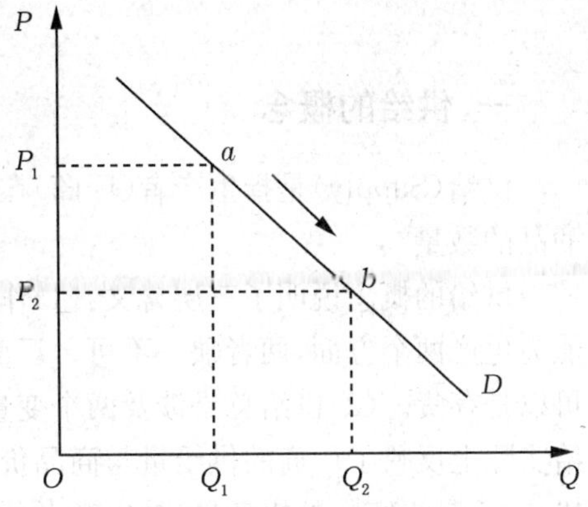

图2—3　需求量的变动

(二)需求的变动

在某商品价格不变的条件下，由于其他因素的变动所引起的该商品的需求数量的变动，称为需求的变动或需求水平(Level Demanded)的变动。这里的其他因素变动是指消费者的收入水平变动、相关商品的价格变动、消费者偏好的变化和消费者对商品的价格预期的变动等。在几何图形中，需求的变动表现为需求曲线的位置发生移动。一般而言，需求曲线向外移动，表示需求水平的提高；需求曲线向内移动，表示需求水平的下降，如图2—4所示。

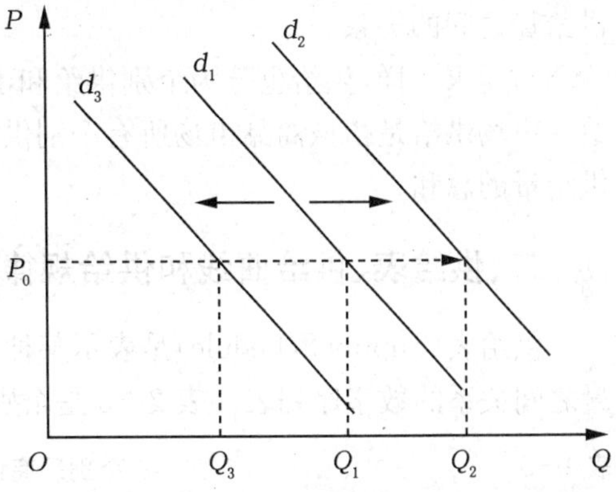

图2—4　需求的变动

图2—4中原有的需求曲线为 d_1。在商品价格不变的前提下，如果其他因素的变化使得需求增加，则需求曲线向右平移，如图中的需求曲线 d_1 向右平移到需求曲线 d_2 的位置。如果其他因素的变化使得需求减少，则需求曲线 d_1 向左平移到需求曲线 d_3，由需求变动所引起的这种需求曲线位置的移动，表示在每一个既定的价格水平上需求数量的增加或减少。例如，在既定的价格水平 p_0，原来的需求数量为需求曲线 d_1 所对应的需求数量 Q_1，需求增加后的需求

数量为需求曲线 d_2 对应的 Q_2，需求减少后的需求数量为需求曲线 d_3 对应的 Q_3。而且，这种在原有价格水平上所发生的需求增加量 Q_1Q_2 和需求减少量 Q_3Q_1 都是由其他因素的变动所引起的，如它们可能是由消费者收入水平的提高和下降所引起的。显然，需求的变动所引起的需求曲线位置的移动，表示整个需求状态的变化。

要正确地理解需求的概念，必须区别需求量和需求水平。前者是指不同价格水平下消费者愿意并能够购买的消费品的数量；后者是指同一价格水平下消费者愿意并能够购买的消费品的数量。与此对应，必须明确区别两种需求的变动：一种是在其他条件不变时由商品本身的价格所引起的需求变动，称为需求量的变动，它表现为沿着一条既定的需求曲线移动；另一种是在商品本身的价格保持不变，而由诸如消费者收入、消费者偏好、相关商品价格及预期价格等因素引起的需求变动，称为需求水平的变动，它表现为整个需求曲线的移动。

第三节　供给分析

一、供给的概念

供给(Supply)是指生产者(厂商)在一定时期和一定价格水平下愿意而且能够提供的某种商品的数量。

供给的概念说明了三层含义：(1)作为经济学中所述的供给，必须同时具备愿意出售和有能力生产两个方面，两者缺一不可。厂商供给市场的产品，可以是当期新生产出来的产品，也可以是存货。(2)供给总是涉及两个变量：商品的价格及与该价格相对应的供给量。因此，供给实际上反映了厂商的供给量与商品价格这两个变量之间的关系。(3)供给量是一个预期的概念，不是指实际的售卖量，是生产者预期、愿意或打算供给的数量。需要强调指出的是，这里所说的供给量不是某一个厂商在特定价格上的供给量，而是指在每一种可能的价格水平上各个不同厂商的供给量。因此与需求类似，经济学意义上的供给所反映的也是价格与其对应的供给量之间的关系。

与需求一样，供给也分为个别供给和市场供给。个别供给是指单个厂商对某种商品的供给。市场供给是指该商品市场所有个别供给的加总，即与每一可能的售价相对应的每个厂商供给量的总和。

二、供给表、供给曲线和供给规律

供给表(Supply Schedule)是表示某种商品的各种价格和与价格相对应的该商品的供给数量之间关系的数字序列表。表2—5是个别厂商供给表和市场供给表。

表2—5　　个别厂商供给表和市场供给表

价格(元)	供给量				
	个别厂商供给量(1 000千克)				市场供给量(1 000千克)
	A	B	C	…	
6	3	2	2.5	…	12
5	1	1.5	2	…	11
4	0.6	0.8	1.4	…	10
3	0.3	0.4	0.6	…	9

续表

价格(元)	供给量				
	个别厂商供给量(1 000 千克)				市场供给量(1 000 千克)
	A	B	C	…	
2	0.2	0.1	0.3	…	7
1	0	0	0	…	0

表 2—5 是描述一种商品供给状况的供给表。它表示，若价格为 1 元/千克，没有任何厂商愿意提供产品；若价格为 2 元/千克，则该市场各个厂商愿意销售的数量合计为7 000千克；价格为 3 元的市场供给量为9 000千克……若销售价格上升到 6 元/千克，该市场各个生产者愿意销售的数量合计达到12 000千克。把表 2—5 的数据描绘在坐标图上，即可得到市场供给曲线 S，如图 2—5所示。供给曲线(Supply Curve)是表示商品供给量与价格之间关系的曲线。

从图 2—5 中可以看到，供给曲线是向右上方倾斜的，即它的斜率为正值。这说明，在影响供给关系的其他因素既定的条件下，商品的供给量与自身价格之间存在正向的依存关系，即商品价格上升，供给量增加；商品价格下降，供给量减少。这就是供给规律(Law of Supply)，也被称为供给法则或供给定律。

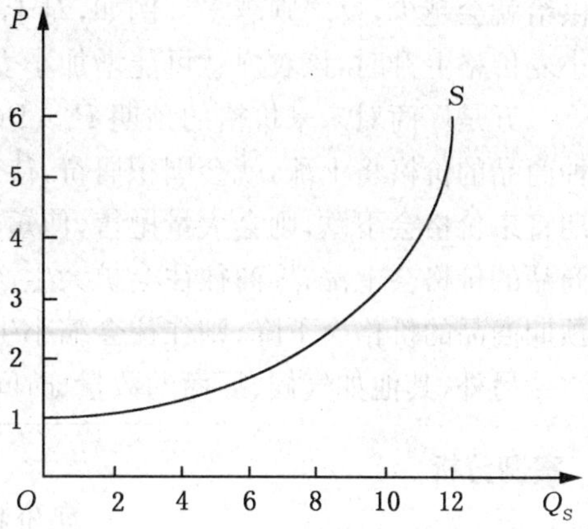

图 2—5　供给曲线

供给规律并不是在任何情况下都适用。对供给规律有两点需要说明：

第一，只有在影响供给的其他因素保持不变时，供给规律才成立。

第二，供给也有例外。供给规律就绝大多数商品而言是成立的，但也有一些例外。

例如，某些原只能以手工单件生产的商品，由于生产技术的发展和规模经营，使成本锐减且大批量供给成为现实，这时虽然商品价格下降，厂商仍愿意供给更多的产品。在这种情况下，其供给曲线表现为向右下方倾斜，斜率为负值。

再如，劳动力的供给。劳动力价格是工资率，即单位劳动时间的工资。当劳动者尚处于较贫困的境况时，工资水平的提高会刺激劳动供给增加。但当工资水平上升到一定的程度，劳动者的基本生活需要得到满足后，文化娱乐、教育、休息等活动就更为重要了。这时，随着工资水平的提高，劳动的供给可能保持不变甚至会减少。以后的章节还会涉及此内容。

三、影响供给的因素和供给函数

(一)影响供给的因素

一种商品的供给数量取决于多种因素的影响，其中主要的因素有该商品自身的价格、生产技术和管理水平、生产要素价格、相关商品的价格、厂商对未来价格的预期等。它们各自对商品的供给量的影响如下：

一是商品自身的价格 P(Price)。一般来说，由于厂商的目标是追求利润最大化，在其他条件既定的情况下，如果某种商品价格上升，厂商就会投入更多的生产资源用于该商品的生产，从而使其供给量增加；反之，厂商就会将生产资源转用到其他相对价格较高的商品的生产，从而使该商品的供给量减少。

二是生产技术和管理水平 T(Technological)。一般情况下,生产技术和管理水平的提高,可以降低生产成本,增加厂商的利润,厂商会提供更多的产品。即使在同一价格水平下,也会提供更多的产品,供给量增加。

三是生产要素价格 P_f(Production Factor Price)。生产要素价格的变化直接影响到商品的生产成本。在其他条件不变的情况下,要素价格上升,厂商利润减少,供给就会减少;反之,则供给增加。

四是相关商品的价格 P_r(Price of Good Relate)。在一种商品的价格不变,而其他相关商品的价格发生变化时,该商品的供给量也会发生变化。这主要是因为商品间的相对价格发生了变化,将使资源重新配置,从而影响商品的供给。相关商品包括互替品和互补品,就某种商品的替代品而言,如果其他条件不变,替代品的价格水平越高,该商品的供给就会越多,反之则越少;就某种商品的互补品而言,在其他条件不变的情况下,互补品的价格水平越高,该商品的供给就会越少,反之则越多。例如,对于某个生产小麦和玉米的农户来说,在玉米价格不变和小麦价格上升时,该农户就可能增加小麦的种植面积而减少玉米的种植面积。

五是厂商对未来价格的预期 P_{ex}(Price Expected)。如果厂商对未来的预期看好,预期某种商品的价格将上涨,就会囤积居奇,待价而沽,从而该商品的短期供给会减少;反之,如果预期将来价格会下跌,则会大量抛售,使短期供给增加。不过从长期来看,情况可能相反,如预期商品的价格会上涨,厂商往往会扩大生产,增加商品供给;如果厂商对未来的预期是悲观的,如预期商品的价格会下降,则往往会缩小生产,减少商品的供给。

另外,其他如气候、厂商的数量、时间等因素也可能会影响供给。

案例分析

奶价狂跌,再现奶农倒奶

河北行唐县奶农李娟最近多了一项任务,把交不上去的鲜奶提到养牛小区周围的田里倒掉。和李娟一样,2014 年上半年刚刚高价买入奶牛的河北省很多奶农们正备受煎熬。

经历了 2013 年下半年的"奶荒"之后,鲜奶价格曾一路飙升至 5 元/公斤,很多奶农都花高价买入奶牛。但 2014 年下半年以来,鲜奶价格进入下行通道,鲜奶收购价格一路下跌至 3.3 元/公斤,而与此同时,饲料售价居高不下,养殖成本上升,而奶牛的价格也由原来的每头超过 2 万元跌至近期不足 1 万元,奶牛顿成了烫手山芋。

更要命的是奶企鲜奶用量减少,奶农的鲜奶交不上去,把交不上去的鲜奶倒掉,甚至把奶牛杀掉或把刚刚怀孕的奶牛卖掉,这些都成了奶农们不得已的选择。

2014 年下半年以来倒奶事件延伸:

2015 年 1 月 4 日,河北廊坊,因收奶纠纷,有奶农把整车原奶倒掉。

2014 年 12 月,央视报道,由于河北原奶滞销,养殖户王国志不得不把超过 1.6 万元买的牛以6 000元卖掉,因为原奶没人收就意味着每天都在赔钱。

2014 年 8、9 月份,蒙牛乳业泰安有限责任公司决定于 2014 年 8 月 1 日起以低于成本价收购青岛、烟台、威海等地市的鲜牛奶,众多养殖合作社负责人和奶农代表选择倒奶杀牛。

不同于一般意义上的产能过剩,在乳业专家看来,收购标准提高、乳制品生产企业自身牧场增加、进口奶粉大量进入市场,造成国产牛奶销量下降,是奶农倒奶杀牛的主要原因。

资料来源:商洛之窗,http://www.slrbs.com/cj/tzlc/2015—01—20/279823.html。

思考与讨论:目前国内市场上果真是牛奶供给过剩吗?

(二)供给函数

供给函数(Supply Function)是用来表示一种商品的供给数量与影响该供给数量的各种因素之间的相互依存关系。将上述影响供给量的所有因素作为自变量,把供给量作为因变量,则可得到一个供给函数,记作:

$$Q_s = f(P, T, P_f, P_r, P_{ex}, \cdots) \tag{2.4}$$

其中,Q_s代表某种商品的供给量,P 代表该商品的价格,T 代表生产技术和管理水平,P_f代表生产要素价格,P_r代表相关商品价格,P_{ex}代表对未来价格的预期,等等。

在微观经济学中,价格是影响供给量的主要因素。假定影响供给的其他因素不变,只研究商品的供给与其价格之间的关系,则供给函数可记作:

$$Q_s = f(P) \tag{2.5}$$

供给函数 $Q_s = f(P)$表示一种商品的供给量与该商品价格之间存在着一一对应的关系。这种函数关系可以分别用供给表和供给曲线来表示。

商品的供给表是表示某种商品的各种价格和与价格相对应的该商品的供给量之间关系的数字序列表。表 2—6 是某种商品的供给表。

表 2—6　　某商品的供给表

价格—供给量组合	A	B	C	D	E
价格(元)	2	3	4	5	6
供给量(单位数)	0	200	400	600	800

表 2—6 清楚地表示了商品的价格与供给量之间的函数关系。例如,当价格为 6 元时,商品的供给量为 800 单位;当价格下降为 4 元时,商品的供给量减少为 400 单位;当价格下降为 2 元时,商品的供给量减少为 0。供给表实际上是用数字表格的形式来表示商品的价格与供给量之间的函数关系的。

商品的供给曲线是根据供给表中的商品价格—供给量组合在平面坐标图上所绘制的一条曲线。图 2—6 便是根据表 2—6 所绘制的一条供给曲线。

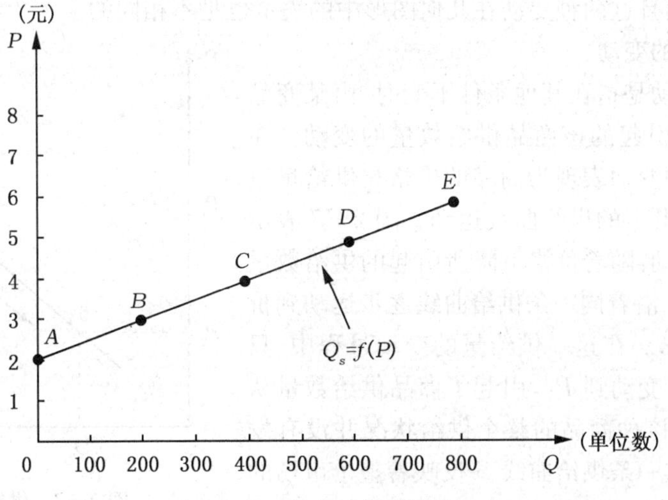

图 2—6　某商品的供给曲线

图中的横轴 OQ 表示商品的供给数量，纵轴 OP 表示商品价格。在平面坐标图上，把供给表中提供的商品的价格—供给量组合的坐标点 A、B、C、D、E 连接起来的线，就是该商品的供给曲线 $Q_s=f(P)$。它表示在不同的价格水平下厂商愿意而且能够提供出售的商品数量。供给曲线是以几何图形表示商品的价格与供给量之间的函数关系。与需求曲线一样，供给曲线也是一条光滑的和连续的曲线，它是建立在商品的价格和相应的供给量的变化具有无限分割性的假设基础上的。

如同需求曲线一样，供给曲线可以是直线型的，也可以是曲线型的。如果供给函数是线性函数，则相应的供给曲线就是直线型的，如图 2—6 中的供给曲线。如果供给函数是非线性函数，则相应的供给曲线就是曲线型的。直线型供给曲线上每点的斜率是相等的，曲线型供给曲线上每点的斜率则不相等。在微观经济分析中，使用较多的是线性供给函数。它的通常形式为：

$$Q_s=-c+d\cdot P \tag{2.6}$$

式中，c、d 为常数且大于零。$-c$ 是供给曲线在横轴上的截距，它表示商品价格为零时的供给量。它意味着能使生产者提供产量的价格必定是 $P>\frac{c}{d}$。d 表示供给曲线相对于价格轴的斜率，即 $d=\frac{\Delta Q_s}{\Delta P}$，或者 $d=\lim\limits_{\Delta P\to 0}\frac{\Delta Q_s}{\Delta P}=\frac{dQ_s}{dP}$。

假设赋予 $Q_s=-c+d\cdot P$ 中的 c、d 一定的数值，如果令 $c=5$，$d=2$，则供给函数为：

$$Q_s=-5+2P \text{ 或 } P=2.5+0.5Q_s$$

以供给函数为基础的供给表和供给曲线都反映了商品的价格变动与供给量变动二者之间的规律。从表 2—6 可见，商品的供给量随着商品价格的上升而增加。相应地，图 2—6 中的供给曲线表现出向右上方倾斜的特征，即供给曲线的斜率为正值，也反映了商品的供给量与其价格之间同方向变动的关系。

四、供给量的变动和供给的变动

供给量的变动和供给的变动都是供给数量的变动，它们的区别在于引起这两种变动的因素是不相同的，而且这两种变动在几何图形中的表示也是不相同的。

(一)供给量的变动

供给量的变动是指在其他条件不变时，由某商品自身价格变动所引起的该商品供给数量的变动。在几何图形中，这种变动表现为商品的价格—供给量组合点沿着同一条既定的供给曲线运动。图 2—7 表示的是供给量的变动：随着价格下降所引起的供给数量逐步减少，从点 a 沿着同一条供给曲线逐步运动到价格和数量组合点 b。在这一供给量的变动过程中，只是由于价格从 P_1 变动到 P_2，引起了商品供给数量从 Q_1 变动到 Q_2，而该种商品的整个供给状况并没有发生变化，仍然由这一条供给曲线 S 反映着整个市场的供给状况。

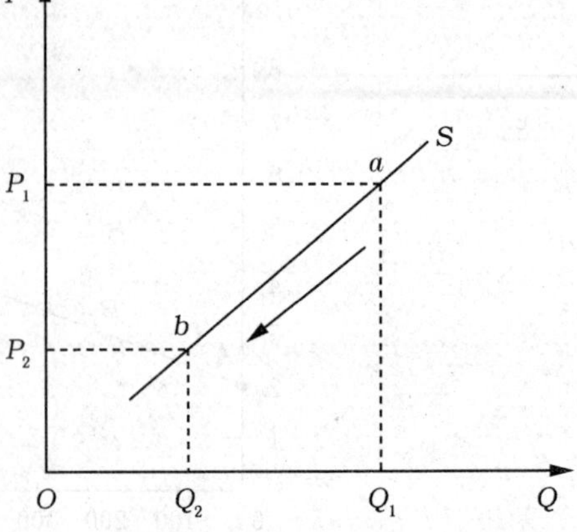

图 2—7 供给量的变动

(二)供给的变动

在某商品价格不变的条件下,由于其他因素的变动所引起的该商品的供给数量的变动,称为供给的变动或供给水平(Level Supplied)的变动。这里的"其他因素变动"是指生产技术和管理水平的变动、生产要素价格的变动、相关商品价格的变动和生产者对未来价格预期的变动,等等。

一般而言,供给曲线向外移动,表示供给水平的提高;供给曲线向内移动,表示供给水平的下降。在几何图形中,供给的变动表现为供给曲线的位置发生移动,结合图 2－8 加以说明。图 2－8 表示的是供给的变动。在图中原来的供给曲线为 S_1。在除商品价格以外的其他因素变动的影响下,供给量增加,则使供给曲线 S_1 向右平移到 S_2 的位置;供给量减少,则使供给曲线由 S_1 向左平移到 S_3 的位置。由供给的变化所引起的供给曲线位置的移动,表示在每一个既定的价格水平上供给量的增加或减少。例如,在既定的价格水平 P_0,供给量增加,使供给量由供给曲线 S_1 上的 Q_1 上升到供给曲线 S_2 上的 Q_2;相反,供给量减少,使供给量由供给曲线 S_1 上的 Q_1 下降到供给曲线 S_3 上的 Q_3。这种在原有价格水平上所发生的供给增加量 Q_1Q_2 和减少量 Q_3Q_1,都是由其他因素变化所带来的。譬如,它们分别是由生产成本下降和上升所引起的。很清楚,供给的变动所引起的供给曲线位置的移动,表示整个供给状态的变化。

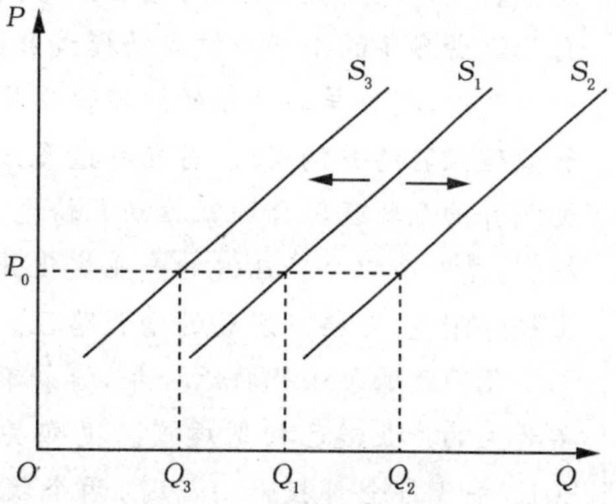

图 2－8　供给的变动

(三)供给量和供给水平的变动

同样要注意区别供给量和供给水平这两个概念。前者是指不同价格水平下生产者愿意并能够提供的消费品的数量;后者是指同一价格水平下生产者愿意并能够提供的消费品的数量。与此对应,必须明确区别两种供给的变动:一种是在其他条件不变时由商品本身的价格所引起的供给变动,称为供给量的变动,它表现为沿着一条既定的供给曲线的移动;另一种是在商品本身的价格保持不变的情况下,因诸如生产技术和要素价格等因素引起的供给的变动,称为供给水平的变动,它表现为整个供给曲线的移动。

拓展阅读

飞鹤理性剖析奶农倒奶,市场挑战是主要原因

2014 年对于中国乳业来说是风云变幻的一年,也是机遇与挑战并存的一年。这一年,国家多项措施落地实施。随着"史上最严生产许可证"的审核,截至 5 月底,国产婴幼儿奶粉仅剩 82 家。而随着下半年来国际奶价的持续走低,质检总局大量放开进口奶粉,外国奶粉纷纷进入中国市场。岁末年终,青海、河北、河南、山东等主要奶源地的"倒奶杀牛"事件,更让中国乳业雪上加霜。这些无疑给国内乳企带来了巨大的压力和严峻的挑战,但是从另一个方面来说更是对国内乳企的一次机遇。

虽然形势严峻,市场竞争压力空前增大,但是未来中国乳品消费市场的增长空间仍然很大。为应对激烈的市场竞争,国内乳企纷纷抓紧修炼内功,积极进行变革和调整。纵观 2014 年以来国内乳企的动作,都在奶源和寻求国外建厂等方面下足了功夫。

在2014年乳制品行业最受关注事件中,飞鹤收购关山绝对能算得上一件。飞鹤收购关山，不仅使关山受到关注，也让羊奶行业受到了国内各界投资者的关注。2013 年 6 月，国务院《关于进一步加强婴幼儿配方乳粉质量安全工作的意见》提到，任何企业不得使用牛、羊乳(粉)以外的原料乳(粉)生产婴幼儿配方乳粉，首次将羊奶提高到与牛奶同样的地位，牛羊并举成为国家新的奶业发展战略。

在飞鹤收购关山后，对企业战略做了重新调整，飞鹤关山将全面主营羊奶粉业务。将自已运营多年的全产业链成功模式和经验移植到关山乳业乃至整个羊乳行业，如投资建设奶源基地，提升羊乳产业的规模化发展。不但输出资金和资源，同时输出成功的商业模式和管理经验的并购模式，旨在打造多方共赢。对羊乳产业而言，这宗国内首起羊乳产业的大额并购无疑既贴合国家推动乳粉企业兼并重组的政策导向，又能切实释放羊乳产业发展红利，是一个以全产业链的产业优化升级为核心驱动力，在食品生产和销售全程可控基础上循序渐进、可持续发展的增长路径。

飞鹤收购关山已将近一年，随着不断地磨合以及产业链嫁接工作的不断开展，目前以羊为主的产业链已初见规模。飞鹤关山在陕西有两个羊牧场，均已进入收尾阶段，预计 2015 年 3 月全部投产。届时，两个牧场所产的鲜奶将完全能够满足工厂每日生产需要。2014 年，飞鹤关山销售额突破 3 亿元，羊奶粉占 98%，同比增长 25%。由此可见，在收购后，由产业链的嫁接所带来的红利已初见端倪，更表明了企业战略转型的巨大成功。

在严峻的行业竞争挑战下，飞鹤的举动和成功经验，给整个行业提供了一个新的思考，也提供了宝贵的借鉴。对于最近频现的“倒奶杀牛”事件，不仅仅是奶农的问题。从表面上看，是由于国际奶价持续走低，大量国际乳品进入中国，许多企业开始选择价格相对便宜的进口奶粉，这直接对奶农牛奶的收购产生了影响，催生了“奶农倒奶”事件的发生；从另一方面来看是产业转型升级的必然结果，是产业链的问题。优质的乳品必须依赖优质的奶源，优质的奶源必须依赖优质的牧场，优质的牧场必须靠集约化、科学化经营。乳品行业产、供、销自成一脉，不可分割，因此要解决奶的问题，必须通盘思考、系统化解决，理清乳业发展的脉络，实现农业、牧业、乳业整个产业链上各个环节统一管理、协调发展。

面对目前的情况，企业个体力量相对薄弱。因此，一方面，需要整个行业共同献计献策，共同帮助奶农渡过难关。另一方面，也需要政府能够更好地发挥积极作用。短期内，为了尽快解决问题，协调牛乳企业收购牛奶，维持当地牛奶正常的收购秩序。长期看，在未来政府主导部门能够建立更多有效、健康的发展机制，在充分保障奶农基本利益的条件下，推动民族乳业的转型升级和健康发展。

资料来源：中国网科学中国，http://big5.china.com.cn/gate/big5/science.china.com.cn/2015-01/20/content_7621215.html。

第四节　均衡价格

需求曲线表明的是消费者对某种商品在每一价格下的需求量是多少，供给曲线表明的是生产者对某种商品在每一价格下的供给量是多少。但是，它们都没有表明这种商品自身的价格究竟是如何决定的。微观经济学中的商品价格是指商品的均衡价格。商品的均衡价格是在商品的需求市场和供给市场这两种相反力量的相互作用下形成的。均衡价格的形成过程也就是价格的决定过程。需要强调的是，这里的均衡价格是完全自发形成的，如果有外力干预(例如垄断、国家政策干预等）所形成的价格就不是均衡价格。下面将需求曲线和供给曲线结合在一起分析均衡价格的形成及其变动。

一、均衡价格的决定

（一）均衡的含义

均衡是西方经济学中一个被广泛运用的重要概念。均衡的最一般含义是指经济事物中有关的变量在一定条件的相互作用下所达到的一种相对静止的状态。经济事物之所以能够处于这样一种静止状态，是由于在这样的状态中有关该经济事物的各参与者的力量能够相互制约和相互抵消，也由于这样的状态中有关该经济事物各方面的经济行为者的愿望都能够得到满足。正因为如此，西方经济学家认为，经济学的研究往往在于寻找在一定条件下经济事物的变化最终趋于相对静止之点的均衡状态。

在微观经济分析中，市场均衡可以分为局部均衡和一般均衡。局部均衡对单个市场或部分市场的供求与价格之间的关系和均衡状态进行分析。它假定在其他条件不变的情况下，考察一种商品或一种生产要素的供给和需求达到均衡时的价格决定。一般均衡对一个经济社会中所有市场的供求与价格之间的关系和均衡状态进行分析。它考察在各种商品和生产要素的供给需求和价格等相互影响的情况下，所有商品和生产要素的供给与需求同时达到均衡时的价格决定。一般均衡假定各种商品的供求和价格都是相互影响的，一个市场的均衡只有在其他所有市场都达到均衡的情况下才能实现。我们这里所研究的是局部均衡的情况。

（二）均衡价格和均衡数量

在西方经济学中，一种商品的均衡价格（Equilibrium Price）是指该商品的市场需求量与市场供给量相等时的价格。这时该商品的需求价格与供给价格正好相等。在均衡价格水平下相等的市场供求数量被称为均衡数量（Equilibrium Quantity），即该商品的市场需求量与市场供给量相等称为均衡数量。从几何意义上说，一种商品的市场供求达到均衡出现在该商品的市场需求曲线与市场供给曲线相交的交点上，该点被称为均衡点。均衡点所对应的价格和数量分别称为均衡价格和均衡数量。市场上需求量与供给量相等的状态，也被称为市场出清的状态。

图 2－9 是将图 2－2 中的需求曲线和图 2－6 中的供给曲线结合在一起说明一种商品的市场均衡价格是如何决定的。在图 2－9 中，假定 D 曲线为市场的需求曲线，S 曲线为市场的供给曲线。需求曲线 D 和供给曲线 S 相交于 E 点，E 点为均衡点。在均衡点 E，均衡价格 $P_e=4$ 元，均衡数量 $Q_e=400$，显然，在均衡价格 4 元的水平，消费者的购买量和生产者的销售量是相等的，都为 400 单位。也可以反过来说，在均衡数量为 400 单位水平，消费者愿意支付的最高价格和生产者愿意接受的最低价格是相等的，都为 4 元。因此，这样一种状态便是一种使买卖双方都感到满意并愿意持续下去的均衡状态。

均衡价格的决定也可以用与图 2－9 相对应的表 2－7 来说明。从表 2－7 中清楚可见，商品的均衡价格为 4 元，商品的均衡数量为 400 单位。

表 2－7　　某商品均衡价格的决定

价格（元）	6	5	4←均衡	3	2
需求量（单位数）	200	300	400	500	600
供给量（单位数）	800	600	400	200	0

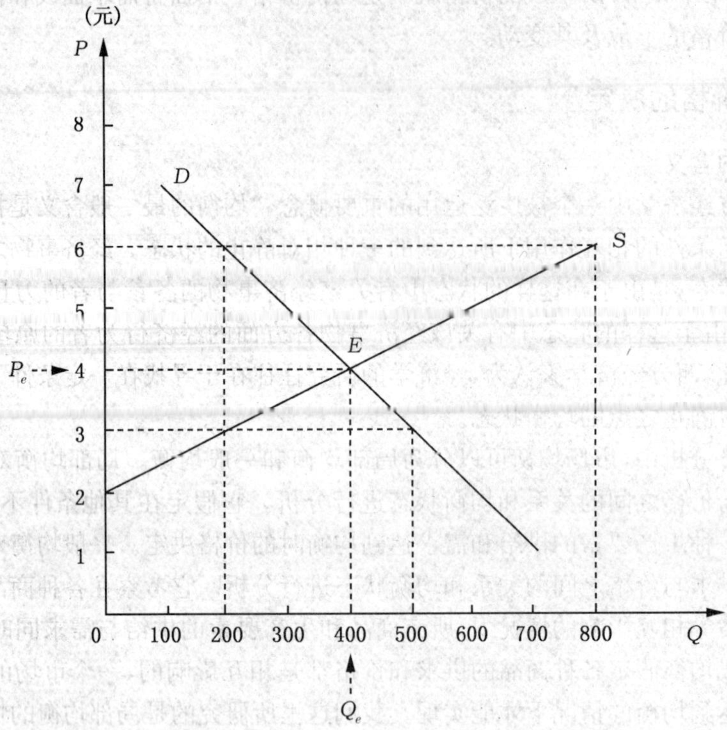

图 2—9 均衡价格的决定

理解均衡价格时应注意以下几个问题：第一，均衡价格是由市场需求量（而非单个消费者的需求量）与市场供给量（而非单个厂商的供给量）相等来决定的。第二，均衡价格意味着由于需求与供给这两种力量的作用使价格处于一种相对静止、不再变动的状态。第三，需求与供给就像一把剪刀的两边一样起作用，不分主次。因此，需求与供给中任一个发生变化都会影响均衡价格的变动。第四，市场上各种商品的均衡价格是最后的结果，其形成过程是在一个完全竞争、不存在垄断的市场上自发地进行的。需要强调的是，如果有外力的干预（如垄断力量的存在或国家的干预），那么这种价格就不是均衡价格。

（三）均衡价格的形成

均衡价格的形成也就是价格决定的过程。如前所述，商品的均衡价格表现为商品市场上需求和供给这两种相反的力量共同作用的结果，它是在市场供求力量自发调节下形成的。当市场价格偏离均衡价格时，市场上会出现需求量和供给量不相等的非均衡状态。一般来说，在市场机制的作用下，这种供求不相等的非均衡状态会逐步消失，偏离的市场价格会自动地恢复到均衡价格水平。

仍用图 2—9 和表 2—7 来说明均衡价格的形成。当市场的实际价格低于均衡价格，为 3 元时，商品的市场需求量为 500 单位，供给量为 200 单位。这种需求量大于供给量的商品短缺或超额需求的市场状况，一方面迫使需求者提高价格来得到他们要购买的商品量，另一方面又会使供给者增加商品的供给量。这样，该商品的价格必然上升，一直上升到均衡价格为 4 元的水平。与此同时，随着价格由 3 元上升为 4 元，商品的市场需求量逐步由 500 单位减少为 400 单位，商品的市场供给量逐步由 200 单位增加为 400 单位，最后达到供求量相等的均衡数量

400 单位。相反，当市场的实际价格高于均衡价格，为 6 元时，商品的市场需求量为 200 单位，市场供给量为 800 单位。这种供给量大于需求量的商品过剩或超额供给的市场状况，一方面会使需求者压低价格来购买商品，另一方面又使供应者减少商品的供给量。这样，该商品的价格必然下降，一直下降到均衡价格为 4 元的水平。与此同时，随着价格由 6 元下降为 4 元，商品的市场需求量逐步由 200 单位增加为 400 单位，商品的供给量逐步地由 800 单位减少为 400 单位，从而实现供求量相等的均衡数量 400 单位。

由此可见，当市场上的实际价格偏离均衡价格时，市场上总存在着变化的力量，最终达到市场的均衡或市场出清。市场上自发地进行竞争的过程决定了均衡价格，这是供求双方都可以接受的价格。用经济模型来表示，均衡价格可以由下式来确定：

$$Q_d = Q_s$$

式中，$Q_d = f(P)$是市场需求函数，$Q_s = f(P)$是市场供给函数。当市场处于均衡时，也就是市场需求量等于市场供给量时，由上式即可以求出均衡价格 P_e和均衡数量 Q_e。

综上所述，当市场上的实际价格偏离均衡价格时，通过价格这只“看不见的手”的作用，市场最终达到供求相等的均衡状态。

案例分析

石油与天然气

在 20 世纪 80 年代晚期，美国东海岸的很多学校都采购了昂贵的设备，准备用来使学校能迅速地从以油为热源转而使用天然气，以避免遭受油价突然上升的打击，就像它们在 20 世纪 70 年代早期曾遭受过的那样。

在 1990 年秋天，伊拉克入侵科威特，油价飞涨，而那些学校已由烧油改为烧天然气。估计能源费将有很大节省的学校主管们却受到了一个打击：他们根本没有节省多少。当他们收到来自当地公共事业公司的账单时，发现天然气的价格就像油价一样也显著地上涨。许多主管在公共事业公司愤怒地抱怨和谴责公司的价格欺诈。他们的理由是，伊拉克侵占科威特，根本没有影响到天然气的供应，所以天然气的价格没有理由也上升。这些学校的主管们正确吗？这是公共事业公司乘国际危机之机，为增加自己的利润而搞价格欺诈的一个例子吗？

资料来源：斯蒂格利茨《经济学》小品与案例。

思考与讨论：

试用供给和需求理论回答以下问题：

(1)为什么伊拉克侵占科威特造成了油价的上升？

(2)为什么天然气的价格也上升？

二、供求变动对均衡的影响

一种商品的均衡价格是需求和供给两方面的力量共同决定的。当外部条件变化而导致消费者和生产者行为改变时，市场均衡价格和均衡数量就会因此而发生改变。既然均衡价格是由供求水平共同决定的，显然，均衡价格的变动也自然是由供求水平的移动所引起的。关于引起供求水平变动的原因，前两节已分别作了分析，这里只讨论供求曲线的变动对均衡价格(或均衡数量)的影响。

以上对市场均衡价格的分析，是在假定需求和供给既定，即需求曲线和供给曲线给定且不发生移动的前提下进行的。此时，随着市场价格的波动，市场上会出现商品的过剩或短缺，却并不改变市场的均衡。但是，如果需求或供给发生了变化，即需求曲线或供给曲线发生了移动，市场均衡就要发生相应的变化。下面分三种情况加以说明：

（一）需求变动对均衡的影响

在供给不变的情况下，需求增加会使需求曲线向右平移，从而使得均衡价格和均衡数量都增加；需求减少，会使需求曲线向左平移，从而使得均衡价格和均衡数量都减少，如图 2－10 所示。

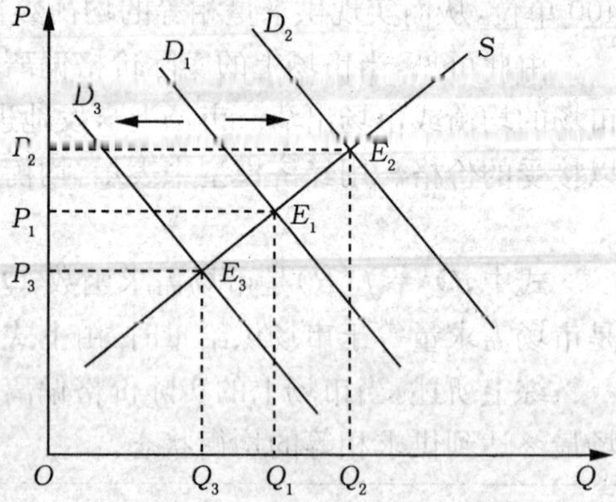

图 2－10 需求变动对均衡价格的影响

在图 2－10 中，既定的供给曲线 S 和最初的需求曲线 D_1 相交于 E_1 点。在均衡点 E_1，均衡价格为 P_1，均衡数量为 Q_1。需求增加使需求曲线向右平移至 D_2 曲线的位置，D_2 曲线与 S 曲线相交于 E_2 点，在均衡点 E_2，均衡价格上升为 P_2，均衡数量增加为 Q_2。因此，在供给不变的情况下，需求增加将会导致均衡价格和均衡数量增加；相反，需求减少使需求曲线向左平移至 D_3 曲线的位置，D_3 曲线与 S 曲线相交于 E_3 点，在均衡点 E_3，均衡价格下降为 P_3，均衡数量减少为 Q_3。因此，在供给不变的情况下，需求的减少将会导致均衡价格下降和均衡数量减少。

（二）供给变动对均衡的影响

在需求不变的情况下，供给增加会使供给曲线向右平移，从而使得均衡价格下降、均衡数量增加；供给减少会使供给曲线向左平移，从而使得均衡价格上升、均衡数量减少，如图 2－11 所示。

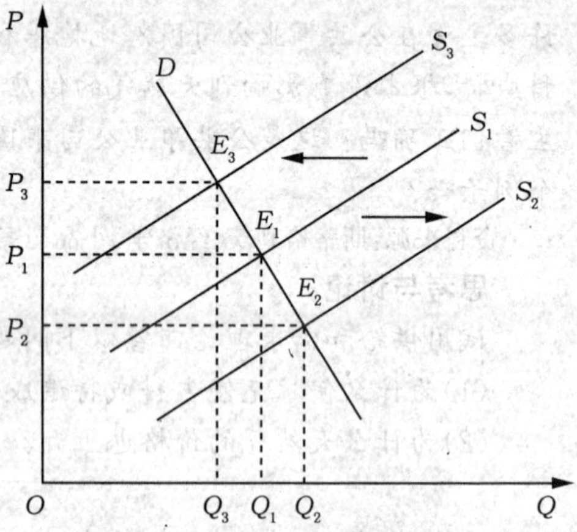

图 2－11 供给变动对均衡价格的影响

在图 2－11 中，既定的需求曲线 D 和最初的供给曲线 S_1 相交于 E_1 点。在均衡点 E_1 的均衡价格和均衡数量分别为 P_1 和 Q_1。供给增加使供给曲线向右平移至 S_2 曲线的位置，并与 D 曲线相交于 E_2 点，在均衡点 E_2，均衡价格下降为 P_2，均衡数量增加为 Q_2。相反，供给减少使供给曲线向左平移至 S_3 的位置，并与 D 曲线相交于 E_3 点，在均衡点 E_3，均衡价格增加为 P_3，均衡数量减少为 Q_3。

（三）需求和供给同时变动对均衡的影响

需求和供给同时发生变动的情况比较复杂，因为两者变动的方向、变动程度的差异均可能对均衡产生不同的影响。

1. 需求和供给同向变动对均衡的影响

假定需求与供给由于各种因素而同时增加，如图 2－12 所示，D_1 曲线移至 D_2，S_1 曲线移至 S_2。均衡点随之由 E_1 点移至 E_2 点。根据前述分析，需求、供给增加后，均衡产量均随之增加，因此新的均衡产量 Q_2 比原来的均衡产量 Q_1 有所增加。但是，均衡价格的变动却不能确定。因为需求增加使均衡价格上升，供给增加使均衡价格下降，因而均衡价格的实际变动还要取决于两者增加的程度。如果需求增加的程度大于供给增加的程度，如图 2－12 所示，则均衡

价格将由 P_1 上升到 P_2；如果需求增加的程度小于供给增加的程度，则均衡价格将下降；如果两者增加的程度一样，则均衡价格不变。所以，在需求和供给同时增加时，均衡产量必然增加，但均衡价格的变动不能确定，可能上升、下降或保持不变。同样，如果需求和供给同时减少，均衡产量必然减少，均衡价格也不能确定。图 2－12 中需求和供给同时减少，需求曲线由 D_1 曲线向左移至 D_3 曲线，供给曲线由 S_1 向左移至 S_3 曲线，新的均衡点随之移至 E_3 点，E_3 点对应的均衡产量 Q_3 较 Q_1 减少了，E_3 点对应的均衡价格 P_3 较 P_1 是上升了还是下降了则不确定，这主要取决于需求和供给减少的程度。

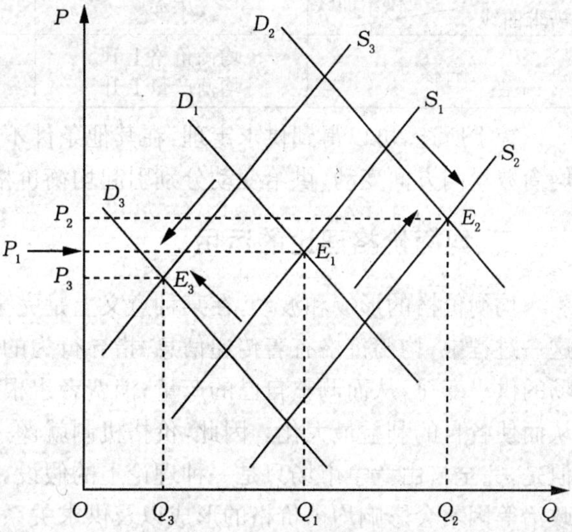

图 2－12　需求和供给同向变动对均衡的影响

2. 需求和供给反向变动对均衡的影响

假定需求与供给由于各种因素而发生了反向变动，如图 2－13 所示，需求增加，D_1 曲线移至 D_2，而供给减少，S_1 曲线移至 S_2，均衡点随之由 E_1 点移至 E_2 点。根据前述分析，需求增加，供给减少，均衡价格均随之上升，因此，新的均衡价格 P_2 比原来的均衡价格 P_1 高。但是均衡产量的变动却不能确定，要取决于两者变动的程度。如果需求增加的程度比供给减少的程度大，如图 2－13 所示，则均衡产量由 Q_1 增加到 Q_2；如果需求增加的程度比供给减少的程度小，则均衡产量将减少；如果两者变动的程度一样，则均衡产量保持不变。所以，需求增加，供给减少，均衡价格必然上升，但均衡产量的变动不能确定，可能增加、减少或者保持不变。同样地，需求减少，供给增加，均衡价格必然下降，均衡产量也不能确定。图 2－13 中需求减少和供给增加，需求曲线由 D_1 曲线向左移至 D_3 曲线，供给曲线由 S_1 向右移至 S_3 曲线，新的均衡点随之移至 E_3 点，E_3 点对应的均衡价格 P_3 较 P_1 下降了，但 E_3 点对应的均衡产量 Q_3 较 Q_1 的增减情况则不确定，这主要取决于需求减少和供给增加的程度。

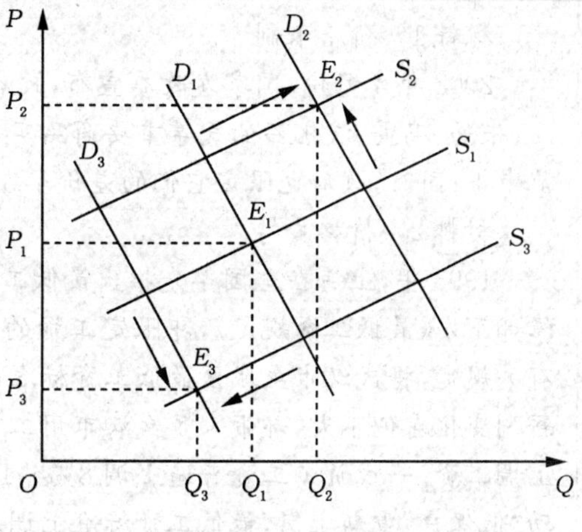

图 2－13　需求和供给反向变动对均衡的影响

综合以上三种情况，需求、供给的变动对均衡的影响可归纳为表 2－8：

表 2－8　　需求、供给变动对均衡的影响

供给曲线 需求曲线	不变	左移	右移
不变	均衡价格不变 均衡产量不变	均衡价格上升 均衡产量下降	均衡价格下降 均衡产量上升
左移	均衡价格下降 均衡产量下降	均衡价格不定 均衡产量下降	均衡价格下降 均衡产量不定

续表

需求曲线 \ 供给曲线	不变	左移	右移
右移	均衡价格上升 均衡产量上升	均衡价格上升 均衡产量不定	均衡价格不定 均衡产量上升

综上所述，可以得到供求定理：在其他条件不变的情况下，需求变动分别引起均衡价格和均衡数量同方向变动；供给变动分别引起均衡价格反方向变动和均衡数量同方向变动。

三、均衡价格理论的运用

均衡价格的形成和波动，在某种意义上是完全自由竞争条件下市场机制作用的过程。在这一过程中，均衡价格有着传递信息、指导行为的功能：生产者根据商品价格的涨跌来评判市场的供求变化，从而调整自己的产量；消费者也根据价格的涨跌来安排自己的商品消费组合，从而使各自的利益最大化。因此，价格机制就像一只“看不见的手”，指挥着人们的经济活动。但是，完全自由竞争市场只是一种理论上的假设，在现实经济生活中，总存在某些经济、社会、政治等因素会影响均衡价格的形成以及供求关系的调整，这些因素包括政府的价格管制、供求量限制及税收等。

案例分析

政府价格管制

材料 1　价格限制

2008 年 1 月份，国家发改委宣布，政府将对粮食制品、食用植物油、猪肉和牛羊肉及制品、牛奶、鸡蛋、液化石油气等重要商品实行价格管制，经营这些商品的大企业，涨价必须提前申报；同时，政府也限定它们的差价率或利润率。

材料 2　价格支持

1993 年，上海在全国率先推出最低工资制度。2004 年 1 月 20 日，国家劳动和社会保障部下发《最低工资规定》，即限定工资的最低额度。2015 年 1 月 20 日，湖北省根据国家有关规定，将武汉市主城区最低工资标准由每月1 100元上调至每月1 300元，200 元左右的薪酬变化看似不大，却带来了武汉市用工市场的新气象。首先，部分企业为留任员工早已上调工资，一线员工工资普遍上调 8%～15%，部分岗位工资涨幅甚至超过 20%。其次，触动“低保户”重新上岗，最低工资标准上调后，武汉市不少“低保户”开始重新计算收入账，而后退保再就业。武汉市劳动力市场的统计显示，今年 2 月份以来，该市仅家政市场就新增 1 000余名下岗女工。最后，外出务工人员回流增多。湖北是劳务输出大省，每年都有 500 多万人赴省外务工，占农村劳动力转移就业总数的一半。近年来，武汉市承接沿海地区产业转移带来了很多就业岗位，薪资水平在本地也处于较高水平。目前，当地已经初步兴起了熟练工人回流潮。

资料来源：http://news.asean168.com/a/20150120/2307.html。

思考与讨论：

(1)材料 1 中政府对农副产品实行价格限制，对企业和消费者有何影响？

(2)材料 2 中各级政府对最低工资标准的规定，对企业和个人有何影响？

(3)政府实施价格管制的目的是什么？是否达到了预期目标？

(4)为什么对不同的市场行为制定不同的价格管制策略？

(一)政府价格管制:支持价格和限制价格

在现实生活中,政府出于某种目的,经常会使用价格管制干预市场机制的运行。价格管制有两种方式:支持价格和限制价格。我们用均衡价格模型加以说明。

1. 支持价格

支持价格是指政府为了扶持某一行业的发展,对该行业产品规定的高于市场均衡价格的最低价格,又称价格下限(Floor Price)。如政府为了扶持农业,常实行农产品支持价格。支持价格政策所产生的后果如图 2－14(a)所示。市场均衡价格为 P_E,均衡数量为 Q_E,实行支持价格 P_1后,市场价格上升,此时,与这一价格相对应的需求量为 Q_1,供给量为 Q_2。由于供给量大于需求量,该商品市场将出现供给过剩,过剩量为 FG(即 Q_1Q_2)。为维持支持价格,这些过剩商品不能在市场上卖掉,此时,政府可采取的措施有:一是政府收购过剩商品,或用于储备,或用于出口。在储备或出口受阻的情况下,收购过剩商品必然会增加政府财政开支。二是政府对该商品的生产实行产量限制,规定将生产的数量控制在 Q_1,使供求平衡。但在实施时需要有较强的指令性且有一定的代价。

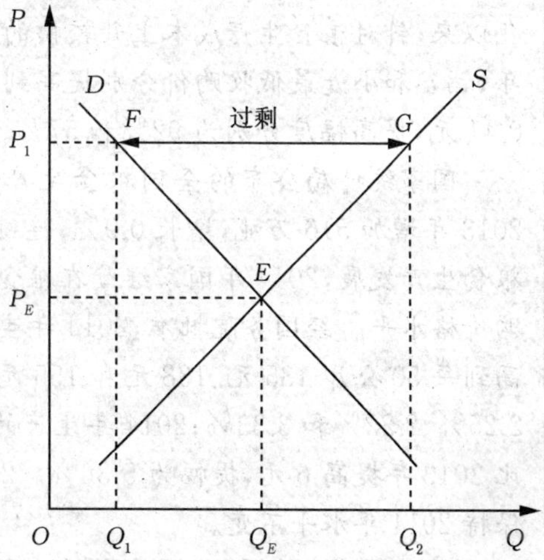

图 2－14(a)　支持价格与均衡价格

2. 限制价格

限制价格是指政府为了防止物价上涨而对它们规定的低于市场均衡价格的最高价格,又称价格上限(Ceiling Price)。其目的是为了稳定经济生活,例如稳定生活必需品的价格,保护消费者的利益,有利于安定民心。另外,对一些垄断性的公用事业收费,政府往往取最高限价,如图 2－14(b)所示。

从图 2－14(b)中可以看出,该商品市场的均衡价格为 P_E,实行限制价格 P_1后,市场价格下跌,此时,与这一价格相对应的需求量为 Q_2,供给量为 Q_1,由于需求量大于供给量,该商品市场将可能出现短缺,短缺量为 FG(即 Q_1Q_2)。这样,市场就可能出现抢购现象或是黑市交易。为解决商品短缺问题,政府可采取的措施是控制需求量,一般采取配给制,发放购物券。但配给制只能适应于短时期内的特殊情况,否则,一方面可能使购物券货币化,还会出现黑市交易;另一方面会挫伤厂商的生产积极性,使短缺变得更加严重。一旦放弃价格控制,价格上涨将会变得更加厉害。

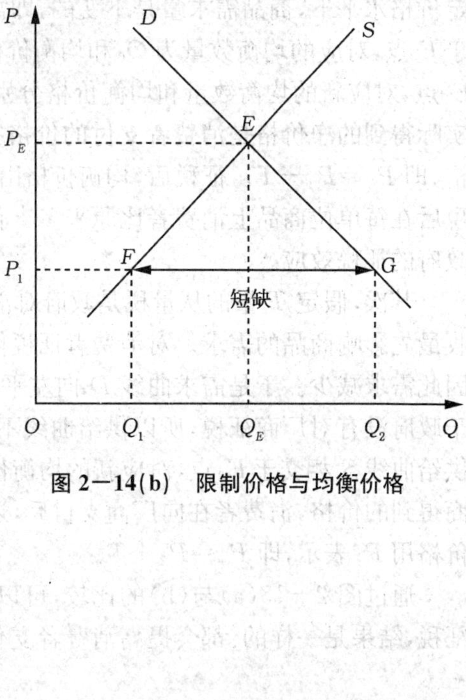

图 2－14(b)　限制价格与均衡价格

拓展阅读

完善重要粮食品种最低收购价格政策

2004年，我国全面放开粮食收购市场和收购价格，粮食价格由市场形成。2004年、2006年起国家在主产区分别对稻谷、小麦两个重点粮食品种实行最低收购价政策。2008年以来，针对粮食生产成本上升较快的情况，国家连续6年提高粮食最低收购价格。2013年，稻谷和小麦最低收购价分别提高到每斤1.39元和1.12元，6年累计分别提高0.67元和0.41元，提高幅度分别为92%和57%。

国家统计局公布的全国粮食生产数据显示，2014年全国粮食总产量60 710万吨，比2013年增加516万吨，增长0.9%，连续11年获得增产。为保证农民种粮的积极性，促进粮食生产发展，2014年国家继续在粮食主产区实行最低收购价格政策，并适当提高最低收购价格水平。经国务院批准，2014年生产的早籼稻、中晚籼稻和粳稻最低收购价格分别提高到每50公斤135元、138元和155元，比2013年分别提高3元、3元和5元，提幅分别为2.25%、2.22%和3.33%；2014年生产的小麦，每50公斤小麦最低收购价格提高到118元，比2013年提高6元，提幅为5.36%。2015年生产的小麦最低收购价为每50公斤118元，保持2014年水平不变。

资料来源：根据中国农业新闻网资料整理，http://www.farmer.com.cn/。

（二）政府税收对均衡价格的影响

政府对商品交易进行征税分为从量税和从价税，两者只是征税时计算的方法不同，对经济的影响则是相似的。如果政府对每单位商品征收一定的从量税，用 T 表示。

首先，假定 T 量的从量税是政府对厂商征收的，即税款由厂商缴纳。在此情况下，对厂商征税将使厂商的生产成本相应地提高，从而厂商在每一价格水平下的供给量减少，因此，税收最先影响到的是商品供给，供给曲线向左移动。如图2－15(a)所示，税前供给曲线 S 向左移，垂直移动距离为 T，形成税后供给曲线 S_1。由于政府此时并未向消费者征税，所以在任一既定价格水平下，商品需求量是不变的，即需求曲线不变。税前供给曲线 S 与需求曲线 D 相交于 E 点，对应的均衡数量为 Q_0 和均衡价格为 P_0，税后供给曲线 S_1 与既定需求曲线 D 相交于 E_1 点，对应新的均衡数量和均衡价格分别为 Q_1 和 P_1。P_1 是消费者实际支付的价格，而厂商实际得到的净价格是消费者支付的价格扣除税款 T 以后的余额，用 P_2 表示厂商得到的净价格，即 $P_2=P_1-T$。征税后，均衡价格由 P_0 上升到 P_1，而均衡数量由 Q_0 下降到 Q_1。可见征税后在每单位商品上消费者比原来多支付了 P_0-P_1，厂商比原来少得到了 P_0-P_2，这就是政府的征税效应。

其次，假定 T 量的从量税是政府对消费者征收的，即税款由消费者缴纳。在此情况下，税收最先影响商品的需求。对消费者征税使原来意愿购买的单位商品价格均衡上涨 T 的数额，因此需求减少。于是需求曲线 D 向左平移，移动的垂直距离为 T，形成新的需求曲线 D_1。由于政府没有对厂商征税，所以供给曲线不变。如图2－15(b)所示，税后需求曲线 D 与既定的供给曲线 S 相交于 E_2 点，对应新的均衡价格为 P_2 和均衡数量为 Q_1，P_2 是市场交易价格即厂商得到的价格，消费者在向厂商支付后，还需向政府缴纳 T 量的税额，所以消费者实际支付的价格用 P_1 表示，即 $P_1=P_2+T$。

通过图2－15(a)与(b)的比较，可以清楚地看到，不论政府对生产者征税，还是对消费者征税，结果是一样的：都会提高消费者支付的价格（消费者多支付了 P_1-P_0），降低生产者得

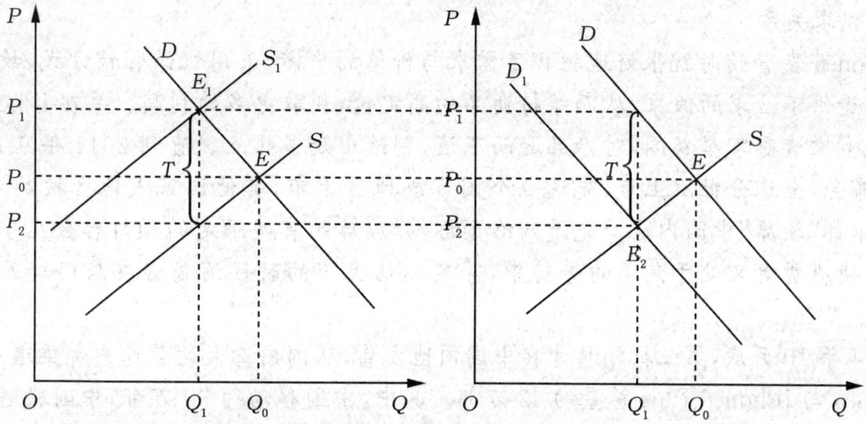

（a）对厂商征税　　（b）对消费者征税

图 2－15　税收对均衡价格的影响

到的价格(厂商少得到了 P_0-P_2)，减少均衡的交易量(交易数量由 Q_0 下降到 Q_1)。而且，生产者少得到的与消费者多支付的总和恰好是税款 T，所以，生产者和消费者共同承担税收。至于税额的分配，则取决于需求曲线和供给曲线的斜率。当需求曲线斜率大于供给曲线斜率时，则税负更多地由消费者承担；反之，则更多地由生产者承担。这是因为，当需求曲线斜率大于供给曲线斜率时，表示需求弹性小于供给弹性，因而税收主要可通过提高销售价格来转移，即使价格有较大的提高，消费者也不能不买；而供给曲线斜率大于需求曲线斜率时，情况则相反。简单来说，供求双方的价格弹性决定了税负的分配：哪一方对价格变化相对缺乏弹性，就会承担更多的税；哪一方对价格变化相对富有弹性，就可以少负担一些税。

既然政府对某种商品征税会提高消费者支付的价格，降低生产者得到的价格，那么当政府对某种商品的每一单位给予一定的金额补贴时，将降低消费者支付的价格，提高生产者得到的价格，增加均衡交易量。此处读者自己可以试着证明。

案例分析

奇怪的税项

1990 年，作为力图削减财政赤字的一揽子计划的一部分，美国国会同意对价格昂贵的奢侈品征收 10%的“奢侈品税”，如豪华游艇、私人飞机、高级轿车、珠宝首饰和皮革制品等。到了次年，由于有钱人为了逃避税收转而前往加拿大等地购买游艇，导致美国东海岸度假胜地——南佛罗里达地区的游艇销量迅速下降了 90%。与此同时，包括德国奔驰和日本雷克萨斯在内的高级轿车的销量也出现急剧下降的趋势。而在这一年，美国不但没有达到预期的进账，反而赔了钱，因此两年后宣布撤销这一税项。

资料来源：斯蒂格利茨《经济学》小品与案例。

思考与讨论：为什么会出现这一奇怪的结果？试分析货物税对均衡价格的影响。

案例导读评析

2014 年是苹果数钱的一年，它的市值被推向历史最高，冲向万亿大关。

苹果的成功可以从供求关系、均衡价格和差别定价三个方面来分析 iPhone 6 和 iPhone 6 Plus 热销背后的经济学原理。

一、供求关系

iPhone6 在营销时就很好地把控了需求与价格的平衡，采用饥饿营销方式，故意调低产量，制造供不应求的假象，从而维持商品的高定价，获取更多的利润。早在 iPhone 6 上市前，就多次透露零星新闻，对产品避而不谈，制造出众多热点。直到 2014 年 9 月 10 日召开发布会，全球分批次上市，先选 9 个国家或地区上市，其他国家或地区按兵不动，前两批上市都“缺席”中国内地。先是网络预订，开放后的官网限定的预订台数几乎是被秒杀抢空，使消费者又处于焦急的等待中，等实体店上市的时候消费者在店门口通宵排队购买。

2014 年 10 月底，第三批销售才在中国内地发售，从国内三大运营商内部渠道来看，首批 iPhone6 与 iPhone6 Plus 总量约 43 万部。其中，中国移动约 30 万部，中国联通约 7 万部，中国电信约 6 万部，iPhone6 与 iPhone6 Plus 版的货量比例为 7∶3。其他社会渠道，如迪信通、苏宁、国美、京东等首批备货总量在 20 万部左右。而从实际销售情况来看，运营商渠道的门店中基本无现货可卖。电商渠道方面，在天猫、京东等平台看到，iPhone6 和 iPhone6 Plus(非合约机)部分颜色显示缺货。除了行货外，港货市场也是较为紧缺。

尽管苹果公司 CEO 库克一再表示会尽快满足全球各地市场的供货，但缺货还是和苹果结下了不解之缘。而这也被外界认为是苹果在制定“饥饿营销”策略。使用这种营销策略如果拖得太久，会让消费者失望并失去耐心，而 iPhone 却做得恰到好处，吊足了消费者的胃口。

二、均衡价格

均衡价格是指商品的供给量与需求量相等，商品的供给价格与需求价格相等时的价格。有外力干预的价格不是均衡价格。当市场价格高于均衡价格的时候，物品供给量将超过需求量，就会存在物品过剩。但是很明显，苹果公司故意调低产量，来营造产品的独特魅力，并左右媒体的话题。苹果有动机地对市场需求故意不予以满足，人为制造出的产品稀缺性造就了苹果品牌，树立了苹果的高端形象。价格的高低既是供求关系的反映，也是商品自身价值的一种体现。iPhone 6 的大卖，营销理念和方式功不可没，但是面对市场上众多竞争对手追逐，苹果公司自从 2007 年推出第一代 iPhone 产品以来，一直在被模仿，从未被超越。拥有 iPhone6 已经不仅仅是持有一部普通手机产品那么简单，在年轻人的心目中，iPhone6 意味着敢于追求时尚新事物、热爱生活和成功富足。无怪乎全球的“果粉”对它狂热不已。

三、差别定价

商品或服务的提供者，向不同的消费者提供相同等级、相同质量的商品或服务，实行不同的销售价格，目的是实现更多的利润。一级差别定价是对每个消费者收取不同的费用。二级差别定价是针对一定数量的物品收取一种价格，对另外一定数量的同样物品收取另一种价格。三级差别定价则是根据不同市场上需求价格弹性的不同，实施不同的价格，如飞机票。

iPhone6 的定价正是采用了三级差别定价。全球各地区市场是分割的，iPhone6 和 iPhone6 Plus 全球分批次分国家不同时间上市，自然价格也不相同。根据苹果官网公布的首发 9 个国家或地区裸机 iPhone6 和 iPhone6 Plus 的价格，可以直观地看出各个国家不同版本 iPhone6、iPhone6 Plus 的价格差异。经过对比，最终看到 iPhone6(16GB)最低价格是日版，折合人民币约为3 917元。iPhone6 Plus(16GB)最低价格是美版，售价约为4 596元。

本章小结

本章知识结构图：

- 价格与市场供求
  - 市场概况
    - 市场的概念
    - 市场的分类
    - 市场主体与价格机制
  - 需求分析
    - 需求的概念
    - 需求表、需求曲线和需求规律
    - 影响需求的因素和需求函数
    - 需求量的变动和需求的变动
  - 供给分析
    - 供给的概念
    - 供给表、供给曲线和供给规律
    - 影响供给的因素和供给函数
    - 供给量的变动和供给的变动
  - 均衡价格
    - 均衡价格的决定
    - 供求变动对均衡的影响
    - 均衡价格理论的运用

本章主要知识点：

1. 需求是指在某一特定时期内对应于某一商品的各种可能价格水平，人们愿意而且能够购买的数量。需求曲线表示了在其他因素保持不变时，需求量与价格之间的反方向变化关系，需求曲线向右下方倾斜，斜率为负。商品自身价格的变化将导致其需求量的变化，表现为沿着需求曲线上点的移动；除了价格之外的其他影响因素变化将导致需求关系变化，表现为需求曲线的整体位移。

2. 供给是指生产者(厂商)在一定时期和一定价格水平下愿意而且能够提供的某种商品的数量。供给曲线表示了在其他因素保持不变时，供给量与价格之间的同方向变化关系，供给曲线向右上方倾斜，斜率为正。商品自身价格的变化将导致供给量的变化，表现为沿着供给曲线上点的移动；除了价格之外的其他影响因素变化将导致供给关系的变化，表现为供给曲线的整体位移。

3. 市场均衡是由市场需求与市场供给共同决定的。能够使市场需求量与市场供给量相等的价格就是均衡价格，此时对应的供求数量就是均衡数量。需求与供给的变化会影响市场均衡的变化，这种影响可以概括为供求规律。

4. 支持价格和限制价格是政府经常使用的干预市场机制的价格政策。在实行价格管制时，供求矛盾通过非价格机制来解决，价格机制无法发挥配置资源的作用。

5. 征税和补贴会改变市场均衡的状态。征税的结果是提高消费者的支付价格，降低供给者得到的价格，减少均衡的交易量。税负在供求双方间的分配取决于需求和供给的价格弹性，补贴与征税的情形相反。

复习思考题

一、名词解释

需求　　需求规律　　需求的变动　　供给　　供给规律　　供给的变动　　均衡价格　　支持价格　　限制价格　　供求规律

二、选择题

1. 消费者预期某种商品未来价格要上升，则对该商品的当前需求会(　　)。

A. 减少　　B. 增加　　C. 不变　　D. 无法确定

2. 假如生产某种物品所需的原料价格上升了，则这种商品的（　　）。

A. 需求曲线向左移动　　B. 供给曲线向左移动

C. 需求曲线向右移动　　D. 供给曲线向右移动

3. 已知某种商品的市场需求函数为 $Q_D=30-P_D$，市场供给函数为 $Q_S=3P_S-10$，如果对该商品实行减税，则减税后的市场均衡价格（　　）。

A. 等于 10　　B. 小于 10　　C. 大于 10　　D. 小于或等于 10

4. 在供给水平和需求水平同时下降的情况下，（　　）。

A. 均衡价格和均衡交易量都下降　　B. 均衡价格下降，均衡交易量的变化无法确定

C. 均衡价格的变化无法确定，均衡交易量下降　　D. 均衡价格上升，均衡交易量下降

5. 政府为了扶持农业，对农产品规定了高于其均衡价格的支持价格；政府为了维持价格，应该采取相应的措施是（　　）。

A. 增加对农产品的税收　　B. 实行农产品配给制

C. 收购过剩农产品　　D. 对农产品生产者予以补贴

6. 其他条件不变，牛奶价格下降将导致牛奶的（　　）。

A. 需求下降　　B. 需求增加　　C. 需求量下降　　D. 需求量增加

7. 当出租车租金上涨后，对公共汽车服务的（　　）。

A. 需求下降　　B. 需求增加　　C. 需求量下降　　D. 需求量增加

8. 以下几种情况中，需求定律例外的是（　　）。

A. 某商品价格上升，另一种商品需求量也上升　　B. 某商品价格上升，需求量也上升

C. 消费者收入增加，对某商品的需求量增加　　D. 消费者偏好改变，对某商品的需求量减少

9. 供给定律说明（　　）。

A. 生产技术提高会使商品的供给量增大

B. 政策鼓励某商品的生产，因而该商品的供给量增大

C. 消费者更喜欢消费某商品，使该商品的价格上升

D. 某商品价格上升将导致对该商品的供给量增大

10. 对大白菜供给的减少，不可能是由于（　　）。

A. 气候异常严寒　　B. 政策限制大白菜的种植

C. 大白菜的价格下降　　D. 化肥价格上涨

三、判断分析题

1.下列情况发生时，某种婴幼儿奶粉的需求曲线如何移动？

（1）卫生组织发布一份报告，称长期食用这种奶粉会对婴幼儿健康不利。

（2）另一种同等品质的奶粉价格上涨了。

（3）消费者收入增加了。

（4）奶粉销售人员的工资增长了。

2. 分析判断下列事件引起的是需求曲线移动还是需求曲线上点的位置移动：

（1）收入增加导致旅游消费上升。

（2）天气炎热使冰激凌销量上升。

（3）汽油价格上升减少了汽油消费。

（4）病虫害使农作物销量下降。

（5）大学学费上升减少了对大学教育的需求。

（6）汽车降价使汽车销量增加。

3. 下列要素如何影响人们对圆珠笔的需求？

（1）铅笔价格下降。

（2）纸张价格上涨。

(3)廉价的计算机大量涌入市场。

(4)政府增加对圆珠笔生产厂商的税收。

(5)由于人口数量下降和老龄化,在校学生数量大大地下降。

四、计算分析题

1. 已知某一时期内某商品的需求函数为 $Q_D=50-5P$,供给函数为 $Q_S=-10+5P$。

(1)求均衡价格和均衡数量,并作出几何图形。

(2)假定供给函数不变,由于消费者收入水平提高,使需求函数变为 $Q_D=60-5P$。求出相应的均衡价格和均衡数量,并作出几何图形。

(3)假定需求函数不变,由于生产技术水平提高,使供给函数变为 $Q_S=-5+5P$。求出相应的均衡价格和均衡数量,并作出几何图形。

(4)利用(1)、(2)和(3),说明静态分析与比较静态分析的联系和区别。

(5)利用(1)、(2)和(3),说明需求变动与供给变动对均衡价格和均衡数量的影响。

2. 假定一种商品的市场供给函数为 $P=2Q_S$,需求函数为 $P=426-Q_D$。

(1)当价格为 350 元时,有多少商品能成交？当价格降为 140 元时,又有多少商品能成交？在这两种价格下,买卖双方谁会处于劣势？

(2)求该商品的市场均衡价格与均衡产量。

(3)求该厂商的销售收入。

3. 假定某市对一场足球赛座位的需求函数为 $P=1\ 900-0.02Q_D$,而座位的供给是固定的:$Q_S=90\ 000$。

(1)求均衡门票价和均衡座位数,并画出图形。

(2)假定主办单位拟订的门票价为 50 元,请问:会有多少球迷买不到票？

4. 某市鸡蛋的供求方程式为:$Q_D=77-7P$,$Q_S=-14+6P$。

(1)如果由于几年来家庭收入增加,在各种可能的市场价格下,家庭 A、B、C 对鸡蛋的需求量依次增加 6 千克、4 千克、3 千克。问:市场需求方程式有何变化,市场均衡价格和均衡数量有何变动？

(2)如果由于不断改进技术,鸡蛋生产成本下降,在各种可能的市场价格下,养鸡场 A、B、C 对鸡蛋的供给量依次增加 2 吨、5 吨、6 吨。问:市场供给方程式有何变化,市场均衡价格和均衡数量有何变动？

(3)如果政府从保证人民生活基本需要出发,规定鸡蛋在市场上的价格上限为每千克 6 元。问:鸡蛋市场将发生短缺还是过剩,其数量为多少？

5. 运用供给和需求曲线的移动来说明下述事件对需求价格和数量的影响。

(1)2008 年元月突然发生雪灾,意外地增加了人们对取暖器的需求。

(2)2008 年初发生的金融危机导致石油价格急剧下跌。

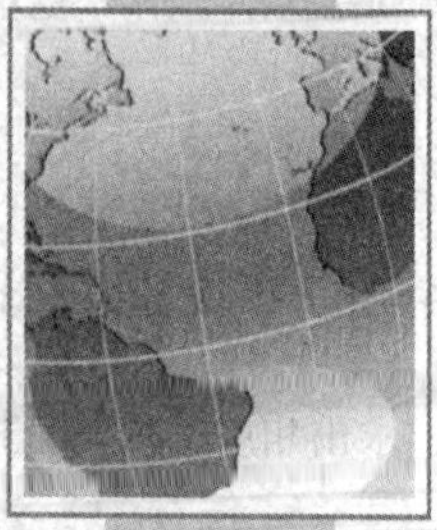

第三章 弹性理论

【本章导读】

通过学习前一章，我们知道影响需求和供给的因素较多，要了解这些影响因素发生变化对需求量和供给量的影响程度，就必须引入弹性概念进行研究。本章将从弹性的概念入手，重点从量的关系上进一步研究需求的价格弹性、需求的收入弹性、需求的交叉价格弹性及供给弹性等，并力图揭示一些弹性的变化规律，探讨弹性理论在现实生活中的实际应用。

【学习目标】

1. 熟悉弹性的定义、需求价格弹性与供给价格弹性的定义和分类。
2. 理解各种需求价格弹性、需求收入弹性和需求交叉弹性的计算。
3. 掌握弹性理论在现实生活中的运用。

【能力目标】

1. 熟练运用需求价格弹性理论解释现实中诸多的"薄利多销"和"谷贱伤农"等经济问题。
2. 能够根据具体函数构建现实需要的弹性关系来解释复杂的经济现象，简化问题。

【案例导读】

阿里巴巴的"双十一"传奇在路上

2014 年 11 月 12 日，阿里巴巴公布了"双十一"全天交易数据：天猫"双十一"成交金额为 571 亿元人民币，其中在移动端交易金额达到 243 亿元，物流订单 2.78 亿元，总共有 217 个国家和地区被点亮。

571 亿元，是 2009 年光棍节"双十一"启动第一年5 200万元的1 098倍，是 2013 年 362 亿元的 157.7%。2010 年交易额为 9.36 亿元，超过了当年香港一天的交易额(8 亿元人民币)；2011 年交易额竟达到了 33.6 亿元；2012 年天猫淘宝交易额超过了 191 亿元，已经引起了全世界的关注，191 亿元几乎是当年阿富汗的 GDP 总额；而 2013 年总成交额达到了 362 亿元，前 8 小时就完成了 2012 年当天的销售总额，比 2012 年增长了近 90%。天猫爆炸式增长的"双十一"成交额见证了中国电商零售业飞速成长的轨迹。

11 月 11 日当天，很多网店的商品低至 5 折、3 折甚至 1 折，我们也许会感到疑惑：他们真的能赚钱吗？还是不惜亏本也要随促销的大流？阿里巴巴的官方大数据资料显示："双十一"促销主流商品主要集中于衣服、饰品、化妆品、家具等易受价格影响的商品之类。

"双十一"经过六个年头后，不仅是中国人的消费狂欢节，而且正在走向世界，成为世界各国的消费日。它带来的消费变得非常明显，美国媒体感叹中国"双十一"一天的销售规模已经赶超美国两大网上购物日，预计电子商务将助力中国在 2015 年成为全球最大的零售市场。这对于一直寻求消费升级的中国来说，无疑是雪中送炭。它改变的不仅仅是人们的消费方式，更是开创了一个消费时点，刺激了相关产业链条式的发展，这对扩大消费、拉动内需、引领经济发展功不可没。

资料来源：根据新浪财经网数据资料整理 http://tech.sina.com.cn/i/2014－11－12/doc－iczzmvum9787727.shtml。

思考与讨论：

(1)如果你也参加了“双十一”购物活动，最初的动机是什么？是什么助推了“双十一”的购物狂欢？

(2)影响商家打折力度的因素有哪些？

(3)小组讨论“双十一”背后蕴含了哪些经济学原理。

第一节　弹性的定义

第二章对决定供求及其变化的各种因素如价格、收入、预期等进行了分析，但仅仅是作了定性分析，并没有深入分析价格变动与供求量之间的关系。但是，现实中不同的商品对其价格变动的反应程度是不一样的，为了精确定量描述不同商品的需求对价格、收入和预期变化的反应程度，微观经济学借用了弹性这一物理概念作为分析工具。

弹性(Elasticity)原是物理学上的概念，意指某一物体对外界力量的反应程度。用数学语言表达，表示因变量的相对变动与自变量的相对变动之比，即因变量的变动率与自变量的变动率之比。弹性的大小用弹性系数表示。弹性的一般公式为：

$$\text{弹性系数}=\frac{\text{因变量的变动率}}{\text{自变量的变动率}}$$

弹性这一概念自马歇尔引入经济分析中后，在微观经济学中得到了广泛的应用。一般来说，在经济学中，只要两个经济变量之间存在着函数关系，就可以用弹性来表示因变量变化对自变量变化的反应敏感程度。具体地说，当一个经济变量发生1%的变动时，由它引起的另一个经济变量的变化的百分比。例如，弹性可以表示当一种商品的价格上升1%时，相应的需求量和供给量变化的百分比具体是多少。

设两个经济变量之间的函数关系为$Y=f(X)$，则弹性的一般公式可以表示为：

$$e=\frac{\frac{\Delta Y}{Y}}{\frac{\Delta X}{X}}=\frac{\Delta Y}{\Delta X}\cdot\frac{X}{Y} \tag{3.1}$$

式中，e为弹性系数，ΔX、ΔY分别为变量的变动量。该式表示当自变量X变化百分之一时，因变量Y变化百分之几。

若经济变量的变动量趋于无穷小，即当(3.1)式中$\Delta X\to 0$且$\Delta Y\to 0$时，则弹性公式为：

$$e=\lim_{\Delta X\to 0}\frac{\frac{dY}{Y}}{\frac{dX}{X}}=\frac{\frac{dY}{Y}}{\frac{dX}{X}}=\frac{dY}{dX}\cdot\frac{X}{Y} \tag{3.2}$$

通常将(3.1)式称为弧弹性公式，将(3.2)式称为点弹性公式。

需要指出的是，由弹性的定义公式可以清楚地看到，弹性是两个变量各自变动比率的比值。因此，弹性是一个具体的数字，它与自变量和因变量的度量单位无关。在微观经济学中，弹性理论主要研究商品的需求量和供给量的相对变动对影响需求和供给的因素相对变动的反应程度。

本章的弹性论将以需求的价格弹性为重点，考察与需求和供给有关的几个弹性概念。

第二节 需求的价格弹性

一、需求的价格弹性的含义及公式

在微观经济学中，需求弹性包括需求的价格弹性、需求的收入弹性和需求的交叉弹性等类型。其中，需求的价格弹性是最基本的一种，通常被简称为需求弹性。

需求的价格弹性表示在一定时期内一种商品的需求量变动对于该商品的价格变动的反应程度。它是商品需求量的变动率与价格变动率之比，表示在一定时期内当一种商品的价格变化1%时所引起的该商品的需求量变化的百分比。其公式为：

$$\text{需求的价格弹性系数}=\frac{\text{需求量变动率}}{\text{价格变动率}}$$

需求的价格弹性可以分为弧弹性和点弹性，下面分别加以说明：

需求的价格弧弹性表示某种商品需求曲线上两点之间的需求量的变动对于价格的变动的反应程度。换句话说，它表示需求曲线上两点之间的一段弧线上的弹性(见图3－1)。

假设需求函数为$Q=f(P)$，ΔQ和ΔP分别表示需求量的变动量和价格的变动量，P和Q分别表示价格和需求量的基量，e_d表示需求的价格弹性系数，则需求的价格弧弹性公式为：

$$e_d=\frac{-\frac{\Delta Q}{Q}}{\frac{\Delta P}{P}}=-\frac{\Delta Q}{\Delta P}\cdot\frac{P}{Q} \tag{3.3}$$

需要说明的是，在通常情况下，由于商品的需求量和价格是呈反方向变动的，$\frac{\Delta Q}{\Delta P}$为负值，所以，为了使需求的价格弧弹性系数取正值以便于比较，就在公式(3.3)中加了一个负号。

当需求曲线上两点之间的变化趋于无穷小时，需求的价格弹性要用点弹性来表示，即表示需求曲线上某一点上的需求量无穷小的变动率对于价格无穷小的变动率的反应程度。在公式(3.3)的基础上，需求的价格点弹性公式为：

$$e_d=\lim_{\Delta p\to 0}-\frac{\Delta Q}{\Delta P}\cdot\frac{P}{Q}=-\frac{dQ}{dP}\cdot\frac{P}{Q} \tag{3.4}$$

比较(3.3)式和(3.4)式可见，需求的价格弧弹性和点弹性本质上是相同的。它们的区别仅在于：前者表示价格变动量较大时的需求曲线上两点之间的弹性，而后者表示价格变动量无穷小时的需求曲线上某一点的弹性。

例3－1 某国为了鼓励本国石油工业的发展，于是采取措施限制石油进口，预计这些措施将使可得到的石油数量减少20%，如果石油的需求价格弹性在0.8～1.4之间，问：该国石油价格预期会上涨多少？

解：∵需求的价格弹性＝需求量变动百分率/价格变动百分率

∴价格变动百分率＝需求量变动百分率/需求的价格弹性

当价格弹性为0.8时，价格变动百分率＝20%÷0.8＝25%

当价格弹性为1.4时，价格变动百分率＝20%÷1.4＝14.3%

所以，预计该国石油价格上涨幅度在14.3%～25%之间。

二、需求的价格弹性:弧弹性

(一)需求的价格弧弹性的计算

例 3—2　图 3—1 是需求函数 $Q_d=240-40P$ 的几何图形。

1. 求 A 点到 B 点(降价)的弧弹性。

$$e_d=-\frac{\Delta Q}{\Delta P}\cdot\frac{P}{Q}=-\frac{Q_B-Q_A}{P_B-P_A}\cdot\frac{P_A}{Q_A}=-\frac{80-40}{4-5}\times\frac{5}{40}=5$$

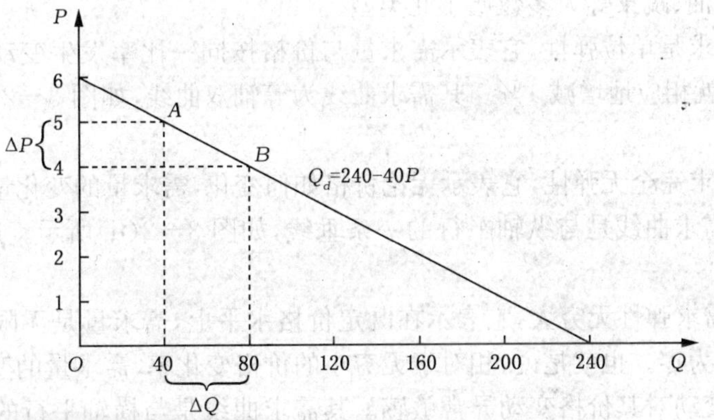

图 3—1　需求的价格弧弹性

2. 求 B 点到 A 点(涨价)的弧弹性。

$$e_d=-\frac{\Delta Q}{\Delta P}\cdot\frac{P}{Q}=-\frac{Q_A-Q_B}{P_A-P_B}\cdot\frac{P_B}{Q_B}=-\frac{40-80}{5-4}\times\frac{4}{80}=2$$

通过比较计算结果可以看出,由 A 点到 B 点和由 B 点到 A 点虽然是同一段弧线,但是得出的弧弹性系数是不一样的,由 A 点到 B 点(即降价)的弧弹性值为 5,而由 B 点到 A 点(即涨价)的弧弹性值却为 2。其原因主要在于选取的基点不同,对应的价格 P 和需求量 Q 基数值不同,得出的弹性系数值也截然不同。因此,在需求曲线的同一条弧线上,涨价和降价产生的需求价格弧弹性系数值是不相等的。

如果不是特别强调涨价还是降价,一般来说,仅仅是计算需求曲线上某段弧线的价格弹性,可以采用"中点法"来避免上面两种不同的结果。通常取两点价格的平均值$\frac{P_1+P_2}{2}$和两点需求量的平均值$\frac{Q_1+Q_2}{2}$来分别代替式中的 P 值和 Q 值,因此,需求的价格弧弹性计算公式又可以写为:

$$e_d=-\frac{\Delta Q}{\Delta P}\cdot\frac{\frac{P_1+P_2}{2}}{\frac{Q_1+Q_2}{2}}=-\frac{\Delta Q}{\Delta P}\cdot\frac{P_1+P_2}{Q_1+Q_2} \tag{3.5}$$

该公式也被称为需求的价格弧弹性中点公式。因此,不管价格上涨还是下降,需求曲线两点间弧弹性值都是一样的。在上例中 A、B 两点间的需求价格弧弹性为:

$$e_d=-\frac{\Delta Q}{\Delta P}\cdot\frac{P_1+P_2}{Q_1+Q_2}=-\frac{80-40}{4-5}\times\frac{4+5}{40+80}=3$$

由此可见,需求的价格弧弹性的计算有三种情况,它们分别是涨价、降价和按中点公式计算的 e_d。至于到底应该采用哪一种计算方法,要视具体情况和需要而定。

(二)需求的价格弧弹性的五种类型

根据需求的价格弧弹性系数值的大小,可以将其分为五类:

(1)$e_d>1$,需求富有弹性,它表示需求量变化率大于价格变化率,需求量对价格变化的反应较敏感。如图3—2(a)所示,即价格每上升或下降1%,需求量变动的百分比大于1%,奢侈品和价格昂贵的享受性劳务多属于这类商品。

(2)$0<e_d<1$,需求缺乏弹性,它表示需求量变化率小于价格变化率,需求量对价格变化的反应不太敏感。如图3—2(b)所示,即价格每上升或下降1%,需求量变动的百分比小于1%。生活必需品,如粮油、蔬菜等大多数属于此类型。

(3)$e_d=1$,需求是单位弹性,它表示需求量与价格按同一比率发生变动,即价格每上升或下降1%,需求量就相应地增减1%。其需求曲线为等轴双曲线,如图3—2(c)所示,这种情况在现实中极罕见。

(4)$e_d=0$,需求完全无弹性,它表示无论价格如何变化,需求量的变化量总为零,即需求量与价格无关。其需求曲线是与纵轴平行的一条垂线,如图3—2(d)所示。这是现实中罕见的一种情况。

(5)$e_d=\infty$,需求弹性无穷大,它表示在既定价格水平上,需求量是无限的,而一旦高于既定价格,需求量即为零。也就是说,相对于无穷小的价格变化率,需求量的变化率是无穷大的,表明商品的需求变动对其价格变动异常敏感。其需求曲线是与横轴平行的一条水平线,如图3—2(d)所示,这也是现实中罕见的一种极端情况。如某银行以某一固定价格收购黄金,无论有多少黄金都可以按这一价格收购,该银行对黄金的需求是无限的,这时,黄金的需求弹性就是无穷大的。

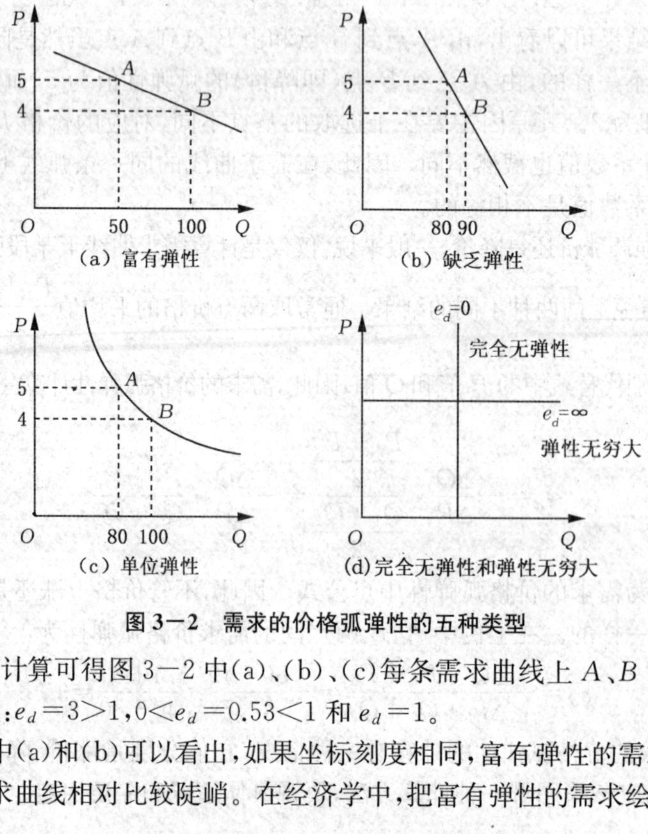

图3—2　需求的价格弧弹性的五种类型

根据中点公式计算可得图3—2中(a)、(b)、(c)每条需求曲线上A、B两点间的需求价格弧弹性系数依次为:$e_d=3>1$,$0<e_d=0.53<1$和$e_d=1$。

比较图3—2中(a)和(b)可以看出,如果坐标刻度相同,富有弹性的需求曲线相对比较平坦,缺乏弹性的需求曲线相对比较陡峭。在经济学中,把富有弹性的需求绘制成一条相对平坦的曲线和把缺乏弹性的需求描绘成一条相对陡峭的曲线已成为一种习惯。

三、需求的价格弹性:点弹性

(一)需求的价格点弹性的计算

根据需求的价格点弹性的定义公式即(3.4)式,计算图3—1中需求曲线上某一点的弹性,仍用需求函数 $Q_d=240-40P$ 来说明。

根据(3.4)式,由需求函数 $Q_d=240-40P$ 可得:

$$e_d=-\frac{dQ}{dP}\cdot\frac{P}{Q}=-(-40)\cdot\frac{P}{Q}=40\times\frac{P}{Q}$$

在 A 点,当 $P=5$ 时,由需求函数可得:$Q=240-40\times5=40$,即相应的价格—需求量组合为(5,40)。将其代入上式,便可得:

$$e_d=40\times\frac{P}{Q}=40\times\frac{5}{40}=5$$

即图3—1需求曲线上 A 点的需求的价格弹性值为5。

同样地,在 B 点,当 $P=4$ 时,由需求函数可得 $Q=240-40\times4=80$,即相应的价格—需求量组合为(4,80),于是有:

$$e_d=40\times\frac{P}{Q}=40\times\frac{4}{80}=2$$

即图3—1需求曲线上 B 点的需求的价格弹性值为2。

由此可以看出,一般来说,在同一条需求曲线的不同点上,需求弹性的大小是不同的。

需求弧弹性和点弹性本质上是相同的,它们的区别仅在于:前者表示的是价格变动量较大时的需求曲线上两点之间的弹性,而后者表示的是价格变动量无穷小时的需求曲线上某一点的弹性。在实际运用时,两者要综合考察,既要选择好价格变化的时机,又要掌握好价格变动的幅度,才能达到预期的目的。

(二)需求的价格点弹性的几何意义

图3—3表示某线性需求曲线的点弹性。在图中,线性需求曲线分别与纵轴和横轴相交于 A、B 两点,令 C 点为该需求曲线上的任意一点。从几何意义看,根据点弹性的定义,C 点的需求的价格弹性可以表示为:

$$e_d=-\frac{dQ}{dP}\cdot\frac{P}{Q}=\frac{DB}{CD}\cdot\frac{CD}{OD}=\frac{DB}{OD}=\frac{CB}{AC}=\frac{EO}{AE} \tag{3.6}$$

由此公式得到的结论具有普遍意义,即线性需求曲线上任一点的弹性,都可以通过该点向横轴或纵轴引垂线,用线段长度之比来求得。

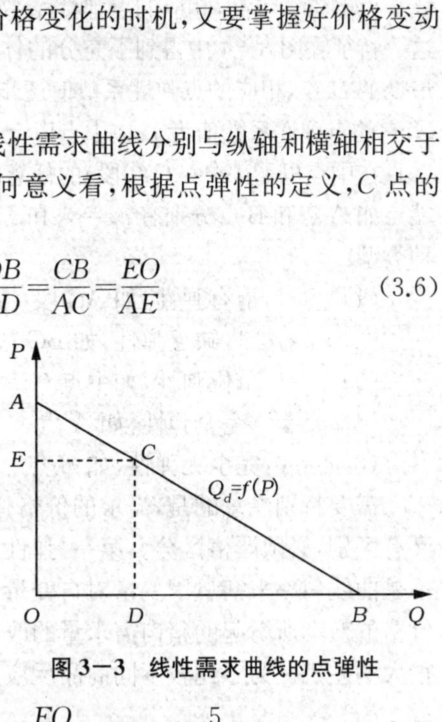

图3—3　线性需求曲线的点弹性

在图3—1中,线性需求曲线上 A、B 两点的弹性值可按以下方法分别计算。

在 A 点:

从 A 点向横轴作垂线,再根据(3.6)式中的 $e_d=\frac{DB}{OD}$,可得 $e_d=\frac{200}{40}=5$。

或者,从 A 点向纵轴作垂线,再根据(3.6)式中的 $e_d=\frac{EO}{AE}$,可得 $e_d=\frac{5}{1}=5$。

类似地，在 B 点：

$$e_d=\frac{160}{80}=2 \qquad \text{或者} \qquad e_d=\frac{4}{2}=2$$

因此，用几何方法计算出的 A、B 两点的弹性值与前面直接用点弹性定义公式计算出的弹性值是相同的。

课后思考：对于同一坐标图中，两条斜率不同的线性需求曲线交点的弹性值是否相等？

(三)需求的价格点弹性的五种类型

根据需求价格点弹性的几何意义可看出，同一条需求曲线上点的位置越高，其需求的价格点弹性的系数值越大。假设给定线性需求函数 $Q_d=a-bP$，画出需求曲线，如图 3－4 所示。假设需求曲线与纵轴相交于 A 点，与横轴相交于 B 点，C 点为 AB 的中点，D 点为线段 AC 上任一点，E 点为线段 BC 上的任一点。各点的点弹性计算公式为：

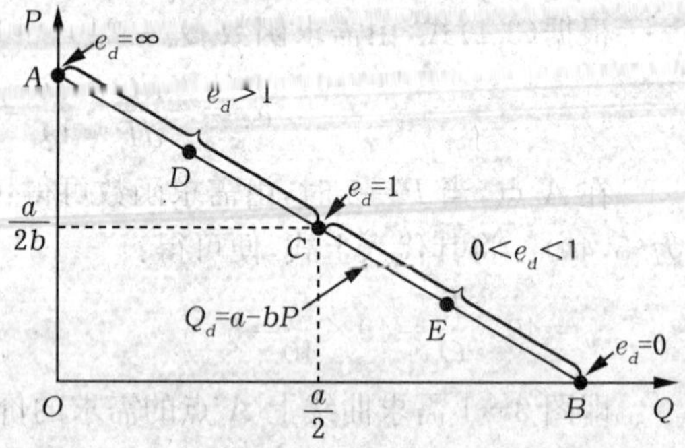

图 3－4　线性需求曲线点弹性的五种类型

$$e_d=-\frac{dQ}{dP}\cdot\frac{P}{Q}=-(-b)\cdot\frac{P}{Q}$$

A 点坐标为$(0,\frac{a}{b})$，B 点坐标为$(a,0)$，C 点坐标为$(\frac{a}{2},\frac{a}{2b})$。

在 A 点，$Q=0$，则 $e_d=\infty$；在 B 点，$P=0$，则 $e_d=0$；在 C 点，$Q=\frac{a}{2}$，$P=\frac{a}{2b}$，则 $e_d=1$。

通过以上的计算可以看出，线性需求曲线上的点弹性有一个明显的特征：在同一线性需求曲线上点的位置越高，相应的点弹性系数值就越大；相反，位置越低，相应的点弹性系数值就越小。这一特征在图 3－4 中得到了充分的体现，随着需求曲线上点的位置由最高的 A 点逐步下降到最低的 B 点，相应的点弹性系数值逐步减小。在这一过程中，该线性需求曲线上 AB 线段的中点 C，它的点弹性系数值为 1；在中点以上部分(AC 线段)的任意一点如 D 点，它的点弹性系数为 $e_d>1$；在中点以下部分(BC 线段)的任意一点如 E 点，它的点弹性系数大于 0 小于 1；在线段的两个端点如 A 点和 B 点分别有 $e_d=\infty$ 和 $e_d=0$。因此，可以将同一线性需求曲线上的点弹性分为五种类型：

(1)$e_d>1$，富有弹性，如 AC 段。

(2)$0<e_d<1$，缺乏弹性，如 BC 段。

(3)$e_d=1$，单位弹性，如中点 C。

(4)$e_d=\infty$，完全弹性，如 A 点。

(5)$e_d=0$，完全无弹性，如 B 点。

需要特别注意的是，需求的价格弹性与需求曲线的斜率是两个不同的概念，它们既有联系又有区别，必须严格区分。第一，弹性没有度量单位，便于比较，因此微观经济学中使用弹性而不是曲线斜率来衡量因变量对自变量反应的敏感程度。而斜率是有度量单位的，如每一元钱价格的变动所引起的猪肉需求量的改变和每十元钱价格的变动所引起的猪肉需求量的改变有很大的差别。为了比较不同商品反应的敏感程度，度量单位必须消除。第二，需求曲线的斜率值为$\frac{dP}{dQ}$，而需求的价格点弹性系数值为$\frac{dQ}{dP}\cdot\frac{P}{Q}$，即需求的价格点弹性等于$\frac{P}{Q}$与需求曲线斜率倒数的乘积。由于需求曲线上不同点的 P 与 Q 组合是不同的，同一条线性需求曲线的斜率都是一样的，但是同一条线性需求曲线上每一点的弹性值都不一样。

四、影响需求的价格弹性的因素

影响需求的价格弹性的因素有很多，其中主要有以下几种：

第一，消费者对商品的需求强度。一般而言，消费者对生活必需品的需求强度大且比较稳定，受价格变化的影响较小，因而需求弹性小；而消费者对奢侈品的需求强度小且不稳定，受价格变化的影响较大，因而需求弹性较大。例如对粮食、食油等生活必需品的需求价格弹性较小，对食盐的需求价格弹性甚至接近于零。而对文化娱乐、旅游等服务或珠宝、高级香水、跑车等奢侈品的需求价格弹性就较大。

第二，商品的替代品数目和可替代程度。一般来说，一种商品的可替代品越多，相近程度越高，可替代的程度就越高，则该商品的需求价格弹性往往就越大；相反，该商品的需求价格弹性往往就越小。例如在饮料市场，相近的替代品较多，其需求价格弹性就较大。如统一冰红茶和康师傅冰红茶这两种饮料相互替代程度较高，加之还有像娃哈哈冰红茶、今麦郎冰红茶等其他的同类茶饮料替代品也很多。假如统一冰红茶实施降价促销策略，而康师傅等其他冰红茶的价格不变，势必会引起康师傅等其他冰红茶各自销量的大大减少。与此相反，由于食盐没有相近的替代品，食盐价格的变化所引起的需求量的变化近乎为零，所以食盐的需求价格弹性是极其小的，几乎接近于零。

对一种商品所下的定义越明确、越狭窄，这种商品相近的替代品往往就越多，需求价格弹性也就越大。譬如，食盐本身是没有替代品的，但市场上的食盐又可分为含碘食盐和不含碘食盐，其中不含碘食盐又细分为各种微量元素强化的食盐，如钙强化食盐、铁强化食盐、锌强化食盐等，这些特定营养元素强化的食盐比不含碘食盐更有弹性，不含碘食盐比一般含碘食盐的需求更有弹性。

第三，商品用途的广泛性。一种商品的用途越广泛，其需求的价格弹性就可能越大；相反，用途越狭窄、越单一，则需求的价格弹性就可能越小。因为如果一种商品具有较多的用途，当它的价格较高时，消费者只购买较少的数量用于最重要的用途；当它的价格逐渐下降时，消费者的购买量就会逐渐增加，商品将被越来越多地用于其他的各种用途上。例如，生活中，水和电的用途极其广泛，它们的需求很富有弹性。以电为例，当电价较高时，消费者尽可能地减少用电，仅维持照明和看电视等基本需要；当电价降低时，消费者则有可能增加电的使用，如家用电热水器和空调等。因此，国家制定的水电梯形价格，能很好地遏制水电资源的浪费。

第四，商品的消费支出在消费者预算总支出中所占的比重。消费者在某商品上的支出占消费总支出的比重越大，其价格变化对消费者的需求影响就越大，则该商品的需求越富有弹性。如住房、汽车、国外旅游等开支占家庭预算支出的比重较大，消费者在进行这类商品或服务消费时，就不得不考虑其价格的变动情况，因而这类商品或服务的需求价格富有弹性。反之，消费者在某种商品上的支出占消费总支出的比重越小，其需求价格弹性越小。如食盐、洗涤剂等之类的日常用品，一般被认为其需求是缺乏弹性的，因为这些商品在家庭消费支出中所占的比重较小，人们不太重视其价格变化，而按既定的需求量进行购买。

第五，消费者调节需求量时间的长短。需求的价格弹性还取决于价格变动之后持续时间的长短，即需求的时间框架。一般来说，所考察的调节时间越长，则需求的价格弹性就越大；反之，则越小。其原因与替代性有关，调节的时间越长，也就越能开发出更多的替代品。当价格刚刚上升时，消费者往往选择的空间很小，只能继续消费相近数量的该商品。但是，只要时间充分，消费者一定能找到其他更廉价的替代品，从而逐步减少对那些变得更昂贵的商品的需求。如当石油价格上升时，武汉出租车司机不会较大幅度地减少需求量，但是现在更多的天然气出租车的出现，石油价格上升就会导致石油的需求量较大幅度的下降。

此外，地域差别、人们的消费习惯、商品的使用范围、商品质量、售后服务等因素，也会影响需求的价格弹性。

最后，需要指出的是，一种商品需求弹性的大小是各种因素综合作用的结果。因此，在分析一种商品的需求价格弹性大小时，要根据具体情况全面综合分析，而且某种商品的需求弹性也因时期、消费者收入水平和地区的差异而发生变化。

拓展案例

猪肉和食用油价格上涨的不同变化

2009年财经类新闻会经常关注菜篮子价格变化。

现象一：某天猪肉价格又上涨了。记者在菜市场中采访猪肉档主的时候，最常见的现象就是档主在抱怨，肉价涨了，买肉的人少了，以往一天能卖两头猪的，现在只能卖一头。而采访买菜的居民的时候，居民们都说，猪肉涨了，那就少吃点猪肉，多吃点鸡蛋之类的。

现象二：某天国内食用油集体调价了，结果人们一方面怨声载道，另一方面又赶快买点囤在家里，预防再涨。记者采访得到的居民的反应是，涨价也没办法，总不能炒菜不放油。

根据以上材料思考下列问题：

(1)为什么猪肉的价格涨了，人们的购买减少了？而食用油的价格上涨，人们却没有减少购买？

(2)通过上述两种现象，能否领悟到影响需求价格弹性的其他因素？

案例分析

现象一中提到的猪肉存在大量的可替代品，如鸡蛋、牛肉、羊肉、鱼肉、鸡肉等。如果猪肉价格涨，人们可以少吃点猪肉，多吃点鸡肉或鸡蛋，照样可以满足身体所需的营养。就算这几种肉类价格都上涨，人们也可以少吃，甚至暂时不吃肉。可见人们对猪肉的价格很敏感，即猪肉的价格富有弹性，价格的小幅变动就会引起需求量的大幅变动。因此猪肉一涨价，马上就滞销。

现象二中提到的食用油是必需品，不管是做饭、炒菜，几乎家家户户每天都要用到。而且替代品也有限，食用油的种类也只有花生油、调和油、葵花籽油、玉米油等。这几种油价格上涨，人们还是要食用。顶多减少一点用量，况且平均下来，食用油占生活支出的比例非常有限。因此，食用油是属于价格缺乏弹性的商品，即便价格上涨，对需求量的影响也是非常有限的。

因此，面对这两种现象，相应的处理措施也是不一样的，猪肉价格基本属于市场定价，政策干预很少。猪肉价格上涨，国家会尽量调控更多的替代品来满足人民群众的生活需要，而不会直接控制猪肉的价格。而食用油的价格则不同，国家会有一定的控制措施，不能任由其自由升跌。每次食用油的价格调整都要向国家的相关部门申请，目的就是控制好这些必需品的价格，给人民群众的生活营造一个稳定的市场环境。

通过上面的案例分析，我们知道影响商品需求的主要因素是商品的价格弹性，而影响价格弹性的因素又在于商品本身的特性，如是否必需品、有否替代品，以及这些商品在人们生活中的地位和作用。猪肉涨价销量减少，而食用油涨价短期内销量可能反而上升，这些现象背后都存在经济学的原因。

第三节　弹性概念的扩大

需求的价格弹性考察的是需求量与价格之间的关系，实际上弹性关系并不局限于商品的供求量与价格之间，弹性概念被广泛地运用于各种相关的经济变量之间。一种商品的需求量受多种因素影响，消费者的收入水平和相关商品价格就是其中的影响因素。假定其他因素不变，仅研究消费者的收入水平变化与商品需求量变化之间的关系，就要运用到需求的收入弹性概念；同样，如果仅研究一种商品的价格变化与它的相关商品的需求量变化之间的关系，则需要运用到需求的交叉价格弹性概念。

案例分析

北京水价上涨的变化

2014 年是"南水北调"进京之年，从 5 月 1 日起，北京市开始执行新版水价。

调整后的新版水价规定：一是居民用水每吨由 4 元涨到 5 元，并按用水量实行阶梯水价。第一阶梯户年用水量不超过 180 吨，每吨水价 5 元；第二阶梯户年用水量在 181～260 吨之间，每吨水价 7 元；第三阶梯户年用水量为 260 吨以上，每吨水价 9 元。二是非居民水价为每吨 8.15 元，特殊行业水价为每立方米 160 元。其中特殊行业用水包括如高尔夫球场、滑雪场、纯净水业、洗车业和洗浴业等。

针对此次水价调整，按照涨价方案统计结果表明：九成以上市民不会受到太大影响，多数居民仍将考虑节水。90％的居民家庭平均每月增加支出不超过 15 元；61.7％的人认为会考虑减少用水，各种家用节水器备受市民青睐。调查还表明，此次水价上涨对高收入人群的影响仍不明显。

水价上涨引爆节水洁具商机无限，"钱景"看好。目前，节水洁具的市场占有率已达到 90％以上，其价格的跨度也很大。据有关专家统计，国内现在每年生产各种节水器具5 000多万个，年出口2 000万个，国内每年市场容量为3 000万个。加之国家已明令淘汰旧产品，这个数字更将成倍增加。由此可见，节水器具的市场潜力巨大，经济效益也十分可观。

洗车和洗浴行业纷纷表示"压力山大"，欲"搭车涨价"。洗车和洗浴行业属于用水大户，且水费成本在其经营成本中所占的比重较高。它们属于特殊行业用水，水价由调整前的每立方米 61.68 元涨到每立方米 160 元，涨幅翻了将近 1.6 倍。这直接导致了连锁式洗车企业和私人洗车店洗车价格大幅上调，面对一路猛涨的洗车价格，不少私家车主决定自己购买家用洗车器洗车，在购物网站上，家用洗车器的销量明显增多。

资料来源：根据中国法制网资料数据整理：http://www.legaldaily.com.cn/executive/content/2014/05/12/content_5513913.htm? node＝32120。

思考与讨论：

(1)请用本章介绍的有关概念解释节水器具会热销的原因。

(2)为什么连锁式洗车企业和私人洗车店洗车价格大幅上调，家用洗车器销量明显增多？

(3)为什么此次水价调整对高收入人群的影响仍不明显？

(4)设想一下再过几个月居民生活用水的需求价格弹性是否会有所变化？为什么会有变化？

一、需求的收入弹性

(一)定义与计算方法

需求的收入弹性是指一种商品的需求量对消费者收入变动的反应程度,是商品需求量的变动率与消费者收入变动率的比值。或者说,表示在一定时期内当消费者的收入变化1%时所引起的商品需求量变化的百分比。

假定某商品的需求量 Q 是消费者收入水平 I 的函数,即 $Q=f(2)$,则该商品的需求收入弧弹性公式为:

$$e_I=\frac{\frac{\Delta Q}{Q}}{\frac{\Delta I}{I}}=\frac{\Delta Q}{\Delta I}\cdot\frac{I}{Q} \tag{3.7}$$

式中,ΔQ 为商品需求量的变化量,ΔT 为消费者收入的变化量,Q 和 I 分别为商品的需求量和消费者的收入,e_I 表示需求的收入弧弹性系数。

当消费者收入水平的变化量 ΔI 和商品需求量的变化量 ΔQ 均趋于无穷小时,则需求的收入点弹性公式为:

$$e_I=\lim_{\Delta I\to 0}\frac{\Delta Q}{\Delta I}\cdot\frac{I}{Q}=\frac{dQ}{dI}\cdot\frac{I}{Q} \tag{3.8}$$

(二)需求收入弹性的分类

根据商品的需求收入弹性系数值的大小,可以将其分为五种类型。

在图3－5中,纵轴表示消费者的收入水平,横轴表示消费者的需求量,图中垂直于横轴的直线代表需求收入弹性为零,即 $e_I=0$,表示不管收入如何变动,消费者需求量不变,需求量与收入无关;过坐标轴角平分线的直线代表需求收入弹性为1,即 $e_I=1$,表示收入和需求量同比例变动。这两种情况在现实中较为罕见,因而在微观经济学中一般研究其他三种类型,并进而将商品划分为两大类。

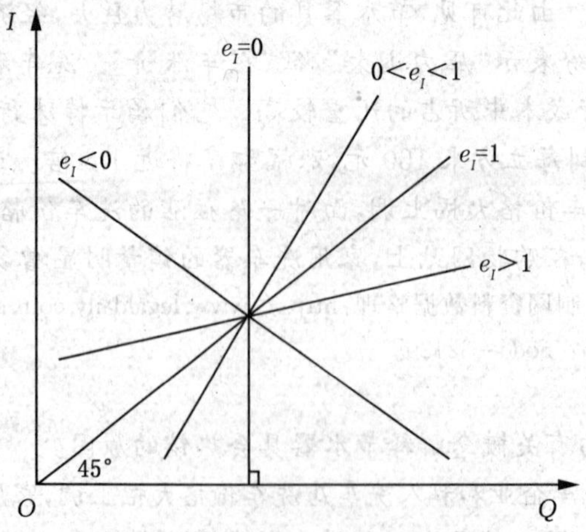

图3－5　需求收入弹性的种类

一是正常品,即 $e_I>0$,绝大多数商品和服务与消费者收入呈正向相关,需求的收入弹性为正数。在这类商品中,一般将 $e_I>1$ 的商品称为奢侈品,而将 $0<e_I<1$ 的商品称为必需品。

二是劣等品，即 $e_I<0$，对于某些商品和服务与消费者收入呈反向相关，需求的收入弹性为负数。如肥肉、劣质烟酒等低档的日用消费品，随着消费者收入水平的提高，对该类商品的需求量减少了，取而代之的是购买更好的消费品。

需要注意的是，不同商品在一定的收入范围内具有不同的收入弹性，同一商品在不同的收入范围内也具有不同的收入弹性。收入弹性并不取决于商品本身的属性，而取决于消费者购买时的收入水平。因为收入水平提高时，本来被认为是奢侈品的东西也许被认为是必需品，本来被认为是正常品的东西，可能会被认为是劣等品。

案例分析

旅游景点门票免费与收费的效应

享有“人间天堂”盛誉的杭州西湖是我国首个免费开放的国家5A级景区，自2002年开始实行免费制，13年来保守估计少收取的西湖门票费逾2亿元。

杭州市副市长张建庭表示，“西湖免费开放，我们为此一年少了2 000多万元的门票收入，到现在还不止这些。但西湖免费开放，游客增多了，很多人就是冲着免费来的。这样一来，旅游收入增加了，综合效益提高了，免费开放给整个杭州所带来的好处是难以估量的。”由于游客数量逐年增加，逗留时间延长，使得杭州的餐饮、酒店、零售、交通等服务业获得了新的发展空间，促进了城市经济快速增长。

事实证明，西湖免费对于杭州而言好比丢了芝麻捡了西瓜。根据杭州市旅委公布的数据显示：2012年杭州市接待中外游客8 567万人次，比2001年的2 591.94万人次增加了3.31倍；2012年旅游总收入为1 392亿元人民币，同比2001年的249.76亿元增加了5.64倍。以上数据表明，西湖实行免费模式，景区游客量大大增加，使杭州旅游总体收益增加。

拥有“湘西明珠”美誉的国家4A级景区——凤凰古城，2013年4月10日起由免费到148元才能游览景区。收费后的第一个“五一”小长假三天，凤凰古城接待游客10.21万人次，全县旅游收入7 093.78万元，与2012年“五一”小长假期间近20万的游客和近亿元的收入相比，旅游需求量和旅游收入同比大幅下降。同时，凤凰古城的商户每天收入只有往年的两成。可见，涨价对于凤凰古城的经济具有负面效应。

思考与讨论：

(1)为什么说杭州西湖免费是丢了芝麻捡了西瓜？请用需求价格弹性相关知识解释，它与旅游收入有什么关系。

(2)如果把杭州西湖接待中外游客数量看成旅游需求量，试计算从2001年到2012年间变化的需求收入弹性是多少？

(3)凤凰古城由免费到提价收费，可谓“竹篮打水一场空”，根本原因何在？请试用需求弹性相关知识解释。

二、需求的交叉价格弹性

(一)需求的交叉价格弹性的定义

需求的交叉价格弹性，简称为需求交叉弹性，是指一种商品的需求量对另一种相关商品的价格变动的反应程度，其弹性系数是一种商品需求量变动率与另一种商品价格变动率之比，表示一种商品的价格变动1%时所引起的另一种商品的需求量变动的百分比。

假定商品 X 的需求量 Q_X 是它相关商品 Y 的价格 P_Y 的函数，即 $Q_X=f(P_Y)$，则商品 X

的需求交叉价格弹性公式为：

$$e_{XY}=\frac{\frac{\Delta Q_X}{Q_X}}{\frac{\Delta P_Y}{P_Y}}=\frac{\Delta Q_X}{\Delta P_Y}\cdot\frac{P_Y}{Q_X} \tag{3.9}$$

或

$$e_{XY}=\lim_{\Delta P_Y\to 0}\frac{\frac{\Delta Q_X}{Q_X}}{\frac{\Delta P_Y}{P_Y}}=\frac{\frac{dQ_X}{Q_X}}{\frac{dP_Y}{P_Y}}=\frac{dQ_X}{dP_Y}\cdot\frac{P_Y}{Q_X} \tag{3.10}$$

(3.9)式和(3.10)式分别为需求的交叉价格弧弹性和点弹性公式。

(二)需求的交叉价格弹性与商品之间的关系

根据需求的交叉价格弹性系数的取值符号，一般可将商品之间的关系分为三种。

在图3－6中，纵轴表示Y商品的价格P_Y，横轴表示X商品的需求数量Q_X。

(1)当两种商品可以相互替代时，一种商品价格上升必将会引起另一种商品需求量的增加；反之，则减少，即一种商品的价格与它的替代品的需求量之间呈同方向变动，相应的需求交叉价格弹性系数为正值。因此，把$e_{XY}>0$的两种商品称为替代品，两种商品的正交叉价格弹性系数越高，则表明两种商品间的替代性越强。例如，当苹果的价格上升时，人们自然会减少对苹果的购买量，同时增加对苹果的替代品如梨子的购买量。

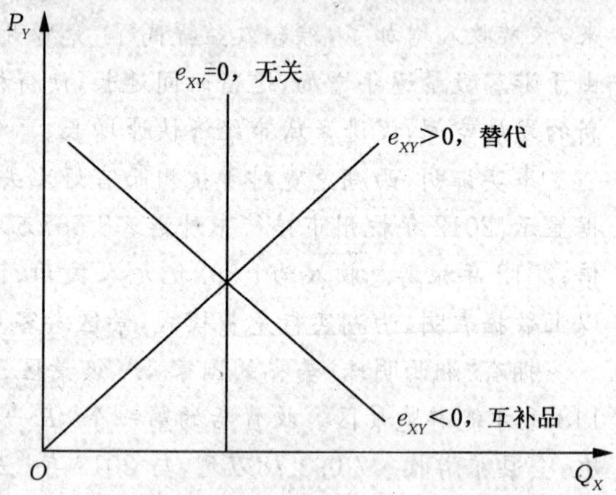

图3－6 需求的交叉价格弹性类型

(2)当两种商品必须搭配同时消费才能满足某一需要时，一种商品价格上升不仅使该商品的需求量下降，而且也引起另一种商品的需求量下降；反之，价格下降，另一种商品的需求量上升。即一种商品的价格与它的替代品的需求量之间呈反方向变动，相应地，需求交叉价格弹性系数为负值，因此，把$e_{XY}<0$的两种商品称为互补品。例如，汽车和汽油、乒乓球和乒乓球拍等都是市场中很常见的互补品。当汽油的价格上升时，汽车的需求量可能会下降。一般来说，两种商品的负交叉价格弹性系数值越高，表明两种商品间的互补性越强。

(3)当两种商品互不相关时，即一种商品价格的变动对另一种商品的需求量没有任何影响，相应地，需求交叉价格弹性系数为零。因此，把$e_{XY}=0$的两种商品称为无关品。

同样的道理，反过来，可以根据两种商品之间需求的交叉价格弹性系数的符号，来判断两种商品之间的相关关系。若两种商品的需求的交叉价格弹性系数为正值，则这两种商品之间为替代关系；若为负值，则这两种商品之间为互补关系；若为零，则这两种商品之间无相关关系。

表3－1　美国一些商品的需求弹性

价格弹性 e_d		收入弹性 e_I		交叉弹性 e_{XY}	
餐馆用餐	2.27	含酒精饮料	0.29	猪肉—牛肉	0.28

续表

价格弹性 e_d		收入弹性 e_I		交叉弹性 e_{XY}	
烟草制品	0.47	餐馆用餐	1.61	黄油—人造黄油	0.67
鞋及鞋类制品	0.73	电影	0.81	电—天然气	0.2
珠宝及手表	0.41	书籍和地图	1.67	天然气—燃料油	0.44
电力	0.13	牙医	0.38		
水	0.2	家具	2.6		
出租住房	0.18	葬礼花费	0.48		
厨房用具	0.67	修车	1.03		
电话	0.26	出租汽车	1.14		
法律服务	0.37	玩具	0.59		

案例分析

油价涨落间，车市冷热两重天

资料1　油价上涨，改变人们的生活习惯。

2008年8月，国际原油价格攀升到每桶150美元，首尔市内汽油价格上涨到2 000韩元每加仑。平时白天空荡荡的停车场，现在却停满了汽车。很多人不开车上下班，而是去挤公交车或地铁。当时油价的大幅上涨，曾一度改变了人们的日常生活习惯。

资料2　油价雪崩，何人欢喜何人忧？

2014年6月份以来，国际原油的价格已经跌破60美元，并且短期内未见反弹趋势。油价雪崩下，有人欢喜有人忧。

美国汽油价格也应声下跌至目前的每加仑2美元，比矿泉水还便宜，且有继续下滑的趋势。美国消费者开始购买皮卡与SUV等大型车，导致轿车、电动车及混动车的销量有所下滑。11月，通用旗下的雪佛兰和GMC品牌的主力皮卡车型销量同比大增34%，至6.53万辆；克莱斯勒在美国本土市场的销量同比大增20.1%，至17.08万辆，旗下的RAM皮卡销量同比大增21%，Jeep SUV的销量同比大增27%。

相比之下，市场对于混合动力汽车的需求减少，11月在美国的丰田普锐斯销量持续下滑，10月和11月均下滑超过13%，基本上每月都减少近500辆的销量。本田汽车的报告显示，11月其在美国的销量同比增加了9%，至12.18万辆。日产当月则有3%的微量下滑，至10.32万辆。

在欧洲，节能环保的柴油车一直是欧洲车企的“杀手锏”。不过，油价持续下跌，已经波及柴油车市场。法国政府将于2015年提高柴油消费税，取消鼓励购买柴油车的政策。

在国内，看好“低油价”大有人在。随着油价持续下调，车企和有关调查机构纷纷对于2015年的中国车市增长预期由7%上调至8.5%，即“低油价”对车市会有1.5%的刺激效果。以2014年2 400万辆销量计算，1.5%便是36万辆——不多，也绝对不小，足以抵消一线城市限购带来的负面影响。现在油价从高位滑落，去掉包袱后的中国车市有望在下年轻装上阵，前景自然更加光明。

然而，几家欢喜几家愁。广州车展上，曾经是展会焦点的纯电动车已被边缘化，国际汽车巨头焦点都放在传统汽车上，只有本土车企还在坚守纯电动车这一阵地，合资车企理直气壮不谈电动车。另外，油价连跌，燃气车辆优势减弱，加之天然气价格上涨，使原本较为红火的"油改气"市场持续降温。以武汉市为例，92号汽油价格由两年前的每升7.95元降为现在的每升6.45元，与此同时，前两年高峰期，每个月"油改气"的车辆有50辆之多，目前每月最多20多辆。如果继续这样下去，整个"油改气"行业将会受到影响。

资料来源：根据网易汽车网站资料整理，http://auto.163.com/14/1204/07/ACJSMAIH00084IKI.html。

思考与讨论：

(1)2008年，油价较高时，首尔市民为何不开车反而搭乘公共交通工具上下班？请试用交叉弹性概念解释原因。

(2)2014年，油价大跌，为何以"油老虎"惯称的美国皮卡与SUV等大型车销量大增，而以节能环保为主的日系和欧式车辆的销量反而下滑？油价分别与这两类车有什么关系？请用本节的相关弹性概念解释。

(3)如果把"低油价"对车市1.5%的刺激效果看作"低油价"对国内车市销量的弹性。预计2015年全年汽车销量为3 500万辆，假设2015年油价再跌20%，届时将会对全国汽车销量有何影响？

(4)根据资料2中国内车市的相关数据，试计算武汉市92号汽油价格变化对"油改气"车辆的交叉弹性是多少，属于哪一种类型的商品关系？

(5)油价连跌，电动车和燃气车辆优势为何减弱？又如何影响到"油改气"市场的降温？

三、供给的价格弹性

供给弹性的建立方法和需求弹性是相似的，它包括供给的价格弹性、供给的交叉价格弹性和供给的收入弹性等。在此，仅考察供给的价格弹性，也简称为供给弹性。

(一)供给的价格弹性定义

供给的价格弹性表示在一定时期内一种商品的供给量变动对于该商品的价格变动的反应程度。它是商品供给量的变动率与价格变动率之比，表示在一定时期内当一种商品的价格变化1%时所引起的该商品的供给量变化的百分比。

假定供给函数为$Q_S=f(P)$，用e_S表示供给价格弹性系数，则供给价格弧弹性的公式为：

$$e_S=\frac{\frac{\Delta Q}{Q}}{\frac{\Delta P}{P}}=\frac{\Delta Q}{\Delta P}\cdot\frac{P}{Q} \tag{3.11}$$

或者是供给价格弧弹性中点公式：

$$e_S=\frac{\frac{\Delta Q}{Q}}{\frac{\Delta P}{P}}=\frac{\Delta Q}{\Delta P}\cdot\frac{\frac{P_1+P_2}{2}}{\frac{Q_1+Q_2}{2}}=\frac{\Delta Q}{\Delta P}\cdot\frac{P_1+P_2}{Q_1+Q_2} \tag{3.12}$$

供给价格点弹性公式为：

$$e_S=\frac{\frac{dQ}{Q}}{\frac{dP}{P}}=\frac{dQ}{dP}\cdot\frac{P}{Q} \tag{3.13}$$

在通常情况下，商品的供给量和商品的价格是同方向变动的，供给量的变化量和价格的变化量的符号是相同的。因此，在以上的三个公式中，$\frac{\Delta Q}{\Delta P}$和$\frac{dQ}{dP}$两项均大于零，作为计算结果的$e_S$为正值。

(二)供给的价格弹性几何意义

供给的价格点弹性除了直接能用(3.13)式求得外，也可以用几何方法来求得。在此，用图3－7以线性供给函数$Q_S=f(P)$为例加以说明。

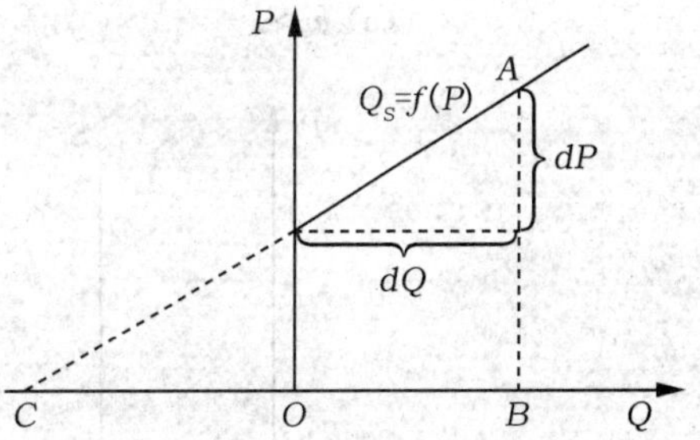

图3－7　线性供给曲线的点弹性

根据(3.13)式，线性供给曲线上A点的点弹性为：

$$e_S=\frac{dQ}{dP}\cdot\frac{P}{Q}=\frac{CB}{AB}\cdot\frac{AB}{OB}=\frac{CB}{OB}$$

例3－3　假如线性供给函数为$Q_S=f(P)=-20+10P$，A点的坐标值为(5,30)，试求A点的点弹性。

解：方法一：根据点弹性(3.13)式，有

$$e_S=\frac{dQ}{dP}\cdot\frac{P}{Q}=10\times\frac{5}{30}=\frac{5}{3}$$

方法二：根据点弹性几何意义，有

$$e_S=\frac{CB}{OB}=\frac{50}{30}=\frac{5}{3}$$

(三)供给的价格弹性的类型

根据供给价格弹性系数值的大小，可以将其分为五种类型，如图3－8所示。

(1)$e_S>1$，称为供给富有弹性，表示商品供给量的变化率大于其价格变化率。如图3－8(a)所示，线性供给曲线上的所有点弹性均大于1，例如在A点，因为$CB>OB$，所以$e_s>1$。一般认为轻工业产品、劳动密集型产品属于此种情况。

(2)$0<e_S<1$，称为供给缺乏弹性，表示商品供给量的变化率小于其价格变化率。如图3－8(b)所示，线性供给曲线上的所有点弹性均小于1，例如在A点，因为$CB<OB$，所以$0<e_S<1$。一般认为重工业产品、农产品、资本密集型产品属于这种情况。

(3)$e_S=1$，称为供给单位弹性，表示商品供给量的变化率与其价格变化率相同。如图3－8(c)所示，线性供给曲线上的所有点弹性均等于1，例如在A点，因为$CB=OB$，所以$e_S=1$。这种情况在现实中比较罕见。

(4)$e_S=0$，称为供给完全无弹性，表示无论价格怎样变动，商品的供给量都保持不变，如图3－8(d)中垂线所示。现实中如比赛门票、土地、名画、古董等无论价格怎样上涨，其供给量都是固定不变的。

(5)$e_S=\infty$，称为供给完全弹性，表示在既定价格水平上，商品的供给量将会无穷大，如图3－8(e)中的水平线所示。但在市场上交易的商品，供给完全弹性几乎是不可能的。为了增加生产，就必须增加劳动力和生产设备，这种情况在短期内是难以实现的。因为劳动力和设备的增加势必会增加更多的成本支出而不是收益。如在夏季，对冰激凌的需求会大幅增加，但是生

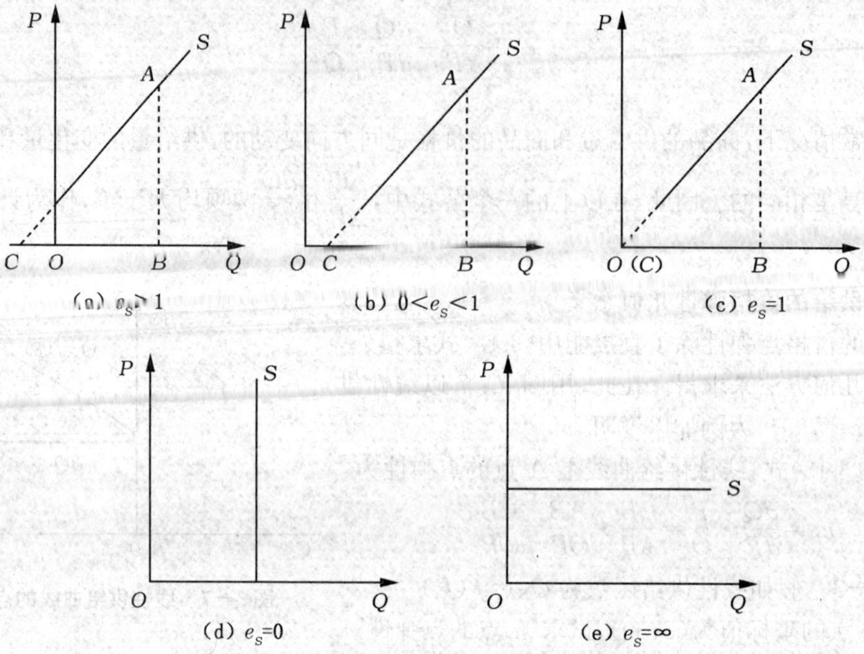

图 3－8　线性供给曲线的点弹性五种类型

产设备不会增加；在冬天，市场对冰激凌的需求则会急速减少，而且冰激凌供给量会大大减少，供需很难平衡，牛奶等原料价格上涨时，利益就会减少。因此，像空气一样无限供给以及供给价格完全弹性的商品，在现实生活中是不存在的。只有近似供给完全弹性的市场，如在我国劳动力严重过剩的农村地区，即使城市劳动力价格不发生变化，农村劳动力也会源源不断地供给城市。

从以上的供给价格弹性五种类型图中，可以发现线性供给曲线点弹性的一般规律：若线性供给曲线的延长线与坐标横轴相交的交点位于坐标原点的左边，则该供给曲线上所有的点弹性都大于 1；若交点位于坐标原点的右边，则该供给曲线上所有的点弹性都小于 1；若交点恰好就是坐标原点，则该供给曲线上所有的点弹性均为 1。

(四)影响供给价格弹性的因素

供给价格弹性的大小主要受以下因素的影响：

第一，时间因素。在影响供给价格弹性的因素中，时间因素是一个很关键的影响因素。当商品价格发生变化时，厂商对产量的调整需要一定的时间。在短期内，对生产设备、土地、劳动力等生产要素的调整，从而对产量的调整，都存在不同的困难程度，供给弹性就越小。尤其在特定的短期内，供给只能够通过存货来调节，供给弹性几乎为零。在长期中，生产能力可以得到充分的调整，因此，供给弹性也就越大。

第二，生产成本和生产周期。生产成本随产量变化而变化的情况和产品生产周期的长短，也是影响供给价格弹性的另外两个重要因素。对生产成本而言，如果产量增加只能使其边际成本稍微地提高，供给的价格弹性就比较大；相反，供给的价格弹性就比较小。对产品的生产周期而言，在一定时期内，对于生产周期较短的产品，厂商可以根据市场的价格变化及时地调整产量，供给的价格弹性就比较大；相反，生产周期较长的产品，供给价格弹性就较小。

第三，技术水平和行业壁垒。就技术水平来说，生产技术水平越高，产量增加所引起的产品成本提高幅度就越小，则供给价格弹性就越大；反之，则供给价格弹性就越小。就行业壁垒来说，如果某一行业进入和退出的壁垒越低，厂商可以根据市场价格行情灵活地选择进入或退出该行业，则商品的供给价格弹性就越大；反之，供给价格弹性就越小。

另外，商品本身的性质、资源供给的难易程度、替代品的比较利益和自然力对生产的作用等，也是影响供给价格弹性大小的因素。

需要注意的是，任何一种商品供给价格弹性的大小是受多种因素综合作用的结果，因此，在分析一种商品供给弹性大小时，要根据具体情况全面分析。

第四节 弹性理论的应用

案例分析

农产品丰收下的“滞销”危机——丰产不丰收

2014年秋正是黄梨成熟的季节，河南省南召县1 000余亩晚秋黄梨喜获丰收，总产量超过200万公斤，所产黄梨果大、瓤鲜、味甜、耐储存，并获得了河南省无公害产地认证。可如今，果农面临着销售难的问题。随着天气逐渐转冷，大量黄梨烂掉。由于无客商收购，有些果农索性就用黄梨喂猪。

近年来，我国农业发展迅速，然而农产品滞销的新闻也屡见不鲜。以海南省为例，2009年琼海辣椒滞销，忍痛倒掉；2010年澄迈的毛节瓜滞销，用来喂猪；2011年三亚香蕉滞销，0.2元一斤无人购；2013年海南荔枝丰收难销，2元一斤，价贱伤农；2014年海南30万吨冬瓜无人问津，烂在地里做肥料。

思考与讨论：

(1)农产品丰收了却年年滞销，导致农民丰产不丰收，根本原因是什么？

(2)从经济学的角度如何破解“滞销”危机？

一、需求价格弹性与销售总收益

需求的价格弹性是需求弹性中最重要的一种类型，通过比较弹性系数值大小的变化，可以了解到商品需求量与商品价格变化的关系，而且当价格变动时，需求量的相应变动所引起的消费者总支出或厂商销售总收益的变化程度，这对于厂商确定销售价格具有重要意义。

厂商的销售总收益是商品的价格与商品销售量的乘积，它与消费者的总支出是同一件事情的两个方面。在此假定厂商的商品销售量等于市场上消费者对其商品的需求量。假设用 TR 表示厂商的总收益，P、Q 分别表示商品的价格和市场的需求量，因此厂商的总收益又可以表示为商品的价格乘以商品的需求量，即 $TR=P\cdot Q$。根据需求价格弹性定义，不同的商品对其价格变化的敏感程度即需求价格弹性不一样。由于弹性大小值不同，价格变化所引起的需求量的变化也就差别很大，进而厂商销售总收益也会发生不同的变化。

由总收益 $TR=P\cdot Q$，当价格无穷小变化时，会引起需求量相应的变化，进而总收益也会产生变动，具体分析如下：

$$TR=P\cdot Q$$

$$\frac{dTR}{dP}=\frac{d(P\cdot Q)}{dP}=Q+P\cdot\frac{dQ}{dP}=Q(1+\frac{P}{Q}\cdot\frac{dQ}{dP})=Q(1-e_d)$$

从上式可以看出，商品的价格弹性和厂商的销售总收益之间存在着密切的关系，这种关系可以归纳为以下五种情况：

(1)当 $e_d>1$ 时，$Q(1-e_d)<0$，即 $\frac{dTR}{dP}<0$。说明这种富有弹性的商品，其销售总收益和价格反方向变化，即降价可以增加总收益，涨价反而减少总收益。因此，厂商对这种富有弹性的商品应该通过降价实现薄利多销。

(2)当 $e_d<1$ 时，$Q(1-e_d)>0$，即 $\frac{dTR}{dP}>0$。说明这种缺乏弹性的商品，其销售总收益和价格同方向变化，即涨价可以增加总收益，降价则减少总收益。因此，厂商对这种缺乏弹性的商品应该实施涨价策略。

(3)当 $e_d=1$ 时，$Q(1-e_d)=0$，即 $\frac{dTR}{dP}=0$。说明单位弹性的商品，厂商无论涨价还是降价，其销售总收益始终不变。因为这种商品价格变动的幅度和需求量变动的幅度相等，由价格变动造成的总收益增加量（或减少量）刚好等于由需求量变动所带来的总收益减少量（或增加量），所以销售总收益固定不变。

(4)对于 $e_d=\infty$ 的完全弹性商品，其在既定价格水平下总收益可以随需求量无限增加，厂商如果降价只会使总收益无限减少，如果涨价又会使需求量无限减少，总收益变为零。因此，完全有弹性的商品既不适宜降价也不适宜涨价。

(5)对于 $e_d=0$ 的完全无弹性的商品，由于价格的任何变化都不会引起需求量的变动，即在 $TR=P\cdot Q$ 公式中，P 无论如何变化，Q 都固定不变，因此，总收益将与价格同方向同比例变动。

为了便于比较，我们把价格变化、弹性大小与销售收益变化之间的综合关系归纳成表3－2：

表 3－2　　价格变化、弹性大小与销售收益变化之间的关系

弹性大小 / 销售收益 / 价格变化	$e_d>1$	$e_d=1$	$e_d<1$	$e_d=0$	$e_d=\infty$
下降	增加	不变	减少	同比例于价格的下降而减少	既定价格下，收益可以无限增加，因此，厂商不会降价
上涨	减少	不变	增加	同比例于价格的上升而增加	收益会减少为零

由于需求价格弹性与厂商销售收益有上述变动关系，我们就不难理解为什么有时农业丰收了，农民收入反而下降，原因就是农产品需求弹性小（尤其粮食谷物，是生活必需品），丰收使产品价格下降，而价格下降并不会使需求增加多少，结果就有了农民增产不增收的现象。

在农业生产活动中，往往存在着这种经济现象：丰收的年份，农民的收入不但没有增加反而减少了，即丰产不增收，俗称为“谷贱伤农”。这种现象表面看起来难以理解，其实可以用弹性原理进行解释。

造成“谷贱伤农”经济现象的根本原因在于：农产品是生活必需品，需求价格弹性往往小于1，当农产品的价格发生变化时，农产品的需求往往是缺乏弹性的。通过上面对需求价格弹性与厂商销售收益之间变动关系的分析，可以得到这样一个结论：对于缺乏弹性的商品来说，商品的价格与厂商销售收益成同方向变化。把这一结论运用到农产品的场合，结合图 3－9 具体解释这种经济现象。

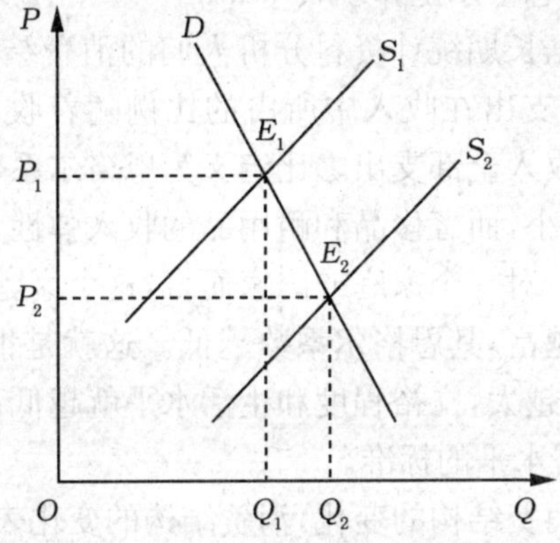

图 3－9　缺乏弹性的需求曲线和"谷贱伤农"

在图 3－9 中，农产品的需求曲线 D 是缺乏弹性的，比较陡峭。农产品的丰收使供给曲线由 S_1 向右平移到 S_2，在缺乏弹性的需求曲线作用下，农产品的均衡价格大幅度地由原来的 P_1 下降到 P_2，均衡数量由 Q_1 增加到 Q_2，由于农产品均衡价格的下降幅度大于农产品均衡数量的增加幅度，最后使得农民总收入量减少。在丰收之前，农民的总收入为 $OP_1 \times OQ_1$，相当于图中矩形 $OP_1E_1Q_1$ 的面积；在丰收之后，农民的总收入为 $OP_2 \times OQ_2$，相当于矩形 $OP_2E_2Q_2$ 的面积。总收入的减少量相当于图中矩形 $OP_1E_1Q_1$ 和 $OP_2E_2Q_2$ 的面积之差。

与此类似，在歉收年份，同样由于缺乏弹性需求曲线的作用，农产品均衡数量减少的幅度将小于由于它所引起均衡价格上升的幅度，最后使得农民总收入增加。在图 3－9 中，只需先假定农产品的歉收使供给曲线由 S_2 向左平移到 S_1 的位置，然后便可说明与丰收年份相反的情况了。

基于以上的经济事实和经验，国际上大多数国家为了保护农场主和农民的利益，为了促进和支持农业发展，都先后实施了农产品支持价格措施。即通过减少农产品的种植面积，来减少农产品的供给，或出台农产品最低限价收购农民手中的余粮作为国家储备粮，从而将农产品价格维持在一定的水平上，保证农民的收入。

> 课堂讨论：
> 甲："气候不好对农民不利，因为谷物歉收，会减少农民的收入。"
> 乙："气候不好反而对农民有利，因为农业歉收后谷物价格会上涨，农民因此而增加收入。"
> 试运用所学的经济学原理对这两种说法给予评价。

二、需求的收入弹性和恩格尔定律

消费者的收入水平是决定需求量的仅次于价格的一个重要因素。一般来讲，收入增加，对商品的需求量也会增加，符合这种特征的商品是正常品。但收入增加后，生活必需品增加比例小于收入增加的比例，奢侈品增加的比例却高于收入增加的比例。这两种情况无论收入弹性系数值大小都是正值。但也有一些商品例外，如旧货、低档商品、处理品等是随着消费者的收入增加而减少，收入弹性系数值为负值。在现实生活中，收入增加了我们不会多吃粮食，多食用食盐，对洗面奶的增加也有限；对旧货（二手市场商品）、低档品（如肥肉）、处理品等非但不增加，反而减少；收入增加后，对住房、汽车、旅游或名牌服饰等的需求会增加。随着收入的不断增加，低档品逐渐从我们的生活中消失，而高档品的消费越来越多，这种情况的变化是现实生活的写照，也就是经济学上的恩格尔定律。

德国统计学家恩格尔根据长期统计资料分析人们的消费结构变化时发现了一条规律：在一个家庭或一个国家中，食物支出在收入中所占的比例随着收入的增加而减少，即恩格尔定律。将用于食物支出与家庭收入全部支出之比定义为恩格尔系数，其值在(0,1)区间内。我们知道，生活必需品的收入弹性小，而奢侈品和耐用品的收入弹性大。因此可以从需求收入弹性概念的角度解释恩格尔定律。对一个家庭或国家而言，这个家庭或国家越穷，其恩格尔系数就越高，反之，这个家庭或国家越富，其恩格尔系数越低。这就是世界经济学界所公认的恩格尔定律。一般来说，恩格尔系数越大，富裕程度和生活水平就越低；反之，则越高。一般把恩格尔系数在 0.4 以下作为生活富裕水平的标准。

恩格尔系数的降低表明消费结构的变化，消费结构的变化表明生活质量的提高，而在生活质量提高的背后无疑是经济的发展、人们收入水平的提高。我们了解收入弹性的原理，对个人消费、企业决策和国家制定政策都有一定的意义。如果你的即期收入很高而预期稳定收入不断增加，你就应该追求高质量的生活消费；企业决策者应该随着居民收入的不断增加，不断生产出高品质的商品以满足消费者的需求；作为国家的决策，应根据居民收入的不断增加，适时地调整产业布局，需求收入弹性大的部门，由于需求量增长要快于国民收入增长，因此发展应该快些，而需求收入弹性小的部门，发展速度应当慢些。根据收入弹性还可以分析各部门人员的收入现状等。

拓展阅读

资料来源：国家统计局。

图 3—10　2000～2013 年我国城乡居民家庭收支变化

联合国根据恩格尔系数的大小，对世界各国的生活水平有一个划分标准，如表 3—3 所示。

表 3—3 恩格尔系数的衡量标准

数量界限	60%以上	50%~60%	40%~50%	30%~40%	20%~30%	20%以下
富裕程度	贫穷	温饱	小康	相对富裕	富裕	极其富裕

由图 3—10 数据可知，首先，2000 年以来，我国城乡居民家庭恩格尔系数一直平缓下降，其中城镇居民家庭恩格尔系数始终低于农村居民家庭恩格尔系数，但是农村居民家庭恩格尔系数下降幅度大于城镇居民家庭恩格尔系数。农村居民家庭恩格尔系数由 2000 年的 49.1%下降为 2013 年的 37.7%，下降幅度达到了 11.4%，明显大于同期城镇居民 4.4%的下降幅度，城镇居民家庭恩格尔系数由 39.4%下降为 35%，这表明农村居民家庭生活水平改善程度要快于城镇居民家庭。

其次，城镇居民家庭恩格尔系数和农村居民家庭恩格尔系数值在 2004 年和 2008 年两次出现小幅反弹，但基本保持了较好的下降势头，一路缓慢下降。其中城镇居民家庭平均恩格尔系数和农村居民家庭恩格尔系数分别为 36.9%和 43.6%，城乡居民人均收入水平分别为14 297.79元和4 518.49元，城镇居民收入水平是农村居民的约 3.1 倍，从侧面印证了我国长期的二元经济结构所引起的城镇居民生活水平普遍高于农村地区的事实。

再次，我国居民的家庭消费开始缓慢转型，整体消费水平上了一个台阶，逐步向享受型的消费转型。我国城镇居民家庭率先由小康进入相对富裕水平，农村居民在 2011 年达到了相对富裕状态，在 2000 年至 2010 年农村居民家庭恩格尔系数在 40%~50%之间变动，生活水平一直处于小康阶段。并且与城镇居民家庭的差距由 2000 年的 9.7%缩小为 2013 年的 2.7%，城乡居民的生活水平差距明显缩小，表明城乡居民的二元经济结构正在逐步缓解。

三、供求弹性与税收负担

在第二章第四节内容里分析了政府税收对均衡价格和均衡数量的影响，得到的结论是政府征税会提高均衡价格，减少均衡交易数量。税收由生产者和消费者共同承担，至于税额的分配，则取决于需求价格弹性和供给价格弹性的大小。接下来，将具体详细分析供求弹性的大小将如何决定生产者和消费者的税收负担分割。

如图 3—11 所示，假定政府对每单位商品征的税额为 T，由于生产成本增加，则供给曲线由 S_0 向左平移到 S_1，相应的均衡点由 E_0 移到 E_1，均衡价格由 P_0 上升到 P_1，P_1 为消费者的实际支付价格，生产者纳税后实际得到的价格为 P_2。图中税收总额为矩形 $P_1E_1GP_2$ 面积，其中，均衡价格上涨，导致消费者税收负担为矩形 $P_1E_1FP_0$ 面积，而生产者税收负担为矩形 P_0FGP_2 面积。从图形中可以看到，当政府向某商品征收税收时，生产者将把这项税额列入成本，并将其中一部分转嫁给消费者。

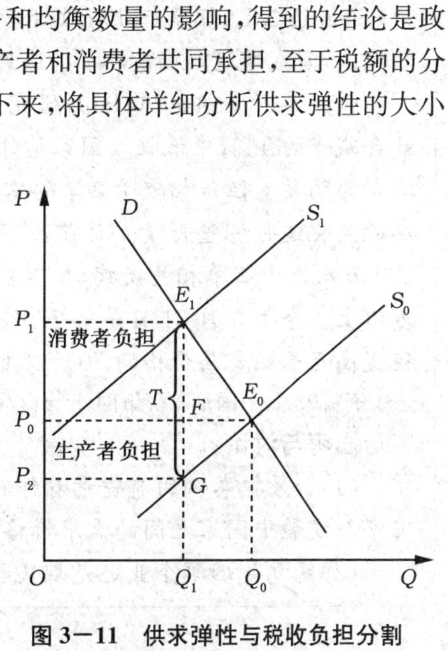

图 3—11 供求弹性与税收负担分割

那么税收额由生产者和消费者各负担多大比例，取决于商品供求弹性大小的对比，可用图 3—11 加以证明。

政府征税后，均衡价格由 P_0 上升到 P_1，均衡数量由 Q_0 减少到 Q_1，则：

$$e_s=\frac{\Delta Q}{\Delta P}\cdot\frac{P}{Q}=\frac{Q_1-Q_0}{P_2-P_0}\cdot\frac{P_0}{Q_0}$$

$$e_d=-\frac{\Delta Q}{\Delta P}\cdot\frac{P}{Q}=\frac{Q_1-Q_0}{P_1-P_0}\cdot\frac{P_0}{Q_0}$$

故

$$\frac{e_s}{e_d}=\frac{P_1-P_0}{P_0-P_2}$$

即

$$\frac{\text{供给弹性}}{\text{需求弹性}}=\frac{\text{消费者税收负担}}{\text{生产者税收负担}}$$

上式中的比例关系表明：在其他条件不变的情况下，供给弹性与生产者税收负担呈反比，与消费者税收负担呈正比。同理，需求弹性与消费者税收负担呈反比，与生产者税收负担呈正比。如缺乏弹性的生活必需品，消费者的税收负担就比较大；而富有弹性的奢侈品如珠宝、国外旅游等，厂商的税收负担就较大。

由此，当政府对一种物品征收税收时，该物品的均衡数量减少，即税收缩小了市场的规模。无论向消费者还是向生产者征税，均是由两者共同分摊税收负担，也就是税收负担的分摊并不取决于向谁征税。税收归宿取决于供给和需求的价格弹性，税收负担倾向于落在缺乏弹性市场的一方，因为市场的这一方难以通过购买或销售来对税收作出反应。

拓展案例

以烟草为例——税收在买者和卖者间的分摊

2014 年全国烟草工作会议报告数据显示，2013 年，全年行业实现税利9 559.86亿元，增长 10.53%；其中上缴财政总额8 161.22亿元，新增近1 000亿元，增长 13.9%；烟草行业的税收占财政收入的 6%。如果将上缴财政的部分作为税金，全国烟草行业 2013 年的利润为1 398.64亿元，烟草行业税收金额是利润的 5.84 倍。对烟草业课以重税是世界各国通行的做法，旨在通过“以税控烟”，达到控烟与税收的平衡。

据世界卫生组织（WHO）研究表明，卷烟价格每提高 10%，高收入国家总体卷烟消费就会减少约 4%，中低收入国家总体卷烟消费则会减少 8%，这种效果对价格敏感的年轻人群尤为明显。但是相较于烟草的需求而言，烟草的供给则灵活得多，烟草企业可以根据市场的变化适时调整产量。目前，我国有 3 亿烟民和高达 7.4 亿的“二手烟”受害者，每年有 120 万人死于烟草相关疾病，如不采取紧急行动，到 2030 年，每年的死亡数字可上升到 300 万以上。今年 5 月 31 日是第 27 个世界无烟日，世界卫生组织向中国政府建议，应将烟草税提高至卷烟零售价格的 70%以上，以减少吸烟人数。

资料来源：中国烟草资讯网，http://www.echinatobacco.com/zxzx/node_8061.html。

思考与讨论：

(1)如果把卷烟的消费量看作对卷烟的需求量，根据材料中的数据，试计算卷烟在发达国家与发展中国家之间的需求价格弹性系数值范围，并分析它属于哪一种类型的弹性。

(2)究竟是烟草企业还是烟民承担了如此重的税收负担?政府能不能决定税收在市场

主体之间的分摊?

(3)如果政府不是对烟草企业而是对烟民征税,结果会是一样吗?

案例评析:

根据材料中的数据,可以计算出烟草的需求弹性范围为0.4~0.8,属于缺乏弹性类型,因此烟草的需求曲线D较陡峭,而富有弹性的供给曲线S则要平坦得多。

如图3—12所示,可以看出政府对烟草业征收T量税收后,一方面,市场的烟草交易量减少了;另一方面,烟草的购买者承担了绝大部分的税收,而烟草企业只承担了较小部分的税收。

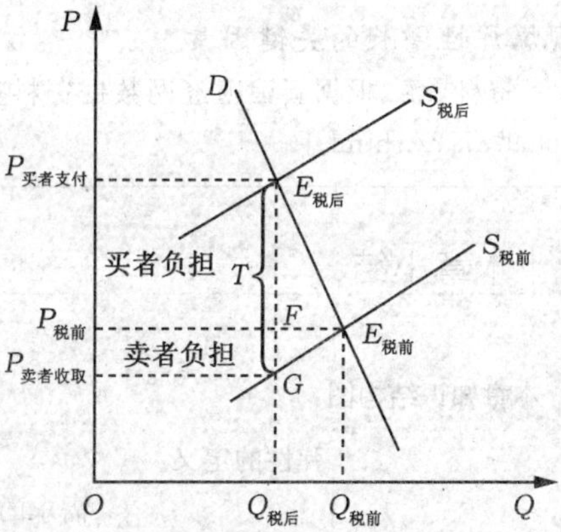

图3—12 政府对烟草企业征税的市场结果

政府能够决定是向买者征税还是向卖者征税,但是税收如何在买者与卖者之间分摊取决于需求弹性和供给弹性。由图3—12可见,税收负担更多地由缺乏弹性的一方承担。政府对烟草企业征税,在烟草的生产者与消费者间产生了税收楔子(即买者和卖者共同分担税收负担),由于烟草的需求弹性小于供给弹性,所以买者将承担更多的税收,税收会导致烟草价格上升,烟草的均衡数量下降。无论政府是向买者还是卖者征税,都会产生同样的市场结果,起到抑制人们消费烟草的目的。

案例导读评析

首先,激励机制。从经济学的角度来说,激励是引起一个人做出某种行为,诸如惩罚或奖励的预期。理性人会通过比较成本与利益做出决策,因此,他们会对激励做出反应。

利用节日做促销其实是一个比较老套的营销手段。元旦、中秋、国庆、圣诞……只要是个节日,都能看到商场里五花八门的打折促销。但是,"双十一"促销比历史上的任何一个节日促销都要成功,这得益于电商们不仅采用了传统的价格激励,还非常巧妙地运用了心理激励。比方说,"趁还没有找到另一半之前狠狠地虐待下自己的钱包"之类的宣传,就是在这种全民消费的激励之下,很多人在光棍节当日的消费超出了自己的预算约束。

其次,价格弹性。需求定理表明,一种物品的价格下降将使其需求量增加。需求价格弹性衡量的是需求量变动对价格变动的反应程度,如果一种物品的需求量对价格变动的反应很大,那么这种物品的需求就是富有弹性的。

显然,商家绝对不会对大米之类的刚性消费品进行降价促销,一方面,利润微薄,另一方面,相关产品的促销对于销量的影响并不明显。不同于大米、食盐这些缺乏弹性的生活必需品,服装、首饰等的需求量往往极易受到价格的影响。我们看到,恰恰是这一类——衣服、饰品、化妆品、家具等易受价格影响的商品,成为"双十一"促销的主流。在运用需求价格弹性这一工具来进行分析之后我们就会发现,在这场促销大战中,大部分卖家的收益是远远超过他们平日里的收益的。

还有一个很重要的问题,左右商家打折力度的是什么因素呢?动辄5折促销,商家不会亏损吗?这一问题可用"二级价格歧视"来解释。

再次，实行价格歧视。所谓二级价格歧视，就是按销售量定价，即通过对相同货物或服务的不同消费量索取不同的价格来实施。虽然价格普遍下降了，但是通过扩大产量和实现较大的规模经济、较低的单位成本仍能增加商家的利润，且低价格能吸引客户、带来回头客、促进二次消费等。

价格、心理激励，价格需求弹性，再加上二级价格歧视，这些成为“双十一”销量能够出现爆炸性增长的关键因素。

资料来源.根据新浪财经网数据资料整理，http://tech.sina.com.cn/i/2014－11－12/doc－ioomm vum9787727.shtml

本章小结

本章知识结构图：

- 弹性理论
  - 弹性的定义
  - 需求的价格弹性
    - 需求的价格弹性的含义及公式
    - 需求的价格弹性的类型：弧弹性、点弹性
    - 影响需求的价格弹性的因素
  - 弹性概念的扩大
    - 需求的收入弹性：正常品、劣等品
    - 需求的交叉价格弹性：替代品、互补品、无关品
    - 供给的价格弹性
  - 弹性理论的应用
    - 需求价格弹性与销售总收益：“谷贱伤农”和薄利多销
    - 需求的收入弹性和恩格尔定律
    - 供求弹性与税收负担

本章主要知识点：

1. 弹性：原是物理学上的概念，意指某一物体对外界力量的反应程度。用数学语言表达，表示因变量的相对变动与自变量的相对变动之比，即因变量的变动率与自变量的变动率之比。

2. 需求的价格弹性表示在一定时期内一种商品的需求量变动对于该商品的价格变动的反应程度。它是商品需求量的变动率与价格变动率之比，即在一定时期内当一种商品的价格变化1%时所引起的该商品的需求量变化的百分比。需求的价格弹性有两种计算方法，即弧弹性和点弹性。根据弹性系数值的不同把商品分为五类：完全弹性、完全无弹性、单位弹性、富有弹性和缺乏弹性。

3. 需求的价格弹性状态与商品的销售总收益密切相关。如果富有弹性的商品价格下降时，总收益会增加；价格上升时，总收益会下降。如果商品缺乏弹性，商品的价格下降时，总收益会下降；价格上升时，总收益会增加。

4. 需求的收入弹性是指一种商品的需求量对消费者收入变动的反应程度，是商品需求量的变动率与消费者收入变动率的比值。或者说，表示在一定时期内当消费者的收入变化1%时所引起的商品需求量变化的百分比。

5. 需求交叉弹性，是指一种商品的需求量对另一种相关商品的价格变动的反应程度，其弹性系数是一种商品需求量变动率与另一种商品价格变动率之比，表示一种商品的价格变动1%时所引起的另一种商品的需求量变动的百分比。根据交叉弹性值的大小，把商品分为三大类：交叉弹性系数大于零的两种商品为替代品，交叉弹性系数小于零的两种商品为互补品。交叉弹性系数为零的两种商品称为无关品。

6. 供给的价格弹性表示在一定时期内一种商品的供给量变动对于该商品的价格变动的反应程度。它是商品供给量的变动率与价格变动率之比，表示在一定时期内当一种商品的价格变化1%时所引起的该商品的

供给量变化的百分比。

7. 从需求收入弹性的角度看，对一个家庭或国家而言，这个家庭或国家越穷，其恩格尔系数就越高；反之，这个家庭或国家越富，其恩格尔系数越低。这就是世界经济学界所公认的恩格尔定律。一般来说，恩格尔系数越大，富裕程度和生活水平就越低；反之，则越高。

复习思考题

一、名词解释

需求价格弹性　点弹性　弧弹性　需求交叉弹性　需求收入弹性　供给弹性　恩格尔系数　互补品　替代品

二、单项选择题

1. 贵夫人对一般的美容化妆品的需求价格弹性（　　）。

A. 大于 1　B. 小于 1　C. 等于 0　D. 以上都有可能

2. 假如买者可以按不变价格购买任何数量的某商品，这意味着该商品的需求价格弹性等于（　　）。

A. 0　B. 无穷小　C. 1　D. 无穷大

3. 如果某产业许多厂商生产同一种标准化产品，则其中任一厂商的产品的需求（　　）。

A. 完全无弹性　B. 有单位弹性　C. 缺乏弹性　D. 富有弹性

4. 已知某两种商品的交叉弹性等于 1.8，则这两种商品是（　　）。

A. 独立品　B. 替代品　C. 补充品　D. 完全互补品

5. 粮食市场的需求是缺乏弹性的，当粮食产量因灾害而减少时，（　　）。

A. 粮食生产者的收入减少，因为粮食产量下降

B. 粮食生产者的收入增加，因为粮食价格会更大幅度地上升

C. 粮食生产者的收入减少，因为粮食需求量会大幅度地减少

D. 粮食生产者的收入不变，因为粮食价格上升与需求量减少的比率相同

6. 某地区的居民收入从去年的 200 亿元上升到今年的 220 亿元，对 X 商品的需求数量上升了 20%，此种商品是（　　）。

A. 奢侈品　B. 必需品　C. 低等品　D. 吉芬商品

7. 如果人们的收入水平提高，则食品支出在总支出中的比重（　　）。

A. 提高　B. 降低　C. 不变　D. 不确定

8. 如果某商品价格变化引起厂商销售收入同方向变化，则该商品是（　　）。

A. 富有弹性　B. 缺乏弹性　C. 完全弹性　D. 完全无弹性

9. 政府为增加财政收入，决定对销售者征税，如果政府希望全部税收都由买者承担，并尽可能不影响交易量，则应具备的条件是（　　）。

A. 需求和供给的价格弹性均大于 0 小于无穷大

B. 需求的价格弹性大于 0 小于无穷大，供给弹性为 0

C. 供给弹性大于 0 小于无穷大，需求价格弹性等于 0

D. 以上都有可能

10. 某类电影现行平均票价为 4 元，对该类电影需求的价格弹性为 1.5，经常出现许多观众买不到票的现象，这些观众大约占可买到票的观众的 15%，采取以下（　　）项方法，可以使所有想看电影而又能买得起票的观众都能买到票。

A. 电影票降价 10%　B. 电影票提价 10%　C. 电影票降价 15%　D. 电影票提价 15%

三、判断题

1. 线性需求曲线上点的位置的高低与该点的弹性系数值的大小无关。（　　）

2. 线性需求曲线上每点的斜率都相等，因此每点的点弹性也都相等。（　　）

3. 如果两种商品之间存在着替代关系，相应的需求交叉弹性系数为负值。（　）

4. 一般来说，一种商品用途越广泛，该商品的需求弹性就越小；反之，就越大。（　）

5. 消费者在某商品上的消费支出在预算总支出中所占的比重越大，该商品的需求弹性就越大；反之，就越小。（　）

6. 陡峭的需求曲线弹性一定小；而平坦的需求曲线弹性一定大。（　）

7. 当对农产品的需求缺乏弹性时，粮食丰收，粮价下跌，农民收入反而会减少。（　）

8. 如果供给富有弹性，那么即使需求增加很少，这对交易量的影响也会较大。（　）

9. 如果商品的需求价格弹性小于1，则降低销售价格会使总收益增加。（　）

10. 一般来说，一种商品的替代品越多，该商品的需求弹性就越大；反之，就越小。（　）

四、简答题

1. 影响需求价格弹性的因素主要有哪些？

2. 需求的价格弹性和厂商的销售收入之间有何关系？请结合图形详细说明。

3. 什么决定了税收负担在买者和卖者之间的分摊？为什么？

4. 用需求的价格弹性理论说明“薄利多销”这一传统的经商理念。

5. 经济学家已经注意到，在经济衰退期间，在餐馆吃饭的支出比在家吃的食物支出减少得多，弹性原理如何有助于解释这一现象？

6. 为什么酒吧喝水要钱，却又免费提供花生米？

五、计算题

1. 设笔记本电脑的需求价格弹性为2，其价格现为每台8 000元。试问：笔记本电脑价格上涨多少元才能使其消费量减少10%？

2. 在英国，对新汽车的需求价格弹性为1.2，需求的收入弹性为3，求：

(1)其他条件不变，价格提高3%对需求的影响。

(2)其他条件不变，收入增加2%对需求的影响。

(3)假定价格提高10%，收入增加12%，根据2014年新汽车销量为1 000万辆，利用相关弹性数据，预测英国2015年新汽车的销售量。

3. 某公司生产的A产品需求函数为$Q=500-2P$，求：

(1)假定公司销售A产品200吨，其价格应为多少？

(2)如果公司按每吨180元的价格出售，其销售量为多少？总收益如何变化？

(3)价格弧弹性是多少？

4. A公司和B公司是机床行业的两个竞争者，这两家公司的主要产品的需求曲线分别为：$P_X=1\ 000-5Q_X$，$P_Y=1\ 600-4Q_Y$。这两家公司现在的销售量分别为100单位的X产品和250单位的Y产品。

(1)求X和Y当前的价格弹性。

(2)假定Y降价后使其销售量增加到300单位，同时导致X产品的销售量下降到75单位，试计算X对Y的交叉价格弹性。

(3)假定B公司目标是谋求销售收入最大化，试分析它降价在经济上是否合理。

5. 在商品X市场上，有一万个相同的人，每人的需求函数均为$Q_D=12-2P$，同时有一千个相同的生产者，每个生产者的供给函数均为$Q_S=20P$。

(1)推导商品X的市场需求函数和市场供给函数。

(2)求均衡价格和均衡产量。

(3)假定每个消费者的收入增加，其个人需求曲线向右移动了2个单位，求收入变化后的市场需求函数及均衡价格和均衡产量。

(4)假定每个生产者的生产技术水平有了很大提高，使得每个生产者的供给曲线向右移动了40个单位，求技术变化后的市场供给函数及均衡价格和均衡产量。

(5)假定政府对出售每一个单位产品征收2元的销售税，政府的这一行为对均衡价格和均衡产量有何影响？政府征收的总税额是多少？这些税款实际上是谁支付的？

6. 假定在某一国家，香烟的需求为：$Q_D=2\,000-100P_D$，香烟的供给是：$Q_S=P_S\times 200$。式中，Q 是需求的数量（多少包），P 是每包烟的价格。

(1)假定市场是竞争的，找出香烟的均衡价格和均衡数量。

(2)为了减少吸烟，政府对生产者每包烟课以 2 美元的税。计算征税后香烟的数量、消费者支付的价格以及生产者得到的价格。

(3)如果政府对消费者每包烟课以 2 美元的税，则征税后香烟的数量、消费者支付的价格以及生产者得到的价格分别是多少？

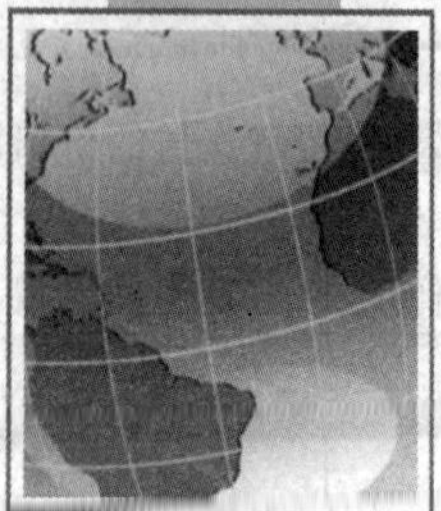

第四章 消费者行为理论

【本章导读】

上一章介绍了市场供需原理的基本内容及其规律。需求来自消费者，是由消费者的行为决定的。因此，要更深入地了解需求，就必须了解消费者的行为是如何决定的。

消费者行为的研究在经济学中通常是借用效用理论来加以描述的，故消费者行为理论又被称为效用论。根据对消费者行为作出的不同假设，效用论又可划分为基数效用论和序数效用论。本章将采用两种分析方法(边际效用分析与无差异曲线分析)来分析消费者行为，研究消费者行为是受哪些因素影响和根据什么原则来决定，以及消费者的均衡问题，并从消费者行为分析中推导出个人需求曲线和市场需求曲线。

【学习目标】

1. 掌握效用、总效用、边际效用的含义。
2. 理解边际效用递减规律的含义。
3. 掌握消费者均衡的公式，并会进行推导和证明。
4. 理解无差异曲线的含义与特征、消费者预算线的含义。
5. 学会从消费者的均衡条件推导消费者的需求曲线。
6. 掌握什么是替代效应和收入效应，学会用图形分析商品的替代效应和收入效应。

【能力目标】

1. 掌握基数效用论和序数效用论的关系。
2. 能运用效用相关理论知识，分析现实生活中的相关问题。

【案例导读】

亚当·斯密在《国富论》第一卷第四章中提出著名的价值悖论："没有什么东西比水更有用，但它几乎不能购买任何东西。相反，一块钻石有很小的使用价值，但是通过交换可以得到大量的其他物品。钻石的使用价值很小，却很昂贵；水的使用价值很大，却很廉价。"

资料来源：亚当·斯密.国民财富的性质和原因的研究.商务印书馆，1981。

思考与讨论：你怎么解释这个曾经为难了亚当·斯密和其他古典经济学家的问题？

第一节　效用理论概述

不同的人对幸福有不同的理解，不同的学者对幸福有不同的解释。经济学早期创始人之一的杰里米·边沁指出，当人们的欲望得到全部或部分满足时会感到舒服和愉悦，这种舒服和愉悦的感觉就是幸福；反之，是痛苦。现代经济学大师萨缪尔森为我们构造了一个幸福方程式：幸福＝效用/欲望。因此，我们对消费者行为的解释从欲望和效用两个方面着手。关于欲望，在第一章有过阐述，这里不再重复介绍，本节重点探讨效用的有关问题。在幸福方程式中，我们假定欲望是既定的，这样幸福和效用就完全成正比。

一、效用的概念

效用是指商品满足人的欲望的能力，或者说，效用是指消费者（又称居民户或家庭）在消费商品（或劳务）时所感受到的满足程度。效用是消费者对商品满足自己的欲望的程度的一种主观心理评价。消费者消费某种物品获得的满足程度高就是效用大；反之，满足程度低就是效用小。当然，某种商品效用大小不仅取决于消费者在消费某种商品时的主观感受，也受制于商品满足消费者某种需要的物质属性。商品的使用价值是效用的基础和前提，是满足人们需要的必要条件，而效用是满足人们需要的充分条件。

效用可以分为正效用和负效用。

就正效用而言，假设消费者喜欢一种商品胜过另一种商品，说明这种商品给消费者带来的效用水平高于另一种商品给他带来的效用水平。如果商品不能使消费者得到满足，该商品的效用就等于零。例如，酒对喝酒的人具有效用，对不喝酒的人则无效用。我国南方人喜欢吃大米，北方人喜欢吃面食，那么大米对南方人的效用大于对北方人的效用，而面食对南方人的效用小于对北方人的效用。

与正效用相对应的是负效用，它表示某商品给消费者带来不舒适感。例如，过量饮酒给人带来不舒服的感受，超过适量部分的酒就具有负效用；一个饥饿的人吃馒头，第一个很好吃，效用最高，越到最后，越没有感觉，如果继续吃下去，可能会胀肚子，消化不良，产生负效用。

需要指出的是，效用本身不具有伦理学的意义。一种商品是否具有效用要看它是否能满足人的欲望或需要，而不涉及这一欲望或需要的好坏。另外，同一种商品对于不同的人的效用是不同的，因此，除非给出特殊的假定，否则效用是不能在不同的人之间进行比较的。

课堂思考

是穷人幸福还是富人幸福？

对于什么是幸福，美国的经济学家萨缪尔森用“幸福方程式”来概括。这个“幸福方程式”就是：幸福＝效用/欲望，从这个方程式中我们看到欲望与幸福呈反比，也就是说，人的欲望越大越不幸福。但我们知道人的欲望是无限的，那么多大的效用不也等于零吗？因此我们在分析消费者行为理论的时候假定人的欲望是一定的。那么我们在避开分析效用理论时，再来思考萨缪尔森提出的“幸福方程式”，觉得他对幸福与欲望关系的阐述太精辟了，难怪他是诺贝尔奖的获得者。

在社会生活中，对于幸福，不同的人有不同的理解，政治家把实现自己的理想和抱负作为最大的幸福；企业家把赚到更多的钱当作最大的幸福；教师把学生喜欢听自己的课作为最大的幸福；老百姓往往觉得平平淡淡衣食无忧是最大的幸福。幸福是一种感觉，自己认为幸福就是幸福。但无论是什么人，一般把拥有的财富多少看作衡量幸福的标准，一个人的欲望水平与实际水平之间的差距越大，他就越痛苦；反之，就越幸福。“幸福方程式”使我想起了“阿Q精神”。鲁迅笔下的阿Q形象，是用来唤醒中国老百姓的那种逆来顺受的劣根性。而我要说的是人生如果一点阿Q精神都没有，会感到不幸福，因此，“阿Q精神”

在一定条件下是人生获取幸福的手段。在市场经济发展到今天，贫富差距越来越大，如果穷人欲望过高，那只会给自己增加痛苦。倒不如用"知足常乐"，用"阿Q精神"来减少自己的欲望，使自己虽穷却也获得幸福。富人比穷人更看重财富，他会追求更富，如果得不到，他也会感到不幸福。是穷人幸福还是富人幸福完全取决于个人的主观感受。

二、效用水平的度量方法

就消费者消费商品所带来满足程度大小的度量问题，西方经济学家先后提出基数效用论和序数效用论。基数效用论者以边际效用分析方法度量消费者的效用水平，序数效用论者以无差异曲线分析方法度量消费者的效用水平。

19世纪至20世纪初，对消费者效用水平的度量主要使用基数效用方法来度量。基数效用论者认为，商品效用大小可以用诸如1、2、3、4…这样的基数来具体度量，并在此基础上对效用水平给予加总求和。例如，买一个包子效用是5个单位，看一场足球比赛效用是100个单位，买一件新衣服效用是800个单位等。

基数效用论是建立在消费者主观心理感受基础上的消费者行为理论。由于消费者的主观心理实际上是无法测量的，商品给消费者带来的效用水平在很大程度上只能说明效用的大小，却不能说明究竟有多大。因此，20世纪30年代，多数西方经济学家开始使用序数效用论来度量效用水平。序数效用论者则认为，效用在理论上和实际上都是不可度量的，更谈不上加总求和了。商品之间效用大小的比较只能通过次序和等级先后表示出来，或者说，消费者宁愿首选哪一种商品消费。以看一场足球比赛和听一场音乐会的例子来说，消费者要回答的是偏好哪一个，即哪一个效用是第一，哪一个效用是第二。或者说，要回答的是看一场足球比赛还是听一场音乐会。

序数效用论只表示偏好顺序而不表示效用数值。序数效用强调的是相对效用，它不像基数效用注重绝对效用。现代微观经济学通常使用基数效用和序数效用概念，但大多数使用的是序数效用概念，只是在某些研究方面还继续使用基数效用概念。

三、消费者均衡

任何一个消费者都面临着商品消费决策的"两难问题"：一难，消费者消费资源的有限性；二难，消费者消费欲望的无限性。因此，研究消费者在消费资源约束条件下实现消费者效用最大化时，必须引进消费者均衡概念。消费者均衡研究消费者在既定收入水平下实现效用最大化的均衡条件，其实质就是研究消费者如何把有限的货币收入分配在各种可供选择商品的购买中，以获得最大效用。如果实现消费者均衡，表明消费者此时既不想再增加，也不想再减少对任何商品的购买，而处在一种相对静止状态。基数效用论者和序数效用论者分别从不同思维角度和运用不同的分析方法分析消费者均衡及其变动，这将是下面几节的主要内容。

第二节　基数效用论

第一节分别从基数效用论和序数效用论的角度介绍了度量效用水平的两种方法，这两种理论的分析思路、方法均不相同，但是二者的结论是完全相同的。基数效用论者在分析消费者行为时提出了总效用和边际效用概念。本节的重点是介绍基数效用论者如何使用总效用和边际效用分析方法研究消费者行为，并提出消费者实现效用最大化的均衡条件。

一、总效用与边际效用

（一）总效用

总效用（Total Utility，TU）指消费者在一定时间内从一定数量的商品消费中所能获得的效用量的总和。或者说，是指消费者从某一消费行为或消费某一定量的某种商品中所获得的总的满足程度。总效用在一定的范围内是商品数量的增函数，即在一定范围内总效用随商品数量的增加而增加。如果用 TU 表示总效用，Q 表示消费者对某种商品的消费数量，则总效用函数可以表示为：

$$TU=f(Q)$$

（二）边际效用

边际效用（Marginal Utility，MU）指消费者每增加 1 单位某种商品的消费所增加的满足程度，它是一个增量的概念。边际效用是商品数量的减函数，即边际效用随商品数量的增加而减少。如果用 MU 表示边际效用，ΔTU 表示总效用增量，ΔQ 表示商品数量增量，则边际效用函数可以表示为：

$$MU=\frac{\Delta TU(Q)}{\Delta Q}$$

当商品的增加量趋于无穷小，即 $\Delta Q\to 0$ 时，有：

$$MU=\lim_{\Delta Q\to 0}\frac{\Delta TU(Q)}{\Delta Q}=\frac{dTU(Q)}{dQ}$$

边际效用等于总效用增量与商品增量之比，其大小与总效用增量成正比，与商品增量呈反比。以矿泉水消费为例，表 4－1 列出了消费者对矿泉水消费的总效用、边际效用与商品数量之间的关系，对一个非常口渴的人，第一瓶矿泉水给他的满足最大，其效用为 10；第二瓶矿泉水给他的满足有所减少，其效用为 8；当喝第三、四、五瓶矿泉水时；效用水平逐渐下降为 6、4、2；当喝第六瓶矿泉水时，他已经不想再喝了，其效用为 0；如果再喝下去，可能会感到不适，其效用为负。

表 4－1　　总效用与边际效用

商品数量（瓶）	总效用（TU）	边际效用（MU）	价格（P）
0	0	0	3
1	10	10	3
2	18	8	3
3	24	6	3
4	28	4	3
5	30	2	3
6	30	0	3
7	28	－2	3
8	24	－4	3

二、总效用与边际效用的关系

根据表 4－1 的相关数据，可以绘制出总效用和边际效用曲线图。如图 4－1 所示，横坐标表示矿泉水数量(Q)，纵坐标表示矿泉水带给消费者的效用量，即总效用(TU)和边际效用(MU)。总效用曲线以递减的速率先上升后下降，边际效用曲线为向右下方倾斜的一条曲线。当边际效用为正时，总效用递增；当边际效用为负时，总效用开始下降；边际效用等于零时，总效用最大($TU=30$)，并且边际效用总是呈现出递减的趋势。从数学意义上讲，如果效用曲线是连续的，则每一种商品消费量上的边际效用就是总效用曲线上相应点的斜率。这一点也体现在边际效用的定义公式中。

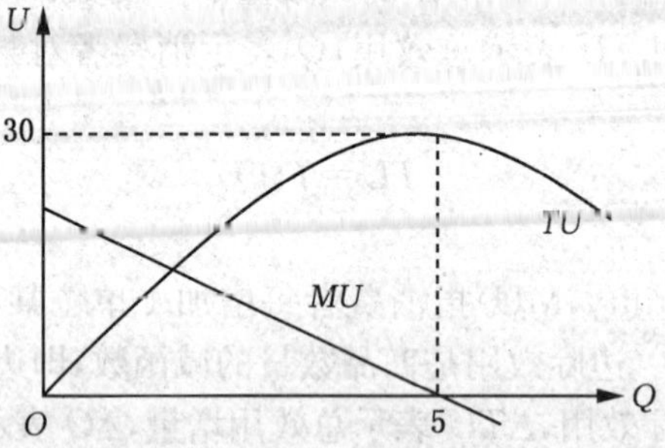

图 4－1　总效用和边际效用

三、边际效用递减规律

观察人们的行为和心理，可以发现一个规律性现象：当我们越来越多地消费一种商品时，获得的额外(边际)满足程度会下降。例如，一个饭量较大的人吃馒头。当他非常饿时，吃第一个馒头觉得最香、最好吃，效用很大，比如为 30 个单位；再吃第二个馒头觉得也不错，好吃，效用也不小，比如为 20 个单位；吃第三个馒头时已经快饱了，觉得馒头也就那么回事吧，效用只有 10 个单位；吃第四个馒头时，吃不吃都无所谓，则效用等于 0；如果再吃第 5 个馒头，就会觉得肚子发胀、消化不良，产生负效用(带来痛苦)，这时效用为－10 个单位。

上述现象，经济学家称其为边际效用递减规律。一般将边际效用递减规律表述为在一定时间内，在其他商品的消费数量保持不变的情况下，随着消费者对某种商品消费数量的增加，总效用是增加的，但是消费者从该商品连续增加的每一消费单位中所得到的效用增量，即边际效用是递减的。

边际效用递减规律告诉我们：在消费者偏好和商品使用价值既定的条件下，商品消费量越小，边际效用越大；商品消费量越大，边际效用越小；如果增加一个单位的消费量不能获得任何满足，则边际效用为零；当商品消费量超过一定数量时，继续增加消费的商品，不仅不能带来愉悦，反而会造成痛苦，边际效用变为负值。边际效用递减变化可以直观地用表 4－2 反映出来。

表 4－2　某商品的边际效用

商品消费量(Q)	总效用(TU)	边际效用(MU)
0	0	0
1	30	30－0＝30
2	30＋20＝50	50－30＝20
3	30＋20＋10＝60	60－50＝10
4	30＋20＋10＋0＝60	60－60＝0
5	30＋20＋10＋0－10＝50	50－60＝－10

边际效用为什么会呈现递减规律呢？目前主要有以下几种解释：

第一种解释认为是人们生理的或心理的原因。消费一种商品的数量越多，生理上得到满足或心理上对重复刺激的反应就递减了，即喜新厌旧的情结。

第二种解释是用反证法来论证的，这种观点认为若边际效用不递减的话，消费者则对某种商品的消费量将会越来越多，以至无穷。

第三种解释认为设想每种商品都有几种用途，再假定消费者把用途按重要性分成几个等级，当他只有一个单位的商品时，作为有理性的人的理性行为，他一定会将该商品用于满足最重要的需要，而不会用于次要的用途上。当他可以支配使用的商品共有两个单位时，其中之一就会用在次要的用途上。当他可以支配使用的商品共有三个单位时，它会将其中之一用在第三级用途上，如此等等。所以，某种消费品一定数量中的最后一个单位给消费者提供的效用，一定会小于前一单位提供的效用。这种解释较为合理，是一种较好的解释。

例如，自来水这种商品有多种用途，如饮用、洗衣、浇花草等。再假定消费者把这些用途按其重要性加以分级，如此，消费者必然把第一个单位的水用在最重要的用途——饮用上，然后再把其他单位的水依次满足较不重要的用途(洗衣、浇花草)，这样，由于不同单位的水先后用于满足其重要性依次下降的用途上，所以，该商品的边际效用必然随消费量的增加而呈递减趋势。这也成为消费者在现实中的选择。

总之，边际效用递减规律是西方经济学在研究消费者行为时用来解释需求规律或需求定理的一种理论观点。它是通过考察总结人们日常生活中的消费行为而得出的一个理论命题。当然，它的有效性要以假定人们消费行为的决策是符合理性为其必要前提的。

课堂思考

为什么人们对春晚的评价越来越差？

从20世纪80年代初期开始，我国老百姓在过春节的年夜饭中增添了一套诱人的内容，那就是春节联欢晚会。记得1982年第一届春节联欢晚会的出台，在当时娱乐事业尚不发达的我国引起了极大的轰动。晚会的节目成为全国老百姓在街头巷尾和茶余饭后津津乐道的题材。

晚会年复一年地办下来了，投入的人力、物力越来越多，技术效果越来越先进，场面设计越来越宏大，节目种类也越来越丰富。但不知从哪一年起，人们对春节联欢晚会的评价却越来越差了，原先在街头巷尾和茶余饭后的赞美之词变成了一片骂声，春节联欢晚会成了一道众口难调的大菜，晚会也陷入了“年年办，年年骂；年年骂，年年办”的怪圈。

春晚本不该代人受过，问题其实与边际效用递减规律有关。在其他条件不变的前提下，当一个人在消费某种物品时，随着消费量的增加，他(她)从中得到的效用是越来越少的，这种现象普遍存在，被视为一种规律。边际效用递减规律虽然是一种主观感受，但在其背后也有生理学的基础：反复接受某种刺激，反应神经就会越来越迟钝。第一届春节联欢晚会让我们欢呼雀跃，但举办次数多了，由于刺激反应弱化，尽管节目本身的质量整体提升，但人们对晚会节目的感觉却越来越差了。

边际效用递减规律时时在支配着我们的生活，尽管有时我们没有明确地意识到。

四、货币边际效用

基数效用论者认为，货币如同商品一样，也具有效用。消费者用货币购买物品，其实就是用货币的效用去交换商品的效用。商品边际效用递减规律也适用于货币。对于一个消费者来说,随着货币收入量的不断增加,货币的边际效用递减。这就是说,随着某消费者货币收入的逐步增加,每增加一元钱给消费者所带来的边际效用越来越小。但是,由于消费者所购买单位商品的价格只占消费者总货币收入量中的很小部分,所以当消费者对某种商品购买量发生很小变化时,货币边际效用变化非常小。因此,在分析消费者行为时,基数效用论者通常假定货币边际效用是一个不变的常数。货币边际效用一般用符号 λ 来表示。

五、基数效用与消费者均衡

消费者均衡是研究消费者在既定收入条件下如何实现消费者效用最大化的问题。根据边际效用递减规律,假设消费者收入和商品价格是既定的,那么消费者如何获得效用最大化?也就是说,消费者实现效用最大化应该遵循的原则,即实现消费者均衡的条件是什么?基数效用论者认为,消费者实现效用最大化的均衡条件分为两种情况:

第一种情况,消费者只消费一种商品,消费者均衡条件为边际效用等于零,即 $MU=0$。如果消费者连续消费一种商品,要实现效用最大化就必须使边际效用等于零,即当消费者消费的最后一个商品边际效用等于零时,消费者从这种商品消费中获得的总效用最大。从图 4—1 中可以看出,假设消费者连续消费矿泉水这种商品,只有当总效用曲线位置最高($TU=30$),且边际效用曲线与横轴相交时,消费者才能获得效用最大化。也就是说,此时符合效用最大化原则 $MU=0$。

第二种情况,消费者消费多种商品,消费者均衡条件为各种商品边际效用之比等于商品价格之比。我们知道,由于收入是固定不变的,他买进某种商品的数量越多,相应地,能够买进其他商品的数量就越少。随着他买进某种商品的数量的增加,这种商品的边际效用递减;与此同时,相应地,购买数量减少的商品边际效用递增。为了使得他既定的花费所换得的各种商品效用之和即总效用达到极大值,他将调整其购买的各种商品的数量,用于购买边际效用较低商品的那一单位货币转过来购买边际效用较高的那一种商品,直到他花费的每一元钱所买进的每种商品的边际效用都相等。或者换一种说法,他买进的各种商品的边际效用之比等于它们的价格之比。

假设消费者收入为 I,购买多种商品,商品价格分别为 P_1、P_2、$P_3 \cdots P_n$,商品数量分别为 X_1、X_2、$X_3 \cdots X_n$,各种商品带给消费者的边际效用分别为 MU_1、MU_2、$MU_3 \cdots MU_n$,则消费者购买商品的收入约束条件可用下式表示:

$$P_1X_1+P_2X_2+P_3X_3+\cdots+P_nX_n=I$$

根据消费者均衡条件可得:

$$MU_1/P_1=MU_2/P_2=MU_3/P_3=\cdots=MU_n/P_n=\lambda$$

现在以消费者购买两种商品 A 和商品 B 为例,具体说明消费者怎样在既定收入约束条件下实现效用最大化。消费者购买两种商品的收入约束条件和均衡条件可以表示为:

$$P_AX_A+P_BX_B=I$$

$$MU_A/P_A=MU_B/P_B=\lambda$$

为什么只有当 $MU_A/P_A=MU_B/P_B=\lambda$ 时,消费者才能够实现消费者均衡,才能够获得效用最大化呢?

首先,从 MU_A/P_A 与 MU_B/P_B 的关系来分析。当 $MU_A/P_A>MU_B/P_B$ 时,说明消费者用一元钱购买商品 A 所获得的边际效用大于购买商品 B 所获得的边际效用,这样理性的消费者会调整两种商品的消费数量，他会增加商品A的购买，减少商品B的购买。消费者调整两种商品的购买过程中，开始商品A增加的边际效用大于商品B减少的边际效用，造成消费者总效用增加。但是，根据边际效用递减规律，当消费者持续增加商品A的购买时，商品A的边际效用会随着购买量的增加而减少，商品B的边际效用也会随着购买量的不断减少而增加。所以，只有当消费者将其购买组合调整到同样一元钱购买到两种商品所得到的边际效用相等时，消费者便可获得效用最大化，实现消费者均衡。同理可说明，当$MU_A/P_A<MU_B/P_B$时，理性消费者会多选择商品B的购买，而减少商品A的购买。根据边际效用递减规律，也必然使MU_B/P_B不断减少，MU_A/P_A不断增加，最终使得$MU_A/P_A=MU_B/P_B$，消费者获得效用最大化和实现消费者均衡。

其次，从MU_i/P_i与λ（其中$i=A,B$）的关系来分析。当$MU_i/P_i>\lambda$时，说明消费者用一元钱购买第i种商品所得到的边际效用大于货币边际效用（货币边际效用通常假设为常数）。换句话来说，消费者购买第i种商品的数量太少了，理性消费者会继续购买这种商品，因为这样可以获得更大的效用。但是，在边际效用递减规律的作用下，随着第i种商品购买量的不断增加，第i种商品的边际效用会减少，直到$MU_i/P_i=\lambda$时效用才能达到最大化。同理可说明，当$MU_i/P_i<\lambda$时，消费者用一元钱购买第i种商品所得到的边际效用小于货币边际效用。也就是说，消费者购买第i种商品的数量太多了，理性消费者会减少第i种商品消费，并会在边际效用递减规律的作用下满足$MU_i/P_i=\lambda$条件。

基数效用论运用边际效用分析方法，得出消费者均衡的实现条件是，人们用全部收入购买多种商品，用在各种商品购买上的货币的边际效用相等，且都等于货币自身的边际效用。其中用来购买某种商品的货币的边际效用是指增加单位货币所购买的商品带来的边际效用，它通常用商品的边际效用与商品价格的比值来表示其大小。

例4—1 假设消费者：(1)购买商品A和商品B的价格为$P_A=P_B=2$，(2)消费者收入$I=16$，并且预期消费者花完全部的收入，在这种前提下消费者应如何支配其全部收入，即应该购买多少商品A和商品B才能保证消费者实现效用最大化？如果消费者实现了效用最大化，其最大化效用又是多少？表4—3列出了消费者边际效用的相关参数。

表4—3 **消费者边际效用**

商品数量(Q)	1	2	3	4	5	6	7	8	总效用(TU)
商品A的MU	11	10	9	8	7	6	5	4	60
商品B的MU	19	17	15	13	12	10	8	6	100

根据表4—3中的相关参数，消费者最多可以购买到8件商品。但是为了得到不同的效用水平，消费者可以做出各种不同的消费决策，选择不同的商品或商品组合，以便从中判断出哪种商品或商品组合能给消费者带来最大化的效用水平。

第一种消费决策，购买全部商品A，即$X_A=8$件，$X_B=0$件，这时总效用$TU=60$；

第二种消费决策，购买全部商品B，即$X_B=8$件，$X_A=0$件，这时总效用$TU=100$；

第三种消费决策，A、B两种商品各买4件，即$X_A=4$，$X_B=4$，这时总效用$TU=TU_A+TU_B=[(11+10+9+8)+(19+17+15+13)]=102$；

第四种消费决策，A为2件，B为6件，即$X_A=2$，$X_B=6$，这时总效用$TU=TU_A+TU_B=[(11+10)+(19+17+15+13+12+10)=107$。

在以上几种消费决策中，只有第四种消费决策所得到的总效用最大。因为此时购买的商品 A 和 B 的最后一件的边际效用相等，即 $MU_A = MU_B = 10$。

上例说明消费者同时消费两种商品时实现效用最大化的两个充分必要条件：第一，收入约束条件，即消费者在收入和商品价格既定的条件下，将其全部收入花完；第二，均衡条件，即消费者用同样的收入购买的最后一单位两种商品的边际效用相等。

消费者均衡的实现条件实际上是对人们日常生活经验的理论概括。无论人们是否了解这一理论，他们实际上都在自觉或不自觉地按这一原则进行消费和购买。

前面讨论的是，消费者在每元货币支出的边际效用相等时就能达到最大效用，实现消费者均衡，这是一种情况。更为一般性的原则是把“单位边际收益相等原则”作为一种决策的工具。面对有限的资源（时间、金钱等），决策者分配资源作不同用途时，应使其在每一用途上的边际收益都相等。

再举个例子，假设你想最大化你在各门功课上的知识量，但是，你只有有限的可利用时间。你应该在每一门功课上花费相同的学习时间吗？当然不是。你可能发现，在经济学、英语和数学上花费相同的学习时间，各门课所用的最后一分钟并没有给你带来相同的知识量。如果花费在经济学上的最后一分钟产生的边际知识量大于数学，那么，把学习时间从数学转移到经济学上，直到花费在每一门功课上的最后一分钟所产生的知识增量相等时为止，你就会提高你的知识总量。

课堂思考

把每一分钱都用在刀刃上

假如一元钱的边际效用是 5 个效用单位，一件上衣的边际效用是 50 个效用单位，消费者愿意用 10 元钱购买这件上衣，因为这时一元钱的边际效用与用于一件上衣的一元钱的边际效用相等。此时消费者实现了消费者均衡，也可以说实现了消费（满足）的最大化。低于或大于 10 元钱，都没有实现消费者均衡。我们可以简单地说在收入既定、商品价格既定的情况下，花钱最少，得到的满足程度最大，就实现了消费者均衡。

通俗地说，假定你有稳定的职业收入，你的银行存款有 50 万元，但你非常节俭，吃、穿、住都处于温饱水平。实际上，这 50 万元足以使你实现小康生活。要想实现消费者均衡，你应该用这 50 万元的一部分去购房、一部分去买一些档次高的服装，银行也要有一些积蓄；相反，如果你没有积蓄，购物欲望非常强，见到新的服装款式，甚至借钱去买，买的服装很多，而效用降低，如遇到家庭风险，没有一点积蓄，使生活陷入困境。

还比如你在现有的收入和储蓄下是买房还是买车，你会作出合理的选择。你走进超市，见到琳琅满目的物品，你会选择你最需要的。你去买服装肯定不会买你已有的服装。所以说经济学是选择的经济学，而选择就是在你资源（货币）有限的情况下，实现消费满足的最大化，使每 1 分钱都用在刀刃上，这样就实现了消费者均衡。

思考与讨论：

什么是消费者均衡？为什么说货币的效用与物品的效用相同时消费者得到的效用最大？

六、边际效用、需求定律和消费者剩余

（一）边际效用与需求定律

需求定律表明，消费者愿意买进的任一商品的数量与该商品的价格呈反方向变化关系，商品的价格提高，则需求量减少；反之，商品的价格降低，则需求量增加。为什么商品的需求量与

其价格之间具有这样的关系呢？这可用边际效用递减规律来说明。

消费者购买各种商品是为了从消费这些商品中获得效用，他所愿意付出的价格取决于他以这种价格所获得的商品能带来的效用的大小。也就是说，消费者所愿意付出的货币数量可以间接地衡量他用货币所购买的商品的效用大小。例如，某消费者愿意以 10 元购买一本书或一斤苹果，这就说明一本书或一斤苹果给消费者所带来的效用是相同的，都相当于 10 元货币的效用。

消费者为购买一定量某商品所愿意付出的货币的价格取决于他从这一定量的商品中所获得的效用。他从一定量的商品中所获得的效用大，愿意付出的价格就高；反之，他从一定量的商品中所获得的效用小，愿意付出的价格就低。根据边际效用递减规律，随着消费的商品数量的增加，该商品给消费者所带来的边际效用是递减的，而货币的边际效用是不变的。这样，随着商品的增加，消费者所愿意付出的价格也下降，因此，消费者对商品的需求量与该商品的价格必然呈反方向变动。

货币的边际效用可以用商品的边际效用与商品价格的比值来表示。在假定货币的边际效用不变的条件下，商品价格的高低取决于该商品的边际效用的大小。边际效用越大，消费者愿意支付的价格越高；边际效用越小，消费者愿意支付的价格越低。根据边际效用递减规律，边际效用越大，商品消费量越小；边际效用越小，商品消费量越大，因此，需求量与价格必然呈反方向变动关系。

(二)边际效用与消费者剩余

经济学家认为，人们在以商品的市场价格购买一定数量的商品时，他不仅可以得到与市场价格相当的满足程度，而且还可以得到额外的福利。这部分超过消费者在购买商品时所支付的市场价格的福利，就是消费者剩余。消费者剩余可用消费者愿意为某一商品支付的价格与消费者购买该商品时实际支付的价格之间的差额来表示，即消费者感觉“所得到的大于所支付的”。

消费者在某种商品的购买中之所以能获得消费者剩余，根源在于购买商品时愿意支付的价格或意愿价格与实际支付的价格或市场价格的差额。

意愿价格是指对于购买一定数量的商品来说，由各单位商品的边际效用决定的价格。

根据边际效用递减规律，各单位商品的边际效用是不相同的，最后购买单位的边际效用最低。相应地，各单位商品的意愿价格也不一样，而且最后购买单位的意愿价格也最低。

与意愿价格不同，市场价格则等于由消费者最后购买的单位商品的边际效用决定的价格。无论消费者购买多大数量的某种商品，任何一个单位的商品都按最后单位的边际效用来支付市场价格，即按最小的边际效用支付市场价格。实际上，商品的市场价格就是消费者购买的最后单位的意愿价格，即最低的意愿价格。

综上所述，除最后购买的单位商品的意愿价格等于市场价格之外，其他购买的单位意愿价格都高于市场价格，这样就存在一个价格差额。这个差额就构成了消费者剩余。

例 4－2　以音乐会门票为例，假设货币的边际效用 $\lambda=2$，音乐会门票的边际效用 MU 见表 4－4。

表 4－4　　**消费者剩余**

音乐会门票数量	边际效用	意愿价格	实际支付价格	消费者剩余
1	40	20	14	6
2	36	18	14	4

续表

音乐会门票数量	边际效用	意愿价格	实际支付价格	消费者剩余
3	32	16	14	2
4	28	14	14	0
合　计		68	56	12

由货币边际效用 $\lambda = MU/P$，可得意愿价格 $P = MU/\lambda$。

当消费者只购买一张音乐会门票时，其愿意支付的价格，即意愿价格 $P = MU/\lambda = 40/2 = 20$；当消费者购买两张音乐会门票时，意愿价格 $P = MU/\lambda = 36/2 = 18$；依此类推。

如表 4－4 所示，消费者实际支付音乐会门票的价格为 14 元/张，而愿意支付音乐会门票的价格却不相同。第一张门票消费者愿意支付 20 元，消费者从中获得消费者剩余为 6 元；第二张门票消费者愿意支付 18 元，消费者剩余为 4 元；第三张门票消费者愿意支付 16 元，消费者剩余为 2 元；第四张门票消费者愿意支付 14 元，消费者剩余为 0。因此，理性消费者在选择购买多少张门票时，最多会购买 4 张音乐会门票，且此时获得总消费者剩余为 12(6＋4＋2＋0)元。

如果知道需求曲线，就能够很容易地计算出消费者剩余。消费者剩余就是个人需求曲线以下市场价格曲线以上这部分面积。同时，消费者剩余概念也可以运用到整个市场，在整个市场上消费者剩余就是市场需求曲线以下市场价格曲线以上的面积。如图 4－2(a)所示，横坐标表示音乐会门票购买数量，纵坐标表示音乐会门票价格，三角形 ABC 表示消费者剩余，矩形 $ODBC$ 表示消费者实际支出。

消费者剩余也可以用数学公式表示，令需求函数表示为 $P = f(Q)$，商品价格为 P_0，需求量为 Q_0，则消费者剩余为 $CS = \int f(Q)dQ - P_0Q_0$，见图 4－2(b)。

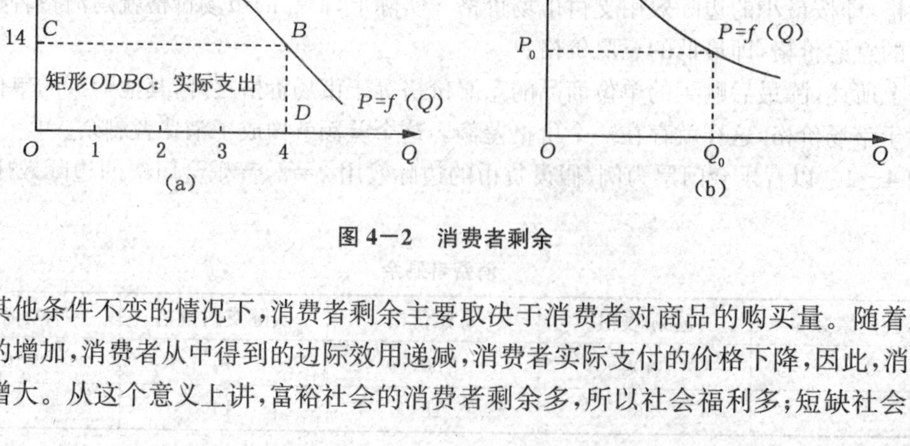

图 4－2　消费者剩余

在其他条件不变的情况下，消费者剩余主要取决于消费者对商品的购买量。随着对商品购买量的增加，消费者从中得到的边际效用递减，消费者实际支付的价格下降，因此，消费者剩余就会增大。从这个意义上讲，富裕社会的消费者剩余多，所以社会福利多；短缺社会的消费者剩余少，所以社会福利少。

需要说明的是，消费者剩余是一种纯粹的心理现象，实际上，消费者在购买过程中并未真正得到实在的利益，只不过他在心理上认为得到了。商家有时将此作为一种促销手段，先将价格故意定得很高，然后进行各种打折，报出一个比原价低很多的价格，让消费者感到好像得到了很多实惠或占了很大便宜一样而选择购买该商品。

课堂思考

买的东西值不值？

消费者剩余是指消费者从商品的消费中得到的满足程度超过他实际付出的价格部分。假设在拍卖会上，有一张崭新的猫王首张专辑进行拍卖，你和三个猫王迷（张三、李四、王五）出现在拍卖会上。你们每一个人都想拥有这张专辑，但每个人为此付出的价格都有限。你们四个人的支付意愿为：你愿意用1 000元，张三愿意用 750 元，李四愿意用 700 元，王五愿意用 500 元。卖者为了卖出这张专辑，从100 元开始叫价。由于你们四个买者愿意支付的价格要多得多，价格很快上升。当卖者报出 800 元时，你得到了这张专辑。要注意的是，这张专辑将归对该专辑评价最高的买者。你用 800 元买到这张专辑，得到什么收益呢？你本来愿意为这张专辑出1 000元，但实际只付出 800 元。你得到了 200 元的消费者剩余。而其余的三个人在参与拍卖中没有得到消费者剩余，因为他们没有得到专辑，也没有花一分钱。因此我们也可以简单地把消费者剩余定义为：我们每一个人都是消费者，在买东西时对所购买的物品有一种主观评价。由此我们可以得出：消费者剩余＝消费者愿意付出的价格－消费者实际付出的价格。

你在商场里看中了一件上衣，100 元的价格，你在购买时肯定要向卖衣服的人砍价，问 80 元卖不卖，卖衣服的理解消费者的这种心理，往往会同意让些利，促使你尽快决断，否则，你就会有到其他柜台看看的念头。讨价还价可能在 90 元成交。在这个过程中消费者追求的是效用最大化吗？显然不是，这实际是你对这件衣服的主观评价而已，就是为所购买的物品支付的最高价格。如果市场价格高于你愿意支付的价格，你就会放弃购买，觉得不值，这时你的消费者剩余是负数，你就不会购买了；相反，如果市场价格低于你愿意支付的价格，你就会购买，觉得很值，这时就有了消费者剩余。

还比如，在现实生活中消费者并不总是能够得到消费者剩余的。在竞争不充分的情形下，厂商可以对某些消费者提价，使这种利益归厂商所有。更有甚者，有些商家所卖商品并不明码标价，消费者去购买商品时漫天要价，然后再与消费者讨价还价。消费者要想在讨价还价中获得消费者剩余，平时就必须注意观察各种商品的价格和供求情况，在购买重要商品时至少要货比三家并与其卖主讨价还价，最终恰到好处地拍板成交，获得消费者剩余。

思考与讨论：

什么是消费者剩余？为什么说消费者剩余是主观的？

第三节　序数效用论

序数效用论者是用无差异曲线的分析方法来考察消费者行为的，并在此基础上推导出消费者的需求曲线，进而深入地阐述了需求曲线的经济意义。

一、消费者偏好假定

序数效用论者认为,消费者效用大小应该使用顺序或等级来表示。为此,序数效用论者提出了消费者偏好的概念。序数效用论者认为,消费者对不同商品具有不同的偏好。例如,给定商品A和B,如果消费者对商品A的偏好程度大于商品B,也就是说,这个消费者认为商品A给消费者带来的效用水平大于商品B给消费者带来的效用水平。一般来说,所谓偏好,就是消费者对某种商品的爱好或喜欢,它不取决于商品价格,也不取决于消费者的收入水平。序数效用论者对消费者偏好提出了三个基本的假设条件:

(一)完全性

完全性偏好假设指消费者可以根据偏好比较和排序所有商品或商品组合。也就是说,如果存在任何两种商品A和B,消费者可以作出,而且也只能作出以下三种判断中的一种:对A的偏好大于对B的偏好;对B的偏好大于对A的偏好;对A和B的偏好相同,即消费者总是可以比较和排列所给出的不同商品或商品组合的效用。

(二)可传递性

偏好可传递性假设是保证消费者偏好是一致的,因此也是理性的。偏好可传递性假设指如果消费者对商品A的偏好大于商品B,对商品B的偏好大于商品C,那么消费者在商品A和商品C中就更偏好商品A,即对A的偏好大于对C的偏好。例如,如果消费者在选择咖啡和茶两种商品时消费者更偏好咖啡,而在选择茶和百事可乐两种商品时消费者更偏好茶,那么在选择咖啡和百事可乐两种商品时消费者会更偏好咖啡。

(三)非饱和性

偏好非饱和性假设指消费者总是偏好任何一种数量较多的商品或商品组合,而不是数量较少的商品或商品组合,即所谓的“多多益善”。也就是说,消费者对每一种商品的消费都没有达到饱和点。另外,偏好非饱和性假设隐含着消费者选择的商品都是“好商品”,即值得拥有的商品,而不是“坏商品”。

二、无差异曲线及其特征

(一)无差异曲线的含义

无差异曲线是序数效用论者分析消费者行为、度量消费者效用水平的重要方法。无差异曲线是用来表示两种商品不同数量的组合给消费者所带来的效用水平或满足程度完全相同的一条曲线,或者说,它是表示对于消费者来说能产生同等满足程度的各种不同商品组合点的变动轨迹。无差异曲线也叫等效用线。

与无差异曲线相对应的效用函数为:

$$U=f(X_1,X_2)=U_0$$

式中,X_1、X_2分别为商品1和商品2的数量,U_0是常数,表示某一水平的效用,其含义是消费者消费不同的X_1、X_2的商品组合给消费者带来相同的效用,即对消费者来讲其效用是无差异的。这些使消费者效用无差异的组合在坐标系中所对应的点的轨迹就是无差异曲线。由于无差异曲线表示的是序数效用,所以,这里的U_0只表示某一水平的效用,而不表示一个具体数值的大小。

现在以只有两种商品如食品和衣服,可供消费者选择来说明无差异曲线。如图4—3所示,纵坐标代表衣服,横坐标代表食品,U为经过四种商品组合A、B、C、D的一条无差异曲线。无差异曲线 U 表明，消费者对这四种商品组合的偏好是无差异的。如果消费者从商品组合 A 移向 B，放弃了 3 单位衣服而多获 1 单位食品，此时消费者不会感到效用状况有所好转，也不会感到效用状况有所恶化。同样，在点 C 和点 D 之间，放弃 1 个单位食品而多获 1 单位衣服，消费者偏好也是无差异的。

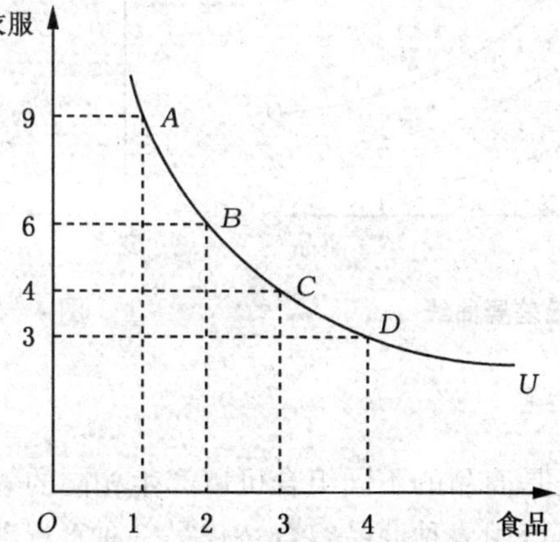

图 4－3　无差异曲线

(二)无差异曲线的特征

一般来说，无差异曲线具有如下三个重要特征：

1. 无差异曲线凸向原点，即向右下方倾斜，且其斜率为负值。

如图 4－3 所示，同一条无差曲线上的两种不同商品组合带给消费者的效用水平是相等的。所以，为了保持相同的效用水平，增加衣服的消费，就必然会使消费者减少食品的消费，二者之间存在一定的相互替代、此消彼长的关系，也就是说，这是由商品的边际替代率递减规律所导致的。在几何图形上表现为无差异曲线向右下方倾斜，其斜率绝对值是递减的。

2. 在同一坐标平面图上可以有无数条无差异曲线，且离原点越远的无差异曲线代表的效用水平越高，离原点越近的无差异曲线代表的效用水平越低。

图 4－4 给出了三种不同效用水平的无差异曲线 U_1、U_2、U_3，根据消费者偏好的非饱和性假设，离原点越远的无差异曲线代表的效用水平越高，离原点越近的无差异曲线代表的效用水平越低，因此 $U_1 < U_2 < U_3$。商品组合 A、B、C 分别位于三条无差异曲线 U_1、U_2、U_3 上，所以三种不同商品组合带给消费者的效用水平排序为：A＜B＜C。

3. 同一个坐标平面图中的任何两条无差异曲线都不会相交。

如果两条无差异曲线相交将与序数效用的三个假设相矛盾。如图 4－5 所示，U_1 和 U_2 是两条不同的无差异曲线，且这两条无差异曲线相交于点 A。从图 4－5 中可以看出，点 B 和点 A 出现在同一条无差异曲线 U_1 上，说明商品组合 A 和商品组合 B 带给消费者的效用水平相同；点 C 和点 A 出现在同一条无差异曲线 U_2 上，说明商品组合 A 和商品组合 C 带给消费者的效用水平相同。因此，可以得出商品组合 B 和商品组合 C 的效用水平相同。但是，点 B 和点 C 分别位于两条不同的无差异曲线上，商品组合 B 和商品组合 C 带给消费者的效用水平不同。根据无差异曲线的第二个特征，点 C 离原点的距离大于点 B，所以点 C 代表的商品组合给消费者带来的效用水平大于点 B。这样一来，该消费者认为点 B 和点 C 的效用水平无差异的同时，又认为点 C 的效用水平优于点 B，明显违背了消费者偏好的完全性假设。

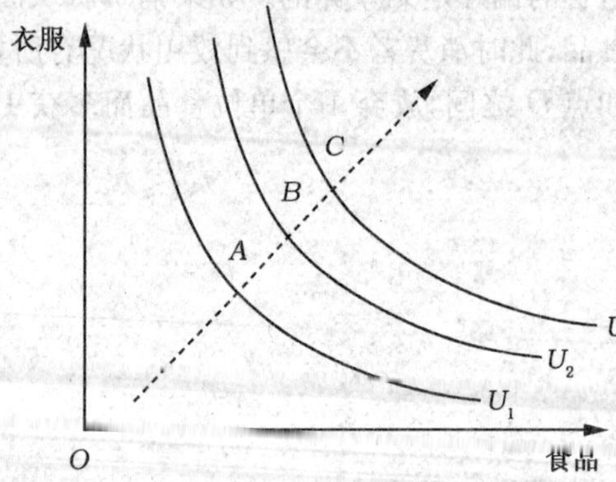

图 4—4 无差异曲线

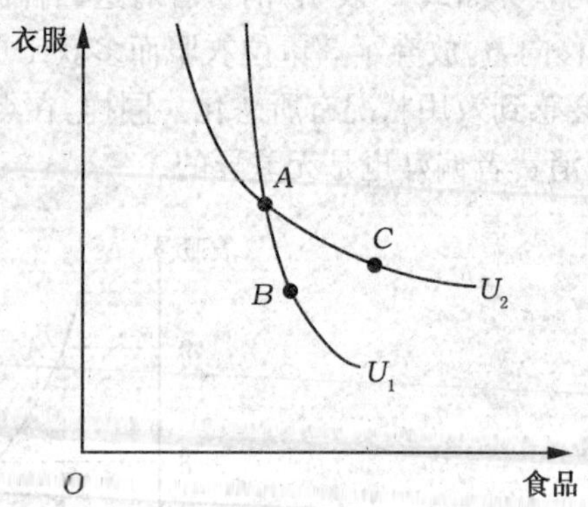

图 4—5 相交的无差异曲线

三、商品的边际替代率

无差异曲线的本质特征是商品的不同组合可以产生相同的效用水平。这表明在维持消费者效用水平不变的条件下可以用一种商品组合替代另一种商品组合，由此引出边际替代率这一概念。

(一)边际替代率的含义

边际替代率(Marginal Rate of Substitution，MRS)指消费者在效用水平或满足程度不变的前提下，增加一单位的某种商品消费时所需要放弃的另一种商品的消费数量。对于任何两种商品 X 和商品 Y，边际替代率表达的是消费者用一种商品去代替另一种商品的意愿程度，其数学公式可以表示为：

$$MRS = -\Delta Y/\Delta X$$

如果 ΔX 变化趋于无穷小，其数学公式可以表示为：

$$MRS = -dY/dX$$

因此，商品边际替代率可以用无差异曲线斜率来表示，即过无差异曲线上任何一点的切线的斜率就是该点的边际替代率。如果无差异曲线凸向原点，用数学术语表示就是其效用函数二阶导数为正，无差异曲线斜率沿着横轴的方向为递减。

(二)边际替代率递减规律

如果消费者选择两种商品：衣服和食品，食品对衣服的边际替代率就是消费者为了获得额外 1 单位食品而愿意放弃衣服的最大数量。假设 MRS 为 3，说明消费者愿意放弃 3 单位衣服来获得额外 1 单位的食品。这可以从图 4—6 看出食品对衣服的边际替代率是如何变化的。在点 A，消费者拥有 5 单位食品和 15 单位衣服，此时若要增加 1 单位食品，消费者愿意减少 3 单位的衣服作为代价来保持总效用不变，即食品对衣服的边际替代率为 3。但从点 B 开始，再增加 1 单位的食品，消费者愿意减少的衣服消费量就变成了 2 个单位，如果继续增加 1 单位的食品(如点 C)，消费者就只愿意减少 1 单位的衣服了。这说明，随着食品的增加，食品对衣服的边际替代率是递减的。也就是说，随着食品消费量的增加，消费者所愿意放弃的衣服数量越来越小，这就是边际替代率递减规律。

边际替代率递减规律是在维持效用水平不变的前提下，随着一种商品消费数量的连续增加，消费者为得到每一单位的这种商品所需要放弃的另一种商品的消费数量是递减的。之所以会发生商品的边际替代率递减的现象，其原因在于消费者对某一商品拥有量较少时，对其偏

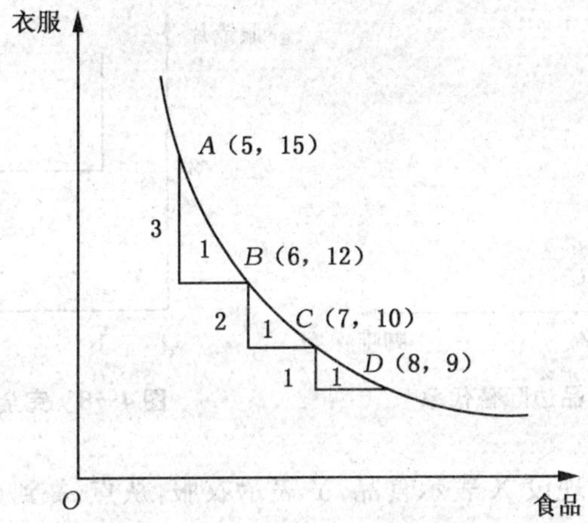

图 4－6　边际替代率递减

爱程度高，效用也就高；当消费者对某一商品的拥有量较多时，偏爱程度较低，效用也就低。所以，随着一种商品的消费数量逐渐增加，消费者想要获得更多的这种商品的愿望就会减少，从而他为了多获得一单位的这种商品而愿意放弃的另一种商品的数量就会越来越少，正如俗话所说"物以稀为贵"。

(三)无差异曲线的几种特殊情况

一般情况下，无差异曲线是凸向原点、从左上方向右下方倾斜的，然而，在一些特殊的情况下无差异曲线有几种特殊情形。由于无差异曲线形状不同，商品边际替代率也不同。

1. 如果消费者消费的这两种商品为完全替代的商品，无差异曲线就会成为一条斜率不变的直线，见图 4－7。完全替代品是指两种商品之间的替代比例是固定不变的。在完全替代的情况下，两种商品之间的边际替代率就是一个常数，相应地无差异曲线就是一条斜率不变的直线。例如，在某消费者看来，一杯牛奶和一杯咖啡之间是无差异的，两者总是可以以 1：1 的比例相互替代，相应地，无差异曲线如图 4－7 所示。

2. 如果消费者消费的这两种商品为完全互补品，无差异曲线则呈直角形状，见图 4－8。完全互补品是指两种商品必须按固定不变的比例组合起来同时被使用的情况。例如，一副眼镜架必须和两片眼镜片同时组合起来，才能构成一副可供使用的眼镜。在完全互补的情况下，相应的无差异曲线为直角形状，与横轴平行的那部分无差异曲线的商品边际替代率为零，即 $MRS=0$；与纵轴平行的那部分无差异曲线的商品边际替代率为无穷大，即 $MRS=\infty$，见图 4－8。图中水平部分的无差异曲线部分表示对于一副眼镜架而言，只需要两片眼镜片即可，任何超量的眼镜片都是多余的。换言之，消费者不会放弃任何一副眼镜架去换取额外的眼镜片，所以相应的边际替代率 $MRS=0$。图中垂直部分的无差异曲线表示对于两片眼镜片而言，只需要一副眼镜架即可，任何超量的眼镜架都是多余的。换言之，消费者会放弃所有超量的眼镜架，只保留一副眼镜架与两片眼镜片相匹配，所以，相应的边际替代率 $MRS=\infty$。

(四)边际效用递减规律与边际替代率递减规律的关系

事实上，边际效用递减规律暗含了边际替代率递减规律。边际效用递减规律表明随着一种商品消费量的增加，其边际效用越来越小。在图 4－6 中，当食品消费量不断增加时，其边际效用不断减少，从而使它的替代能力不断降低；当衣服的消费量不断减少时，其边际效用不断增加，从而使它能够交换到其他商品的数量不断增加。因此，在这里，边际效用递减规律表现

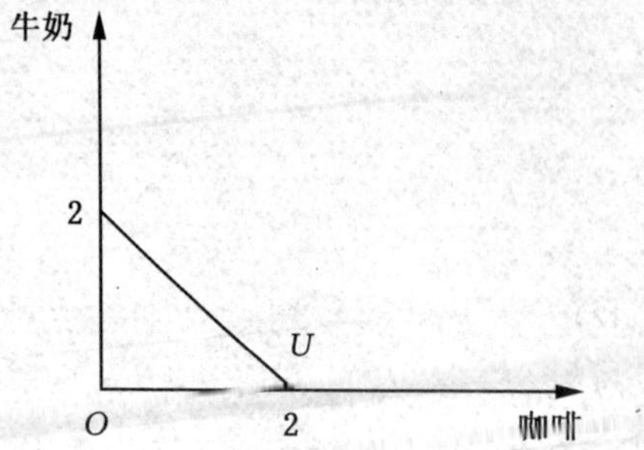

图 4—7 完全替代品边际替代率

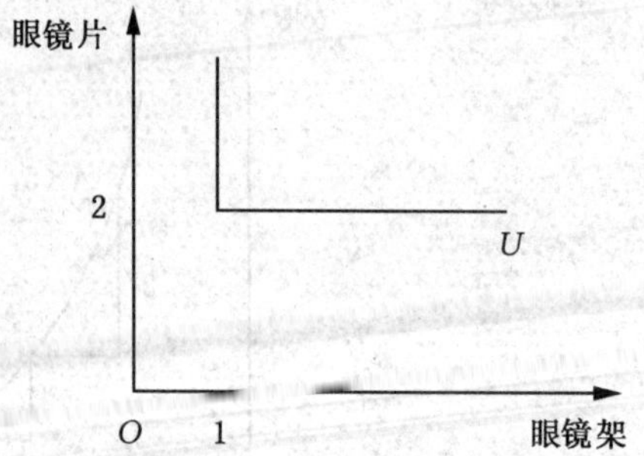

图 4—8 完全互补品边际替代率

为边际替代率递减规律。现设 X 表示食品，Y 表示衣服，从点 A 到点 B，食品增加了，衣服减小了，食品的增加所带来的效用增量为：

$$\Delta TU_X = \Delta X \cdot MU_X$$

同样，衣服的减少带来效用的减少为：

$$-\Delta TU_Y = -\Delta Y \cdot MU_Y$$

由于点 A 和点 B 位于同一条无差异曲线上，它们的效用水平相等。所以，食品增加所带来的效用增量应该等于衣服减少所带来的效用减少量，即：

$$\Delta X \cdot MU_X = -\Delta Y \cdot MU_Y$$

即商品的边际替代率等于两种商品的边际效用之比，其数学表达式为：

$$MRS_{XY} = -\Delta Y/\Delta X = MU_X/MU_Y$$

随着商品 X 的增加，MU_X 递减；商品 Y 减小，MU_Y 递增，MU_X/MU_Y 也就递减了，这也说明了商品边际替代率递减规律。

四、预算线

(一)预算线的含义

预算线又称作预算约束线或消费可能性曲线，指在消费者收入和商品价格既定的条件下，消费者的全部收入所能购买到的各种商品的所有可能的数量组合。

假设消费者收入为 I，消费者消费两种商品 X 和商品 Y，商品价格分别为 P_X 和 P_Y，则预算线可以表示为：

$$P_X Q_X + P_Y Q_Y = I$$

或者表示为：

$$Q_Y = I/P_Y - P_X/P_Y \cdot Q_X$$

其中，$-P_X/P_Y$ 表示预算线的斜率。这是一条线性方程，它由一个纵向截距和一个斜率构成。截距表示消费者在不消费某种商品时，能够购买到另外一种商品的最大商品数量，斜率为两种商品价格的负比率。也就是说，为了多消费某种商品必须放弃另外一种商品，这由两种商品价格之比决定。因此，预算线斜率大小反映两种商品在不改变总支出数量的前提下可以相互替代的比率。

预算线也可用平面坐标图表示。如图 4—9 所示，横坐标表示商品 X，纵坐标表示商品 Y，I/P_X 表示不消费商品 Y 时，消费者能购买到商品 X 的最大消费数量，I/P_Y 表示消费者不消费商品 X 时，消费者能购买到商品 Y 的最大消费数量。预算线上的点 B、C、D 表示消费者能够购买到的两种商品的不同组合。另外，点 A 反映消费者在收入和商品价格既定条件下能够购买到的商品组合后还有剩余，点 E 反映消费者在收入和商品价格既定条件下无法购买到的商品组合。

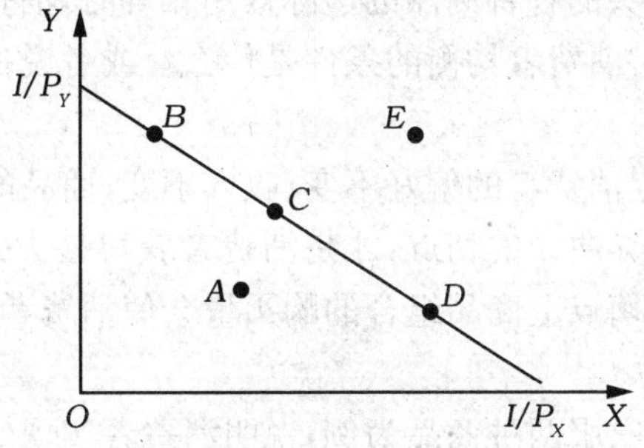

图 4—9　预算约束曲线

(二)预算线的移动

从预算约束方程与预算线可以看出，预算线的移动受制于商品价格和收入水平等因素的变化。一般情况下，对于预算线的移动，经济学主要考虑以下四种情况：

第一种情况，消费者收入和商品 X 的价格不变，商品 Y 价格发生变化，预算线围绕 X_0 点向内或向外移动。如图 4—10(a)所示，如果 P_Y 下降，预算线向外移动，与纵轴的截距由初始的 Y_0 变化至 Y_1；如果 P_Y 上升，预算线向内移动，与纵轴的截距由初始的 Y_0 变化至 Y_2。

第二种情况，消费者收入和商品 Y 的价格不变，商品 X 价格发生变化，预算线围绕 Y_0 点向内或向外移动。如图 4—10(b)所示，如果 P_X 下降，预算线向外移动，与横轴的截距由初始的 X_0 变化至 X_1；如果 P_X 上升，预算线向内移动，与横轴的截距由初始的 X_0 变化至 X_2。

第三种情况，如果商品价格不变，收入发生变化，预算线平行移动。其原因在于收入变化不会影响预算线斜率的变化。如图 4—10(c)所示，收入增加，预算线向外平行移动，由初始的 X_0Y_0 移至 X_1Y_1；反之，向内移动，由初始的 X_0Y_0 移至 X_2Y_2。

第四种情况，如果收入不变，两种商品价格同时按相同的比例变化，预算线的移动也是平行向内或向外移动，价格上涨，向内移动；价格下降，向外移动。此种情况与上述第三种情况预算线的移动类似。

另外值得注意的是，当消费者的收入和所有商品的价格都同比例同方向变化时，预算线的位置不会发生变化。

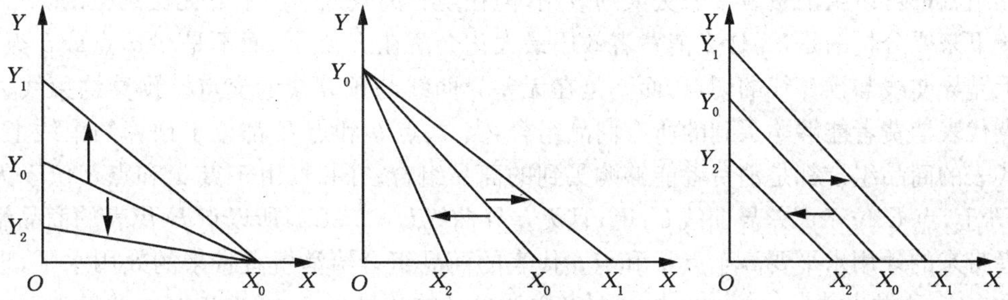

图 4—10　预算约束曲线移动

五、序数效用与消费者均衡

在分析基数效用时，消费者实现效用最大化的均衡条件为 $MU_X/P_X=MU_Y/P_Y=\cdots=\lambda$，即消费者最后一元钱所购买的各种商品的边际效用相等时，消费者实现效用最大化。

那么在序数效用分析中，消费者均衡的条件是什么？或者说，消费者如何才能实现既定收入条件下的效用最大化呢？

序数效用论者认为，假定消费者的偏好不变、收入不变、商品的市场价格不变，则只有在既定的预算线与其中一条无差异曲线的切点，才是消费者获得最大效用水平或满足程度的均衡点，或者换句话说，在这一均衡点上商品组合的购买量会使消费者达到效用最大化或实现消费者均衡。

现以消费者选择食品和衣服两种商品为例，说明消费者实现效用最大化的最优购买行为。如图 4 11 所示，横坐标表示食品数量，纵坐标表示衣服数量，AB 代表预算线，U_0、U_1、U_2 分别代表不同效用水平的无差异曲线，且 $U_0<U_1<U_2$，E 点为无差异曲线与预算线的切点，a、b 两点为无差异曲线 U_0 与预算线 AB 的两个交点。

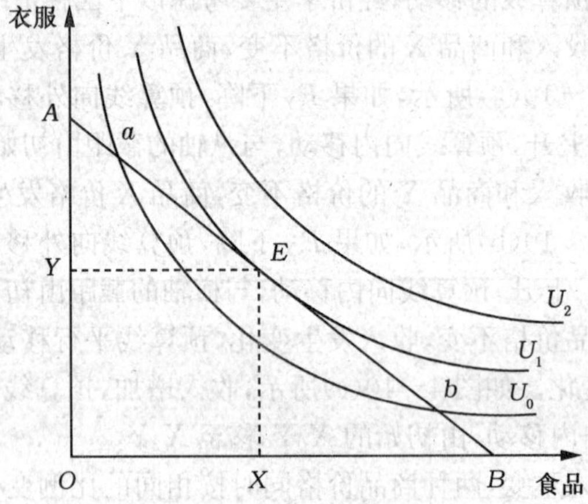

图 4—11 消费者均衡

首先，消费者能够购买到的商品组合必须位于预算线上。其原因在于，在预算线下面的任何一个商品组合都会留下一部分未花费的收入，无法实现效用最大化；在预算线上面的任何一个商品组合都可以给消费者带来更大的效用，但在现有的收入情况下是无法购得的。

接下来要分析的是，为什么消费者效用最大化会落在 E 点上，而不是在 a 点或 b 点上，即是在无差异曲线与预算线的切点，而不是在无差异曲线与预算线的交点。预算约束线 AB 上的各点代表消费者能够购买到的所有商品组合，点 a、点 b 和点 E 都位于预算约束线上，说明三点代表的商品组合都是消费者能够购买到的商品组合。同时，由于点 a 和点 b 位于无差异曲线 U_0 上，点 E 位于无差异曲线 U_1 上，且无差异曲线 $U_1>U_0$，所以点 E 代表的商品组合给消费者带来的效用水平要高于点 a 和点 b 代表的商品组合给消费者带来的效用水平，理性消费者会在点 E 做出消费决策，此时，消费者消费食品的数量为 X，消费衣服的数量为 Y。

可见，追求效用最大化的消费者均衡点应该是预算线可能"碰"到的最高水平的无差异曲线的交点，也就是与预算线相切的那条无差异曲线 U_1 上的切点 E。这是因为，如果消费者在 E 点改变自己的商品组合，不论是通过减少衣服消费量、增加食品消费量的方法，还是通过增加衣服消费量、减少食品消费量的方法,都只能与效用水平较低的无差异曲线相交,降低自己的效用水平。

下面分析消费者最优选择的均衡点 E 的特点。

第一个特点,消费者均衡使两种商品价格之比等于边际替代率,同时也等于两种商品边际效用之比。

$$MRS_{XY}=MU_X/MU_Y=P_X/P_Y$$

或者

$$MU_X/P_X=MU_Y/P_Y$$

由于 E 点是预算约束线和无差异曲线 U_1 相切的点,因此,两条线在 E 点的斜率相同。预算约束线在任何一点的斜率都是两种商品价格之比,即 P_X/P_Y;无差异曲线的斜率为在其曲线任何一点上的两种商品边际替代率 MRS_{XY},且边际替代率等于两种商品边际效用之比,即 $MRS_{XY}=MU_X/MU_Y$。

消费者效用最大化的均衡条件表示在一定的预算约束下,为了实现最大的效用,消费者应该选择最优的商品组合,使得消费者愿意用一单位的某种商品去交换另一种商品的数量,应该等于该消费者所购买的这两种商品的价格的比值,或者消费者在每一单位货币的使用上所获得的边际效用要相等。这与基数效用论者所得出的均衡条件是相同的。从上面的分析我们可以得知,以基数效用论为基础的消费者均衡与以序数效用论为基础的消费者均衡在本质上是相同的,只是二者的表现形式有所不同而已。

第二个特点,如果把商品价格之比看作市场对商品的客观评价,而商品边际效用之比看作消费者对商品的主观评价,那么当客观评价与主观评价正好相符时,则消费者实现了效用最大化。

这里所讨论的消费者均衡点是在假定消费者的偏好不变、收入不变、商品的市场价格不变的条件下达到的,如果消费者的收入与商品的市场价格发生了变化,消费者的购买选择将会发生什么变化?这属于比较静态分析,将在下面讨论。

拓展阅读

边际效用递减规律给经营者的启示

消费者购买物品是为了效用最大化,而且物品的效用越大,消费者愿意支付的价格越高。根据效用理论,企业在决定生产什么时首先要考虑商品能给消费者带来多大效用。企业要使自己生产出来的产品能够卖出去,而且能够卖高价,就要分析消费者的心理,能够满足消费者的偏好。一个企业要成功,不仅要了解当前的消费时尚,还要善于发现未来的消费时尚。这样才能从消费时尚中了解到消费者的偏好及变动,并及时开发出能满足这种偏好的产品。同时,消费时尚也受广告的影响。一个成功的广告会引导着一种新的消费时尚,左右消费者的偏好。所以,企业行为从广告开始。

消费者连续消费一种产品的边际效用是递减的。如果企业连续只生产一种产品,它带给消费者的边际效用就是递减的,消费者愿意支付的价格就低。因此,企业要不断地创造出多样化的产品,即使是同类产品,只要不相同,就不会引起边际效用递减。例如,同类服装做成不同式样,就成为不同产品,不会引起边际效用递减。如果完全相同,则会引起边际效用递减,消费者不会多购买。

边际效用递减原理告诉我们:企业要进行创新,生产不同的产品满足消费者的需求,减少和阻碍边际效用递减。

第四节 消费者均衡的变动

市场需求是消费者个人需求的水平相加，而且消费者个人需求曲线可以通过价格—消费曲线来推导。本节将以比较静态分析方法通过商品价格变化和消费者收入变化对消费者均衡变动的影响进行分析，并在此基础上推导出消费者需求曲线和恩格尔曲线。

一、价格变化对消费者均衡的影响

(一)价格—消费曲线

价格对消费者均衡的影响可以通过价格—消费曲线来分析。价格—消费曲线是在消费者偏好、收入以及其他商品价格不变的条件下，与某种商品不同价格水平相联系的消费者效用最大化的均衡点变化的轨迹。也就是说，价格—消费曲线是商品相对价格 P_1/P_2 变化与消费者需求量变化之间的对应关系的轨迹。

如图 4－12 所示，纵坐标表示商品 Y，横坐标表示商品 X，A_0B_0、A_0B_1、A_0B_2 表示消费者预算线，U_0、U_1、U_2 表示消费者在既定偏好条件下的无差异曲线。初始情况下，预算线 A_0B_0 与无差异曲线 U_0 相切，并在 E_0 点实现消费者均衡。现在假定商品 Y 的价格和消费者收入及偏好既定，商品 X 价格下降，消费者预算线将以 A_0 点为轴心逆时针方向移动，从初始位置的 A_0B_0 移动到新的位置 A_0B_1 和 A_0B_2，这是由于在既定货币收入条件下，消费者购买力增加了，消费者可以购买更多的商品 X。新的预算线与更高的无差异曲线相切，并产生新的消费者均衡点 E_1 和 E_2。因此，在商品 X 价格变化时，消费者均衡点变化的轨迹就是消费者价格—消费曲线。

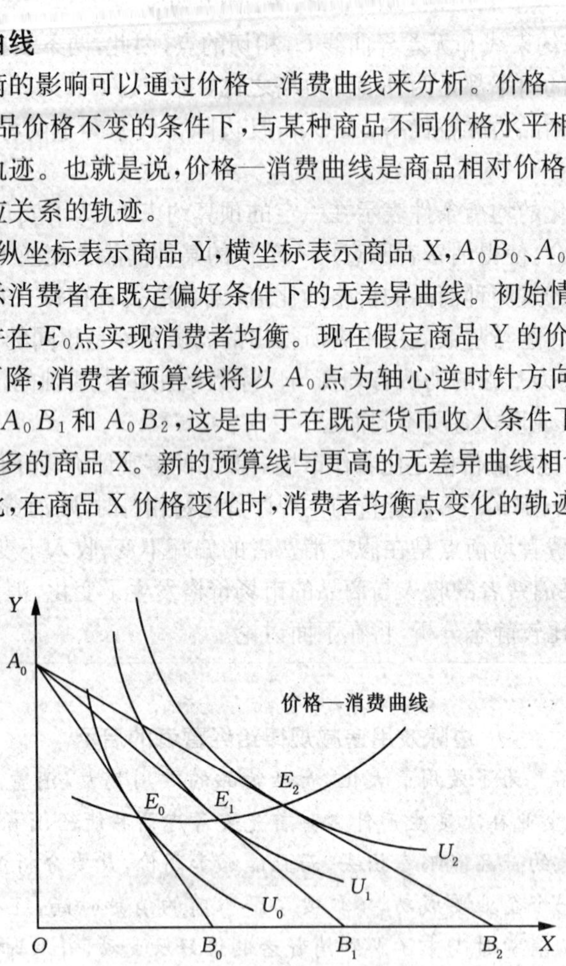

图 4－12 价格—消费曲线

(二)个人需求曲线和市场需求曲线

1. 个人需求曲线

个人需求曲线可以由价格—消费曲线推导。从价格—消费曲线可知，某商品在不同的价格水平下与不同的消费量相联系。价格—消费曲线上的任何一点都存在价格与消费量之间的一一对应关系。

如图 4－13(a) 所示，在均衡点 E_0，设商品 X 的价格为 P_0，需求量为 X_0，随着商品价格持续下降，商品价格由 P_0 下降至 P_1，再下降至 P_2，且分别在不同的均衡点 E_1 和 E_2 上选择需求

量 X_1、X_2。现在根据商品 X 的价格与需求量之间的对应关系，把每一个价格与相应的均衡点上的需求量绘制在平面图上，便可以得到单个消费者的需求曲线，见图 4－13(b)。

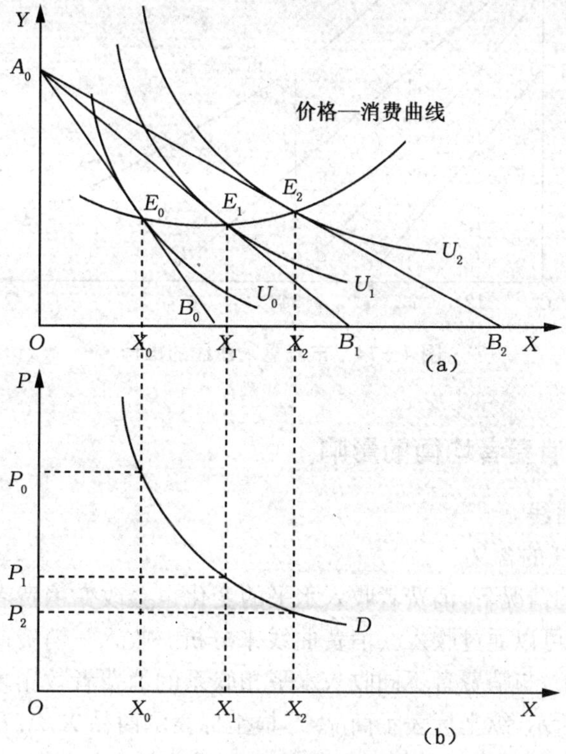

图 4－13　个人需求曲线的推导

个人需求曲线有两大特征：第一，当沿着价格—消费曲线移动时，可获得效用数量会发生变化。价格越低，效用数量越高，说明消费者的购买力增加了。第二，在价格—消费曲线上的每一个点，消费者通过满足两种商品的边际替代率等于两种商品价格之比这一条件，以使效用最大化。

2. 市场需求曲线

商品市场需求指在一定时期内各种不同的价格下市场中所有消费者对某种商品的需求数量。市场需求取决于两个方面：个人需求函数和消费者数量。市场需求是个人需求的横向加总，即在某一既定价格下，个人消费者需求的总量。消费者个人需求函数和市场需求函数之间的关系，可以用数学公式表示为：

$$D(P)=\sum D_i(P)\quad (i=1,2,\cdots,n)$$

式中，$D(P)$为市场的需求函数；$D_i(P)$为单个消费者的需求函数，$i=1,2,\cdots,n$ 表示某一商品市场上有 n 个消费者。

如图 4－14 所示，例如，某商品在价格 $P=2$ 时，消费者 A 的需求量为 0，消费者 B 的需求量为 12，消费者 C 的需求量为 22，那么商品在价格 $P=2$ 时市场需求量为 34(0＋12＋22)。一般情况下，市场需求曲线同个人需求曲线一样也是向下方倾斜的。市场需求曲线表示在一定时期内在各种不同的价格水平下所有消费者愿意而且能够购买的该商品数量，也表示在相应的价格水平下可以给全体消费者带来最大效用水平或满足程度的市场需求量。

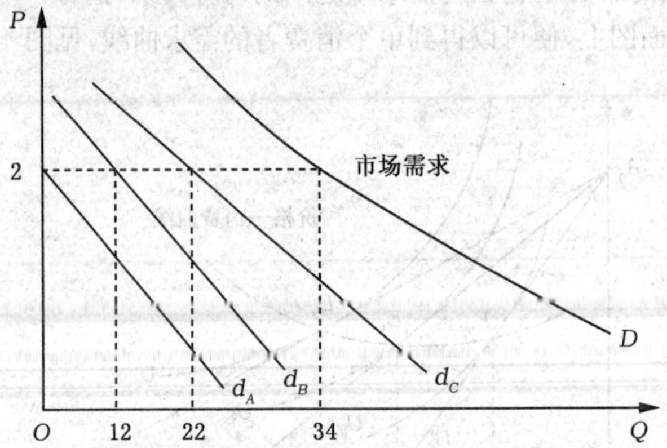

图 4—14 市场需求曲线的推导

二、收入变化对消费者均衡的影响

(一)收入—消费曲线

1. 收入—消费曲线的含义

在其他条件不变的情况下,消费者收入水平的变化也会改变消费者效用最大化时所选择的均衡数量,这种变化可以通过收入—消费曲线来分析。收入—消费曲线是在消费者偏好和商品价格不变的条件下,与消费者不同收入水平相联系的消费者效用最大化的均衡数量变化的轨迹。如图 4—15 所示,纵坐标表示商品 Y,横坐标表示商品 X,A_0B_0、A_1B_1、A_2B_2表示消费者预算线,U_0、U_1、U_2表示消费者既定偏好的无差异曲线。初始情况下,预算线 A_0B_0与无差异曲线 U_0相切,并在 E_0点实现消费者均衡。现假定消费者收入水平不断增加,预算线由 A_0B_0向外移至 A_1B_1,再移至 A_2B_2,并与无差异曲线 U_1、U_2分别相切,形成新的消费者效用最大化的均衡点 E_1和 E_2。因此,在消费者收入变化时,消费者均衡点变化的轨迹就是消费者的收入—消费曲线。

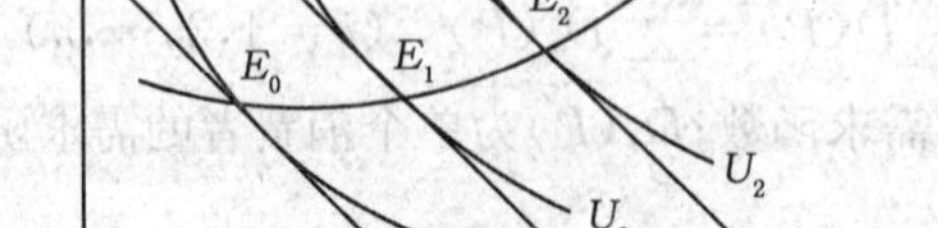

图 4—15 收入—消费曲线

2. 收入—消费曲线的几种情况

(1)当收入—消费曲线斜率为正数时，需求量随收入增加而增加，需求的收入弹性为正数。在这种情况下，商品为正常商品。图 4－16(a)显示了一种正常商品的收入—消费曲线，此时，收入—消费曲线的斜率为正数，消费者的需求量与收入呈同方向变化。

(2)在有些情况下当收入增加时，需求量反而下降，需求的收入弹性为负，这种商品称为劣等商品。图 4－16(b)显示了一种劣等商品的收入—消费曲线。此时，收入—消费曲线的斜率为负数，消费者的需求量与收入呈反方向变化。举例来说，对某些消费者来说，在收入水平较低时，土豆是正常商品；而在收入水平较高时，土豆就有可能成为劣等商品，因为，在消费者变得较富裕的时候，可能会减少对土豆的消费量。

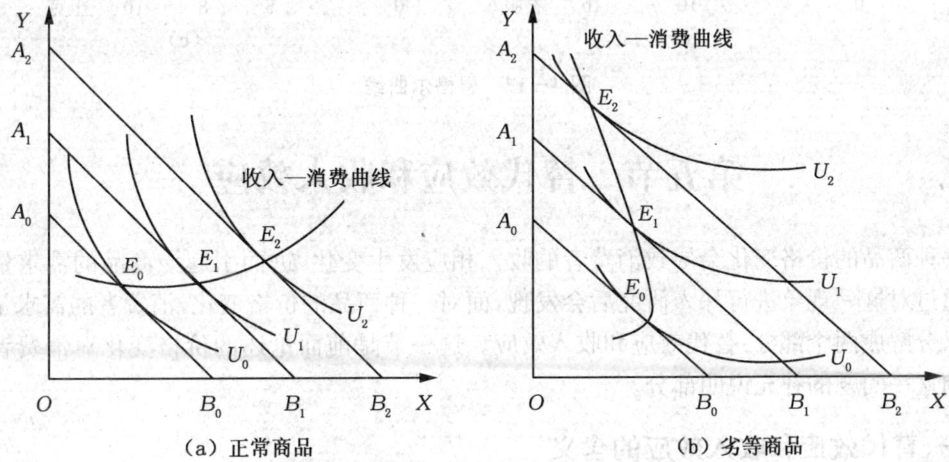

图 4－16　收入—消费曲线

(二)恩格尔曲线

恩格尔曲线是表示消费者在每一收入水平上对某种商品的需求量的曲线。如果用 $X=f(I)$表示恩格尔曲线相对应的函数，其中，I 表示收入水平，X 表示某商品的需求量，就可以绘制恩格尔曲线。

由消费者的收入—消费曲线可以推导出消费者的恩格尔曲线。图 4－16 中的收入—消费曲线给出了各种不同的收入水平都存在一个与之相对应的最优均衡点，同时最优均衡点所决定的两种商品的数量是确定的，这样消费者的收入水平和商品的需求量之间存在一一对应的关系。把这种一一对应的收入和需求量的组合描绘在相应的平面坐标图中，便可以得到相应的恩格尔曲线。

正常商品的恩格尔曲线为向右上方倾斜的一条曲线，其斜率为正，说明需求量与收入呈同方向变化。劣等商品的恩格尔曲线为向右下方倾斜的一条曲线，其斜率为负，说明需求量与收入呈反方向变化。

图 4－17(a)，当收入从1 000元增至2 000元，再增至3 000元的时候，衣服的消费从 4 单位增至 10 单位，再增至 16 单位，说明衣服是一种正常商品，恩格尔曲线向上倾斜。

图 4－17(b)，当收入从1 000元增至2 000元时，土豆的消费从 5 单位增至 10 单位，而当收入进一步增加，从2 000元上升至3 000元，土豆的消费却降至 8 单位，说明对于收入在2 000元以下的消费者来说，土豆是一种正常商品，而对于收入在2 000元以上的消费者来说，土豆则是一种劣等商品。

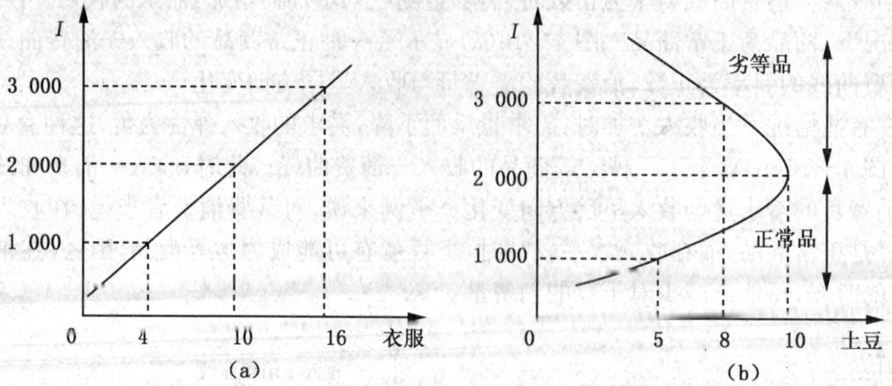

图 4 17 恩格尔曲线

第五节 替代效应和收入效应

一种商品的价格变化会导致消费者的收入相应发生变化，进而引起该商品的需求量的变化。通过对这一现象进行深入研究后会发现，面对一种商品的价格变化，消费者的需求量的变化可以分解成两个部分:替代效应和收入效应。这一节是前面论述的价格变化对消费者均衡的影响这一问题的补充说明部分。

一、替代效应和收入效应的含义

替代效应和收入效应是由消费者购买的一种商品的价格变化引起的。消费者购买的一种商品价格下降，会导致这种商品相对便宜，进而引导消费者更多地购买这种商品而减少购买其他商品；同时，这一变化也相当于消费者的收入相对增加，从而使消费者增加对所消费的商品的购买。前者称为替代效应，后者称为收入效应。

(一)替代效应

替代效应是指在维持消费者效用水平不变的前提下，某种商品价格的变动引起其他商品相对价格呈相反方向变动，进而引起消费者增加对比较便宜的商品的购买，相对减少对比较昂贵的商品的购买，即用价格相对便宜的商品替代价格相对昂贵的商品。

当一种商品价格上升时，其他商品价格相对便宜了，消费者会多购买其他商品而少购买这种商品；当一种商品价格下降时，其他商品价格相对昂贵了，消费者会增加对这种商品的购买而减少对其他商品的购买。所以，对于任何商品，替代效应与价格呈反方向变动。替代效应强调一种商品价格变动对其他商品价格水平的相对影响。比如，在茶叶价格上涨以后，其他商品变得相对便宜了，而茶叶变得相对昂贵了，消费者将用其他商品的购买来替代茶叶的购买。

(二)收入效应

收入效应是指在商品的相对价格不变的条件下由消费者的收入变化所引起的商品需求量的变化。

一般来说，当一种商品价格上涨时，相当于消费者的实际收入减少，进而消费者的商品购买量也会随之减少；当一种商品价格下降时，相当于消费者的实际收入增加，进而消费者的商品购买量随之增加。收入效应强调价格变动对消费者实际收入水平的影响。假如一个家庭的收入可以用来购买食品和衣服两种商品，在这两种商品的价格未变动以前，以全部收入购买的这两种商品的数量组合使它获得最大的效用。现在假定食品的价格下降,在购买原来数量的食品之后,家庭的收入将会有所剩余。食品价格的下降等于增加了这个家庭的实际收入,这样,剩余的收入可以用来购买更多的食品,也可以用来购买更多的衣服,从而消费者的效用水平会因此而提高。

上述分析说明收入效应改变了消费者的效用水平,而替代效应不改变消费者的效用水平。

前面分析过,正常商品需求量与消费者收入水平呈同方向变动,劣等商品需求量与消费者收入水平呈反方向变动。相应可以推知,正常商品价格下降(或上升)将导致消费者实际收入水平提高(或下降)时,消费者会增加(或减少)该商品的需求量。也就是说,正常商品的收入效应与价格呈反方向变动,而劣等商品的收入效应与价格呈同方向变动。

替代效应与收入效应结合起来就构成了总效应。某种商品价格变化的总效应是指一种商品价格变动所引起的该商品需求量的变动。在坐标图上应是当消费者从一个均衡点移到另一个均衡点时需求量的总变动。这个总效应可以被分解为替代效应和收入效应两个部分。由商品价格变化所导致的替代效应、收入效应与总效应因该商品的特性不同而不同。

二、正常商品的替代效应和收入效应

如果是正常商品,消费者将按照什么原则来作出自己的购买选择,以实现效用最大化呢?

(一)正常商品的替代效应和收入效应

正常商品的替代效应与收入效应均使消费者消费的商品的需求量与价格发生反方向变动,表现为需求曲线向右下方倾斜,即当消费者消费的商品的价格下降时,对于正常商品,替代效应的作用是增加需求量,收入效应的作用也是增加需求量。如何确定替代效应和收入效应的作用程度呢?在这里可以作一条补偿性预算线来区分,这条补偿性预算线平行于新的预算线并与原有的无差异曲线相切。在图 4－18 中,补偿性预算线就是 A_1B_1 线。

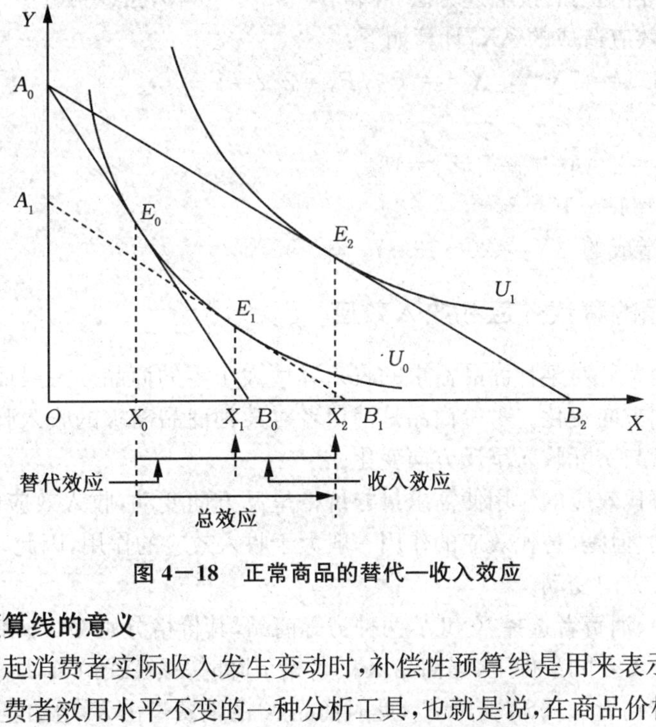

图 4－18 正常商品的替代—收入效应

(二)补偿性预算线的意义

当价格变动引起消费者实际收入发生变动时,补偿性预算线是用来表示以假设的货币收入的增减来维持消费者效用水平不变的一种分析工具,也就是说,在商品价格下降(或上升)引起消费者实际收入增加(或减少)时,假设可以由此而取走(或补偿)消费者一部分货币收入,以使消费者的实际收入维持原有的效用水平。

在图4—18中,消费者选择商品X和商品Y为正常商品,商品价格分别为P_X和P_Y。在商品Y的价格和消费者收入不变的条件下,当商品X的价格下降时,预算线将由A_0B_0变为A_0B_2,消费者最优均衡点从E_0变为E_2,此时商品X的消费量由X_0增加至X_2,所增加的需求量为X_0X_2。这个X_0X_2就是由于价格变化所产生的总效应。总效应包括收入效应和替代效应,现在问题的关键在于总效应中替代效应是多少,收入效应是多少。为了回答这个问题,现作一条平行于预算约束曲线A_0B_2,并与无差异曲线U_1相切于E_1的补偿性预算线A_1B_1。从图4—18中可知,E_0E_1的水平距离X_0X_1表示在原有效用水平及新价格水平下,消费者所愿意用商品X来替代商品Y的增加量,这就是替代效应。E_1E_2的水平距离X_1X_2表示由于商品X的价格下降使得消费者的实际收入上升所引起需求的增加量,这就是收入效应。因此总效应

$$X_0X_2 = X_0X_1 + X_1X_2$$

同时可以看出,正常商品在商品价格下降时,总效应、收入效应和替代效应均为正,与价格呈反方向变化。正因为如此,正常商品的需求曲线是向右下方倾斜的。

例4—3 某消费者面临两种商品X、Y的选择,已知其效用函数为$U=X^2Y$,商品X、Y的价格分别为$P_X=4$,$P_Y=2$,消费者用于消费的收入为60,现在商品X的价格降为2,Y的价格未变。该消费者保持总效用不变,分别计算替代效应和收入效应对商品X的购买量的影响。

解:由效用函数$U= X^2Y$得:

$MU_X=2XY$,$MU_Y= X^2$

价格未变动前,由消费者均衡点的条件有$MU_X/P_X= MU_Y/P_Y$,即$2XY/4=X^2/2$

联立预算方程$4X+2Y=60$,得:

$X=Y=10$,$U=1\ 000$

当X的价格变动后按上述方法,可得:$X=20$,$Y=10$,$\Delta X=10$。

由于替代效应造成的ΔX_1计算如下:

$MU_{X1}/MU_{Y1}= 2X_1Y_1/X_1{}^2= P_X/P_Y=2/2=1$

$X_1^2Y_1=1\ 000$

故有$2Y_1= X_1$,联立解得$X_1=13$。

所以$\Delta X_1=13-10=3$。

收入效应造成的$\Delta X_2=20-13=7$。

三、劣等商品的替代效应和收入效应

正常商品是消费者对某种商品需求的收入弹性大于零的商品。一般而言,正常商品的需求量与实际收入同方向变化。劣等商品是消费者对某种商品需求的收入弹性小于零的商品。劣等商品的需求量与实际收入呈反方向变化。

劣等商品的替代效应的作用使需求量与价格呈反方向变动,收入效应的作用使需求量与价格呈同方向变动,但是,替代效应的作用一般大于收入效应的作用,因此,总效应的结果仍使需求量与价格呈反方向变动。

在图4—19中,消费者选择X和Y两种劣等商品,其价格分别为P_X和P_Y。在商品Y的价格和消费者收入不变的条件下,当商品X的价格下降时,预算线由A_0B_0变为A_0B_2,消费者实现效用最大化的均衡点从E_0变为E_2,此时商品X的消费量由X_0增加至X_2,所增加的需求

量为 X_0X_2。这个 X_0X_2 就是由于价格变化所产生的总效应。现在分析替代效应和收入效应是多少。如同正常商品收入效应和替代效应的分析一样，作出一条补偿性预算线 A_1B_1。从图 4—19 可知，E_0E_1 的水平距离表示在原有效用水平及新价格水平下，消费者所愿意用商品 X 来替代商品 Y 的增加量，这就是替代效应，其与价格呈反方向变化。E_1E_2 的水平距离表示由于商品 X 价格下降使得消费者的实际收入上升所引起需求的减少量，这是收入效应，与价格呈同方向变化。但是，此时替代效应大于收入效应，因此，总效应大于零，表明总效应最终与价格呈反方向变化，劣等商品相应的需求曲线也是向右下方倾斜的。

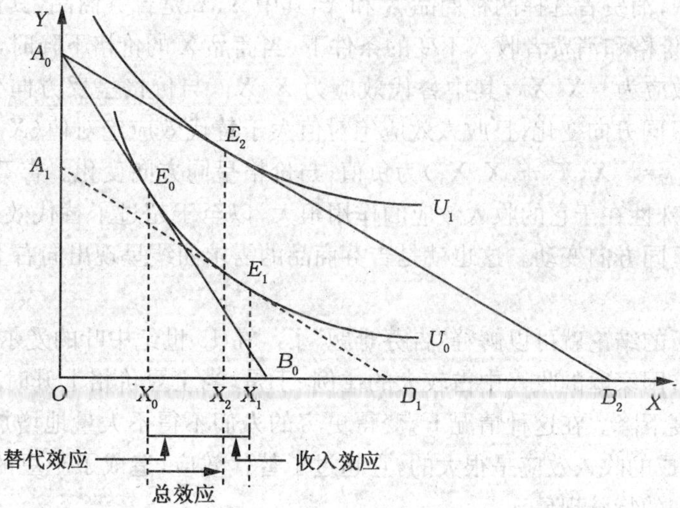

图 4—19　劣等商品的替代—收入效应

课堂思考

石油税的收入效应与替代效应

在 20 世纪 70 年代后期石油价格大幅度上涨之后，卡特总统想要通过阻止使用石油来节约能源。一种计划要求政府通过课税来提高汽油价格，然后通过降低所得税对消费者加以补偿。有些评论家嘲笑这种想法：先征税再进行补偿有什么意义呢？

设想在实施这一计划之前，露西年收入为 2 万美元。她每年在汽油上的支出为 500 美元（收入的 2.5%）；在每加仑汽油为 1.00 美元的价格下，她可以买 500 加仑。首先假设对每加仑汽油征税上升到 0.20 美元，使露西支付 1 加仑汽油的价格上升到 1.20 美元。如果汽油的需求价格弹性为 0.5，那么价格上升将导致需求量下降 10%。现在，露西在每加仑 1.20 美元的价格下购买 450 加仑汽油。全部支出为 540 美元。政府收入为 90 美元（0.2 美元×450）。假设政府对露西的补偿为 90 美元（补偿的大小不取决于露西实际支付的汽油税，而是取决于所有纳税人支付的汽油税的平均数。在本例中，露西是处于平均值上的人，所以对她的补偿正好等于她所支付的汽油税），政府是否通过给予消费者收入抵消了较高的汽油价格的影响呢？并没有完全抵消。如果露西继续将所增加的收入的 2.5%用于购买汽油，那么她在汽油上的开支增加 2.25 美元（2.5%×90 美元）。她的汽油消费仍然低于没有与退税相结合的这项税收时的汽油消费。

四、吉芬商品的替代效应和收入效应

吉芬商品是以经济学家吉芬的名字命名的一种特殊的劣等商品，随着这种商品价格的上升，市场对它的需求量不断增加，所以其需求曲线是向右上方倾斜的。吉芬商品的替代效应的作用使需求量与价格呈反方向变动，收入效应的作用使需求量与价格呈同方向变动，而且收入效应的作用大于替代效应的作用，从而总效应的作用是需求量与价格呈同方向变动，即当价格上升时，需求量也上升；当价格下降时，需求量也下降，由此决定需求曲线向右上方倾斜。

在图 4－20 中，消费者选择两种商品 X 和 Y，其中 X、Y 是吉芬商品，其价格分别为 P_X 和 P_Y。在商品 Y 的价格和消费者收入不变的条件下，当商品 X 的价格下降时，由于商品 X 价格下降所引致的总效应为 $-X_2X_0$，其中替代效应为 X_0X_1，与价格呈反方向变化，收入效应为 $-X_2X_1$，与价格呈同方向变化，且收入效应绝对值大于替代效应绝对值（$X_2X_1 > X_0X_1$），所以总效应（$-X_2X_0 = -X_2X_1 + X_0X_1$）为负值，与价格呈同方向变化。吉芬商品是一种特殊的劣等商品，其特殊性在于它的收入效应的作用很大，以至于超过了替代效应的作用，从而使得总效应与价格呈同方向变动。这也就是吉芬商品的需求曲线呈现出向右上方倾斜的特殊形状的原因。

运用以上分析的结论就可以解释“吉芬难题”了。在 19 世纪中叶的爱尔兰，购买土豆的消费支出在大多数贫困家庭的收入中占较大的比例，于是，当土豆价格上升时，贫困家庭实际收入水平出现大幅度下降。在这种情况下，变得更穷的人们不得不大量地增加对劣等品——土豆的购买，这样形成的收入效应是很大的，它超过了替代效应，造成了土豆的需求量随着土豆价格的上升而增加的特殊现象。

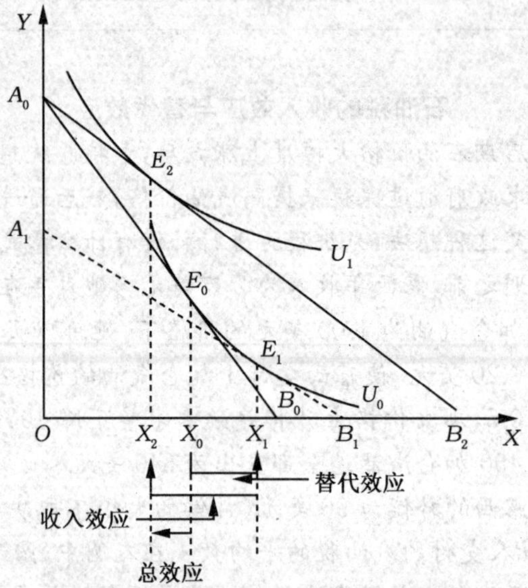

图 4－20　吉芬商品的替代—收入效应

综合上述，可以将正常商品、劣等商品和吉芬商品的替代效应、收入效应和总效应列成表 4－5，以便于比较分析。

表 4—5　商品价格变化所引起的替代效应、收入效应和总效应

商品类别	替代效应与价格的关系	收入效应与价格的关系	总效应与价格的关系	需求曲线的形状
正常商品	反方向变化	反方向变化	反方向变化	向右下方倾斜
劣等商品	反方向变化	同方向变化	反方向变化	向右下方倾斜
吉芬商品	反方向变化	同方向变化	同方向变化	向右上方倾斜

拓展案例

吉芬商品——为什么价格越高越要去买

19 世纪，英国经济学家罗伯特·吉芬首先发现了土豆销量的反常现象。为了纪念吉芬，后来经济学者们把那些随着价格升高需求量跟着增加的商品称为吉芬商品。爱尔兰土豆之所以称为吉芬商品，是因为虽然土豆、肉和奶酪都涨价了，但是土豆仍然是相对便宜的。人们为了生存，只能大幅度地减少对昂贵商品——肉和奶酪的消费，而把省下来的钱购买土豆。

在现实生活中，吉芬现象很常见。比如在竞争激烈、物价居高不下的北京，无论是城郊还是市中心，房租价格也是节节攀升。按常理来说，房租上升，人们对居住环境差的城郊房子的需求应该减少，但是反倒有更多的人搬到城郊居住。因为相对市中心的房租来说，城郊房租相对来说还是便宜的。这就形成了城郊房租升高，需求增加的吉芬现象。

最近几年的房地产市场也出现了吉芬现象，房价越来越高，买房子的人也越来越多。股票市场上也是如此，一种股票的价格越是上涨，人们越是趋之若鹜地购买，以便趁着“牛市”大捞一笔。此外，下雨天雨伞销售商趁机涨价，迫于无奈，买雨伞的人也会比平时更多。

资料来源：于跃龙.趣味经济学.中国纺织出版社，2012。

思考与讨论：

吉芬现象为什么会存在？

案例分析：

吉芬现象存在的原因可从以下几个方面解释：

1. 吉芬商品一般是廉价的生活必需品，而吉芬现象也多发生在低收入消费者中。比如，土豆是西方国家最廉价的必需食品。土豆涨价就意味着低收入群体的生活必要支出增加，在收入不变的情况下，其相对收入就变少了。为了维持生存，人们只能减少肉类等昂贵食品的消费，将更多的钱花在购买土豆上。在我国，大米和面粉是人们的生活必需品，在商品涨价、消费者收入不变的情况下，为了生存，消费者就会自觉地减少用在其他食品上的消费，把节省下来的钱用来购买大米和面粉。实际上，吉芬商品在高收入群体中也是存在的，比如，在富人的炫耀性商品消费中，一种商品越是涨价，富人们对这种商品的需求越是增加。

2. 吉芬现象是市场经济条件下需求定律中的特例，客观存在而且不可避免。那么，吉芬商品究竟有没有违反一般商品需求定律？需求定律内容是这样的：在别的条件不变的情况下，价格与需求量呈反向变动关系。需要注意的是，需求定律的前提条件是“别的条件不变”，这个条件隐含了很多有关需求的概念，比如“需求弹性”和“供给价格”。

以提到过的“下雨天雨伞涨价，需求量反而上升”为例，雨伞消费量的上升不是因为价格上升，而是因为突然下雨的天气，这时候需求定律的“别的条件”已经发生变化了。下雨天人们对雨伞的需求弹性下降，价格已经不是影响购买的关键因素，下雨天只要价格不是很高，人们就会选择购买雨伞。

总之，“吉芬现象”的存在，并不是否认需求定律的正确性，而是更加完善了需求定律。

案例导读评析

解释这一问题的关键是区分总效用和边际效用。水带来的总效用是巨大的，没有水，人类便无法生存。但人们对某种物品的消费越多，其最后一个单位的边际效用也就越小。正是由于水的供给很多，因此，最后一单位水所带来的边际效用就很小。相对于水而言，钻石的总效用并不大，但由于供给极少，所以它的边际效用就很大。根据边际效用理论，消费者分配收入的方式是使一切物品的每单位货币支出的边际效用相等。根据消费者均衡原则把收入分配于水和钻石上：钻石的边际效用高，水的边际效用低，只有钻石的高价格除以其高边际效用，用水的低价格除以其低边际效用，用于钻石和水的每单位货币支出的边际效用才相等。所以，钻石的价格高、水的价格低是合理的。或者说，人们愿为边际效用高的钻石支付高价格、为边际效用低的水支付低价格是一种理性的行为。“物以稀为贵”的道理正在于“稀”的物品边际效用高。

因此，“价值悖论”的根本原因在于：价格不反映一件物品的总效用，而是反映它的边际效用。价格取决于边际效用，边际效用大，价格高；边际效用小，价格低。

本章小结

本章知识结构图：

- 消费者行为理论
  - 效用理论概述
    - 效用的概念
    - 效用水平的度量方法
    - 消费者均衡
  - 基数效用论
    - 总效用与边际效用
    - 总效用与边际效用的关系
    - 边际效用递减规律
    - 货币边际效用
    - 基数效用与消费者均衡
    - 边际效用、需求定律和消费者剩余
  - 序数效用论
    - 消费者偏好假定
    - 无差异曲线及其特征
    - 商品的边际替代率
    - 预算线
    - 序数效用与消费者均衡
  - 消费者均衡的变动
    - 价格变化对消费者均衡的影响
    - 收入变化对消费者均衡的影响
  - 替代效应和收入效应
    - 替代效应和收入效应的含义
    - 正常商品的替代效应和收入效应
    - 劣等商品的替代效应和收入效应
    - 吉芬商品的替代效应和收入效应

本章主要知识点：

1. 每一个消费者的消费决策行为都取决于两方面因素：第一，消费者的主观愿望，即消费者对某种商品的偏好程度；第二，消费者的客观条件，即消费者在自己的现实收入水平下购买一定价格的商品的能力。消费者消费决策的目的就是实现商品消费的效用最大化。

2. 西方经济学家先后提出了基数效用和序数效用的概念，并分析消费者在既定偏好和收入约束条件下如何实现效用最大化。

3. 基数效用论者使用总效用和边际效用方法来分析消费者均衡，序数效用论者使用无差异曲线和预算约束曲线方法来分析消费者均衡。虽然二者在研究方法上存在不同，但是最终结论是统一的：消费者均衡条件是边际替代率即边际效用等于商品价格之比，也就是消费商品的边际收益等于边际成本。

4. 价格和收入对消费者均衡变化的影响可以分别通过价格—消费曲线和收入—消费曲线来分析。价格—消费曲线表示两种商品的最优组合随着某种商品价格的变化而变化的轨迹。收入—消费曲线表示一系列的最优商品组合如何随着消费者收入的变化而变化的轨迹。

5. 通过价格—消费曲线可以推导出某商品的个人需求曲线，并在此基础上推导出市场需求曲线，因为市场需求曲线是个人需求曲线的水平相加。

6. 恩格尔曲线是通过收入—消费曲线来推导的。根据商品的不同类型可以推导出不同类型的恩格尔曲线。正常商品的恩格尔曲线斜率为正，劣等商品的斜率为负。

7. 价格变化给某种商品的需求量带来的效应由两部分构成：替代效应和收入效应。替代效应是在保持效用水平不变的情况下，商品价格变化引起的需求量变化。收入效应是保持相对价格不变的情况下，收入水平变化引起的需求量的变化。

8. 对任何一种商品来说，替代效应与价格呈反方向变化。但是收入效应有时为正，有时为负，所以价格变化对需求量的影响也可小可大。通过收入效应和替代效应的相互作用可以区分正常商品、劣等商品和吉芬商品。吉芬商品是特殊的劣等商品，其收入效应大于替代效应。

复习思考题

一、名词解释

效用　基数效用论　总效用　边际效用　消费者剩余　序数效用论　无差异曲线　边际替代率　预算线　消费者均衡　收入—消费曲线　价格—消费曲线　恩格尔曲线　正常商品　劣等商品　吉芬商品　收入效应　替代效应

二、填空题

1. 效用理论分为____________和__________。

2. 当总效用最大时，边际效用为_____，当总效用递减时，边际效用为_____。

3. 基数效用论推导的消费者均衡的条件是______________。

4. 小张在商场看中一款外套，小张愿意为此外套支付的最高价格为1 000元，他实际为此外套支付800元，则消费者剩余为_________。

5. 序数效用论者对消费者偏好提出的三个基本假设是_________、_________和_________。

6. 在消费者偏好、收入以及其他商品价格不变的条件下，与某种商品不同价格水平相联系的消费者效用最大化的均衡点变化的轨迹是_________。

7. 吉芬商品的替代效应与价格呈_______变化，收入效应与价格呈_______变化。

三、判断题

1. 在同一条无差异曲线上，不同的消费者得到的效用水平是无差异的。（　）

2. 无差异曲线的斜率为固定常数时，表明两种商品是完全互补的。（　）

3. 当消费某种物品的边际效用为负时，则总效用达到极大。（　）

4. 当边际效用减少时，总效用也是减少的。（　）

5. 基数效用论的分析方法包括边际效用分析方法和无差异曲线分析方法。（　）

6. 所有吉芬物品都是低档物品。（　）

7. 正常物品的替代效应同价格呈同方向变动。（　）

8. 个人需求曲线上的任何一点都代表着消费者的最大满足状态。（　）

9. 吉芬商品是一种需求量与价格同方向变化的特殊商品。（　）

10. 在同一条无差异曲线上，任意两点对应的两种商品不同数量组合所能带来的边际效用相等。（　）

四、单项选择题

1. 基数效用论关于消费者均衡的条件是（　）。

A. 无差异曲线与预算线相切　　B. $MRCS_{XY}=P_X/P_Y$

C. $MU_X/P_X=MU_Y/P_Y$　　D. $MU_X/MU_Y=P_X/P_Y$

2. $MRCS_{XY}$递减，意味着当X商品的消费量不断增加时，能代替的Y商品的数量（　）。

A. 越来越多　　B. 越来越少　　C. 保持不变　　D. 以上均不正确

3. 当消费者对商品X的消费达到饱和点时，则边际效用MU_X为（　）。

A. 正值　　B. 负值　　C. 零　　D. 不确定

4. 基数效用论的基本假设条件有（　）。

A. 效用是可以衡量的　　B. MU递减

C. $MRCS_{XY}$递减　　D. 货币边际效用不变

5. 在同一条无差异曲线上，若增加1个单位X商品的购买，需要减少2个单位的Y商品的消费，则有（　）。

A. $MRS_{XY}=2$　　B. $MRS_{XY}=1/2$　　C. $MU_X/MU_Y=2$　　D. $MU_X/MU_Y=1/2$

6. 正常物品价格上升导致需求量减少的原因在于（　）。

A. 替代效应使需求量增加，收入效应使需求量减少

B. 替代效应使需求量增加，收入效应使需求量增加

C. 替代效应使需求量减少，收入效应使需求量减少

D. 替代效应使需求量减少，收入效应使需求量增加

7. 当只有商品价格变化时，连接消费者各均衡点的轨迹称作（　）。

A. 需求曲线　　B. 价格—消费曲线　　C. 恩格尔曲线　　D. 收入—消费曲线

8. 某消费者消费更多的某种商品时，（　）。

A. 消费者获得的总效用递增　　B. 消费者获得的边际效用递增

C. 消费者获得的总效用递减　　D. 消费者获得的边际效用递减

9. 低档物品价格下降，其需求量（　）。

A. 增加　　B. 减少

C. 替代效应的效果大于收入效应的效果时增加　　D. 替代效应的效果小于收入效应的效果时增加

10. 商品价格变化引起的收入效应，表现为相应的消费者的均衡点（　）。

A. 沿着原有的无差异曲线运动　　B. 运动到另一条无差异曲线上

C. 不变　　D. 不规则变动

五、简答题

1. 比较基数效用论与序数效用论的差异。

2. 试画图说明什么是消费者剩余。

3. 讨论你身边见到的边际效用递减现象。

4. 什么是价格—消费曲线和收入—消费曲线？价格—消费曲线和收入—消费曲线与个人需求曲线和恩格尔曲线之间的关系是什么？

5. 什么是收入效应和替代效应？正常商品、劣等商品和吉芬商品的收入效应与替代效应同价格之间的关系是什么？

6. 我们在消费者行为分析过程中曾经假定货币的边际效用不变，但事实果真如此吗？我们是否可以根据生活中的实例来分析货币的边际效用？另外，我们常听说“富人的钱不值钱，穷人的时间不值钱”，这能否说明货币对不同收入的人的效用不同呢？

7. 假设某消费者将既定收入在食品和衣服两种商品之间进行分配，如果食品是一种劣等商品，那么你能

否判断出衣服是劣等商品还是正常商品？

六、计算题

1. 一位大学生即将参加三门功课的期末考试，他能够用来复习的时间只剩下 6 天，表 4－6 列出了每门功课占用的复习时间和相应可能取得的成绩。

复习天数	0	1	2	3	4	5	6
经济学分数	30	44	65	75	83	85	92
高等数学分数	40	52	62	70	77	84	80
金融学分数	70	80	85	88	90	92	93

试运用消费者行为理论，分析该学生怎样分配其复习时间才能使各门功课的总成绩最高？

2. 已知某消费者每年消费商品 X 和商品 Y 的收入为 540 元，两种商品价格分别为 $P_X=30$ 和 $P_Y=20$，且该消费者的效用函数为 $U=X^2Y$。

试问：该消费者每年购买这两种商品的数量各为多少？每年从中获得的总效用又是多少？

3. 假设唱片价格是 8 元，磁带价格是 10 元，某消费者有一笔 80 元的预算，并已购买了 4 张唱片，于是他还有 48 元可以花在别的唱片和磁带上。

(1)试画出他的预算约束曲线。

(2)如果他剩余的开支用来购买 1 张唱片和 4 盒磁带，试在预算约束曲线上标明此消费者的选择。

4. 若某消费者对商品 X、Y 的效用函数如下：$U(X)=20X-Y^2$，$U(Y)=40X-4Y^2$，且 $P_X=2$，$P_Y=4$，现有收入 24 元，全部花完并获得最大效用，应购买 X、Y 各多少？

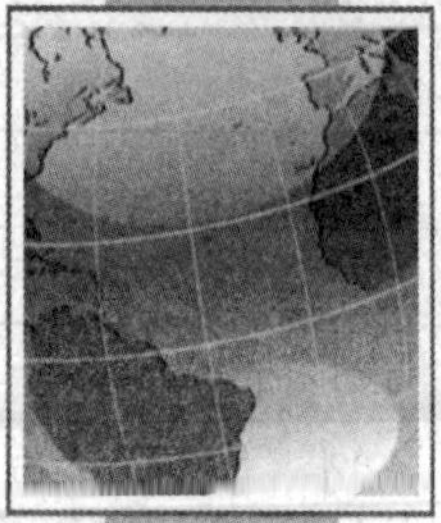

第五章 生产者行为理论

【本章导读】

上一章讨论了需求曲线背后的消费者偏好与行为，运用边际效用递减规律和无差异曲线分析了消费者均衡及其实现。从本章开始，将讨论供给曲线背后的生产者行为，在此基础上分析生产者均衡条件及其实现。在理性人的假定下，生产者的市场行为涉及投入与产出、成本与收益、市场均衡三个方面的问题。本章讨论的是第一个问题——企业生产中生产要素的投入量与产量的物质技术效率关系，即如何在生产要素的投入量既定时使产量最大，或者在产量既定时使生产要素的投入量最少。

【学习目标】

1. 掌握企业的概念、组织形式及企业目标。
2. 掌握生产函数的定义，理解长期生产和短期生产的划分。
3. 掌握短期生产中各种产量曲线的形状特征、相互关系和边际收益递减规律，理解短期生产三个阶段的划分和可变要素投入的合理区域。
4. 掌握厂商在长期生产中实现最优生产要素组合的均衡条件，掌握规模报酬的含义和类型。

【能力目标】

1. 知晓生产函数以及生产者的行为规律。
2. 能用边际收益递减规律、规模报酬等生产理论解释现实中的生产现象。

【案例导读】

经济学家马尔萨斯(1766～1834)的人口理论认为，随着人口的膨胀，越来越多的劳动力耕种土地，地球上有限的土地将无法提供足够的食物，最终劳动的边际产出与平均产出下降(即边际报酬递减规律)，但又有更多的人需要食物，因而会产生大的饥荒。幸运的是，人类的历史并没有按马尔萨斯的预言发展。20世纪，技术发展突飞猛进，改变了许多国家(包括发展中国家，如印度)的食物的生产方式，劳动的平均产出因而上升。这些进步包括高产抗病的良种、更高效的化肥、更先进的收割机械。在第二次世界大战结束后，世界上总的食物生产的增幅总是或多或少地高于同期人口的增长。

资料来源：平狄克·鲁宾费尔德.《微观经济学》.经济科学出版社，2002。

思考与讨论：

(1)什么是边际报酬递减规律？其发生作用的条件如何？

(2)人类历史为什么没有按照马尔萨斯的预言发展？

(3)既然马尔萨斯的预言失败，你认为边际报酬递减规律还起作用吗？

上一章研究了隐藏在需求曲线背后的消费者行为，本章开始将探讨隐藏在供给曲线背后的生产者行为。

第一节　企业及其目标

一、企业的定义和形式

生产者也称为企业或者厂商。而“企业”一词并非我国文化所固有，与其他一些现在已经广泛使用的社会科学词汇一样，是在清末变法之际，从日本借鉴而来。而日本则是在明治维新以后，引进西方的企业制度过程中，从西文翻译而成。英文中“企业”一词由两个部分构成：“enter”和“prise”，前者具有“获得、开始享有”的含义，可引申为“盈利、收益”；后者则有“撬起、撑起”的意思，引申为“杠杆、工具”，两个部分结合在一起，表示“获取盈利的工具”。传统西方经济学理论将企业抽象成一个由投入到产出的、追求利润最大化的“黑匣子”。具体来说，企业就是以营利为目的并能够做出统一的生产决策的经济组织。在市场经济中，企业一般采取三种形式：单人业主制、合伙制和公司制。

(一)单人业主制

单人业主制是由一个人所有并经营的企业。它的特点在于所有者和经营者是同一个人。这种企业形式产权明确，责权利统一在一个人身上，激励和制约都显而易见。但这种企业有两个缺点：一是以一个人的财力和能力难以做大，这就无法实现规模经济、专业化分工等好处；二是在市场竞争中这种企业寿命短，出现得快，消失得也快。

(二)合伙制

合伙制是由若干人共同拥有、共同经营的企业。这种企业可以比单人业主制企业大，但致命的缺点是实行法律上的无限责任制。这种无限责任制使每一个合伙人都面临巨大的风险，企业越大，每个合伙人面临的风险越大。此外，合伙制企业内部产权并不明确，责任权利不清楚，合伙者易于在利益分配和决策方面产生分歧，从而影响企业的发展。

(三)公司制

公司制企业是指依法设立，具有法人资格，并以营利为目的的企业组织。现代市场经济中最重要的公司制企业主要包括有限责任公司和股份有限公司(简称股份公司)。

有限责任公司是指由单独投资者(国有独资公司)或两个以上股东(一般为 2 人以上 50 人以下)共同出资，投资者或股东以其出资额对公司承担有限责任，公司以其全部资产对其债务承担责任的经济组织。有限责任公司的优点是设立程序比较简单，不必公布账目，公司内部机构设置灵活。其缺点是不能公开发行股票，筹集资金的范围和规模一般都比较小，难以适应大规模生产经营活动的需要。因此，有限责任公司这种形式一般适用于中小企业。

股份公司是由投资者(股东)共同所有，并由职业经理人经营的企业，股东是公司的共同所有者。股份公司的优点是：第一，公司是法人，不同于自然人；第二，公司实行有限责任制，这样就减少了投资风险，可以使企业无限做大；第三，实行所有权与经营权分离，由职业经理人实行专业化、科学化管理，提高了公司的管理效率。其存在的主要问题在于因为规模庞大，公司所有权与经营权分离后，所有者、经营者、职工之间的关系复杂，导致管理效率低下。

二、企业的目标

企业目标是指一个企业在未来一段时间内所要达到的预期状态，由于利润是一个企业生产经营效果、效益的综合反映，也是企业最终成果的量化体现与企业赖以生存和发展的必需条件。因此,多数经济学家们都认为追求利润最大化是企业的经营目标,并据此解释、分析、预测、安排企业的经济行为。"适者生存"法则是对企业的最有效刺激,利润最大化是企业经营决策的动机和导向,是最有力的、最普遍的、最能持久地支配企业行为的力量。多年来,经济学家们在使用利润最大化假设预测企业的价格及产出变化的行为中,也取得了相当的成功。因此,假定企业是追求利润最大化的组织,是微观经济学分析厂商行为的一个基本假定。

当然,对于企业以利润最大化为目标,学者们也存在不同的看法。关于企业目标的其他代表性观点有:股东财富最大化目标、相关利益者价值最大化目标、长期生存目标、社会价值最大化目标。另外,还有其他一些理论观点,例如市场份额目标、销售收入最大化目标、一定利润水平下管理者效用最大化目标等。尽管在实际生活中存在偏离利润最大化目标的情况,但我们仍然把追求利润最大化作为厂商行为的一个基本假设。因为:首先,绝大多数公司其经营的目标仍然是利润最大化。其次,利润是企业实现其他一系列目标的根本保证,是企业生存和发展的决定性因素。没有利润,企业规模的扩大不能持久;没有利润,企业也不可能长久地占领一个市场。

拓展阅读

我国企业目标的沿革

一般认为,发达的资本主义国家企业目标大体经历了"利润最大化""净现值最大化""资本利润最大化""股东财富(或企业价值)最大化"等多种目标阶段,我国与西方国家不同,其企业目标大致经历了"产值最大化""收入最大化""利润最大化"等多种目标演变过程:

(1)产值最大化(1949～1977年)。在高度集中的计划经济体制下,国有企业作为国民经济计划的执行者,主要任务是执行和完成国家下达的计划指标,对国有企业及其领导人业绩的考评均以产值计划完成情况为依据,国有企业是把追求产值并力争在占用一定数额资产的前提下使其最大化作为目标的,这种情况是有目共睹的。

(2)收入最大化(1978～1986年)。在由计划经济体制向市场经济体制转轨的初期,国家逐渐减小计划的范围与力度,对企业的产销活动实行"计划调节为主,市场调节为辅"或"计划调节与市场调节相结合"的制度。企业终于有了一部分可以自己支配的财力,但是无法否认的事实是,企业真正可支配的财力太少。在这种情况下,虽然没有明确提出企业管理目标问题,但实际上多数企业是以收入最大化作为企业管理目标。

(3)利润最大化(1987～1997年)。在社会主义市场经济条件下,企业逐步由国家机构的附属单位转换为独立的经济实体。在利润分配上由"承包经营责任制"(1987年)逐渐过渡到"利税分流制"(1988年)。这些改革措施极大地激发了企业追求利润的热情。因此,从企业界的实际情况来看,企业管理都是以获取利润为出发点和归宿,并力争使其最大化的。

(4)企业持续发展能力最大化(1997年至今)。1997年亚洲金融危机,中国以及东南亚的许多企业破产倒闭,许多企业还在艰难地为生存和发展而苦苦挣扎,企业在度过了一个艰难的时期后,对企业目标进行了一些反思并对此作出了新的调整。企业不再把利润最大化作为企业必要的目标,而是把企业长期的生存和发展看作企业必须面对的目标,即企业持续发展能力最大化目标。

资料来源:董绍江. 论企业目标的演变及启示[J]. 沿海企业与科技,2005(8):54～56.

第二节 生产要素与生产函数

一、生产要素

生产要素是指厂商在生产过程中投入的各种资源，现代西方经济学认为生产要素包括劳动、土地、资本、企业家才能四种。

(一)劳动

劳动指劳动者在生产过程中所提供的劳务，包括体力劳动和脑力劳动，是人类在生产过程中提供的体力和智力的总和。

(二)土地

经济学中的土地是一个广义的概念，不仅包括土地本身，还包括地上(下)的各种自然资源，例如山川、河流、森林、矿藏等一切自然资源。

(三)资本

资本主要包括实物资本和货币资本。实物资本又称资本品或投资品，如厂房、机器设备、燃料等。资本的货币形态为货币资本。资本与资金为两个不同概念，资本是企业用于生产经营的资源，其实质为资产，包括投资人投入和债权人借予。资金是资本中流动性最高的部分，主要包括现金、银行存款、可随时变现的有价证券等。

(四)企业家才能

劳动、土地、资本是西方经济学传统的生产三要素。马歇尔在其《经济学原理》一书中，又补充了一种生产要素即企业家才能，发展为"生产的四要素"。企业家才能指企业家建立和经营管理企业的才能，传统的三要素需要企业家将其合理组织才能充分发挥生产效率。

拓展阅读

企业家才能的价值分析

1979 年，艾科卡到连年亏损的美国第三大汽车公司——克莱斯勒公司担任总裁时，了解到该公司经营不善、管理混乱的症结：秘书上班时不断打电话、聊私事；最高管理层不知公司亏损原因；部门多，分工细，相互间"鸡犬之声相闻，老死不相往来"；公司缺乏行之有效的章程和财务专家。他针对现状果断制定了改革措施：关闭了公司 20 家工厂；两年内裁掉 74 000名工人，重新招进8 000名工人；35 名副总裁中解聘 33 人；留用员工减薪，最高管理层人员减薪 10%，艾科卡自己只拿象征性的年薪 1 美元。他还提出：(1)打破各部门隔绝、封闭的工作现状，订立沟通制度。(2)先于美国其他两大汽车公司引用电脑检索系统。(3)从福特公司拉来最有效的广告公司和得力干将。艾科卡大刀阔斧的改革使公司业务起了翻天覆地的变化，1983 年不仅还清了各种债务，还净赚 9 亿多美元，1984 年挣得 24 亿美元，艾科卡本人的年薪也由上任时的 1 美元升到475 308美元。公司的盈利与同期内其他汽车公司的下降形成强烈对比。

艾科卡的功绩正在于发挥了其作为一个企业家，在生产力要素的组织、开发、协调和管理方面的经济价值。艾科卡并没有投入更大的资金开创新领域，而只是加强了生产要素的组织、管理的整改，在原有基础上使克莱斯勒公司发生由亏损到盈利的巨大变化，从而推动了该公司和社会的经济发展，这正是企业家才能经济价值的最大体现。

资料来源：陈阳.企业家才能的价值分析[J]. 经济问题探索，2000(7)：84－89。

除上述四种生产要素外，随着科技的发展和知识产权制度的建立，技术、信息也作为相对独立的要素投入生产，厂商就是通过对上述生产要素的运用，生产出各种有形产品（实物产品）和无形产品（劳务）。

二、生产函数

（一）生产函数的含义和表达形式

生产过程中生产要素的投入量和产品产出量之间的关系，可用生产函数来反映。生产函数是指在一定时期内，在技术水平保持不变的情况下，任何一组特定生产要素（劳动、资本、土地和企业家才能）投入所能生产的最大产量。理解生产函数的概念应注意以下几点：

（1）生产函数考察某个特定时期投入与产出之间的关系，如果考察的时期不同，生产函数也可能会有所不同。

（2）生产函数是假定技术水平不变，如果技术水平发生了变化，原有的生产函数就会发生改变，从而形成新的生产函数。新的生产函数可以表现为相同的生产要素组合能够生产出更多或更少的产量，生产的技术水平不同，生产的结果就会有较大的差异。

（3）投入的各种生产要素之间具有替代关系，生产相同产量的产品厂商可以选择多用资本少用劳动，也可以选择多用劳动少用资本，生产要素投入量的比例通常是可以变动的。

如果用 Q 表示某种产品的最大产出量，用 L、K、N、E 分别表示劳动、土地、资本、企业家才能的投入数量，则生产函数的方程式可表示为：

$$Q=f(L,K,N,E)$$

在分析投入和产出的关系时，一般将土地作为固定的，企业家才能又难以估算和量化，所以为了简化问题分析，通常假定生产过程中只使用两种要素：劳动与资本。那么，生产函数可进一步简化为下列形式：

$$Q=f(L,K)$$

（二）常见的两种生产函数

1. 柯布—道格拉斯生产函数

20 世纪 30 年代初，美国数学家柯布和经济学家道格拉斯根据美国 1899～1922 年制造业的统计资料，分析了该时期劳动和资本对产量的影响，提出柯布—道格拉斯生产函数：

$$Q=AL^{\alpha}K^{\beta}$$

其中，Q 表示产量，L 和 K 分别表示劳动和资本的投入量，A、α 和 β 为三个参数，且 $0<\alpha<1$，$0<\beta<1$，$\alpha+\beta=1$，A 为规模参数，反映技术进步在产量增长中所起的作用大小，α 和 β 分别表示劳动和资本在总产出中的贡献份额。柯布与道格拉斯计算出美国在 1899～1922 年的制造业生产中，A 为 1.01，α 为 0.75，β 为 0.25，所以柯布—道格拉斯生产函数可以具体写成：

$$Q=1.01L^{0.75}K^{0.25}$$

该生产函数表明：在该时期生产中，劳动对产出的贡献份额占 75%，资本对产出的贡献份额占 25%。

2. 里昂惕夫生产函数（固定投入比例生产函数）

里昂惕夫生产函数又称固定投入比例生产函数，是指在每一产量水平上任何一对要素投入量之间的比例都是固定的生产函数。假定生产中只使用劳动和资本两种生产要素，则里昂惕夫生产函数的通常形式为：

$$Q=\min\left(\frac{L}{u},\frac{K}{v}\right)$$

其中，Q 表示产量，L 和 K 分别表示劳动和资本的投入量，u 和 v 分别表示固定的劳动和资本的生产技术系数，即生产单位产量须配备的劳动数和资本数。在固定比例生产函数下，产量取决于较小比值的那一要素。因为生产要素的投入比例是固定不变的，当一种生产要素数量固定时，另一种生产要素数量再多，也不能增加产量，产量的增加，必须根据 L、K 按规定比例同时增加。该生产函数一般又假定劳动和资本两种生产要素都满足最小的要素投入组合的要求，所以有：

$$Q=\frac{L}{u}=\frac{K}{v}$$

即

$$\frac{K}{L}=\frac{v}{u}$$

上式表示两种生产要素的固定投入比例等于两种生产要素的固定生产技术系数之比，清楚地体现了该生产函数固定投入比例的性质。

第三节　短期生产

一、短期生产与长期生产的划分

经济学中，短期生产和长期生产的划分并非按照具体的时间长短，而是以生产者能否变动全部的要素投入数量作为标准。短期生产指生产者来不及调整全部生产要素投入数量，至少有一种生产要素投入数量是固定不变的时间周期。长期生产指生产者可以根据环境的变化调整全部生产要素投入数量，对生产进行调整的时间周期。

在短期和长期划分的基础上，相应地可以把投入要素分为不变投入和可变投入。不变投入又称为固定要素，是指在所考察的时期内其数量不能改变的投入要素，不管产量如何变动，不变投入的数量都是固定的，例如厂房、机器设备、土地等。可变投入又称为可变生产要素，是指在所考察的时期内其数量可以改变的投入要素，例如劳动、原材料、燃料等。短期生产中生产者至少有一种生产要素投入数量是固定不变的。在长期内，生产者可以调整全部的要素投入，生产者根据企业的经营状况可以扩大或缩小生产规模，甚至还可以加入或退出一个行业的生产。在长期内所有的要素投入量都是可变的，因而也就不存在可变要素投入和不变要素投入的区分。对于不同的产品生产，短期和长期的时间界限是不相同的。比如，变动一个大型炼油厂的规模可能需要 5 年，则其短期和长期的划分以 5 年为界，而变动一个小餐馆的规模可能只需要 1 个月，则其短期和长期的划分仅为 1 个月。

微观经济学通常以一种可变生产要素投入的生产函数来考察短期生产，因此，短期生产函数又称为一种可变生产要素投入的生产函数。长期生产函数即为两种或多种可变生产要素投入的生产函数，本节主要介绍短期生产相关理论。

二、短期生产函数

短期生产中，假定资本的投入量是固定的，用 $\bar{K}$ 表示，劳动的投入量是可变的，用 L 表示，则生产函数可以写成：

$$Q=f(L,\overline{K})$$

这就是通常采用的一种可变生产要素投入的生产函数的形式，它也被称为短期生产函数，我们用它来分析短期内产出变化与投入变化之间的关系。

三、总产量、平均产量和边际产量

(一)总产量、平均产量和边际产量的概念及曲线

根据短期生产函数 $Q=f(L,\overline{K})$，可以得到总产量 TP_L(Total Product)、平均产量 AP_L(Average Product)和边际产量 MP_L(Marginal Product)三个重要的产量概念。

1. 劳动的总产量 TP_L 是指在一定技术水平下，资本既定时投入一定量的劳动所生产出来的最大总产量。总产量的定义公式为：

$$TP_L=f(L,\overline{K})$$

2. 平均产量 AP_L 是指平均每单位劳动投入所生产出来的产量。计算公式为：

$$AP_L=\frac{TP_L}{L}=\frac{f(L,\overline{K})}{L}$$

3. 边际产量 MP_L 是指增加一单位劳动的投入量所带来的产量的增量。计算公式为：

$$MP_L=\frac{\Delta TP_L}{\Delta L}$$

当 $\Delta L\to 0$ 时，

$$MP_L=\lim_{\Delta L\to 0}\frac{\Delta TP_L}{\Delta L}=\frac{dTP_L}{dL}$$

某面包房生产面包需投入劳动、机器、原材料等生产要素，假定机器、原材料等生产要素的投入数量是固定的，只有劳动的投入数量是可变的，当劳动的投入数量逐渐增加时，对应的总产量、平均产量和边际产量的变化过程见表5—1。

表5—1　总产量、平均产量和边际产量

劳动(L)	劳动增量(ΔL)	总产量(TP)	总产量增量(ΔTP)	平均产量(AP)	边际产量(MP)
0	0	0	0	—	—
1	1	2	2	2	2
2	1	12	10	6	10
3	1	24	12	8	12
4	1	48	24	12	24
5	1	60	12	12	12
6	1	66	6	11	6
7	1	70	4	10	4
8	1	70	0	8.75	0
9	1	63	−7	7	−7

根据表5—1可以绘制出该面包房在短期生产中的产量曲线图，如图5—1所示。图中，横轴代表劳动数量，纵轴代表总产量、平均产量和边际产量，TP_L 为总产量曲线，AP_L 为平均产

量曲线，MP_L为边际产量曲线。三条曲线都呈现先递增达到最大值后再递减的趋势。

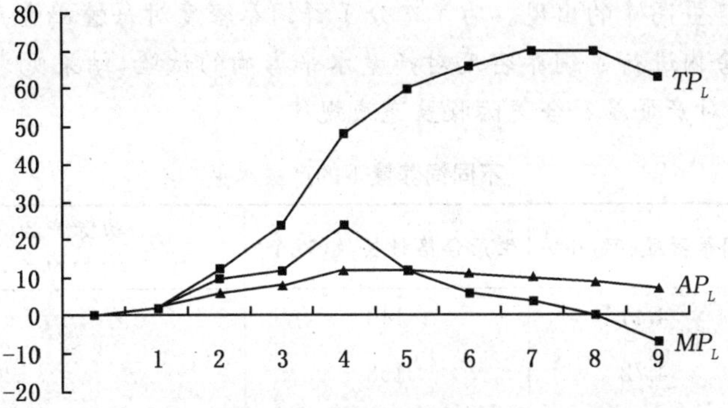

图 5−1　总产量、平均产量和边际产量曲线

(二)边际收益递减规律

总产量、平均产量和边际产量曲线为何会出现先上升而后下降的变化趋势呢？这可以用边际收益递减规律来解释。边际收益递减规律(或称边际报酬递减规律，The Law of Diminishing Marginal Returns)是指在一定的技术条件下，若其他投入不变，只是不断增加某一种可变要素的投入数量，该要素的边际产量会先上升，达到某一特定值之后，边际产量会逐渐减少。

边际收益递减规律的原因在于：在产品的生产过程中，不变要素投入和可变要素投入之间存在着一个最佳组合比例。由于不变要素的投入量总是存在的，在最初阶段，随着可变要素的投入量逐渐增加，生产要素的组合逐渐接近最佳组合比例，可变要素的边际产量递增。当生产要素的组合达到最佳组合比例时，可变要素的边际产量达到最大值。此后，随着可变要素投入量继续增加，生产要素的组合逐渐偏离最佳组合比例，可变要素的边际产量递减。边际报酬递减规律决定了各产量曲线呈先升后降的特征。

案例阅读

大跃进时期农业生产中的边际收益递减现象

1958 年，不少地方盲目将两季稻改为三季稻，结果引起减产。在农业仍为传统生产技术的情况下，土地、设备、水利资源、肥料等都是固定生产要素。两季稻改为三季稻并没有改变这些固定生产要素，只是增加了可变生产要素——劳动与种子。两季稻是农民长期生产经验的总结，它行之有效，说明在传统农业技术下，固定生产要素已经得到了充分的利用。改为三季稻之后，土地过度利用引起肥力下降，设备、肥料、水利资源等由两次使用改为三次使用，每次使用的数目不足。这样，三季稻的总产量反而低于两季稻的总产量，群众总结的经验是“三三见九，不如二五一十”，这就是对边际产量递减规律的形象说明。我国俗语所说的“一个和尚挑水吃，两个和尚抬水吃，三个和尚没水吃”也是对边际收益递减规律的形象表述。

案例阅读

边际收益递减规律在养鸡场中的应用

在养鸡场中，饲养密度是一个很重要的参数。如果饲养数量太少的种鸡，则单位饲养面积上的产出太少；反之，如果单位鸡舍面积上饲养的种鸡太多，则造成过分拥挤、通风不良、新鲜空气不足等，比如，由于料槽的饲位不够而相互争斗，造成损伤，体重均匀度差，进而影响产蛋率和产蛋高峰的出现。为了充分了解饲养密度对每幢鸡舍产出量的影响，在5幢完全一致的鸡舍内进行了饲养密度对产量水平影响的试验，结果见表5—2。由试验结果可知，饲养密度对产蛋量符合边际收益递减规律。

表5—2 不同饲养量下的产蛋水平

饲养量母鸡只数	饲养密度(只/m^2)	生产合格种蛋数(万个)	边际产品(增加母鸡所增加的产蛋个数)(个)
0 000	1.11	140	—
8 500	4.72	153	260
9 000	5.00	160.2	144
9 500	5.28	163.4	64
10 000	5.56	165	32

资料来源：庄志伟等.边际收益递减规律在集约化养鸡场中的应用[J].中国禽业导刊，2003(24).

思考与讨论：

列举生活中蕴含边际收益递减规律的例子。

(三)总产量、平均产量和边际产量曲线之间的关系

正如边际效用递减规律是消费理论的基础一样，边际收益递减规律是短期生产理论的基础，据此我们就能够推导各种产量之间的关系，如图5—2所示：

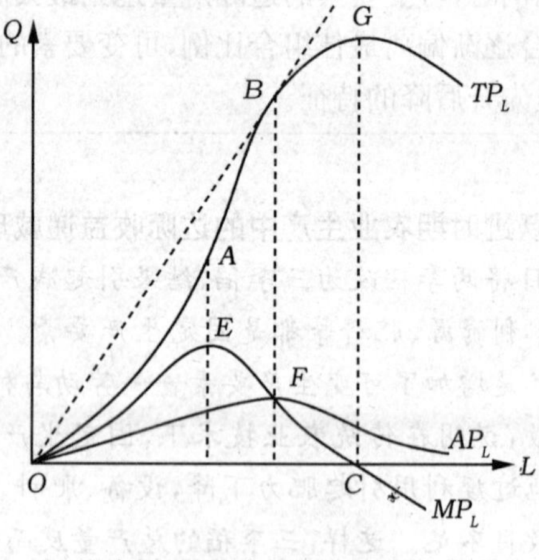

图5—2 总产量、平均产量和边际产量曲线的关系

1. 总产量与平均产量的关系

根据平均产量计算公式 $AP_L=\frac{TP_L}{L}=\frac{f(L,\overline{K})}{L}$，从几何角度来看，平均产量是总产量曲线上的点与原点连线的斜率，当连线与总产量曲线相切时，在 B 点平均产量达到最大值。

2. 总产量与边际产量的关系

根据边际产量计算公式 $MP_L=\frac{dTP}{dL}$，从几何角度来看，边际产量是总产量曲线上各点切

线的斜率，边际产量的最高点 E 与总产量曲线的拐点 A 相对应，在拐点之前边际产量递增，拐点之后边际产量开始递减。只要边际产量是正的，总产量都是增加的；当边际产量为 0 时（C 点），总产量达到最大值 G 点；边际产量为负时，总产量递减。

3. 平均产量与边际产量的关系

边际产量曲线与平均产量曲线相交于平均产量曲线的最高点 F。在相交点的左侧，平均产量是递增的，边际产量大于平均产量（$MP>AP$）；在相交点的右侧，平均产量是递减的，边际产量小于平均产量（$MP<AP$）；在相交点，平均产量达到最大，边际产量等于平均产量（$MP=AP$）。二者存在这样的关系，是因为对于任意一对平均量和边际量而言，只要边际量大于平均量，就会把平均量往上拉；若边际量小于平均量，就会把平均量往下拉。例如，若中国女排平均身高为 1.85 米，如果新加入一人，身高 1.90 米（相当于边际量），那么整个队的平均身高就会增加；相反，如果新加入一人，身高 1.80 米（相当于边际量），那么整个队的平均身高就会降低。

例 5－1 已知某厂商在生产中只有生产要素劳动（L）可变，其他生产要素固定不变，产出的产品数量为 Q，短期生产函数为 $Q=-L^3+9L^2+21L$。求：(1)总产量 TP 的最大值；(2)平均产量 AP 的最大值；(3)边际产量 MP 的最大值。

解：根据短期生产函数 $Q=-L^3+9L^2+21L$，可得出平均产量函数和边际产量函数分别为：$AP=-L^2+9L+21$；$MP=-3L^2+18L+21$。

(1)根据产量函数之间的关系，当边际产量为零时总产量达到最大，即 $-3L^2+18L+21=0$，解得 $L=7$。

将其代入总产量函数中，得 $Q=-L^3+9L^2+21L=245$。

(2)当边际产量等于平均产量时，平均产量达到最大值，即 $-L^2+9L+21=-3L^2+18L+21$，解得 $L=4.5$。

将其代入平均产量函数中，得 $AP=41.25$。

(3)对于边际生产函数 $MP=-3L^2+18L+21$，当其一阶导数为 0 时取得最大值，即 $MP'=-6L+18=0$，解得 $L=3$。

将其代入边际产量函数中，$MP=-3L^2+18L+21=48$。

所以，总产量 TP 的最大值为 245，平均产量 AP 的最大值为 41.25，边际产量 MP 的最大值为 48。

四、短期生产中可变要素投入的合理区域

根据可变生产要素的总产量曲线、平均产量曲线和边际产量曲线之间的关系，可以将生产过程划分为三个阶段，如图 5－3 所示。

第Ⅰ阶段是劳动投入从零增加到 L_1 处。该阶段的特点是：总产量保持递增趋势，平均产量由零递增至最高点，边际产量大于零，并且边际产量大于平均产量，当边际产量等于平均产量时，即平均产量达到最高点时第Ⅰ阶段结束。在这一阶段，相对于固定资本而言，劳动投入量不足，资本和劳动两种要素的组合还没有达到最优组合比例，生产者只要增加可变要素劳动的投入量，就可以较大幅度地增加总产量。因此，任何理性的生产者都不会在这一阶段停止生产，而是继续增加可变要素劳动的投入量，以增加总产量，并将生产扩大到第Ⅱ阶段。

第Ⅱ阶段是劳动投入从 L_1 增加到 L_2。该阶段的特点是：总产量保持递增趋势，平均产量开始下降，平均产量大于边际产量，且边际产量为正，当边际产量为零时，总产量达到最大值，

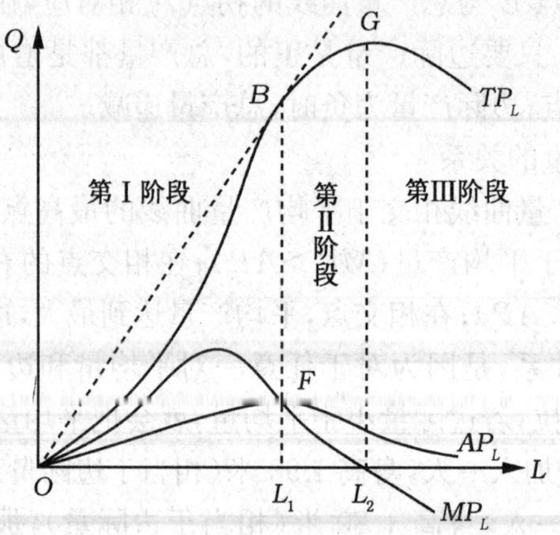

图5—3 短期生产的三个阶段

第Ⅱ阶段结束。在该阶段，生产者增加可变要素的投入量仍是有利的，因为总产量会持续增加。

第Ⅲ阶段是劳动投入从L_2增加到无限大界定的区间。该阶段的特点是：总产量从最大值开始递减，平均产量一直保持持续递减趋势，边际产量为负。在第Ⅲ阶段，总产量随着劳动投入的增加而下降，相对于固定资本而言，劳动投入量过剩。对生产者而言，减少可变要素的投入量才是有利的。

由此可见，任何理性的生产者既不会将生产停留在第Ⅰ阶段，也不会将生产扩张到第Ⅲ阶段。所以，生产只能在第Ⅱ阶段进行。在生产的第Ⅱ阶段，生产者可以得到由第Ⅰ阶段增加可变要素投入所带来的全部好处，又可以避免将可变要素投入增加到第Ⅲ阶段所带来的不利影响。因此，第Ⅱ阶段是短期生产中可变要素投入的合理区域，至于应该在第Ⅱ阶段的哪一个可变要素投入数量上进行生产，要结合厂商的成本、收益状况具体分析。

例5—2 某企业生产一种产品，劳动为唯一可变要素，其他生产要素投入固定不变。短期生产函数为$Q=-0.1L^3+5L^2+80L$。求该企业使用劳动的合理投入区间是多少？

解：企业应在平均产量递减、边际产量为正的生产阶段进行生产，因此雇用工人的数量应是从平均产量的最高点至边际产量为零的范围内。

根据短期生产函数$Q=-0.1L^3+5L^2+80L$，可得出平均产量函数和边际产量函数分别为：$AP=-0.1L^2+5L+80$；$MP=-0.3L^2+10L+80$。

当平均产量函数的一阶导数为0时平均产量取得最大值，对AP求导，$AP'=-0.2L+5=0$，解得$L=25$。

当边际产量为0时，即$MP=-0.3L^2+10L+80=0$，解得$L=40$。

所以企业使用劳动的合理区间为$25\leqslant L\leqslant 40$。

第四节 长期生产

一、长期生产函数

在长期生产中，所有的生产要素都是可变的，即厂商的规模会发展变动。为了简化分析，通常以两种可变要素的生产函数来考察长期生产中要素投入组合与其产出量之间的关系。假定生产者使用劳动和资本两种可变生产要素生产一种产品，在技术水平不变的条件下，两种可变生产要素的长期生产函数可以写成：

$$Q=f(L,K)$$

式中，Q 表示产量，L 为可变要素劳动的投入数量，K 为可变要素资本的投入数量。

在长期生产中，劳动和资本的投入数量都是可变的，并且两种生产要素之间是可以相互替代的，生产相同产量的产品厂商可以选择多用资本少用劳动，也可以选择多用劳动少用资本。那么，在两种可变要素投入的条件下，研究的核心问题就是如何使要素投入量达到最优组合，以使生产一定产量下的成本最小，或成本一定时实现产量最大，即生产者均衡问题。

二、等产量曲线

(一)等产量曲线的含义

研究长期生产中生产者均衡问题，一般用等产量曲线和等成本曲线作为分析工具，这种方法类似于消费者行为理论中用无差异曲线和预算线来分析消费者均衡，等产量曲线与前面已经学习过的无差异曲线很相似。

等产量曲线(Isoquant Curve)是在技术水平不变的条件下，生产同一产量的两种生产要素投入量的各种不同组合的轨迹，即两种生产要素的不同数量组合可以带来相等产量的一条曲线。例如，在一定技术水平条件下，某厂商用劳动和资本两种生产要素生产某种商品，两种生产要素可以有无数种组合方式，A、B、C、D 是其中的四种组合(如表 5－3 所示)，所有的组合方式都可以生产出相同的产量。以 Q_0 表示既定的产量水平，则与等产量线相对应的生产函数为：

$$Q=f(L,K)=Q_0$$

表 5－3　　既定产量水平下的不同要素组合方式

组合方式	劳动数量(L)	资本数量(K)
A	1	6
B	2	3
C	3	2
D	6	1

根据表 5－3 可以绘制出该厂商的等产量曲线，如图 5－4 所示。

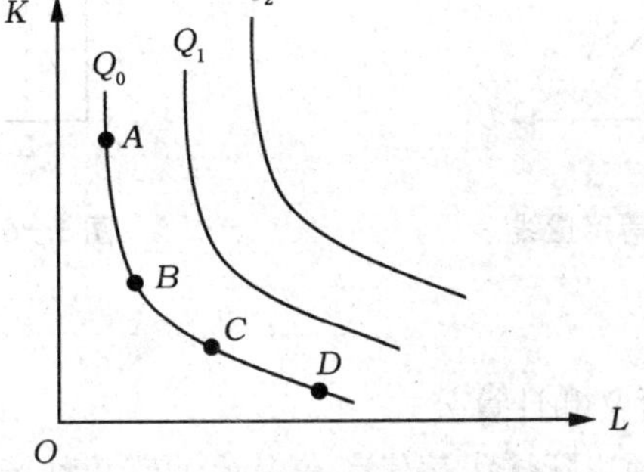

图 5－4　等产量曲线

(二)等产量曲线的特点

(1)在合理的要素组合阶段,等产量曲线是向右下方倾斜的,斜率为负。这表明生产者为实现同样的产量,如果增加一种要素的投入,就必须减少另一种要素的投入。

(2)在同一平面图上,可以有无数条等产量曲线,同一条等产量曲线代表相同的产量,不同的等产量曲线代表不同的产量,离原点越远的等产量曲线代表的产量越高。如图5-4所示,等产量曲线 Q_2 离原点最远,依次为 Q_1、Q_0,因此曲线 Q_2 代表的产量要高于曲线 Q_1 代表的产量,曲线 Q_1 代表的产量要高于曲线 Q_0 代表的产量。

(3)在同一平面图上,任意两条等产量线不能相交。如果两条等产量曲线有交点,则表示相交的两条等产量曲线在交点处代表相同的产量,这与上述的第二个特征相矛盾。

(4)等产量曲线是一条凸向原点的曲线,即等产量曲线的斜率的绝对值随着一种要素投入量的增加而递减,这一特征可用边际技术替代率递减规律来解释。

(三)等产量曲线的其他类型

根据生产要素之间的替代性特点不同,除上述凸向原点的等产量曲线外,还有以下类型:

1. 直线形等产量线

在技术水平保持不变的前提下,如果两种生产要素之间可以完全替代,且替代比例为常数,那么,等产量曲线为一条直线,如图 5-5 所示。生产者为了实现相同的产量,可以选择以资本为主(如点 A),或以劳动为主(如点 C)或两者按特定比例的任意组合(如点 B)。

2. 直角形等产量线(固定投入比例生产函数曲线)

在技术水平保持不变的前提下,如果两种生产要素只能采用一种固定比例进行生产,两种生产要素之间不能互相替代,则等产量曲线为直角形,如图 5-6 所示。图中,在等产量线的顶角 A、B、C 点代表生产要素的最优组合点。如果资本固定在 K_1 上,无论 L 如何增加,产量也不会变化,都为 Q_1,即一种生产要素固定不变,单独增加另一种生产要素,边际产量为 0。只有当劳动和资本同时按固定比例增加时,如图中生产要素投入从 A 点同比例增加到 B 点,才会使产量从 Q_1 增加到 Q_2。

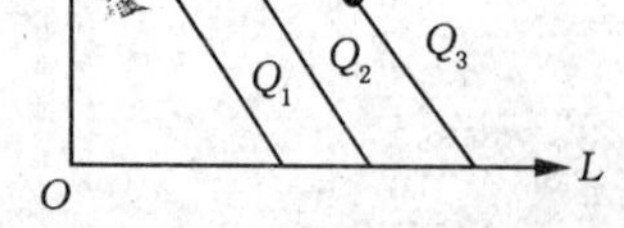

图 5-5 直线形等产量线

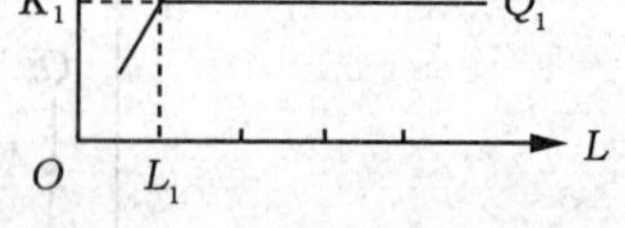

图 5-6 直角形等产量线

(四)边际技术替代率

1. 边际技术替代率的含义和计算公式

在等产量曲线中,可以用边际技术替代率来表示生产某种产品时劳动与资本之间的替换关系。边际技术替代率(Marginal Rate of Technical Substitution,MRTS)是指在技术水平不变的前提下，保持产量不变，增加一单位某种要素的投入量而必须减少的另一种要素的投入量。其计算公式为：

$$MRTS_{LK}=-\frac{\Delta K}{\Delta L}$$

式中，ΔL 和 ΔK 分别表示劳动和资本投入的变化量。在通常情况下，由于劳动和资本的变化量呈反方向变动，为使边际技术替代率取正值以便于比较，常在公式中加上负号。当 $\Delta L \to 0$ 时，即等产量曲线上某一点的边际技术替代率为：

$$MRTS_{LK}=\lim_{\Delta L\to 0}-\frac{\Delta K}{\Delta L}=-\frac{dK}{dL}$$

显然，等产量曲线上某一点的边际技术替代率就是等产量曲线在该点的斜率的绝对值。

2. 边际技术替代率与边际产量的关系

边际技术替代率还可表示为两种要素的边际产量之比。这是因为，对于任意一条给定的等产量曲线来说，当用劳动投入去替代资本投入时，劳动投入量增加会带来总产量的增加，资本投入量减少会带来总产量的减少，在保持总产量水平不变的前提下，总产量的增加量和减少量必定是相等的，用公式表示为：

$$|MP_L\cdot \Delta L|=|MP_K\cdot \Delta K|$$

整理后，也可写成：

$$MRTS_{LK}=-\frac{\Delta K}{\Delta L}=\frac{MP_L}{MP_K}$$

3. 边际技术替代率递减规律

在两种生产要素相互替代的过程中，普遍存在这样一种现象：在保持产量不变的前提下，当一种生产要素的投入量不断增加时，每一单位的这种生产要素所能替代的另一种生产要素的数量越来越少，这称为边际技术替代率递减规律。这一规律决定了等产量曲线的形状是凸向原点的，因为随着一种要素投入量的增加，斜率的绝对值(边际替代率)是递减的。

如图 5—7 所示，在等产量曲线 Q_0 上，由 A 点按顺序移动到 B、C 和 D 点的过程中，劳动投入等量地由 L_1 增加到 L_2、L_3 和 L_4，即

$$L_1L_2=L_2L_3=L_3L_4$$

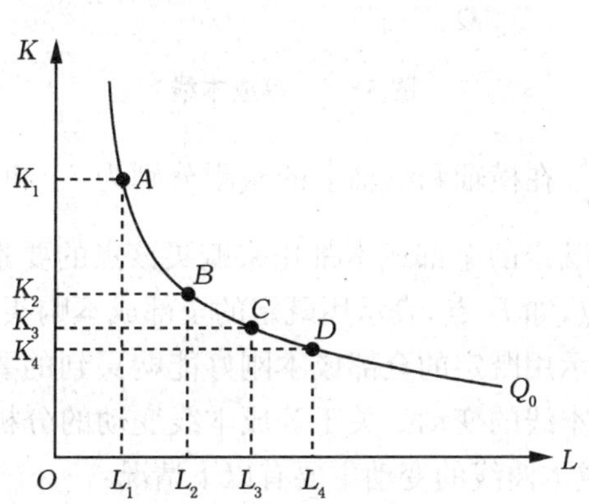

图 5—7　边际技术替代率递减

相应地，资本投入的减少量却为 $K_1K_2>K_2K_3>K_3K_4$。边际技术替代率递减的主要原因是：在技术水平不变的条件下，生产任何产品都会存在一个要素之间的最优组合，这也就意

味着要素之间的替代关系是有限的。当两种要素之间的任意组合偏离最优组合很远时，例如在劳动投入较小，而资本投入量相对很多时，增加一个单位的劳动会很容易替代多个单位的资本；同样，当资本投入量相对较小，而劳动投入量相对较多时，增加一个单位的资本会替代多个单位劳动。

三、等成本曲线

(一)等成本曲线的含义

等成本线(Isocost Line)又称企业预算线，与消费者行为理论中的消费者预算线非常类似，是一条在生产者的成本与生产要素价格既定的条件下，生产者所能购买的两种生产要素数量的最大组合的线。等成本线表明了厂商进行生产的限制条件，即它购买的生产要素所花费的成本支出，既不能大于也不能小于厂商所拥有的货币成本。如果大于货币成本，生产就是不现实的；如果小于货币成本，就无法实现产量最大化。

(二)等成本曲线方程

假定厂商既定的总成本为 c，w、r 分别表示已知的劳动的价格和资本的价格，L 和 K 分别表示劳动和资本的数量，则等成本曲线方程为：

$$c = wL + rK$$

或

$$K = -\frac{w}{r}L + \frac{c}{r}$$

根据等成本曲线方程可以绘制出等成本线，如图 5－8 所示：

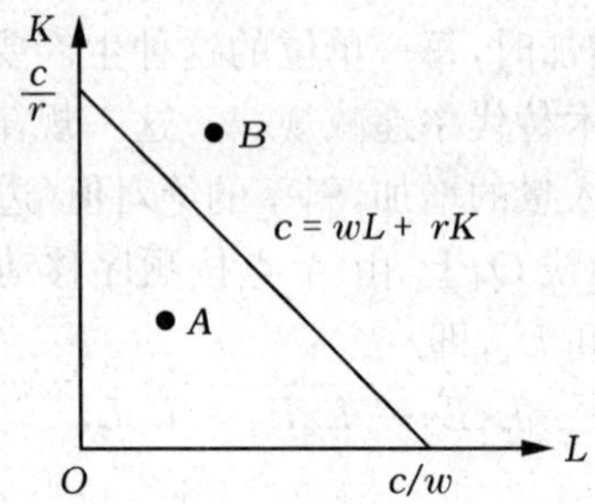

图 5－8 等成本线

等成本线的斜率为 $-\frac{w}{r}$ 在横轴和纵轴上的截距分别为 $\frac{c}{w}$ 和 $\frac{c}{r}$ 。等成本线以内区域中的任何一点，如 A 点，表示既定的全部成本都用来购买该点的要素组合以后还有剩余。等成本线以外区域中的任何一点，如 B 点，表示用既定的全部成本购买该点的要素组合是不够的。只有等成本线上的点，才表示用既定的全部成本刚好能购买到的要素组合。任何成本和要素价格的变动，都会引起等成本线的变动。关于等成本线变动的分析与效用论中关于预算线变动的分析是相类似的。等成本曲线的变动主要有以下情况：

(1)生产总成本变化，两种要素价格不变，等成本线会发生平行移动。成本增加则等成本线平行向右上方移动；成本降低，则等成本线平行向左下方移动。生产总成本不变，而两种生产要素价格同比例增加，则等成本线平行向左下方移动；两种生产要素价格同比例降低，则等成本线平行向右上方移动。

(2)生产成本和两种生产要素价格同方向、同比例变化，则等成本线位置不变。

(3)两种生产要素价格不成比例变化时，会引起等成本线斜率的变化，在坐标平面上表现为等成本线发生旋转。

四、长期生产中生产者均衡的确定

生产者均衡是研究生产者如何选择最优的生产要素组合，从而实现既定成本条件下的最大产量，或者实现既定产量条件下的最小成本。西方经济学家把等产量曲线和等成本线结合在一起，研究厂商在一定条件下最优的生产要素组合的选择问题。

(一)既定成本下的产量最大化

假定在一定技术条件下，生产者用资本和劳动两种可变生产要素来生产产品，其中资本价格为 k，劳动价格为 w，生产者用于购买全部要素的成本 c 是既定的，由此我们可以作出一条确定的等成本线。如果将既定的等成本线与无数条等产量曲线合在一个坐标图中，这条既定的等成本线必定与其中一条等产量曲线相切。切点所表示的生产要素数量组合方式就实现了既定成本条件下的产量最大化，即生产者均衡。

在图 5—9 中，有一条等成本线 AB 和三条等产量线 Q_1、Q_2 和 Q_3。既定的等成本线 AB 与其中一条等产量线 Q_2 相切于 E 点，该点即生产的均衡点，劳动投入量和资本投入量分别为 OL_1 和 OK_1，该生产要素组合，能让厂商获得最大产量，实现利润最大。

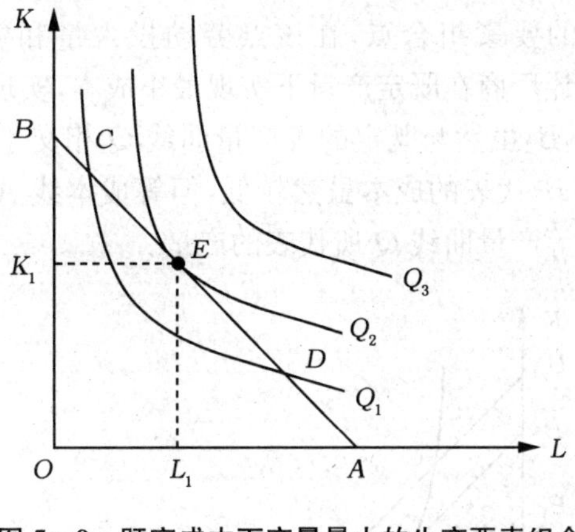

图 5—9　既定成本下产量最大的生产要素组合

为什么只有在 E 点能让厂商获得最大产量，实现利润最大呢？解释该问题，需要分析等成本曲线 AB 和三条等产量曲线 Q_1、Q_2、Q_3 的关系。图中，等产量曲线 Q_3 代表的产量高于等产量曲线 Q_2，但等成本线 AB 与等产量曲线 Q_3 既无交点又无切点。这表明等产量曲线 Q_3 所代表的产量，在既定成本下是无法实现的，因为厂商利用既定成本 c 只能购买到位于等成本线 AB 上或等成本线 AB 以下区域的要素组合。

等产量曲线 Q_1 与等成本线 AB 相交于 C、D 两点，但等产量曲线 Q_1 所代表的产量比较低。因为，此时厂商在不增加成本的情况下，只需由 C 点或 D 点出发沿着等成本线 AB 向 E 点移动，改变要素组合，就可以增加产量。也就是说，在 C 点或 D 点没有能够实现在既定的成本下生产出最大的产量。所以，只有在既定的等成本线 AB 与等产量曲线 Q_2 的切点，才是实现既定成本条件下最大产量的要素组合点。任何更高的产量在既定成本条件下都是无法实现的，任何更低的产量都是低效率的。

由图 5—9 可知，生产均衡点（或称为生产要素的最优组合点）E 是等产量曲线与等成本线相切的点。因此，生产者均衡的条件可以推导如下：等成本线斜率＝等产量曲线上 E 点处的斜率，用公式表示为：

$$MRTS_{LK}=\frac{w}{r}=\frac{MP_L}{MP_K}$$

或

$$\frac{MP_L}{w}=\frac{MP_K}{r}$$

它表示厂商应该通过对两种要素投入量的不断调整，使得两要素的边际技术替代率等于两要素的价格之比，从而实现既定成本条件下的最大产量。也可以理解为：为了能在既定成本下所生产的产量最大，厂商必须调整两要素的投入比例，使其最后一单位成本支出花费在劳动和资本上的边际产量都相等，这就是两种生产要素最佳组合的原则。

（二）既定产量下的成本最小化

上述分析了厂商在成本既定下会追求产量最大以实现利润最大。那么，在产量既定时，厂商又会怎样追求成本最小以实现利润最大？

如图 5—10 所示，假设厂商的产量目标既定，在图中可作出一条确定的等产量曲线 Q，将这条确定的等产量曲线与无数条等成本线中的三条等成本线 AB、A_1B_1 和 A_2B_2 合在一个坐标图上。既定的等产量曲线与等成本线 AB 相切于 E 点，切点 E 所表示的生产要素组合便是既定产量条件下成本最小的要素组合点，在该点劳动投入量和资本投入量分别为 OL_1 和 OK_1。该生产要素组合，能让厂商在既定产量下实现最小成本，实现利润最大。

这是因为，等成本线 A_2B_2 虽然与既定的等产量曲线 Q 相交于 C、D 两点，但其代表的成本高于 E 点。等成本线 A_1B_1 代表的成本虽然较低，但等成本线 A_1B_1 与等产量曲线 Q 既无交点又无切点，其无法实现等产量曲线 Q 所代表的产量。

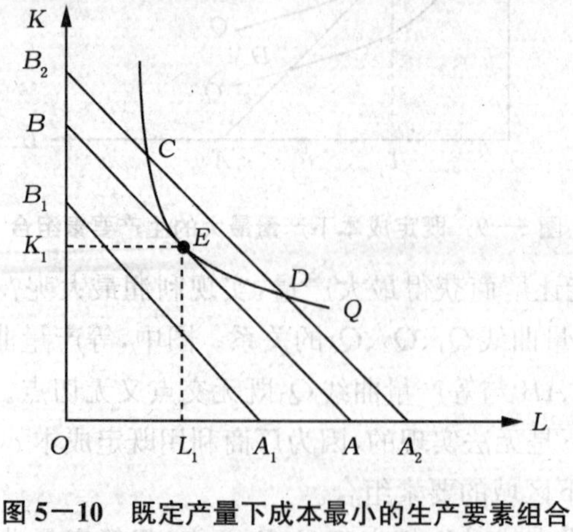

图 5—10 既定产量下成本最小的生产要素组合

由图 5—10 可知，生产均衡点（或称为生产要素的最优组合点）E 是等产量曲线与等成本线相切的点。因此，生产者均衡的条件可以推导如下：等成本线的斜率＝等产量曲线 E 点处的斜率，用公式表示为：

$$MRTS_{LK}=\frac{w}{r}=\frac{MP_L}{MP_K}$$

或

$$\frac{MP_L}{w}=\frac{MP_K}{r}$$

它表示厂商应该通过对两种要素投入量的不断调整，使得两要素的边际技术替代率等于两要素的价格之比，从而实现既定产量下生产的成本最小。

与既定成本条件下产量最大化的均衡条件一样，为了能在既定产量下生产的成本最小，厂商必须调整两种要素的投入比例，使其最后一单位成本支出花费在劳动和资本上的边际产量都相等，这就是两种生产要素最佳组合的原则。

可见，在既定产量条件下实现成本最小与在既定成本条件下实现产量最大的两要素的最优组合原则是相同的。

例 5－3 已知某厂商的生产函数为 $Q=L^{3/8}K^{5/8}$，又设 $P_L=3$ 美元，$P_K=5$ 美元。试求：

(1)产量 $Q=10$ 时的最低成本和使用的 L 与 K 的数值。

(2)总成本为 160 美元时厂商均衡的 Q、L 与 K 之值。

解：(1)根据生产者均衡的条件 $\frac{MP_L}{w}=\frac{MP_K}{r}$，即 $\frac{3/8L^{-5/8}K^{5/8}}{3}=\frac{5/8K^{-3/8}L^{3/8}}{5}$，得 $L=K$。

产量 $Q=10$，即 $Q=L^{3/8}K^{5/8}=10$，得 $L=K=10$。

成本 $C=3L+5K=80$。

(2)总成本为 160 美元，即 $3L+5K=160$，将均衡条件 $L=K$ 代入，可得：$L=K=20$，代入生产函数 $Q=L^{3/8}K^{5/8}$，得 $Q=20$。

所以，产量为 10 时的最低成本为 80，使用的 L、K 的数量都为 10；总成本为 160 美元时厂商的均衡数量为 20，L、K 的使用数量都为 20。

五、等斜线与扩展线

在技术不变的情况下，如果厂商生产的产量或成本发生变化，为了达到利润最大化，生产者需要重新选择最优的生产要素组合，以期达到两个目标：一是在变化了的产量条件下实现最小的成本；二是在变化了的成本条件下实现最大的产量。该问题可用等斜线与扩展线来说明。

(一)等斜线

等斜线是一组等产量曲线上边际技术替代率相等的点的轨迹，等斜线上的点代表边际技术替代率一致，在一个生产平面上有无数条等斜线。

在图 5－11 中，Q_1、Q_2、Q_3 表示的是三条等产量曲线。A、B、C 分别为三条等产量曲线上的三个点，并且这三个点在各自等产量曲线上的斜率相同，即三条切线相互平行。因此，A、B、C 三个切点的边际技术替代率相等。连接 A、B、C 三点以及原点 O 得到一条曲线 OS_1，该曲线便是等斜线。同理，可在图 5－11 所示的平面坐标上绘制出无数条等斜线，如 OS_2。等斜线可以是任意形状的，其中，有两条较为特殊的等斜线——边际技术替代率等于零或是无穷大。边际技术替代率是无穷大的等斜线，又称为上“脊”线；边际技术替代率等于零的等斜线，又称为下“脊”线。

(二)扩展线

当生产要素价格、技术和其他条件不变时，如果厂商投入的成本发生变化，等成本线就会发生平移；平移后的等成本线会和新的等产量曲线相切，形成一系列不同的生产均衡点，这些生产均衡点的轨迹就是生产扩展线(Expansion Path)。

如图 5－12 所示，假定企业初始等成本线为 A_1B_1，若生产要素价格、技术和其他条件都

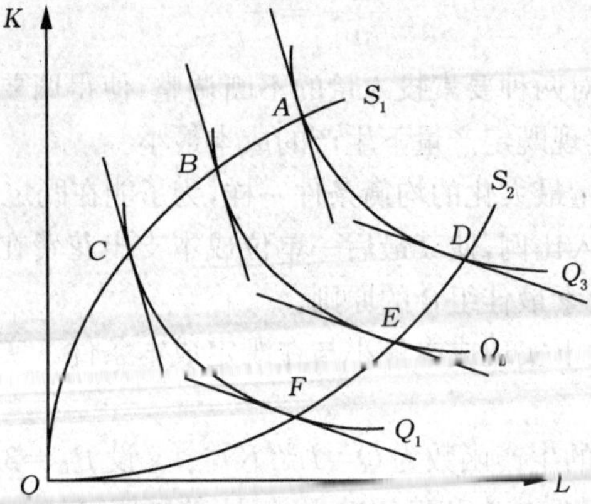

图 5—11 等斜线

不变，厂商投入的成本增加，等成本线向右平行移动至 A_2B_2，若厂商投入的成本继续增加，等成本线继续向右平行移动至 A_3B_3。生产均衡点也从最初的 E_1 点移动至 E_2 点，再至 E_3 点，连接 E_1、E_2、E_3 以及原点 O，得到一条曲线 OT，该曲线便是扩展线。

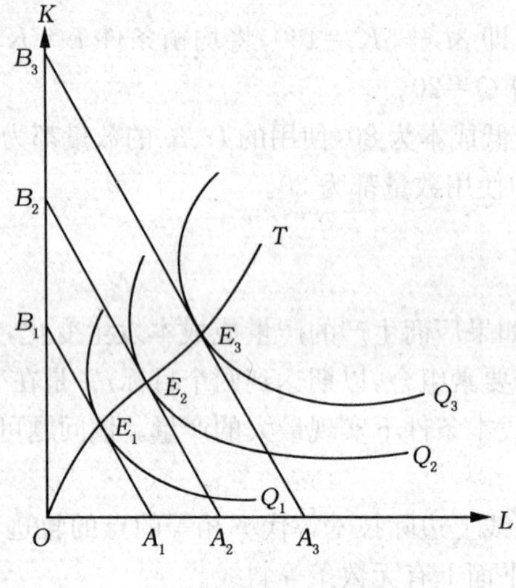

图 5—12 扩展线

由于生产要素价格保持不变，又由于两要素的边际技术替代率等于两要素的价格之比，所以扩展线上所有生产均衡点的边际技术替代率都是相等的，这意味着扩展线一定是一条等斜线。

扩展线的经济学含义是：在企业不断增加成本或不断提高产量时，即不断扩大生产规模的过程中，只要将生产要素沿着扩展线进行组合，总能保证既定产量条件下实现成本最小，或在既定成本条件下实现产量最大，即实现利润最大化。

六、规模报酬

规模报酬（Returns to Scale）是分析生产要素投入与产出之间关系的另一个重要概念。它是指在技术水平不变的前提下，企业内部的各种生产要素按相同的比例变化（规模变化）引起的产量或收益的变化。规模报酬问题与之前分析的长期生产中生产者均衡问题的区别在于，后者是就不同比例的投入组合而言的，规模报酬分析的是在长期所有投入都可以变化并且按相同比例增加时的生产函数。

课堂辩论

企业应该做大做强还是做小做精？

辩论会主持人一位，正、反方各四名同学。主持人需维护辩论会场的良好秩序，保障辩论活动按照辩论规则有秩序地进行；一辩主要阐述本方观点；二、三辩主要是针对本方观点，与对方辩手展开激烈辩论；四辩对本方观点加以总结并进行发挥和升华。

在技术水平不变的条件下，当全部生产要素按同样的比例增加，即生产规模扩大时，最初这种生产规模扩大会使产量或收益的增加比例大于生产规模的扩大比例，但当生产规模的扩大超过一定限度时，则会使产量或收益的增加比例小于生产规模的扩大比例，直到使产量或收益绝对减少。这种生产规模变动所引起的产量或收益的变动一般可分为规模报酬递增、规模报酬不变和规模报酬递减三种情况。

(一)规模报酬递增

规模报酬递增(Increasing Returns to Scale)是指产量增加的比例大于各种生产要素投入增加的比例。例如，假定全部的生产要素劳动和资本都增加一倍时，产量的增加大于一倍。可以用生产函数进行说明，对于生产函数 $Q=f(L,K)$ 而言，若 $f(\lambda L,\lambda K)>\lambda f(L,K)$，其中，$\lambda$ 为大于零的常数，则生产函数 $Q=f(L,K)$ 就具有规模报酬递增的性质。

如图 5－13 所示，对于规模报酬递增的生产函数来讲，劳动与资本扩大一个很小的倍数就可以导致产出扩大很大的倍数。当劳动与资本投入都为 2 个单位时，产出为 100 个单位，但是生产 200 单位的产量所需要的劳动与资本的投入分别少于 4 个单位，产出是原来的 2 倍，投入却不到原来的 2 倍。

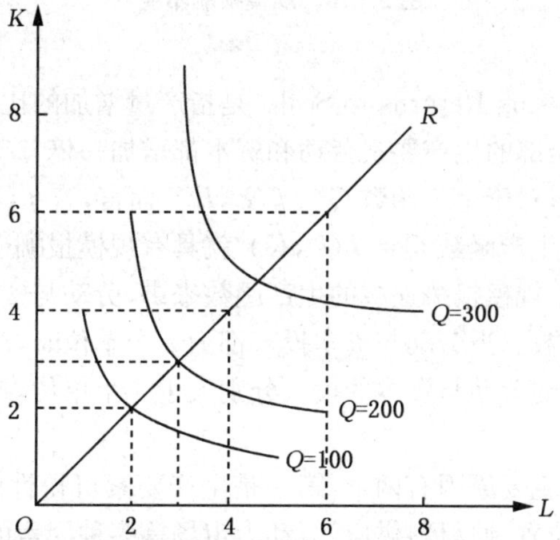

图 5－13　规模报酬递增

规模报酬递增主要由以下原因造成：第一，劳动分工使生产的专业化程度提高，从而提高劳动生产率。第二，资源的集约化使用，同时集中使用数量较多且性能相似的机器设备，可以使厂商提高机器的使用效率。第三，生产要素的不可分性，某些生产要素只有在一定的限度和范围内才能发挥最大的生产能力，生产规模较大的生产者相比小规模的生产者能更有效地利用这些生产要素。第四，大规模厂商具有较强的讨价还价能力，往往可以以较低的价格购买原材料，建立分销渠道能力较强，单位分销成本也较低。

(二)规模报酬不变

规模报酬不变(Constant Returns to Scale)是指产量增加的比例等于各种生产要素投入增加的比例。例如，假定全部的生产要素劳动和资本都增加一倍，产量的增加恰好也是一倍。可以用生产函数来进行说明，对于生产函数 $Q=f(L,K)$ 而言，若 $f(\lambda L,\lambda K)=\lambda f(L,K)$，其中，$\lambda$ 为大于零的常数，则生产函数 $Q=f(L,K)$ 就具有规模报酬不变的性质。

如图 5－14 所示，对于规模报酬不变的生产函数来讲，劳动与资本扩大的倍数与产出扩大的倍数相同。当劳动与资本投入都为 2 个单位时，产出为 100 个单位，当劳动与资本投入数量都增加一倍，为 4 个单位时，产出也增加一倍，为 200 个单位。

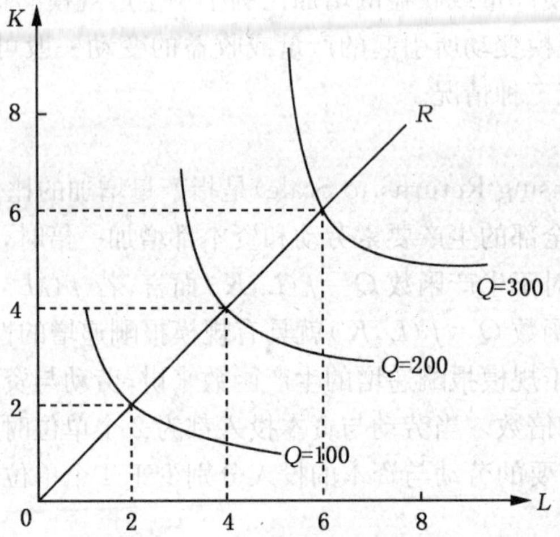

图 5－14　规模报酬不变

(三)规模报酬递减

规模报酬递减(Decreasing Returns to Scale)是指产量增加的比例小于各种生产要素投入增加的比例。例如，假定全部的生产要素劳动和资本都增加一倍，产量的增加却小于一倍。可以用生产函数来进行说明，对于生产函数 $Q=f(L,K)$ 而言，若 $f(\lambda L,\lambda K)<\lambda f(L,K)$，其中，$\lambda$ 为大于零的常数，则生产函数 $Q=f(L,K)$ 就具有规模报酬递减的性质。

如图 5－15 所示，对于规模报酬递减的生产函数来讲，劳动与资本扩大一个很大的倍数却只能使产出扩大很小的倍数。当劳动与资本投入都为 2 个单位时，产出为 100 个单位，但是生产 200 单位的产量所需要的劳动与资本的投入分别大于 4 个单位，投入是原来的 2 倍，产出却不到原来的 2 倍。

造成规模报酬递减的主要原因有两个：第一是生产要素可得性的限制。随着厂商生产规模的逐渐扩大，由于地理位置、原材料供应、劳动力市场等多种因素的限制，可能会使厂商在生产中需要的要素投入不能得到满足。第二是生产规模较大的厂商在管理上效率会下降，如内部的监督控制机制、信息传递等，容易错过有利的决策时机，使生产效率下降。

在规模报酬基础上，若考虑生产要素的价格因素，从价值角度来考察生产要素投入的变化对收益的影响，可以引出另一个重要问题——规模经济问题。规模经济(Economics of Scale)又称为内在经济，指厂商由于扩大生产规模而使产品单位的生产成本降低，经济效益得到提高，若厂商因为扩大生产规模，使得经济效益下降，这叫规模不经济或内在不经济。

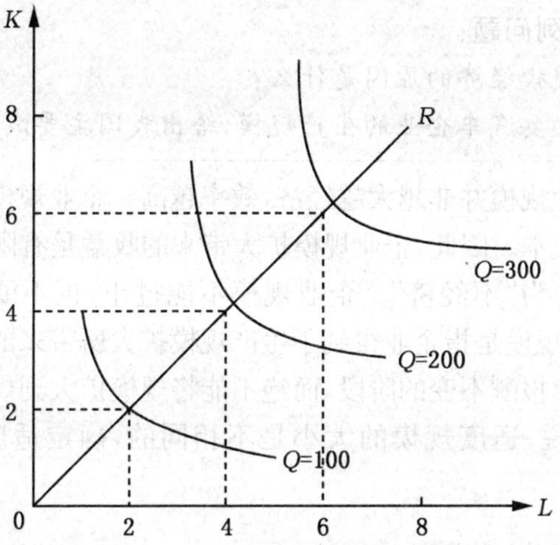

图 5—15 规模报酬递减

课堂思考

吉利并购沃尔沃的主要原因是什么?

2009 年 3 月 28 日,中国浙江吉利控股有限公司与美国福特汽车公司在瑞典哥德堡正式签署收购沃尔沃轿车 100%股权的协议。吉利轿车收购沃尔沃主要有四大收获:沃尔沃知识产权、境外工厂和员工、研发人才、经销商网络。此次并购的原因及影响可从规模经济角度进行讨论。规模经济对于汽车产业的发展尤其重要,由于汽车产业是资本密集型产业,而我国汽车产业整体资产规模与跨国汽车制造商相比仍有较大差距,不具备与之正面对抗的竞争力。适宜的经营规模对提高品牌竞争力是不可缺少的。英国经济学家马克西和西尔伯斯通合著的《汽车工业》一书,研究了汽车产业的规模经济问题,提出了著名的马克西—西尔伯斯通曲线,如图 5—16 所示。

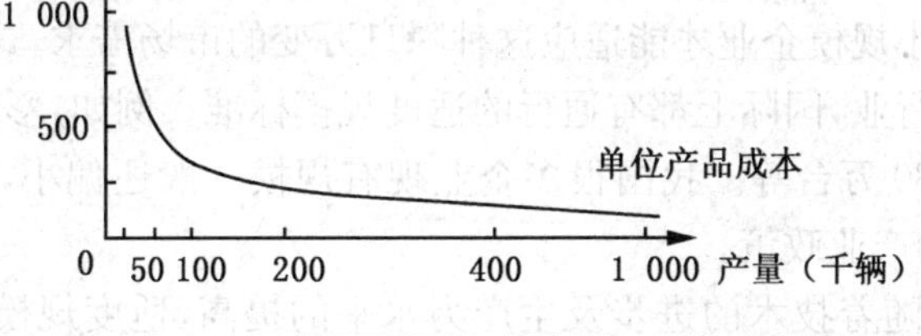

图 5—16 汽车工厂的规模经济:马克西—西尔伯斯通曲线

2009 年,吉利总营业收入为 42.89 亿元,而沃尔沃轿车的总收入约合1 000亿元。并购能够实现经营协同效应,可以充分利用资源,实现人力资源、技术等的整合和优化配置,实现规模经济和利润最大化的目标,同时还可以协调企业内部的合作与生产,减少交易费用,分散经营风险。另外,从技术上看,吉利在发展中急需先进的技术来支撑其品牌发展战略,没有成熟的技术,一切都是空谈。吉利收购沃尔沃是现实的迫切需要,只要有了技术,吉利在低成本制造的优势将愈加明显,其在国内的竞争力也将明显增强。

请结合案例思考下列问题：

(1)汽车产业存在规模经济的原因是什么？

(2)请调查国内外主要汽车企业的生产规模，给出我国主要汽车企业的适度规模建议。

由规模经济可知，企业规模并非越大越经济，效率越高。企业规模扩大会增加有效管理的难度，增加企业内部的交易成本。因此，企业规模扩大带来的收益是有限度的。当企业规模超过一定程度后就会由“经济”变为“不经济”。企业规模不能过小，也不能过大，即要实现适度规模(Moderation Scale)。适度规模是指企业得到了生产规模扩大所带来的产量或收益递增的全部好处之后，将规模保持在规模报酬不变的阶段，而绝不能将规模扩大到规模报酬递减的阶段。

对于不同的厂商来说，适度规模的大小是不相同的，确定适度规模时应主要考虑如下因素：

1. 行业的技术特点

一般而言，资本集约型行业适度规模较大，而劳动集约型行业适度规模较小。资本集约型的产业，如汽车、冶金、造船、化工等部门所需投资量大。规模越大的，越有能力购置大型的、先进的生产和检验设备，所生产的产品成本较低且质量可靠，在行业竞争中处于有利的地位。劳动集约型产业，如传统农业、服装行业、餐饮服务行业，由于其主要投入的生产要素是劳动，因而对劳动的监督和管理就成为企业降低成本的关键，小规模生产对劳动的管理显然要优于大规模生产，因而这些行业往往适度规模较小。以我国的农业生产为例，1958 年人民公社化的大规模生产方式使劳动生产率水平非常低下，而改革初期的包产到户使生产规模缩小到了以家庭为单位，生产效率反而得到很大的提高。从世界范围来看，农业的生产规模一般也是以家庭为单位。

2. 市场条件

一般来说，行业市场容量的大小也制约着企业规模。有些行业，由于产品的标准化程度较高，市场容量较大，则大规模生产有利。例如，重工业中的冶金、化工等行业的规模就较大；反之，标准化程度较低、市场容量较小的行业，适度规模就应该小一些。例如，餐饮业、服装业、服务业，由于其产品和服务的标准千差万别，每一标准的产品市场需求量都很小，而且产品的市场变化又很快，只有小规模企业才能适应这种瞬息万变的市场需求，这就是“船小好调头”。一般而言，一些重要的行业，国际上都有通行的适度规模标准。例如，彩色显像管年产 200 万套，电冰箱年产 50 万～80 万台等。我国很多企业现有规模一般还偏小，因而促进产业的集中是我国政府当前重要的产业政策。

需要注意的是，随着技术的进步及生产力水平的提高，适度规模的标准也是变化的。例如，20 世纪 50 年代汽车行业的适度规模是年产 30 万辆，但到 20 世纪 70 年代，汽车行业的适度规模是年产 200 万辆。所以，对适度规模的认识应该是动态的。

拓展案例

中国人养活自己靠的是农业技术进步

1994 年，一位叫莱斯特·布朗的人发表了题为“谁来养活中国”的小册子，宣称人口众多的中国将面临粮食短缺，进而引发全球粮价猛涨的危机。杞人忧天的布朗是否知道袁隆平的名字，他利用科学技术发明了杂交水稻，使每亩单产达到了 405 公斤，小麦从 50 公斤提高到目前的700公斤。中国有出色的农业科学家，中国人养活自己靠的是农业技术进步。布朗先生实在是用错了边际产量递减规律。要记住边际产量递减规律是有条件的。

著名经济学家克拉克较早地发现了这一规律。他曾指出,“知识是唯一不遵守效益递减规律的工具”。如美国微软公司为开发第一套视窗软件投入了5 000万美元,其额外生产上千万套,只需复制即可,成本几乎可以不计,但仍能以与第一套同样的价格发行,这样在新经济部门就出现了不同于传统产业部门的“边际效益递增”的情况。

资料来源:黄德林搜集整理,《西方经济学(微观部分)》案例分析。

讨论题:

(1)举例说明生活中的边际产量递增的事实,是否违背了边际产量递减规律?

(2)对于国外学者所提出的“中国人口太多,将来需要世界来养活中国”或“谁来养活中国”,谈谈你的观点。

案例导读评析

(1)什么是边际报酬递减规律?其发生作用的条件如何?

边际报酬递减规律是指在一定的技术条件下,若其他投入不变,只是不断增加某一种可变要素的投入数量,该要素的边际产量会先上升,达到某一特定值之后,边际产量会逐步减少。边际报酬递减规律发生作用的前提条件有三个:第一,生产要素投入量的比例是可变的,即技术系数是可变的。第二,技术水平保持不变。第三,所增加的生产要素具有同样的效率。

(2)人类历史为什么没有按照马尔萨斯的预言发展?

人类历史没有按照马尔萨斯的预言发展的原因在于边际报酬递减规律发生作用的前提条件并没有满足。20世纪,技术发展突飞猛进,农业生产中采用了高产抗病的良种、更高效的化肥、更先进的生产工具等,这改变了许多国家的食物的生产方式,劳动的平均产出没有下降,反而上升。

(3)既然马尔萨斯的预言失败,你认为边际报酬递减规律还起作用吗?

尽管马尔萨斯的预言失败,但边际报酬递减规律依然在农业生产中起作用。因为从较长时间范围内来看,粮食产量是增加的,但是要强调一点:任何一种产品的短期生产中,随着一种可变要素的投入量的增加,边际产量最终必然会呈现出递减的特征。

本章小结

本章知识结构图:

- 生产者行为理论
  - 企业及其目标
    - 企业的定义和形式
    - 企业的目标
  - 生产要素与生产函数
    - 生产要素的含义及其类型
    - 生产函数的含义及其类型
  - 短期生产
    - 短期生产与长期生产的划分
    - 短期生产函数
    - 总产量、平均产量和边际产量
    - 短期生产中可变要素投入的合理区域
  - 长期生产
    - 长期生产函数
    - 等产量曲线
    - 等成本曲线
    - 长期生产中生产者均衡的确定
    - 等斜线与扩展线
    - 规模报酬

本章主要知识点：

1. 企业是以营利为目的并能够做出统一的生产决策的经济组织。企业一般有三种组织形式：单人业主制、合伙制和公司制。在微观经济学中，一般总是假定企业的目标是追求利润最大化。

2. 现代西方经济学认为生产要素包括劳动、土地、资本、企业家才能四种。在生产过程中用生产函数来反映生产要素的投入量和产品产出量之间的关系。生产函数是指在一定时期内，在技术水平保持不变的情况下，任何一组特定生产要素(劳动、资本、土地和企业家才能)投入所能生产的最大产量。柯布—道格拉斯生产函数和里昂惕夫生产函数是常见的两种生产函数。

3. 生产函数可以分为短期生产函数和长期生产函数。短期生产和长期生产的划分并非按照具体的时间长短，而是以生产者能否变动全部的要素投入数量作为标准。短期生产中生产者来不及调整全部生产要素的投入数量，至少有一种生产要素的投入数量是固定不变的。长期生产指生产者可以调整全部生产要素的投入数量，对生产规模进行调整。

4. 根据短期生产函数 $Q = f(L, \overline{K})$ ，可以得到总产量 TP_L、平均产量 AP_L 和边际产量 MP_L 三个重要的产量概念。总产量 TP_L 指在一定技术水平下，资本既定时投入一定量的劳动所生产出来的最大总产量；平均产量 AP_L 指平均每单位劳动投入所生产出来的产量；边际产量 MP_L 指增加一单位劳动的投入量所带来的产量的增量。总产量、平均产量和边际产量曲线都呈现先上升后下降的变化趋势。

5. 短期生产的基本规律是边际收益递减规律(或称边际报酬递减规律)。该规律是指在一定的技术条件下，若其他投入不变，只是不断增加某一种可变要素的投入数量，该要素的边际产量会先上升，达到某一特定值之后，边际产量会逐步减少。

6. 根据可变生产要素的总产量曲线、平均产量曲线和边际产量曲线之间的关系，可以将生产过程划分为三个阶段。当平均产量达到最高点时第一阶段结束；当边际产量为零时，总产量达到最大值，第二阶段结束；边际产量为负是第三阶段。第二阶段是短期生产中可变要素投入的合理区域。

7. 长期生产中研究的核心问题是如何使要素投入量达到最优组合，以使既定产量下的成本最小，或成本一定时实现产量最大，即生产者均衡问题。生产者均衡问题，一般用等产量曲线和等成本曲线来分析。

8. 等产量曲线是在技术水平不变的条件下，生产同一产量的两种生产要素投入量的各种不同组合的轨迹；在等产量曲线中，可以用边际技术替代率来表示生产某种产品时，劳动和资本之间的替换关系。边际技术替代率也遵循递减规律：在保持产量不变的前提下，当一种生产要素的投入量不断增加时，每一单位的这种生产要素所能替代的另一种生产要素的数量越来越少。$MRTS_{LK}$ 的计算公式为：$MRTS_{LK} = -\frac{\Delta K}{\Delta L} = \frac{MP_L}{MP_K}$ 。

9. 等成本线又称企业预算线，与消费者行为理论中的消费者预算线非常类似。它是一条表明在生产者的成本与生产要素价格既定的条件下，生产者所能购买的两种生产要素数量的最大组合的线。等成本曲线方程为：$c = wL + rK$ 或 $K = -\frac{w}{r}L + \frac{c}{r}$ 。

10. 长期生产中，厂商无论是实现既定成本条件下的产量最大，还是实现既定产量下生产成本最小，生产的均衡点(或称为生产要素的最优组合点)都发生在等产量曲线与等成本线的切点处。在切点处等成本线斜率与等产量曲线斜率相等，即均衡条件为：$MRTS_{LK} = \frac{w}{r} = \frac{MP_L}{MP_K}$ 或 $\frac{MP_L}{w} = \frac{MP_K}{r}$ ，即厂商应该通过对两种要素投入量的不断调整，使得两要素的边际技术替代率等于两要素的价格之比，或者说，厂商必须调整两种生产要素的投入比例，使其最后一单位成本支出花费在劳动和资本上的边际产量都相等，这样才能实现生产者均衡。

11. 等斜线是一组等产量曲线上边际技术替代率相等的点的轨迹。生产扩展线是当生产要素价格、技术和其他条件不变时，如果厂商投入的成本发生变化，进而引起的生产均衡点的变动轨迹。在企业不断增加成本或不断提高产量时，即不断扩大生产规模的过程中，只要将生产要素沿着扩展线进行组合，总能保证既定产量条件下实现成本最小，或在既定成本条件下实现产量最大，即实现利润最大化。

12. 规模报酬是指在技术水平不变的前提下，企业内部各种生产要素，按相同的比例变化(规模变化)引起的产量或收益的变化。生产规模变动所引起的产量或收益的变动一般可分为规模报酬递增、规模报酬不变和规模报酬递减三种情况。适度规模是指企业得到了生产规模扩大所带来的产量或收益递增的全部好处之后，将规模保持在规模报酬不变的阶段，而绝不能将规模扩大到规模报酬递减的阶段。

复习思考题

一、名词解释

生产要素　劳动　资本　土地　企业家才能　生产函数　柯布—道格拉斯生产函数　里昂惕夫生产函数　短期生产　长期生产　总产量曲线　平均产量曲线　边际产量曲线　边际技术替代率　边际报酬递减规律　长期生产函数　等产量曲线　等成本线　生产者均衡　等斜线　扩展线　脊线　规模报酬

二、判断题

1. 生产函数指的是要素投入量和最大产出之间的一种函数关系，通常分为固定比例生产函数和可变比例生产函数两种类型。（　）

2. 任何生产函数都以一定时期内的生产技术水平作为前提条件，一旦生产技术水平发生变化，生产函数就会发生变化，从而形成新的生产函数。（　）

3. 如果厂商在生产过程中减少了其中一种生产要素的使用量，这种要素的边际产量上升。（　）

4. 只要边际产量减少，总产量也一定会减少。（　）

5. 平均产量曲线一定在边际产量曲线的最高点与之相交。（　）

6. 劳动的边际产量曲线、总产量曲线、平均产量曲线均呈先增后递减的趋势。（　）

7. 只有在两要素的边际技术替代率和两要素的价格之比相等时，生产者才能实现生产的均衡。（　）

8. 规模收益递减是边际收益递减造成的。（　）

9. 在短期生产函数中，只要平均产量是上升的，就应增加可变要素的投入量。（　）

10. 在规模报酬不变阶段，若劳动的使用量增加10%，资本的使用量不变，则产出增加10%。（　）

三、单项选择题

1. 对于一种可变生产要素的生产函数 $Q=f(L,\overline{K})$ 而言，当 TP_L 达到最大值而开始递减时，MP_L 处于（　）阶段。

A. 递减且 $MP_L<0$　　B. 递减但是 $MP_L>0$

C. $MP_L=0$　　D. 无法确定 MP_L 值

2. 当劳动的总产量（TP_L）下降时，（　）。

A. AP_L 递减且 $AP_L<0$　　B. $MP_L=0$

C. MP_L 递减且 $MP_L<0$　　D. $AP_L=0$

3. 对于生产函数 $Q=f(L,\overline{K})$，当平均产量 AP_L 达到最大值时，（　）。

A. 总产量（TP_L）达到最大值

B. 总产量（TP_L）仍处于上升阶段，还未达到最大值

C. 边际产量（MP_L）达到最大值

D. 边际产量 $MP_L=0$

4. 当劳动的边际产量（MP_L）为负时，生产处于（　）。

A. 劳动投入的第Ⅰ阶段　　B. 资本投入的第Ⅲ阶段

C. 劳动投入的第Ⅱ阶段　　D. 劳动投入的第Ⅲ阶段

5. 当边际产量大于平均产量时，（　）。

A. 平均产量增加　　B. 生产技术水平不变

C. 平均产量不变　　D. 平均产量达到最低点

6. 在规模报酬不变阶段，若劳动的使用量增加 5%，而资本的使用量不变，则(　　)。

A. 产出增加 5%　　B. 产出减少 5%

C. 产出的增加少于 5%　　D. 产出的增加大于 5%

7. 当 $MP_L/w<MP_K/r$ 时，厂商应该(　　)，降低成本而又维持相同的产量。

A. 增加劳动投入　　B. 提高规模经济水平

C. 增加资本投入　　D. 提高劳动的边际产量

8. 等产量曲线上各点代表的是(　　)。

A. 为生产同等产量而投入要素价格是不变的

B. 为生产同等产量而投入要素的各种组合比例是不能变化的

C. 投入要素的各种组合所能生产的产量都是相等的

D. 无论要素投入量是多少，产量是相等的

9. 等成本曲线平行向内移动表明(　　)。

A. 成本增加　　B. 产量增加　　C. 成本减少　　D. 产量减少

10. 在经济学中，短期和长期的划分标准是(　　)。

A. 是否可以调整产量　　B. 是否可以调整产品价格

C. 时间长短　　D. 是否可以调整全部生产要素的数量

11. 如果某厂商增加 1 单位的劳动量可以减少 5 单位的资本，则仍要生产出同样的产出量，则 $MRTS_{LK}$ 为(　　)。

A. −1　　B. −5　　C. −0.2　　D. 0

12. 在生产者均衡点上会出现(　　)情况。

A. $MRTS_{LK}=w/r$　　B. $MP_L/w = MP_K/r$

C. 等产量曲线与等成本曲线相切　　D. 以上均正确

四、计算题

1. 某企业生产一种产品，劳动为唯一可变要素，固定成本既定。短期生产函数为 $Q=-0.1L^3+6L^2+12L$。求：

(1)劳动的平均产量函数和边际产量函数。

(2)企业雇用工人的合理范围是多少？

(3)若已知劳动的价格 $P_L=480$，产品的价格为 40，则当利润最大时，企业的产量 Q 是多少？

2. 生产函数 $Q=20L+50K-6L^2-2K^2$，$P_L=15$，$P_K=30$，$TC=660$。其中，Q 为产量，L 与 K 分别为不同的生产要素投入，P_L 与 P_K 分别为 L 和 K 的价格，TC 为生产总成本。试求最优的生产要素组合。

五、案例分析题

马克思主义经济理论认为，小农经济规模狭小，土地分散，生产者分离，缺乏分工协作，阻碍生产力的发展，具有自然经济特征，是落后的生产方式。因此，农业中的大生产优于小生产，并将排挤和取代小生产，因为新技术和大机器只有在大规模农业中才能运用。

西方经济理论有关农业规模经济方面的研究认为，农业规模经济的基础是农业报酬递减规律和要素的不可分性。农业企业规模越大，越具有资源、科技、信贷、信息、市场以及抗拒风险等方面的优势，因而大企业比小企业更能获得规模经济效益。有些学者不同意这种观点，舒尔茨通过对拖拉机等生产要素的不可分性的分析，否认了大农场一定比小农场效率高的观点。并认为，“农场的规模会发生变化，它们或者变大，或者变小，但是，规模的变化并不是这种现代化过程中产生的经济增长的源泉……在许多国家里把传统农业改造成高生产率部门的公共计划之所以失败，就是由于决定建立大规模农业经营单位的政策”。

尽管对农业规模经济的存在与否有着广泛的争论，但发达国家的农场规模不断扩大是一种普遍的现象。我国农业在 20 世纪 50 年代中期开始走上合作化之路，几经周折，最终确定为集体所有集体经营的生产队体制。实行这种体制的目标，一是追求社会平等、消灭剥削，二是为了追求规模经济效益，克服小生产的规模不经济问题。但这种集体农作形式无法克服偷懒和“搭便车”问题，管理水平也跟不上，结果导致农业合作化以

后到家庭农作制推广以前这段时间的低效率。为了摆脱集体农业的低效率局面,家庭农作制应运而生。但家庭农作制的形成没有多少理论准备,而是少数农民冒着巨大的政治风险,在口粮极度短缺的巨大生存压力下,从生产责任制形式开始,得到政府的认可后迅速推广。由于从农地的公有公营到家庭农作制是生存压力逼出来的,所以对解决温饱问题特别有效。然而家庭农作制的制度效力在较短时间内就释放完毕,对农业现代化的实现显得较为乏力。其中的主要原因是,家庭农作制不能获得规模经济效益,不能很好地解决农业生产的小农户大市场的弊端,农民为农产品交易付出极高的成本,从而使得农业的比较效益仍然低下。

请结合案例思考下列问题:

1. 你认为在现行家庭农作制条件下如何充分发挥农业规模经济效益?

2. 有关农业规模经济效益的研究对指导我国农业土地制度改革与完善有何指导意义?

3. 阻碍我国农村家庭扩大农业经营规模的主要原因有哪些?

第六章
成本、收益与利润

【本章导读】

上一章生产者行为理论主要研究了生产要素投入与产出之间的关系，分析了厂商在既定成本下如何实现产量最大和在既定产量下如何实现成本最小。由此可以看出，厂商要实现利润最大化，不仅要分析产量，还要考虑成本，成本实际上就是购买和使用生产要素所要支付的费用。分析成本实际上是分析生产要素的货币形态，这样就使成本分析与生产要素分析既有联系又有区别。本章将在生产理论的基础上进一步深入分析成本问题，而成本理论又是下一章“市场理论”的基础。

【学习目标】

1. 掌握成本、收益和利润的概念，理解其相互之间的联系。
2. 掌握短期成本的分类以及相关曲线和它们之间的关系；了解边际报酬递减规律与短期成本变动的关系。
3. 掌握短期产量曲线与短期成本曲线之间的关系。
4. 掌握长期总成本、长期平均成本和长期边际成本的含义及其曲线，了解规模经济。
5. 理解厂商实现利润最大化的原则。

【能力目标】

1. 熟悉各种成本之间的关系。
2. 能运用成本的相关知识，分析现实生活、生产中的相关问题。

【案例导读】

请环顾经济学课堂，看看你们的经济学课堂上有多少学生？有些学校这门课大约只有 30 名学生，有些学校有 100 名或者 200 名，更甚者有些学校课堂容量达到 500 名或更多。究竟多大的课堂容量对学生来说是最佳的呢？如果不考虑成本，经济学课程或者其他任何课程的最佳容量应该是一名学生。可以试想：在整个学期，课堂上只有你和老师面对面，所有的课程内容和进度都是按照你的学习能力和学习效果量身定做，这种一对一的教学方式还能促进你和老师之间的直接交流和相互信任。教育心理学家的研究也表明，在这种只有一名学生的情况下学习效果是最佳的。

资料来源：Robert H. Frank，Ben Bernanke. 微观经济学原理(第四版)[M]. 清华大学出版社，2010。

思考与讨论：

(1)为什么很多的大学仍然将数以百计的学生安排在同一课堂上呢？

(2)举例说明生活中利用成本—收益分析方法进行问题权衡的例子。

第一节　成本、收益与利润概述

一、成本的概念

经济学中与成本相关的概念非常多，下面先对常见的一些成本的含义进行介绍。

(一)生产成本与机会成本

生产成本是指企业为生产一定数量的产品和劳务所耗费的生产要素的总支出，也就是生产过程中投入的生产要素的数量与单位生产要素的价格的乘积。但经济学家认为，微观经济学主要是研究单个经济主体如何对资源进行合理配置的问题。从经济资源的稀缺性这一前提出发，当一个经济主体或一个企业用一定的经济资源生产一定数量的一种或者几种产品时，这些经济资源就不能同时被使用于其他的生产用途。这就是说，这个经济主体或这个企业所获得的一定数量的产品收入，是以放弃用同样的经济资源来生产其他产品时所能获得的收入作为代价的。由此，便产生了机会成本的概念。

机会成本(Opportunity Cost)又称为择一成本、替代性成本，是指生产者所放弃的使用相同的生产要素在其他生产用途中所能得到的最高收入。机会成本是经济学原理中一个重要的概念，可泛指一切在作出选择后其中一个最大的损失，它描述了经济主体作出选择时的权衡取舍。当做一件事的机会成本大于其做该事的收益时，经济学家认为一个理性的经济人会选择不做这件事。在制订国家经济计划中、在新投资项目的可行性研究中、在新产品开发中，乃至工人选择工作中，都存在机会成本问题。它为正确、合理的选择提供了逻辑严谨、论据有力的答案。在进行选择时，力求机会成本小一些，是经济活动行为方式最重要的准则之一。

案例分析

比尔·盖茨、姚明的选择——机会成本

2014 年，美国《福布斯》杂志的世界富豪评选中，比尔·盖茨以净资产 760 亿美元居于榜首。比尔·盖茨在上大学时有了创办软件公司的想法，随之而来的就是他要面临一项选择，是继续读书直到拿到哈佛大学学位证书，还是辍学开办自己的软件公司？在经过一番思考后，他决定放弃学业，开办软件公司。

1999 年，比尔·盖茨回母校参加募捐活动时，有记者问他是否愿意继续回哈佛上学，弥补他曾经的遗憾。对此，盖茨只是微微一笑，没有作出任何回答。不难看出，盖茨已不愿意为了哈佛的学位证书而放弃自己已有的事业。从经济学角度解释他的选择，原因在于对盖茨而言，比起放弃学业继续经营公司，放弃经营公司去上学的机会成本更大，上学对他来说得到的利益不可能比他经营公司的利益大，所以他当然会选择机会成本较小、利益较大的一方。有人曾计算说，如果路边有 100 美元，盖茨不会去捡，因为捡钱这段时间的机会成本高于 100 美元，节约这段时间干其他事情他可以赚更多的钱。

从经济学角度来说，人们计算机会成本一般只是为了找到最佳的要素组合，从总体上得到最大的利益。我国也有一个与盖茨类似的例子，那就是姚明。2005 年，姚明同火箭队签订了 5 年的合同，火箭队付给他的薪酬是7 000万美元，加上他平时代理的广告收入，他的年收入约已突破 1 亿美元，但是如果他选择去读大学，则这些收入很可能都会失去，也就是说，与在 NBA 打球相比，他选择上大学的机会成本要大得多。

机会成本不仅仅是名人作出选择时才会用到的，人们在日常的生活中也都会面临各种各样的选择，有选择就需要计算机会成本，因此，这是一个对于任何人都很重要的经济学概念。人们在决策时经常会比较各个备选项的成本和收益，只有所获利益高于成本，人们才更倾向于采取行动。

思考与讨论：

你上大学的机会成本如何衡量？

（二）显成本与隐成本

厂商的生产成本包括显成本和隐成本。经济学家有时将两者之和称为机会成本，因为在完全竞争的市场上，厂商的显成本和隐成本将趋向于和它所使用的资源的机会成本相等。

显成本（Explicit Cost）是指厂商在生产要素市场上购买或租用所需要的生产要素的实际支出。例如，厂商雇用了一定数量的工人，从银行取得了一定数量的贷款，并租用了一定数量的土地，为此，这个厂商就需要向工人支付工资，向银行支付利息，向土地出租者支付地租，这些支出便构成了该厂商生产的显成本。由于这些成本在会计账目上一目了然，所以称为显成本。

隐成本（Implicit Cost）是指厂商自身拥有的且被用于该企业生产过程的那些生产要素的总价格。例如，为了进行生产，一个厂商除了雇用工人、贷款和租用土地之外（这些均属于显成本支出），还动用了自己的资金和土地，并亲自管理企业，这些自有生产要素的投入也应计算在生产成本内。隐成本就是厂商自己给自己的利息、地租、薪水等，这些支付通常在会计账目上不会反映出来，所以称为隐成本。通常，可以从机会成本的角度按照企业自有生产要素在其他用途中所能得到的最高收入来计算隐成本。

（三）沉没成本

在经济学和商业决策制定过程中会用到“沉没成本”（Sunk Cost）的概念，是指已经付出且不可收回的成本。例如，如果你预订了一张电影票，已经付了票款且假设不能退票，此时你付的价钱已经不能收回，就算你不看电影，钱也收不回来，电影票的价钱算作你的沉没成本。

课堂思考

买票后发现电影不好看，是选择退场还是继续看完？

上述看电影的例子中，若付钱后发现电影不好看，你会有两种可能的选择：第一，不好看但忍受着看完；第二，马上退场去做别的事情。如何做这个决策呢？大多数经济学家们认为，如果你是理性的，那就不该在做决策时考虑沉没成本。不管你做何种选择，钱都已经付了（沉没成本），那么你当前的决策应该是基于你是否想继续看这部电影，而不是你为这部电影付了多少钱。此时的决定不应该考虑到买票花钱的事，而应该以看免费电影的心态来作判断。所以，经济学家们往往建议选择后者，这样你只是花了点冤枉钱，而选择前者你还要继续受冤枉罪。

（四）会计成本与经济成本

会计成本（Accounting Cost）就是显成本，它能够在会计账目上反映出来，包括生产、销售过程中发生的原材料、工资、租金、利息等支出。

经济成本（Economic Cost）是指企业在生产过程中使用的所有生产要素总的机会成本，是显成本（会计成本）与隐成本之和。所以经济成本比会计成本含义更广泛、内容更丰富。我们在进行决策时不但要考虑会计成本，更要考虑经济成本。只有在显成本和隐成本的管理上都取得成本优势，企业才能在总成本上取得优势，才能在激烈的竞争中独占鳌头。

会计成本和经济成本的关系可用公式表示为：

经济成本＝会计成本(显成本)＋隐成本

(五)私人成本与社会成本

私人成本(Private Cost)是从厂商私人角度来看的成本，是指厂商在生产中所发生的成本，即生产过程中投入的所有生产要素的价格，包含显成本和隐成本。用公式表示为：

私人成本＝ 会计成本(显成本)＋隐成本＝经济成本

社会成本(Social Cost)是与私人成本相对的概念，是一种从整个社会的角度来看的机会成本。在经济活动中，某经济个体作出一项行动，他本人不一定要承担全部费用或收取全部利益。他承担的部分叫作私人成本，他不承担的部分叫作外在成本，这两者的总和组成社会成本，用公式表示为：

社会成本＝私人成本＋外在成本

社会成本可以理解为在经济活动中整个社会所付出的代价。例如，对于向河流中排放污水的化工厂来说，排放污水的私人成本只是直接排放的费用。但它的排污行为使河流受到污染，其他厂商和消费者要使用无污染的河水，就必须额外支付使河水净化所需的费用。此时，排放污水的社会成本远远大于私人成本。关于此问题在第八章会作进一步详细介绍。

二、收益与利润的概念

(一)收益的概念

厂商的收益一般是指生产者出卖产品得到的全部收入，也就是生产的产品数量与单位产品的价格的乘积。值得注意的是，收益并不等于利润，不是出售产品所赚的钱，而是出售产品所得到的钱。所得到的钱中，既有用于购买各种生产要素而支出的成本费用，也有除去成本费用后所余下的利润。

(二)利润的概念

利润是生产者总收益与总成本的差额。由于经济学和会计学中对成本的理解不同，因此，经济学中的利润概念与会计利润也不一样。会计利润(Accounting Profit)是指厂商的总收益减去所有的显成本或者会计成本以后的余额。经济学中的利润概念是指经济利润(Economic Profit)，也称为超额利润，是指厂商获得的所有收益中扣除土地、劳动、资本等所有生产要素的成本(包括显成本和隐成本)之后的剩余。或者说，将会计利润再减去隐成本，就是经济利润。经济利润可能为正，可能为负，也有可能为零。

在经济分析中提到利润时，还有一种称为正常利润(Normal Profit)，通常是指厂商对自己所提供的企业家才能的报酬支付。从机会成本的角度说，它是厂商生产成本的一部分，以隐成本计入成本，所以正常利润不可能为负。根据经济利润的定义，经济利润是不包含正常利润在内的，经济利润为零时，厂商仍能获得正常利润。

例 6－1　张三是否应当继续从事耕作？

张三是一个种植水稻的农民，每年土地、设备的租赁费用以及支付的其他费用金额共计 10 万元。他提供的唯一投入品就是自己的劳动力。除了耕作外，张三还面临另外一个对其具有同等吸引力的工作选择——建筑工人，每年可获得 11 万元的报酬。张三对这两种工作持中立态度。假定水稻价格稳定，每年张三可以从水稻的销售中获得 22 万元的收入。

问题(1):他的会计利润等于多少,经济利润等于多少,正常利润等于多少,他是否应该继续从事耕作?

表6-1　　张三的收入、成本与利润概览(1)　　单位:万元/年

总收入	显成本	隐成本	会计利润(=总收入-显成本)	经济利润(=总收入-经济成本)	正常利润(=隐成本)
22	10	11	12	1	11

张三种植水稻每年的经济利润为1万元,因为对农民和建筑工人两份工作的偏好相同,所以选择继续耕作与选择做建筑工人相比,他将能获得1万元的净收益。

问题(2):如果张三种植水稻的年收入不是22万元,而是20万元,那么他的经济利润将是多少?他是否应该继续耕作?

表6-2　　张三的收入、成本与利润概览(2)　　单位:万元/年

总收入	显成本	隐成本	会计利润(=总收入-显成本)	经济利润(=总收入-经济成本)	正常利润(=隐成本)
20	10	11	10	-1	11

若张三种植水稻的年收入是20万元,那么他的经济利润变为-1万元,即张三会遭受损失,如果张三预计到会遭受经济损失,那么他的最佳选择是放弃耕作转而做建筑工人。

问题(3):如果这块土地为张三自己所有,土地租赁每年可获得6万元的租金收入,那么张三是否应当继续耕作?

表6-3　　张三的收入、成本与利润概览(3)　　单位:万元/年

总收入	显成本	隐成本	会计利润(=总收入-显成本)	经济利润(=总收入-经济成本)	正常利润(=隐成本)
20	4	17	16	-1	17

如果土地为张三自己所有,土地租金则作为隐成本,那么他每年的会计利润比上述讨论中多6万元,但是他的经济利润仍然和讨论(2)中相同,即-1万元,因为张三必须扣除每年耕种土地的机会成本6万元,所以放弃耕作转而做建筑工人仍是明智之举。

第二节　短期生产成本

上一章中所研究的生产函数反映了投入的生产要素与产出之间的物质技术关系,它揭示在各种形式下厂商为了得到一定数量产品至少需要投入的生产要素的数量,生产函数结合投入要素的单位价格就决定了成本函数。成本函数研究的就是企业的成本与产量之间的各种关系,它取决于生产函数和生产要素的价格。

由于生产函数分为短期生产函数和长期生产函数,成本函数便分为短期成本函数和长期成本函数,所以,分析成本函数要分别分析这两种。下面将首先对短期成本进行研究,然后再对长期成本进行探讨。

一、短期成本的概念及曲线

(一)短期总成本

1. 短期总成本的概念

短期总成本(Short-run Total Cost)是厂商在短期生产中所耗费的全部成本。短期总成本函数可以由生产函数导出。在短期内,假定企业使用劳动和资本两种要素生产一种产品,假定资本的投入量是固定的,用 $\overline{K}$ 表示,劳动的投入量是可变的,用 L 表示,则生产函数为:

$$Q=f(L,\overline{K})$$

在生产要素劳动的价格 w 和资本的价格 r 不变的条件下,则可以由该短期生产函数得到相应的短期总成本函数:

$$STC(Q)=wL(Q)+r\overline{K}$$

由上式可以看出,短期总成本由两部分构成,其中 $wL(Q)$ 为总可变成本,$r\overline{K}$ 为总固定成本。

总可变成本 TVC(Total Variable Cost)表示厂商在短期内生产一定数量的产品时花费在所有可变要素上的费用,这部分成本随着产量的变化而变化。产量越高,所使用的可变投入量越大,即产量越高,可变成本越高,所以总可变成本将随着产量的增大而增大。

总固定成本 TFC(Total Fixed Cost)表示厂商在短期内生产一定数量的产品时花费在所有固定要素上的费用。由于在生产中固定要素投入是一个不变的量,所以在要素价格既定时,固定成本是一个常数,即在短期内固定成本与产量的变化没有关系。

课堂思考

饭店生意惨淡,为什么还不关门?

青岛是中国著名的旅游城市,但是每年的十月到次年的四月,长达半年多的时间里,海滨的高级饭店和旅游景点生意很清淡,但是它们仍然在惨淡经营,这是为什么呢?既然生意清淡,肯定已经亏本,为什么还不关门呢?

你会说,等到夏季旺季它们又可以赚回来啊。是的,这是一个支持它们的希望。但是,如果淡季实在难以维系,它们也会关门的,关键在于它们有没有到必须关门的程度。什么时候必须关门呢?这就要区分企业短期经营中的可变成本和固定成本。若其亏损总额小于固定成本,则应该继续营业,因为继续营业的话可以收回部分已投入的固定成本;若其亏损总额等于固定成本,企业则到了关门的时候,因为此时厂商继续生产或停止生产其结果都是一样的,都是损失所有固定成本。

2. 短期总成本曲线

根据生产函数和成本函数的关系,可以从厂商的短期总产量曲线推导出相应的短期总成本曲线。其方法是:将短期总产量 LTP 曲线上与每一产量水平相应的可变要素劳动投入量乘以劳动的价格,便得到每一产量上的可变成本部分即 $wL(Q)$。再加上固定成本部分即 $r\overline{K}$,便得到每一产量上的总成本。将这种产量和总成本的对应关系描绘在平面坐标图中,就可以得到总可变成本(TVC)曲线、总固定成本(TFC)曲线、短期总成本(STC)曲线,如图6－1所示。

(1)总固定成本(TFC)曲线是一条水平线,表明固定成本是一个既定的数量,它不随产量的增减而改变。

(2)总可变成本(TVC)曲线,从原点出发,表明产量为零时,可变成本为零,随着产量的增加,可变成本也相应地增加。总可变成本曲线形状主要决定于可变生产要素的边际报酬递减规律。如图 6－1(a)所示,从原点到 L_2(拐点 A 对应的劳动投入量)的区间,可变要素劳动的边际产量是递增的,因此,图 6－1(b)中从原点到 Q_2(拐点 B 对应的产量)总可变成本虽增加

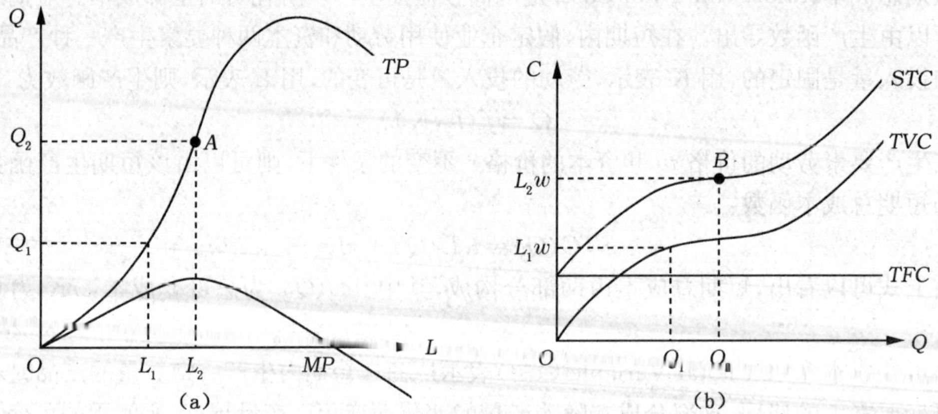

图 6—1　由短期产量曲线推导的各条短期成本曲线

但渐趋缓慢，过拐点 A 以后，可变要素劳动的边际产量开始递减，因此，总可变成本在过 B 点后增加渐趋加快。

(3)短期总成本(STC)曲线的形状与总可变成本曲线一样。它只不过是总可变成本曲线向上平行移动一段相当于总固定成本大小的距离，即总成本曲线与可变成本曲线在任一产量上的垂直距离等于总固定成本。总固定成本不影响总成本曲线的斜率。因此，固定成本的大小与总成本曲线的形状无关，而只与总成本曲线的位置有关。

(二)短期平均成本

1. 短期平均成本的概念

相对于上述三个总成本概念，在短期内，存在着三个平均成本概念，即平均固定成本 AFC(Average Fixed Cost)、平均可变成本 AVC(Average Variable Cost)和短期平均总成本 SAC(Short-run Average Cost)。

平均固定成本 AFC 是指短期内平均生产一单位产品所消耗的固定成本，即总固定成本与产量的比值。在短期内全部固定成本是一个常数，所以平均固定成本将随产出量的增加而下降，当产出量很小时平均固定成本比较大，而当产量随可变要素的增加变得越来越多时每一单位产出量分摊的固定成本就会越来越小。平均固定成本的计算公式可写为：

$$AFC(Q)=\frac{TFC}{Q}$$

平均可变成本 AVC 是指短期内平均生产一单位产品所消耗的可变成本，即总可变成本与产量的比值。平均可变成本的计算公式可写为：

$$AVC(Q)=\frac{TVC(Q)}{Q}$$

短期平均成本 SAC 是指生产每一单位产品平均所需要的成本，即短期总成本除以总产量。由于总成本是总可变成本与总固定成本之和，所以平均总成本也是平均固定成本加上平均可变成本。计算公式可写为：

$$SAC(Q)=\frac{STC(Q)}{Q}=\frac{TVC(Q)+TFC}{Q}=AVC(Q)+AFC(Q)$$

2. 短期平均成本曲线

可根据上述三条总成本曲线推导出三条平均成本曲线：

（1）平均固定成本（AFC）曲线可由总固定成本曲线推导出来。根据平均固定成本的计算公式，把总固定成本曲线上的每一点与原点连线的斜率，与对应的产量，绘制在一个坐标系内，就可得到平均可变成本曲线，它是一条等轴双曲线，如图6－2所示。曲线两端无限趋近于纵轴或横轴，表示随着产量的增加，平均固定成本逐渐变小，即产量越大，分摊到单位产品上的固定成本越少。

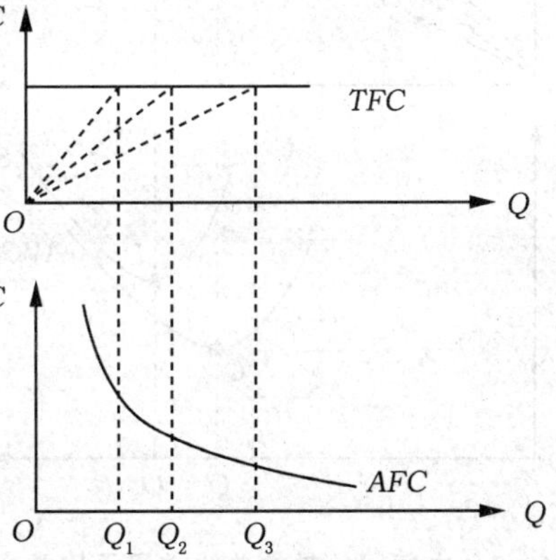

图6－2 由总固定成本曲线推导平均固定成本曲线

（2）平均可变成本（AVC）曲线可由总可变成本曲线推导出来。总可变成本曲线上任一点与原点的连线的斜率即该产量水平上的平均可变成本。平均可变成本曲线形状为U形，表明平均可变成本随产量增加先递减后递增，其呈U形的原因也是可变投入要素的边际报酬呈现递减规律决定的。在总可变成本曲线上的A点与原点的连线是所有连线中斜率最小的一条线（OA不仅是连线，还是总可变成本曲线的切线），A点和平均可变成本曲线的最低点C点相对应，如图6－3所示。

（3）短期平均成本（SAC）曲线可由短期总成本曲线推导出来。短期总成本曲线上任一点与原点之间连线的斜率即为该产量水平的平均成本。平均成本曲线形状的决定因素与平均可变成本曲线相同。平均成本曲线的位置在平均可变成本曲线之上，两条曲线之间的垂直距离即为平均固定成本。由于平均固定成本随产量增大而递减，因此，平均成本曲线与平均可变成本曲线的垂直距离也随产量增大而渐趋缩小。

平均成本曲线的最低点与平均可变成本曲线最低点不在同一条垂直线上，这是因为平均成本等于平均可变成本与平均固定成本之和，平均固定成本是单调递减的，平均可变成本从最低点转而上升，当其增量少于平均固定成本的减少量时，平均成本仍呈下降之势。在短期总成本曲线上的B点与原点的连线是所有连线中斜率最小的一条线（OB不仅是连线，还是总可变成本曲线的切线），它和平均可变成本曲线的最低点D相对应，如图6－3所示。

例6－2 已知某企业的短期总成本函数为$STC(Q)=0.04Q^3-0.8Q^2+10Q+5$，求最小的平均可变成本。

解：由短期总成本函数可得：$AVC(Q)=\frac{TVC(Q)}{Q}=0.04Q^2-0.8Q+10$；

当平均可变成本函数AVC函数达到最小值时，一定有$\frac{dAVC}{dQ}=0$，

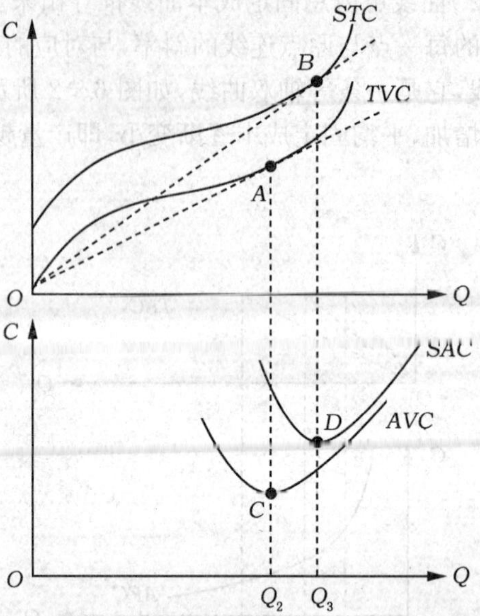

图 6—3　由短期总成本曲线推导平均成本曲线

故$\frac{dAVC}{dQ}=0.08Q-0.8=0$，解得 $Q=10$。

代入平均可变成本函数 $AVC(Q)=0.04Q^2-0.8Q+10$，解得 $AVC=6$。

(三)短期边际成本

1. 短期边际成本的概念

短期边际成本 *SMC*(Short-run Marginal Cost)是每增加一个单位的产量所引起的总成本的增量，即总成本的增量与总产量的增量的比值。用公式表示为：

$$SMC(Q)=\frac{\Delta STC(Q)}{\Delta Q}$$

在短期内总固定成本是不变的，因此总成本的变化是由总可变成本的变化所引起的。所以，短期的边际成本也可以说是每增加一个单位的产量所引起的可变成本的增量。当产量的变化趋于无穷小时，短期边际成本可以定义为总成本函数的一阶导数，计算公式可以写为：

$$SMC(Q)=\lim_{\Delta Q\to 0}\frac{\Delta STC(Q)}{\Delta Q}=\frac{dSTC(Q)}{dQ}=\frac{dTVC(Q)}{dQ}$$

2. 短期边际成本曲线

短期边际成本曲线可由短期总成本曲线或总可变成本曲线推导出来。每一产量的边际成本都是同一产量水平短期总成本曲线或总可变成本曲线的斜率。边际成本曲线也是 U 形，也是由可变投入要素的边际报酬递减规律决定的。

这可以从产量变化所引起的边际成本变化的角度来理解，假定生产要素的价格固定不变，在边际报酬递增阶段，增加一单位可变要素投入所产生的边际产量是递增的，这意味着可以反过来说，在这一阶段增加一单位产量所需要的边际成本是递减的。在边际报酬递减阶段，增加一单位可变要素投入所产生的边际产量是递减的，这意味着可以反过来说，在这一阶段增加一单位产量所需要的边际成本是递增的。这种关系可以表述如下：在短期生产中，边际产量的递增阶段对应着边际成本的递减阶段，边际产量的递减阶段对应着边际成本的递增阶段，边际产量的最大值对应着边际成本的最小值。因此，在边际报酬递减规律的作用下，边际成本曲线表现出先降后升的U形特征。

如图6－4所示，短期边际成本曲线的最低点G点相对应的是短期总成本曲线或总可变成本曲线上的拐点E和F。拐点在数学上的含义是二阶导数为零的一点，它是曲线斜率递减和递增的分界点，在拐点的左侧，短期总成本曲线斜率递减，与之对应的边际成本曲线下降，在拐点的右侧，情况正好相反，于是拐点正好对应边际成本曲线的最小值点。

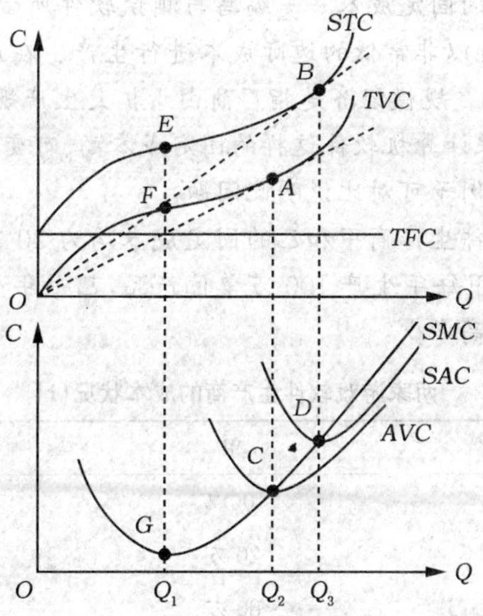

图6－4　由短期总成本曲线推导边际成本曲线

由图6－4还可以看出，短期边际成本曲线和短期平均成本曲线与平均可变成本曲线之间存在如下关系：

(1)短期平均成本曲线与短期边际成本曲线相交于短期平均成本曲线的最低点D(此时都为OB的斜率)。在短期平均成本曲线的下降阶段，即在D点以前，短期边际成本曲线在短期平均成本曲线的下方，在平均成本曲线的上升阶段，即在D点以后，短期边际成本曲线在短期平均成本曲线的上方。短期边际成本要比短期平均成本敏感得多，因此不管是减少还是增加，短期边际成本曲线的变动都快于短期平均成本曲线的变动。

(2)平均可变成本曲线与短期边际成本曲线相交于平均可变成本曲线的最低点C(此时都为OA的斜率)。在平均可变成本曲线的下降阶段，即在C点以前，短期边际成本曲线在平均可变成本曲线之下，在平均可变成本曲线的上升阶段，即在C点以后，短期边际成本曲线在平均可变成本曲线之上。而且，不管是下降还是上升，短期边际成本曲线的变动都快于平均可变成本曲线的变动。

比较短期平均成本曲线和短期边际成本曲线的交点D(平均成本曲线的最低点)与平均可变成本曲线和短期边际成本曲线的交点C(平均可变成本曲线的最低点)可以发现，前者的出现慢于后者，并且前者的位置高于后者。这是因为：在平均总成本中不仅包括平均可变成本，还包括平均不变成本，由于平均不变成本是递减的，所以使得平均成本曲线的最低点D的出现既慢于又高于平均可变成本曲线的最低点C。

拓展阅读

规模经济与固定成本的重要性

可变成本是指那些随着产量水平的不同而变化的成本，而固定成本与产出无关。严格地说，长期中不存在固定成本，因为所有的投入都可以改变。不过实际上，企业初始的启动成本在产品的生命周期中往往显得格外突出，一般视为固定成本。大部分涉及计算机软件生产的成本都是这种类型的固定成本——编写与测试软件所带来的一次性成本。一旦这些工作结束，软件的复制就以非常低的边际成本进行生产。在计算机软件产业，固定成本现在大约占总成本的85%。规模经济是指厂商由于扩大生产规模而使平均成本呈下降趋势，经济效益得到提高。像计算机软件这样的固定成本高、可变成本低的产品，具有非常显著的规模经济特征。以下例子可对此说明此问题：

讨论(1)：两家游戏软件生产商甲和乙的固定成本均为20万元，每单位游戏产品的边际成本都是0.8元。如果甲每年生产100万单位产品，乙每年生产120万单位产品，那么甲比乙的平均总生产成本高多少？

表6—4　两家游戏软件生产商的成本状况(1)

	甲	乙
年产量(单位)	100万	120万
固定成本(元)	20万	20万
可变成本(元)	80万	96万
总成本(元)	100万	116万
单位产品平均成本(元)	1	0.97

由表6—4最后一行可以看出，乙只比甲拥有3分钱的平均成本优势，虽然甲比乙低20%的产量，但它不会承受巨大的成本劣势，这是由于固定成本在总成本中只占了相对较小的一部分。

讨论(2)：两家游戏软件生产商甲和乙的固定成本均为1 000万元，每单位游戏产品的边际成本都是0.2元。如果甲每年生产100万单位产品，乙每年生产120万单位产品，那么甲比乙的平均总生产成本高多少？

表6—5　两家游戏软件生产商的成本状况(2)

	甲	乙
年产量(单位)	100万	120万
固定成本(元)	1 000万	1 000万
可变成本(元)	20万	24万
总成本(元)	1 020万	1 024万
单位产品平均成本(元)	10.2	8.53

由表 6—5 最后一行可以看出，乙比甲拥有 1.67 元的平均成本优势，这比讨论(1)中的成本优势要大得多。如果两个厂商的游戏产品没有差别，那么乙显然可以在收回成本的前提下制定更低的价格，以吸引更多的顾客。

随着越来越多的市场份额被乙占据，它的成本优势会自我增强。若有 50 万单位游戏产品从甲转到乙之后，如表 6—6 所示，甲的平均成本会上升为 20.2 元，而乙的平均成本会进一步下降到 6.08 元，如此严重的成本劣势带来的后果只能是厂商甲的破产。

表 6—6　两家游戏软件生产商的成本状况(3)

	甲	乙
年产量(单位)	50 万	170 万
固定成本(元)	1 000 万	1 000 万
可变成本(元)	10 万	34 万
总成本(元)	1 010 万	1 034 万
单位产品平均成本(元)	20.2	6.08

二、短期成本函数与短期生产函数的对应关系

从上述分析中可以看出，成本函数与生产函数有密切联系，二者分别从实物量和价值量角度研究生产问题，现将短期生产条件下的生产函数和成本函数之间的对应关系作进一步的分析。

(一)平均可变成本与平均产量之间的关系

假定短期生产函数为：$Q=f(L,\overline{K})$，生产要素劳动和资本的价格分别为 w、r，则短期总成本函数：

$$STC(Q)=wL(Q)+r\overline{K}=TVC(Q)+TFC$$

根据生产函数和成本函数可以推导出平均可变成本与平均产量存在如下关系：

$$AVC(Q)=\frac{TVC(Q)}{Q}=\frac{w\cdot L(Q)}{Q}=w\cdot\frac{1}{\dfrac{Q}{L(Q)}}$$

即

$$AVC(Q)=\frac{w}{AP_L}$$

由此可得出两点结论：(1)平均可变成本和平均产量两者的变动方向是相反的，前者呈递增时，后者呈递减；前者呈递减时，后者呈递增；前者的最高点对应后者的最低点。(2)边际成本曲线和平均可变成本曲线的交点与边际产量曲线和平均产量曲线的交点是对应的。

(二)边际成本和边际产量之间的关系

根据生产函数和成本函数还可以推导出边际成本与边际产量存在如下关系：

$$SMC(Q)=\frac{dSTC(Q)}{dQ}=\frac{dTVC(Q)}{dQ}=w\cdot\frac{dL(Q)}{dQ}=w\cdot\frac{1}{\dfrac{dQ}{dL(Q)}}$$

即

$$SMC(Q)=\frac{w}{MP_L}$$

由此也可得出两点结论：(1)边际产量和边际成本两者的变动方向是相反的，边际产量曲线的上升阶段对应边际成本曲线的下降阶段；边际产量曲线的下降阶段对应边际成本曲线的上升阶段；边际产量曲线的最高点对应边际成本曲线的最低点。(2)总产量和总成本之间也存在着对应关系。当总产量曲线上凸时，总成本曲线和总可变成本曲线是下凹的；当总产量曲线下凹时，总成本曲线和总可变成本曲线是上凸的；当总产量曲线存在一个拐点时，总成本曲线和总可变成本曲线也各存在一个拐点。

生产函数与成本函数之间的这种对偶关系，也可用表 6－7 概括出来：

表 6－7　　生产函数与成本函数的对偶关系

类型	生产函数	成本函数
总量	总产量先以递增速度增加，过拐点后，再以递减的速度增加	总成本先以递减速度增加，过拐点后，再以递增的速度增加
平均量	平均产量先递增，达到最大值后递减	平均成本先递减，达到最小值后递增
边际量	边际产量先递增后递减，在平均产量的最大值处与其相交	边际成本先递减后递增，在平均成本和平均可变成本的最大值处与其相交

第三节　长期生产成本

一、长期总成本

(一)长期总成本的概念

在技术水平和要素价格不变的条件下，长期生产中所有生产要素的数量都能调整，厂商甚至可以选择进入或退出某个行业。长期总成本 LTC(Long-run Total Cost)指长期生产中厂商在各种产量水平上通过改变生产要素投入组合，所能达到的最低总成本。长期总成本函数可以写成以下形式：

$$LTC(Q)=wL(Q)+rK(Q)$$

长期中所有生产要素都是可变的，所以不存在固定成本与可变成本之分。

(二)长期总成本曲线的推导

1. 由扩展线推导长期总成本曲线

当要素价格、技术和其他条件不变，厂商投入成本增加，会有一条由均衡点组成的等斜线，称为生产扩展线。生产扩展线上的每一点都是最优要素组合，代表长期生产中某一产量的最低总成本投入组合。

如图 6－5(a)所示，若假定生产要素劳动的价格 w 和资本的价格 r 都保持不变，OR 为企业的生产扩展线。在生产均衡点 E_1 处产量为 50 单位，最优生产要素组合为(L_1，K_1)，则成本为 wL_1+rK_1；生产均衡点 E_2 处产量为 100 单位，最优生产要素组合为(L_2，K_2)，则成本为 wL_2+rK_2；生产均衡点 E_3 处产量为 150 单位，最优生产要素组合为(L_3，K_3)，则成本为 wL_3+rK_3。将所有均衡点的产量和成本表示在图 6－5(b)中，即可得到 LTC 曲线。

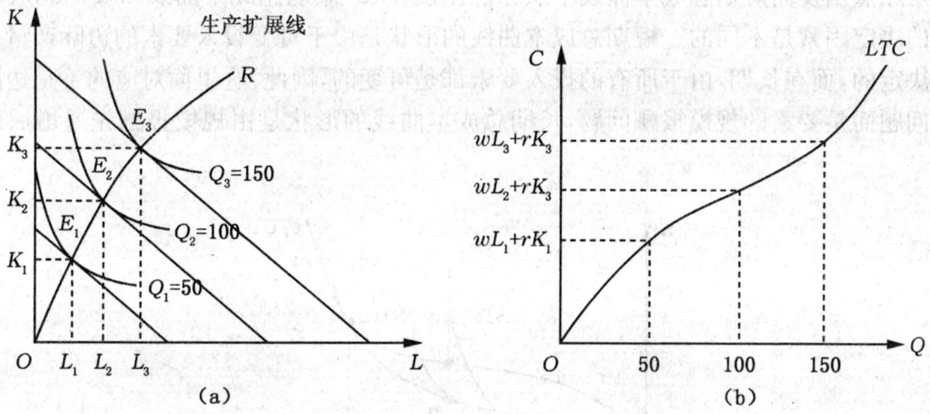

图 6—5　由扩展线推导长期总成本曲线

2. 由短期总成本曲线推导长期总成本曲线

长期总成本曲线是无数条短期总成本曲线的包络线。在这条包络线上，在连续变化的每一个产量水平上，都存在着长期总成本曲线和一条短期总成本曲线的相切点，该短期总成本曲线所代表的生产规模就是生产该产量的最优生产规模，该切点所对应的总成本就是生产该产量的最低总成本。所以，长期总成本曲线表示长期内厂商在每一产量水平上由最优生产规模所带来的最小生产总成本。

如图 6—6 所示，假设某厂商面临三种生产规模，即小规模、中等规模和大规模，相应地有三条短期总成本曲线 STC_1、STC_2和 STC_3。从图中不难看出三种生产规模对应的三种短期成本中总固定成本，即 STC_1曲线代表过小的生产规模，STC_2曲线代表中等的生产规模，STC_3曲线代表大生产规模。当该厂商的生产量为 Q_1时，它将选择小规模生产，因为此时的短期总成本在三种生产规模下最小(a 点)。如果厂商的生产量为 Q_2，那么厂商应该如何调整生产要素的投入量以降低成本呢？此时厂商可能面临 STC_1曲线代表过小的生产规模或 STC_3曲线代表过大的生产规模。于是在短期内厂商可能选所代表的过小的生产规模 STC_1曲线或所代表过大的生产规模 STC_3曲线，于是厂商只能按较高的总成本来生产产量 Q_2，即在 STC_1曲线上的 d 点或 STC_2曲线上的 e 点进行生产。但在长期内，情况会发生变化，厂商在长期内可以变动全部的要素投入量，选择最优的生产规模，于是，厂商必然会选择 STC_2曲线所代表的生产规模进行生产，从而将总成本降低到所能达到的最低水平，即厂商是在 STC_2曲线上的 b 点进行生产。类似地，在长期内，厂商会选择 STC_3曲线所代表的生产规模，在 c 点上生产 Q_3的产量。这样，厂商就都实现了既定产量下的最低总成本。

虽然在图中只有三条短期总成本，但在理论分析上可以假定有无数条短期总成本曲线。这样一来，厂商可以在任何一个产量水平上都可找到相应的一个最优的生产规模，都可以把总成本降到最低水平。也就是说，可以找到无数个类似于 a、b、c 的点，这些点的轨迹就形成了图中的长期总成本曲线。显然，长期总成本曲线是无数条短期总成本曲线的包络线。

长期总成本曲线是从原点出发向右上方倾斜的，它表示，当产量为零时，长期总成本为零，以后随着产量的增加，长期总成本是增加的。而且，长期总成本曲线的斜率先递减，经拐点之后又递增。

长期总成本曲线的形状与短期总成本曲线的形状一样，但它们有两点区别：(1)长期总成本曲线从原点出发而短期总成本曲线不从原点出发。(2)短期总成本曲线和长期总成本曲线的形状的决定因素是不同的。短期总成本曲线的形状是由于可变投入要素的边际产量先递增后递减决定的,而在长期,由于所有的投入要素都是可变的,因此,这里面对应的不是边际报酬递减的问题而是要素的规模报酬问题,长期总成本曲线的形状是由规模报酬先递增后递减决定的。

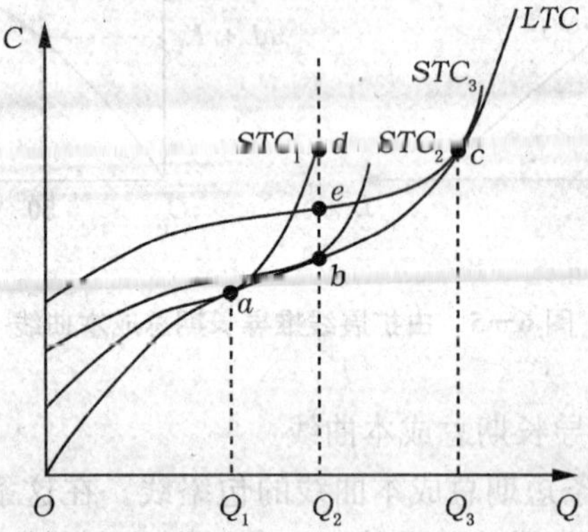

图 6-6　由短期总成本曲线推导长期总成本曲线

二、长期平均成本

(一)长期平均成本的概念

长期平均成本 LAC(Long-run Average Cost)表示长期生产平均到每一单位产量的最低成本,是按产量平均计算的最低总成本。计算公式为:

$$LAC(Q)=\frac{LTC(Q)}{Q}$$

(二)长期平均成本曲线的推导

长期平均成本曲线的推导主要有两种方法:第一种方法,按照定义,长期平均成本曲线可以由长期总成本曲线推导出来,长期总成本曲线上的任一点与原点连线的斜率就表示相应产量水平上的长期平均成本(与短期平均成本曲线的推导一样)。第二种方法,还可以根据短期平均成本曲线求得,在此主要介绍第二种方法。

如图 6-7 所示,同样假设某厂商面临三种生产规模,即小规模、中等规模和大规模,相应地有三条短期平均成本曲线 SAC_1、SAC_2 和 SAC_3。当该厂商的生产量为 Q_1 时,厂商会选择 SAC_1 曲线所代表的生产规模,其单位成本 OC_1 较其他两种生产规模在同样产量点的平均成本低。当厂商的生产量为 Q_2 时,则厂商将选择 SAC_2 曲线所代表的生产规模进行生产,这是因为此规模下的成本 OC_2 较其他两种生产规模生产同样数量的产品的平均成本低。如果厂商的产量为 Q'_1,则较小的生产规模和中等的生产规模的平均成本相同,厂商既可选择 SAC_1 曲线所代表的生产规模,也可以选择 SAC_2 曲线所代表的生产规模。一般情况下,此时厂商会选择 SAC_1 曲线所代表的生产规模。因为该生产规模相对较小,厂商的投资可以小一些。但如果厂商从长远发展的角度考虑,将来想要扩大产量的话,那么他可能选择 SAC_2 曲线所代表的生产规模,同样的分析也适用于产量为 $Q_2{}'$ 时。

在长期内,厂商可以选择最优的生产规模进行生产,这意味着在每一个产量水平上,总存在唯一一个最小的平均成本与之相对应。而在短期内，厂商是做不到这一点的。图 6－7 中的实线部分表明每个产出水平上的平均单位成本较其他生产规模低，而虚线部分则表示每个产出水平的单位成本均高于实线部分的单位成本。

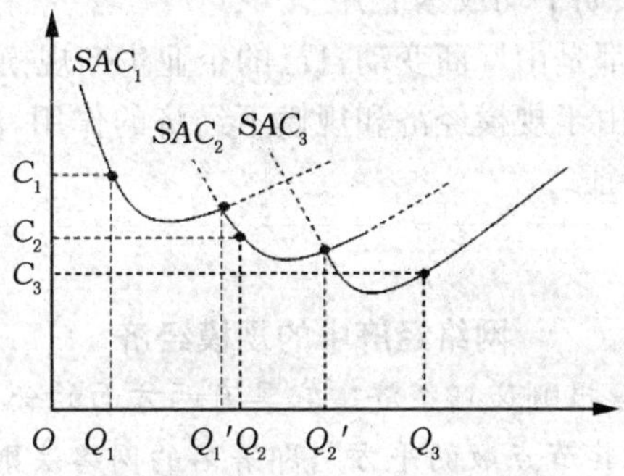

图 6－7　最优生产规模的选择

在理论分析中，长期生产中厂商可以选择的生产规模几乎是无穷的。如果当生产的规模选择趋于无穷时，其实线部分恰好是各种短期成本曲线上最佳的生产点切线，所以长期平均成本曲线就是各短期平均成本曲线的包络线，如图 6－8 所示。因此，长期平均成本是当厂商有时间和能力改变所有投入要素的使用量时，由一定的产出水平得到的最低单位成本。

从图 6－8 可以看出，长期平均成本曲线只有在其最低点处恰好与此生产点所对应的生产规模下的短期平均生产成本的最低点相切，而在长期平均成本曲线最低点的左侧均与各短期平均成本曲线的左侧相切，而在长期平均成本曲线最低点的右侧均与各短期平均成本曲线的右侧相切。

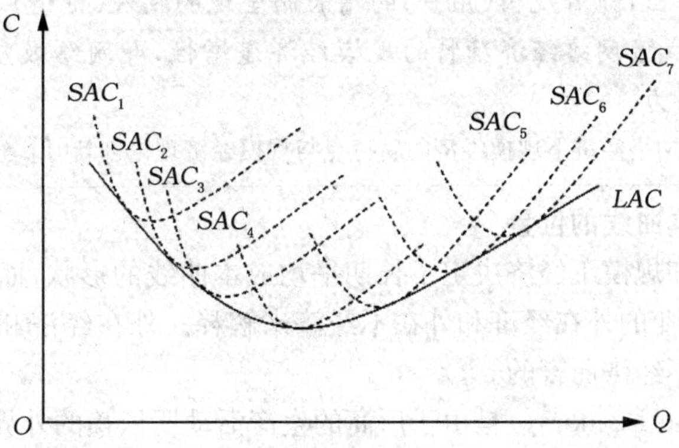

图 6－8　由短期平均成本曲线推导长期平均成本曲线

(三)长期平均成本曲线的形状

长期平均成本曲线与短期平均成本曲线都呈 U 形特征，都是随着产量的增加先是减少而后增加，但二者的 U 形成因是截然不同的。短期平均成本曲线的形状是由可变投入要素的边际产量先递增后递减的特点，即边际报酬递减规律决定的，而长期平均成本曲线的形状是由规模经济决定的。

在企业生产扩张的开始阶段，厂商由于扩大生产规模而使经济效益得到提高，或者是生产规模的扩大使平均成本呈下降趋势，这叫规模经济。规模的扩大会导致平均成本下降，主要原因在于:(1)较大的企业规模族能用不同类型的技术;(2)较大的生产单位更有效率;(3)有利于分工和专业化。当企业生产扩张到一定的规模以后,厂商继续扩大生产规模,就会使经济效益下降,长期平均成本呈上升趋势,这叫规模不经济。这是由于当规模扩大超过某一点后会导致管理的低效率等问题,致使长期平均成本上升。

规模经济和规模不经济都是由厂商变动自己的企业生产规模所引起的,所以,也被称为内在经济和内在不经济。正是由于规模经济和规模不经济的作用,决定了长期平均成本曲线表现出先下降后上升的U形特征。

拓展阅读

网络经济中的规模经济

网络经济是典型的规模报酬递增经济。它具有两方面的含义:

1."互联网的价值等于其节点数的平方",即著名的网络法则——Mctcalfe 法则。也就是说,在互联网中,当节点(用户)之间的连线数目增加时,这些连线造成的效果会呈倍数增加,即网络总的交易机会正比于互联网节点数目的平方;每一位新用户将会给其他网络用户带来额外价值。Metcalfe 法则的数学表达式为:V(价值)$=N$(用户数)。它在理论上揭示了网络经济中,随着成本的投入、用户的增加,收入(或资本化以后的价值)将呈现二次方程式的增长趋势。

2. 收益递增。信息网络中的经济行为具有极为强烈的收益递增性,这起源于信息消费的"非竞争性"(Non-rivalry),也就是说,与传统经济中的物质产品相比,信息作为网络经济的主要产品,它在产出后可以零边际成本地大量复制传播,并且(每一份)信息所包含的价值并不会因此而降低;从而网络经济的成本表现为阶段性的固定成本而产量可以无限增加,致使平均成本随总产量的增加而迅速下降,形成强烈的收益递增性。

由以上两点可看出,随着规模(用户)的增长而呈现的收入(价值)二次方程式增长与平均成本迅速下降,构成了网络经济独特的规模经济递增性,即网络效应。它体现了网络经济无穷的价值增值潜力。

资料来源:王丙毅. 网络经济下规模经济的新特点与规模经济理论创新[J]. 经济问题,2005(1)。

(四)长期平均成本曲线的位置

企业的规模经济和规模不经济决定了长期平均成本曲线的形状,而长期平均成本曲线的位置变化,则需要用企业的外在经济和外在不经济来解释。外在经济和外在不经济是针对上述的内在经济和内在不经济而言的。

外在经济(External Economy)是由于厂商的生产活动所依赖的外界环境得到改善给个别厂商带来产量或收益的增加。引起外在经济的主要原因主要可分为技术性外在经济和金融性外在经济。技术性外在经济指的是由于行业的发展,个别厂商得到的修理、服务、运输、人才供给、科技情报等方面的非货币因素的便利条件;金融性外在经济指的是随着行业的发展,个别厂商在融资、汇率结算等货币方面受到影响而发生的外在规模经济。

外在不经济(External Diseconomy)是由于厂商的生产活动所依赖的外界环境恶化给个别厂商带来产量或收益的减少。引起外在不经济的主要原因是:整个行业的生产规模过大加剧同行业各厂商之间的激烈竞争,各厂商往往要在扩大市场销售份额、争夺生产要素市场等方面付出更高的代价。此外,整个行业的扩大,也会使环境污染问题严重,造成交通紧张,因此个别厂商为此需承担更高的代价。

外在经济和外在不经济是由企业以外的因素所引起的，它影响厂商的长期平均成本曲线的位置。企业的外在经济使 LAC_1 曲线向下移至 LAC_2 曲线的位置；相反，企业的外在不经济使 LAC_2 曲线向上移至 LAC_1 曲线的位置，如图 6－9 所示。

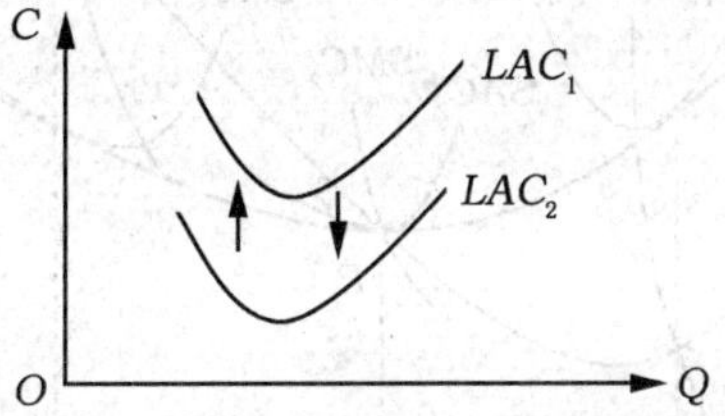

图 6－9　外在经济与外在不经济

三、长期边际成本

(一)长期边际成本的概念

长期边际成本 LMC 表示厂商在长期内增加一单位产量所引起的最低总成本的增量。计算公式可以写为：

$$LMC(Q)=\frac{\Delta LTC(Q)}{\Delta Q}$$

当产量的变化趋于无穷小时，长期边际成本可以定义为长期总成本函数的一阶导数，计算公式可以写为：

$$LMC(Q)=\lim_{\Delta Q\to 0}\frac{\Delta LTC(Q)}{\Delta Q}=\frac{dLTC(Q)}{dQ}$$

(二)长期边际成本曲线的推导

长期边际平均成本曲线的推导也有两种方法：第一种方法，按照定义，长期边际成本曲线可以由长期总成本曲线推导出来，长期总成本曲线上任一点的斜率值就表示相应产量水平上的长期平均成本(与短期平均成本曲线的推导一样)。第二种方法，还可以根据短期边际成本曲线求得，在此主要介绍第二种方法。

从推导长期总成本曲线的图 6－6 中可见，长期总成本曲线是短期总成本曲线的包络线。在长期生产的每一个产量水平上，长期总成本曲线都与一条代表最优生产规模的短期总成本曲线相切，说明这两条曲线的斜率是相等的。由于长期总成本曲线的斜率是相应的长期边际成本值，短期总成本曲线的斜率是相应的短期边际成本值，因此在长期内每一个产量水平上，长期边际成本值都与代表最优生产规模的短期边际成本值相等。根据这种关系，便可以由短期边际成本值曲线推导长期边际成本值曲线。

在图 6－10 中，每一个产量上代表最优生产规模的 SAC 曲线都有一条相应的 SMC 曲线，每一条 SMC 曲线都与相应的 SAC 曲线相交在 SAC 曲线的最低点。在 Q_1 产量上，生产该产量的最优生产规模由 SAC_1 曲线和 SMC_1 曲线代表，相应地短期边际成本由 P 点给出，PQ_1 既是短期边际成本，又是长期边际成本，即有 $LMC(Q_1)=SMC_1=PQ_1$。同理，在 Q_2 的产量上，有 $LMC(Q_2)=SMC_2=RQ_2$。在 Q_3 的产量上，有 $LMC(Q_3)=SMC_3=SQ_3$。在生产规模可以无限细分的条件下，可以得到无数个类似于 P、R、S 的点，将这些点连接起来就可以得到一条光滑的长期边际成本曲线 LMC。

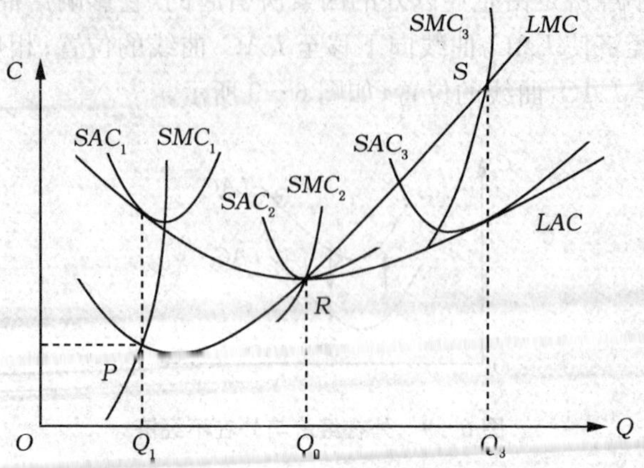

图 6—10　由短期边际成本曲线推导长期边际成本曲线

(三)长期边际成本曲线的形状

如图 6—10 所示，长期边际成本曲线 *LMC* 呈 U 形，它与长期平均成本 *LAC* 曲线相交于长期平均成本曲线*LAC* 的最低点。其原因在于：根据边际量和平均量之间的关系，如果 *LMC* 小于 *LAC*，即 *LMC* 处于 *LAC* 成本曲线的下方，*LAC* 会被 *LMC* 拉下降；如果 *LMC* 大于 *LAC*，即 *LMC* 处于 *LAC* 成本曲线的上方，*LAC* 会被 *LMC* 拉上升；在 *LAC* 的最低点处，*LMC* 等于 *LAC*，两条曲线相交。需要注意的是，与长期总成本曲线与长期平均成本曲线的推导不同，长期边际成本曲线不是短期边际成本曲线的包络线。

根据长期边际成本曲线 *LMC* 的形状特征，可以进一步解释长期总成本曲线 *LTC* 的形状特征。因为 *LMC* 曲线呈先降后升的 U 形，而 *LMC* 值又是 *LTC* 曲线上相应的点的斜率，所以，*LTC* 曲线的斜率必定随着产量的增加表现出先递减后递增的特征。

第四节　收益与利润最大化

厂商从事生产或出售商品的目的是为了赚取经济利润或超额利润，进一步地说是为了获得最大化的利润。第二节和第三节我们讨论了厂商的成本，但厂商是否能获得最大的利润还取决于厂商的收益，这是因为利润是生产者的总收益与总成本的差额。所以，本节将进一步分析生产者的收益，进而分析生产者的利润最大化问题。

一、总收益、平均收益与边际收益

(一)总收益的概念

总收益 *TR*(Total Revenue)是指生产者出售一定数量的产品所得到的全部收入，它等于生产的产品数量与单位产品的价格的乘积。若用 *Q* 表示产品的数量，用 *P* 表示单位产品的价格，总收益的公式可以写为：

$$TR(Q)=P\cdot Q$$

在成本一定的情况下，总收益的高低与利润的多少呈同方向变化，总收益越高，利润越多；总收益越低，则利润越少。如果总收益小于总成本，说明厂商发生亏损；如果总收益等于总成本，说明厂商不亏不赚，刚好收回所有成本，只获得正常利润。

(二)平均收益的概念

平均收益 AR(Average Revenue)是指生产者出售一定数量的产品，平均每单位产品所获得的收入，它等于总收益与销售量的比值。平均收益的计算公式可以写为：

$$AR(Q)=\frac{TR(Q)}{Q}$$

(三)边际收益的概念

边际收益 MR(Marginal Revenue)是指厂商增加一单位的商品的销售所引起的总收益的增量。边际收益的计算公式可以写为：

$$MR(Q)=\frac{\Delta TR(Q)}{\Delta Q}$$

当销售量的变化趋于无穷小时，边际收益可以定义为总收益函数的一阶导数，计算公式可以写为：

$$MR(Q)=\lim_{\Delta Q\to 0}\frac{\Delta TR(Q)}{\Delta Q}=\frac{dTR(Q)}{dQ}$$

由于收益是价格与产量的乘积。所以，如果不考虑价格(在价格不变时)的因素，收益就是产量。为此，我们不难从总产量、平均产量和边际产量的变动规律及曲线的形状推出总收益、平均收益和边际收益的变动规律与曲线的形状。但是，在不同的市场结构中，收益的变动规律并不完全相同，边际收益曲线与平均收益曲线的形状也并不相同。

二、利润最大化原则

在成本与收益分析的基础之上，可进一步分析厂商的最大利润原则。用 π 表示利润，则厂商的利润可以用公式表示为：

$$\pi(Q)=TR(Q)-TC(Q)$$

式中，Q 为产品的数量，TR 为总收益，TC 为总成本。

厂商从事生产或出售商品不仅要求获取利润，而且要求获取最大利润。厂商利润最大化原则就是产量的边际收益等于边际成本的原则。边际收益是最后增加一单位销售量所增加的收益，边际成本是最后增加一单位产量所增加的成本。如果最后增加一单位产量的边际收益大于边际成本，表明厂商每多生产一单位产品所增加的收益大于生产这一单位产品所增加的成本。这时，对该厂商来说，还有潜在的利润没有得到，厂商增加生产还有利可图。也就是说，没有达到利润最大化，于是厂商会继续增加产量，以实现最大利润目标。如果最后增加一单位产量的边际收益小于边际成本，表明厂商每多生产一单位产品所增加的收益小于生产这一单位产品所增加的成本，那就意味着增加产量不仅不能增加利润，反而会发生亏损，这时厂商为了实现最大利润目标，就不会增加产量而是减少产量。只有在边际收益等于边际成本时厂商的总利润才能达到最大值，所以 $MR=MC$ 成为利润最大化条件。这一利润最大化条件适用于所有类型的市场结构。

案例阅读

大型商场在节假日会延长营业时间，平时为什么不延长？

节假日期间许多大型商场都延长营业时间，为什么平时不延长？可用利润最大化条件来解释这个问题。从理论上说，延长一小时，就要支付一小时所耗费的成本，这种成本既包括直接的物耗，如水、电等，也包括由于延时而需要的售货员的加班费，这种增加的成本就是我们所说的边际成本。假如延长一小时增加的成本是1万元，那么在延长的一小时里，如果他们由于卖出商品而增加的收益大于1万元，作为一个精明的企业家他还应该将营业时间在此基础上再延长，因为他还有一部分该赚的钱还没赚到手；相反，如果他在延长的一小时里增加的成本是1万元，增加的收益却不足1万元，在不考虑其他因素的情况下就应该取消延时的经营决定，因为延长一小时的成本大于收益。

无论是边际收益大于边际成本还是小于边际成本，厂商都要对营业时间进行调整，因为这两种情况下都没有实现利润的最大化。只有在边际收益等于边际成本时（$MR=MC$），厂商才不调整营业时间，这表明已把该赚的利润都赚到了，即实现了利润的最大化。节假日期间，人们有更多的时间去旅游购物，使商场的收益增加，而平时工作紧张繁忙，人们没有更多的时间和精力去购物，就是延时服务也不会有更多的人光顾，增加的销售额不足以抵偿延时所增加的成本。

对于$MR=MC$这一利润最大化条件，可以用数学证明加以推导。利用函数达到极大值的条件可知：利润最大化的必要条件是π对Q的一阶导数为零。而TR对Q的一阶导数就是边际收益MR，TC对Q的一阶导数就是边际成本MC。所以，当$MR=MC$，即边际收益等于边际成本时，利润达到最大。利润最大化条件公式推导如下：

$$\frac{d\pi(Q)}{dQ}=\frac{d[TR(Q)-TC(Q)]}{dQ}=\frac{dTR(Q)}{dQ}-\frac{dTC(Q)}{dQ}=MR-MC$$

根据$\frac{d\pi(Q)}{dQ}=0$即可得到利润达到最大的条件为：

$$MR=MC$$

利润最大化的充分条件还要求π的二阶导数为负数，它表示利润最大化要求边际成本函数的斜率要大于边际收益函数的斜率，这样厂商才能实现利润最大化。相应地，这也是厂商实现亏损最小的均衡条件，公式推导如下：

$$\frac{d^2\pi(Q)}{dQ^2}=\frac{d^2TR(Q)}{dQ^2}-\frac{d^2TC(Q)}{dQ^2}<0$$

即

$$\frac{dMR(Q)}{dQ}<\frac{dMC(Q)}{dQ}$$

拓展案例

网络团购的经济学分析

团购即团体购物，指的是通过某种方式将消费者联合起来，来加大与商家的谈判能力，以求得最优价格的一种购物方式。与以往的传统团购不同，现在团购的主要方式是网络团购，指消费者通过互联网渠道组团购买商品的行为。

引领全球网络团购风潮的是美国的Groupon.com。Groupon于2008年11月成立，7个月后开始盈利，1年半后其估值升至13.5亿美元，此前Twitter和Facebook达到10亿美元，估值分别花了3年和2年时间。Groupon的成功，引发了全球范围内的模仿热潮，如美国的Buy with me、英国的Snippa和德国的Daily Deal等。自2010年4月份以来，在北京、上海、广州等大都市的引领下，Groupon 团购模式在我国风行且已成燎原之势。2010 年 7 月 9 日，继搜狐之后，腾讯启用二级域名 tuan.qq.com，取名 QQ 团购，正式进军团购市场。全国的团购网站已从 2010 年初的几十家扩充到目前的上千家，仅北京就有 400 余家。伴随着团购网站的增多，网络团购的交易规模也迅速扩大。

资料来源：刘同山，网络团购的经济学分析[J]. 江苏商论，2011(1)。

思考与讨论：

用成本、收益与利润的相关理论分析网络团购兴起的原因。

案例分析：

网络团购兴起的根本原因在于厂商可追求更大的利润，主要表现在：

1. 提供网络团购商品具有较小的边际成本。最初，团购产品主要包括：美食、娱乐、休闲、美容美发和其他一些精品团购。这类商品都是以服务为主的商品，具有一个共同点：房租和员工薪水占营业成本的绝大部分（对于大中城市而言，更是如此），产品的边际成本非常小，这类商品的边际收益（MR）也就是其商品的售出价格（P）会远大于产品的边际成本（MC），即有 $P>MC$。当 $P>MC$ 时，追求利润最大化的厂商会降低销售价格，以实现 $MR=P=MC$ 这一利润最大化条件。对提供这类商品的厂商而言，制约其盈利的关键是消费者数量，而网络团购可以让厂商的消费者数量在团购期内明显增加。对消费者数量的渴求，使得边际生产成本较低的厂商有提供网络团购商品的动力。

2. 商品生产的规模经济显著。随着团购的升温，团购产品已经不仅限于服务类商品，近期一些实物类商品如汽车的网络团购受到广泛关注。对于汽车这类商品而言，其生产的标准化程度较高，厂商扩大生产规模带来的规模经济效益也非常显著。即使不考虑众多媒体报道给企业带来的广告收益，当规模经济带来的成本的降低大于网络团购的优惠幅度时，厂商参与网络团购也是有利的。

3. 追求广告收益。事实上，很多厂商之所以愿意提供折扣大、盈利少的网络团购商品。除了上面提到的边际成本很小和规模经济外，还有一个非常重要的原因，网络团购可以增加厂商的产品曝光几率和获得大众对其品牌的肯定，这将减小厂商所面对的需求曲线的弹性，为商家带来更多的垄断势力。在通过广告降低了商品的需求弹性后，厂商便能以较高的价格来销售商品（如脑白金）。尽管网络团购需要给消费者较大的优惠，但是考虑到广告带来的垄断势力和成本加成定价收益，很多商家仍然愿意提供网络团购商品。

4. 网络市场的形成使厂商可以实行价格歧视。网络经过十余年的发展，已经自然地将消费者分为传统消费者和网络消费者（指有网络购物经历的消费者），后者主要是由学生或刚参加工作不久的年轻人构成。如此一来，厂商面临的市场也可以分为传统市场和网络市场。网络消费者作为网购的主力，其收入一般较低，因而对商品需求的价格弹性也较大。面临两个市场的厂商的最优定价策略，是在传统市场上索取正常价格，而在具有较大需求弹性的网络市场索取团购价格。厂商按不同的价格向两个市场提供商品可以获得更多的收益。

案例导读评析

（1）为什么很多的大学仍然将数以百计的学生安排在同一课堂上呢？

最主要的原因就是成本。不仅是学校考虑成本，学生也同样需要考虑成本。开设一门微观经济学课程最直接和最主要的成本是教师薪水和教室租借费用，这些费用可能高达 5

万元。在私立大学，这些成本绝大部分由高额的学费支付；在公立大学，成本一部分由学费支付，一部分由税收支付。无论哪所学校，多数学生无法一个人承担这门课的成本。课堂容量越大，分摊给每个学生的成本就越低，但是大容量课堂的低成本是以牺牲学习环境的质量为代价的。在选择微观经济学课堂容量时，学校面临一个典型的权衡问题，课堂容量越大，教学质量越低(这不是一件好事)，但每个学生承担的成本减少(这是一件好事)。经济学家使用成本—收益分析方法来解决这种权衡问题，只有当收益超过成本时，人们才会采取某种行动。

(2)举出生活中利用成本—收益分析方法进行问题权衡的例子。

在日常生活中，我们做多数决策时都会不自觉地运用成本—收益分析方法。在你选择是否上大学时、上大学选择何种专业时、毕业选择哪种职业时、选择哪种理财产品时等，甚至于我们在结婚、生子等人生大事上也会进行成本—收益衡量，最终决策的结果就是我们所认为的收益大于成本的选择。

本章小结

本章知识结构图：

- 成本、收益与利润
  - 成本、收益与利润概述
    - 成本的概念
    - 收益与利润的概念
  - 短期生产成本
    - 短期成本的概念及曲线
    - 短期成本函数与短期生产函数的对应关系
  - 长期生产成本
    - 长期总成本
    - 长期平均成本
    - 长期边际成本
  - 收益与利润最大化
    - 总收益、平均收益与边际收益
    - 利润最大化原则

本章主要知识点：

1. 机会成本是指生产者所放弃的使用相同的生产要素在其他生产用途中所能得到的最高收入。生产成本由显成本(会计成本)和隐成本构成；沉没成本是指已经付出且不可收回的成本。社会成本是在经济活动中整个社会所付出的代价，是私人成本与外在成本的和。

2. 厂商的收益是生产者出卖产品得到的全部收入；经济利润也称为超额利润，是指厂商获得的所有收益中扣除土地、劳动、资本等所有生产要素的成本之后的剩余，其取值可能为正，可能为负，也有可能为零。正常利润是指厂商对自己所提供的企业家才能的报酬支付，是厂商生产成本的一部分，不可能为负。经济利润是不包含正常利润在内的，经济利润为零时，厂商仍能获得正常利润。

3. 成本函数是研究企业的成本与产量之间的各种关系，它取决于生产函数和生产要素的价格。生产函数分为短期生产函数和长期生产函数，成本函数也分为短期成本函数和长期成本函数。

4. 短期成本概念有七个：短期总成本 STC、总固定成本 TFC、总可变成本 TVC、短期平均成本 SAC、平均固定成本 AFC、平均可变成本 AVC 和短期边际成本 SMC。理解七条短期成本曲线各自的特征和相互关系的关键在于理解短期生产的基本规律——边际报酬递减规律。

5. 短期成本函数与短期生产函数存在对偶关系：平均可变成本和平均产量两者的变动方向是相反的，前者呈递增时，后者呈递减，前者呈递减时，后者呈递增；边际产量和边际成本两者的变动方向也是相反的，边际产量曲线的上升阶段对应边际成本曲线的下降阶段；边际产量曲线的下降阶段对应边际成本曲线的上升阶段。

6. 在技术水平和要素价格不变的条件下，长期中所有投入要素的数量都能调整，所以长期中只涉及三个概念：长期总成本 *LTC*、长期平均成本 *LAC* 和长期边际成本 *LMC*。理解三条成本曲线各自的特征和相互关系的关键在于规模报酬变化。规模经济和规模不经济(或内在经济和内在不经济)决定了长期平均成本曲线表现出先下降后上升的 U 形特征。而长期平均成本曲线的位置则由外在经济和外在不经济所决定。

7. 厂商是否能获得最大的利润，除了成本外还取决于厂商的收益。收益的概念有三个：总收益 *TR*、平均收益 *AR* 和边际收益 *MR*。可以由产量的变动规律和曲线形状推导出收益的变动规律和曲线形状。在不同的市场结构中，收益的变动规律并不完全相同，收益曲线的形状也并不相同。

8. 厂商利润最大化原则就是产量的边际收益等于边际成本。

复习思考题

一、名词解释

机会成本　显成本　隐成本　沉没成本　正常利润　经济利润　短期成本　长期成本
边际成本　规模经济　外在经济　外在不经济　利润最大化原则

二、判断题

1. 正常利润是显成本的一部分。（　）
2. 短期成本函数中的最低平均成本就是短期生产函数中的最高平均产量水平上的平均成本。（　）
3. 在长期平均成本曲线下降的阶段，长期平均成本是所有可能的短期平均成本最低点的连线。（　）
4. 长期平均成本呈 U 形的原因是边际报酬递减规律的作用。（　）
5. 边际产量处于最高点时，平均可变成本处于最低点。（　）
6. 规模报酬递减，意味着长期平均成本下降。（　）
7. 短期内，随着产量的增加，平均固定成本会变得越来越小，于是，平均成本曲线和平均可变成本曲线之间的垂直距离越来越小，但绝不会相交。（　）
8. 长期平均成本曲线的位置是由规模内在经济决定的。（　）
9. 边际成本曲线与平均成本曲线相交于平均成本曲线的最低点。（　）
10. 平均产量曲线的最高点和平均成本曲线的最低点相对应。（　）

三、单项选择题

1. 下列有关厂商的利润、收益和成本的关系的描述中，正确的是（　）。

A. 收益多，成本高，则利润就大　B. 收益多，成本高，则利润就小
C. 收益多，成本低，则利润就大　D. 收益多，成本低，则利润就小

2. 机会成本存在的根本原因是（　）。

A. 自私的消费者　B. 贪婪
C. 稀缺性　D. 眼界狭窄的生产者

3. 某厂商生产一批产品，生产第 7 个单位产品的总成本是 3.5 元，生产第 8 个单位产品的总成本是 4.6 元，那么该厂商的边际成本是（　）元。

A. 3.5　B. 4.6　C. 8.1　D. 1.1

4. 以下有关正常利润的说法中，不正确的是（　）。

A. 正常利润是厂商对自己所提供的企业家才能所支付的报酬
B. 正常利润是隐成本的一个组成部分
C. 正常利润是显成本的一个组成部分
D. 经济利润中不包括正常利润

5. 当平均成本高于边际成本时，（　）状态。

A. 平均成本处于上升　B. 平均成本处于下降
C. 总成本处于下降　D. 总可变成本处于下降

6. 当边际成本 MC 曲线上升时，其对应的平均可变成本 AVC 曲线一定是（　　）。

A. 上升　　B. 既不上升，也不下降

C. 下降　　D. 既可能上升，又可能下降

7. 长期成本曲线上的各点对应的是既定产量下的（　　）。

A. 最低平均成本　　B. 最低边际成本

C. 平均成本变动　　D. 最低总成本

8. 在短期平均成本 SAC 与长期平均成本 LAC 的相切处，即（　　）。

A. $SMC>LMC$　　B. $SMC<LMC$　　C. $SMC=LMC$　　D. 以上均不对

9. 如某厂商的总收益为65 000元，其中，劳动成本为23 000元，原材料成本为16 500元，所有者为他人工作可赚取14 000元。则对于一个经济学家而言，利润等于（　　）元；对于会计而言，利润等于（　　）元。

A. 23 000，165 000　　B. 42 000，25 500

C. 25 500，14 300　　D. 11 200，25 500

10. 某机器原来生产产品 A，利润收入为 200 元，现在改为生产产品 B，所花的人工、材料费为1 000元，则生产产品 B 的机会成本是（　　）元。

A. 200　　B. 1 200　　C. 1 000　　D. 800

四、简答题

1. 短期成本曲线包括哪些？简述各种短期成本的形状和特点。

2. 短期边际成本曲线与短期平均成本曲线、短期平均可变成本曲线是什么关系？为什么？

3. 分析如何由短期总成本曲线推导长期总成本曲线，并说明长期总成本曲线的经济含义。

4. 分析如何由短期平均成本曲线推导长期平均成本曲线，并说明短期和长期平均成本曲线呈 U 形特征的原因。

5. 厂商利润的公式是什么？厂商利润最大化的条件是什么？

6. 如果某厂商雇用目前正处于失业的工人，试问：在使用中劳动的机会成本是否为零？

7. 成本函数是怎样从生产函数求得的？

五、计算题

1.已知某厂商总成本函数为 $TC=30\ 000+5Q+Q^2$，

(1)写出 TFC、TVC、AFC、AVC、AC 和 MC 的方程式；

(2)当 $Q=3$ 时，求 TFC、TVC、AFC、AVC、AC 和 MC；

(3)当 $Q=50$，$P=20$ 时，求 TR、TC 和利润或亏损额。

2. 已知某企业的短期成本函数为：$STC=0.8Q^3-16Q^2+100Q+50$。

(1)写出相应的成本函数：总可变成本 TVC、平均成本 AC、平均可变成本 AVC、平均固定成本 AFC 和边际成本 MC；

(2)求最小的平均可变成本 AVC 值及相应的边际成本 MC 值。

3. 假设某产品生产的短期边际成本函数是 $SMC=6Q^2-12Q+350$，若生产 3 单位产品时总成本是 1 200，求总成本 STC 函数、平均成本 AC 函数、可变成本 TVC 函数及平均可变成本 AVC 函数。

4.某企业的平均可变成本为 $AVC=Q^2-30Q+300$，Q 为产量，当市场价格为 300 时，该企业利润为 0。试求该企业的固定成本 TFC 函数。

5.某企业应用许多要素生产一种产品 X，短期内，工人人数可以变化，而其他要素不变，我们考虑两种可能的工厂。当然长期内所有要素都可变。成本函数是：

$$LTC=0.005X^3-1.4X^2+280X$$

工厂 1：$STC_1=0.006X^3-1.33X^2+201.6X+6\ 860$

工厂 2：$STC_2=0.0057X^3-1.424X^2+205.6X+10\ 240$

(1)推算出下列式子：LAC、LMC、SAC_1、$SAVC_1$、SMC_1、SAC_2、SMC_2。

(2)产量多大时，企业达到了最小的 LAC？

(3)哪家工厂能够获得最小的 LAC？

(4)产量多大时，SAC_1 最小？

(5)当 $X=160$ 时，SMC_2 多大？

(6)当 $X=160$ 时，SAC_2 多大？

(7)产量多大时，SAC_2 最小？

(8)各企业产量保持在(7)的水平，企业将选择哪一家工厂？

(9)产量多大时，工厂 2 将是所有可能的工厂中最好的工厂？

(10)如果产品价格为 120，工厂 1 在短期内运行吗？

(11)如果产品价格为 120，工厂 2 在短期内运行吗？

(12)如果产品价格为 120，哪家工厂生产更划算？

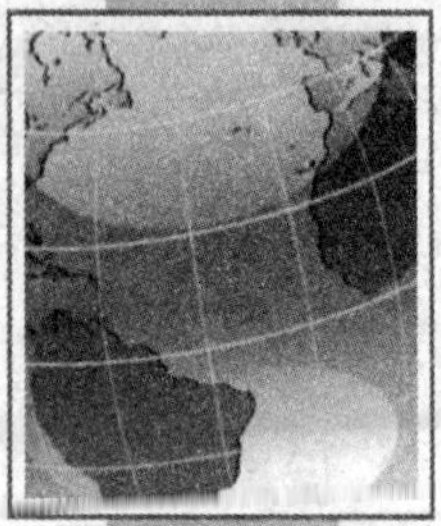

第七章 完全竞争市场

【本章导读】

第五章和第六章分别讨论了生产者的生产函数和成本函数，并说明了厂商实现利润最大化的基本原则。厂商的利润取决于收益和成本的差额，其中收益由市场上的消费者对其产品的需求状况决定。在不同的市场环境条件下，企业所面临的需求状况是有差异的，这一差异会直接影响企业所获得的利润量。第七、八章将进一步研究不同市场环境对生产者行为的影响，本章主要分析在完全竞争市场条件下生产者将如何决策其生产行为，从而实现短期均衡和长期均衡。

【学习目标】

1. 掌握完全竞争市场、垄断市场、垄断竞争市场和寡头市场四种市场类型及其特点。
2. 掌握完全竞争厂商的需求曲线和收益曲线。
3. 掌握完全竞争厂商短期均衡、长期均衡的实现条件及利润情况。
4. 了解完全竞争市场中行业的长期供给曲线特征。

【能力目标】

能够对不同行业的市场类型进行初步判断、比较和分析。

【案例导读】

为了实现“市长保证菜篮子”的诺言，许多大城市都由政府投资修建了大型养鸡场，结果这些大型养鸡场反而竞争不过养鸡专业户或农村老太太，往往赔钱者居多。

思考与结论：为什么大型养鸡场反而竞争不过农村老太太呢？

第一节　市场结构概述

一、市场的概念与分类

微观经济学中的市场是指从事某一商品买卖的交易场所或接触点。市场可以是一个有形的买卖商品的场所，例如汽车市场、水果市场等。随着信息技术的发展，市场也可以是利用现代化通信工具进行商品交易的接触点，它不一定是真实的场所和地点，例如中国最大的电子商务网站——淘宝网，就是提供交换的虚拟市场。

拓展阅读

中国虚拟市场的迅速发展

虚拟市场是以互联网为基础的数字化商务交易场所，它的商务和交易活动是通过互联网在一个信息平台上以数字的方式完成的。由于信息交换不受时间和空间的限制，顾客和供应商的交易活动可以跨越时空，在这个数字化的场所中实现。“十二五”以来，我国电子商务行业发展迅猛，产业规模迅速扩大，电子商务信息、交易和技术等服务企业不断涌现。2011 年，我国电子商务交易总额达到 5.88 万亿元，其中，中小企业电子商务交易额达到 3.21万亿元。2012 年，中国电子商务市场交易额突破 8 万亿元，同比增长 31.7%，其中，跨境电子商务成为新的发展热点。2013 年，中国电子商务市场交易规模达到 9.9 万亿元，同比增长 21.3%。2014 年，“鼓励电子商务创新发展”更是被写入政府工作报告。2015 年，我国规模以上企业应用电子商务比率预计将达 80%以上；网络零售额相当于社会消费品零售总额的 9%以上。

资料来源：中国行业研究网.中国电子商务市场分析及运行态势预测报告(2015—2020).2014 年 10 月。

对应于任何一种商品都会存在一个市场，有多少种商品就有多少个市场。根据不同标准，市场可以划分为多种类型，例如，根据市场上交易产品的特点可分为产品市场和要素市场。要素市场又可分为劳动力市场、土地市场、资本市场和技术市场。本章研究的是产品市场，第十章将详细地介绍生产要素市场的相关理论。按市场需求关系，市场可分为卖方市场和买方市场。按照商品所属的部类还可分为生产资料市场和生活资料市场等。

与市场紧密联系的另一个概念是行业，行业是指一种商品市场中生产和提供产品的所有厂商的总和。一个行业内不同企业之间会相互影响，也就是行业内企业之间会相互竞争，不同市场和行业竞争程度不同，由此引发了市场结构问题。

二、市场结构的概念与类型

市场结构(Market Structure)是指某种商品或劳务市场上厂商及产品竞争力的对比，主要用来反映商品或劳务市场上的竞争程度。

微观经济学按市场竞争程度的强弱将市场分为四种类型：完全竞争市场、完全垄断市场、垄断竞争市场和寡头垄断市场。影响市场竞争程度的具体因素主要有以下五点：第一，市场上厂商的数目，厂商数目的多少会直接决定买方与卖方对交易活动的影响力，通常数目越多，竞争性越强。第二，厂商之间各自提供的产品的差别程度，即产品是否同质，同质性越强，竞争性就越强。第三，单个厂商对市场价格控制的程度，单个厂商控制性越强，代表垄断力量越大。第四，企业进入或退出一个行业的难易程度，即要素流动程度，要素流动性越强，竞争越激烈。第五，信息的完全性，信息越充分，竞争性越强。

完全竞争市场、完全垄断市场、垄断竞争市场和寡头垄断市场的划分及相应的特点可以用表 7—1 来概括。

表 7—1　市场类型的划分与特征

市场类型	厂商数目	产品差别程度	价格控制程度	进出行业难易程度	现实中接近的例子
完全竞争	很多	完全无差别	没有控制能力	很容易	一些农产品，如鸡蛋

续表

市场类型	厂商数目	产品差别程度	价格控制程度	进出行业难易程度	现实中接近的例子
完全垄断	一个	唯一,且无相近的替代品	很强的控制能力	很困难,几乎不可能	公用事业,如水、电
垄断竞争	很多	有差别	有一定程度的控制能力	比较容易	冰箱、香烟等
寡头垄断	几个	有差别或无差别	有相当程度的控制能力	比较困难	汽车、钢铁等

表 7—1 只是一个简单的比较说明,以后在对不同市场进行分析时,再对每一类市场的特征作详细分析。

第二节　完全竞争市场概述

一、完全竞争市场的概念和条件

(一)完全竞争市场的概念

完全竞争市场(Perfectly Competitive Market),又称作纯粹竞争市场,是一种竞争充分而不受任何阻碍和干扰的市场结构。在这种市场类型中,市场完全由“看不见的手”进行调节,政府对市场不作任何干预,只起维护社会安定和抵御外来侵略的作用,承担的只是“守夜人”的角色。

(二)完全竞争市场的条件

一种产品市场具备完全竞争的性质,必须同时具备下述五个条件:

(1)市场上有众多的生产者和消费者,任何一个生产者或消费者都不能影响市场价格。由于存在着大量的生产者和消费者,与整个市场的生产量(即销售量)和购买量相比较,任何一个生产者的生产量(即销售量)和任何一个消费者的购买量所占的比例都很小,因此,他们都没有能力影响市场的产量(即销售量)和价格。所以,任何生产者和消费者的单独市场行为都不会引起市场产量(即销售量)和价格的变化。或者说,任何购买者面临的供给弹性是无穷大的,而销售者面临的需求弹性也是无穷大的。也就是说,他们都只能是市场既定价格的接受者,而不是市场价格的决定者。

(2)厂商生产的产品具有同质性,不存在差别。在完全竞争的市场上,每个厂商都生产的是同质的产品,产品的质量、性能、外形、包装等方面都是无差别的,也就是说,在买者看来,所有生产者的产品具有完全的、互相替代的性质。这也意味着如果一个生产者稍微提高他的产品的卖价,所有的消费者将会转而购买他的竞争对手的产品;在所有生产者的卖价相同时,消费者购买哪个生产者的产品完全是随机的。

(3)生产者进出市场,不受社会力量的限制。任何一个生产者,既可以自由进入某个市场,也可以自由退出某个市场,即进入市场或退出市场完全由生产者自己自由决定,不受任何社会法令和其他社会力量的限制。由于无任何进出市场的社会障碍,生产者能自由进入或退出市场,因此,当某个行业市场上有超额利润时,就会吸引许多新的生产者进入这个行业市场,从而引起超额利润逐渐消失。而当行业市场出现亏损时,许多生产者又会退出这个市场,从而又会使亏损情况消失。这样,在一个较长的时期内,生产者只能获得正常利润,而不能获得超额利润。

(4)生产者和消费者都拥有充分的信息。所有市场参与者都对有关的经济和技术方面的信息有充分和完整的了解。例如,生产者不仅完全了解生产要素价格,自己产品的成本、交易及收入情况,也完全了解其他生产者产品的有关情况;消费者完全了解各种产品的市场价格及其交易的所有情况。因此,生产者不会以低于现行市场的价格来出售商品,消费者不会以高于现行市场的价格来购买商品,市场上完全按照大家都了解的这个市场价格进行交易活动,不存在相互欺诈的现象。

(5)各种生产要素都能够充分地流动。任何一种生产要素都能够自由地进入或退出某一市场,能够随时从一种用途转移到另一种用途中去,不受任何阻碍和限制,即各种资源都能够在各种行业间和各个企业间充分自由地流动。商品能够自由地由市场价格低的地方流向市场价格高的地方,劳动力自由地从收入低的行业或企业流向收入高的行业或企业,资金、原料和燃料等也自由地由效率低、效益差的行业或企业流向效率高、效益好、产品供不应求的行业或企业。

由上述可知,完全竞争市场的条件是非常苛刻的,只能说是理论上存在的一种市场结构,在现实中是非常罕见的,比较接近的是一些农产品市场。但是,现实中是否存在着真正意义上的完全竞争市场并不重要,重要的是说明在假设的完全竞争条件下,市场机制如何调节经济。完全竞争的市场为我们提供了一把尺子、一面镜子或一个目标,我们可以以此为参照,解释或预测现实经济中厂商和消费者的行为。

案例阅读

近乎完全竞争的小麦市场

对照完全竞争的五个条件,可以说,小麦市场是一个比较接近完全竞争的市场。因为这个市场有众多的买者和卖者,并且没有谁能够影响小麦的价格。相对于市场规模,每个小麦买者的购买量很小,以致无法影响价格,也就是说,他不可能因为自己的购买量较大,而以比别人低的价格进行购买,因为对于他来说再大的购买量,对于市场规模来说仍然微乎其微;对于卖者来说,提供的是几乎同质的小麦产品,而且任何一个卖者所提供的小麦数量,对于市场规模来说,微不足道,因此,每个卖者可以在现行价格水平上卖出他想卖的所有产量,他没有什么理由收取较低价格,如果他收取高价格,买者则会到其他地方购买。因此,在小麦市场上,小麦的价格由众多的买者与卖者的需求和供给共同决定。买者与卖者都是价格的接受者,他们必须接受市场供求所决定的价格,按照市场价格买卖。

略微不足的是,小麦市场上无法满足信息完全的假定条件。这是大多数农产品市场化过程中存在的通病。当众多的小生产者与大市场对接时,由于单个的小生产者无法及时、准确地把握决策所需要的所有信息,而只能在有限的信息条件下作出决策。如像蛛网模型假定的那样,以上一时期的价格作为本期产量的决策依据。这样决策的结果很可能导致其决策与整个市场的实际运行情况相反,从而遭遇价格波动所带来的市场风险。小麦等农产品市场经常性出现"去年买粮难,今年卖粮难"的现象,就是信息不完全所致。

二、完全竞争市场中厂商的需求曲线和收益曲线

(一)完全竞争市场中行业需求曲线和厂商需求曲线

在完全竞争市场上,市场对某一厂商的产品的需求,可以用该厂商面临的需求曲线来表示。而所有对该产品的个人需求的加总,就构成了行业需求曲线。

图7—1(a)中的d是单个厂商的需求曲线,它是一条与横轴平行的直线。需求曲线与横轴之间的距离等于整个行业的供给与需求决定的价格。从市场对该厂商产品的需求看,一条水平的需求曲线意味着产品的需求弹性无穷大,即厂商能够在既定的市场均衡价格下卖掉他想卖的任何产量。换句话说,完全竞争厂商是价格的接受者,因为价格是由市场上的所有成员决定的。

图7—1(b)中的D为行业需求曲线,由所有该产品的个人需求加总而成;S为行业供给曲线,由该行业所有厂商的供给加总而成;P_0为均衡价格,是由所有厂商提供的产品销售总量与行业需求总量的共同作用所决定的。

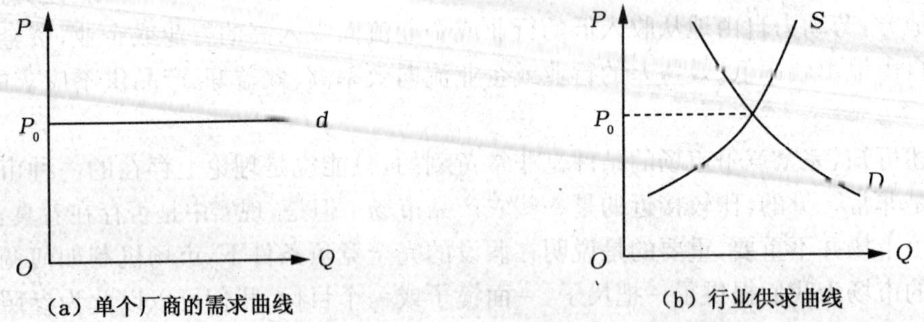

图7—1 单个厂商的需求曲线和完全竞争厂商的行业供求曲线

以上的分析假定价格是不变的,如果影响市场供给和需求的一些因素发生了变化,例如,在生产中使用先进技术,所有的完全竞争厂商或多数厂商同时增减产量;消费者收入水平普遍提高,市场需求量增加,这些会导致整个行业供求曲线发生左右移动,均衡价格随之发生变动。均衡价格变动以后,单个厂商仍是变动以后价格的接受者,单个厂商面临的需求曲线会平行上下移动,移动至新的市场均衡价格处。

(二)完全竞争市场中厂商的收益曲线

上一章中我们已经介绍了与收益相关的概念,厂商的收益分为总收益TR、平均收益AR和边际收益MR。

总收益是生产者的产品销售数量与单位产品的价格的乘积,计算公式可以写为:

$$TR(Q)=P\cdot Q$$

在完全竞争市场条件下,厂商面临的是一条水平的需求曲线,生产者增加或减少一单位产品的销售所引起的总收益的变化,总是等于固定不变的单位产品的价格P,所以总收益曲线是一条从原点出发的直线,其斜率就是固定不变的价格P,如图7—2所示。

平均收益是总收益与销售量的比值,在完全竞争市场中,市场均衡价格P是固定不变的,根据平均收益计算公式:

$$AR(Q)=\frac{TR(Q)}{Q}=\frac{P\cdot Q}{Q}=P$$

平均收益就是单位产品的价格。所以,平均收益曲线就是一条从市场均衡价格出发的水平直线,与单个厂商的需求曲线是完全重合的。

边际收益是指厂商增加一单位商品的销售所引起的总收益的增量。同样,在完全竞争市场中,市场均衡价格P是固定不变的,那么完全竞争市场中厂商的边际收益为:

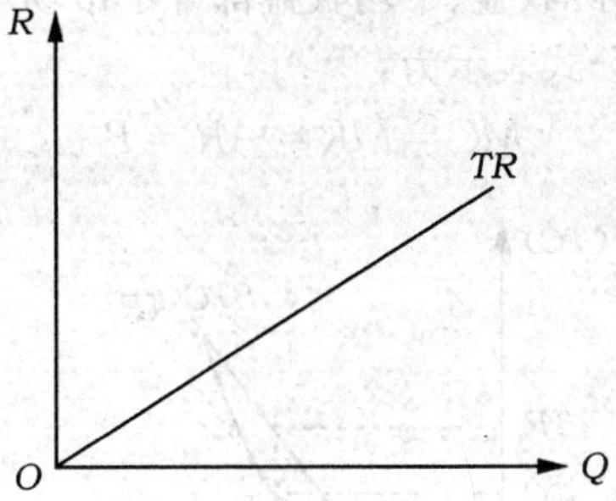

图 7－2　完全竞争市场中厂商的总收益曲线

$$MR(Q)=\frac{\Delta TR(Q)}{\Delta Q}=\frac{\Delta(P\cdot Q)}{\Delta Q}=\frac{P\cdot\Delta Q}{\Delta Q}=P$$

边际收益也是单位产品的价格，所以边际收益曲线也是一条从市场均衡价格出发的水平直线。由此得出，在完全竞争市场条件下，单个厂商的需求曲线、平均收益曲线和边际收益曲线是完全重合的，如图 7－3 所示。

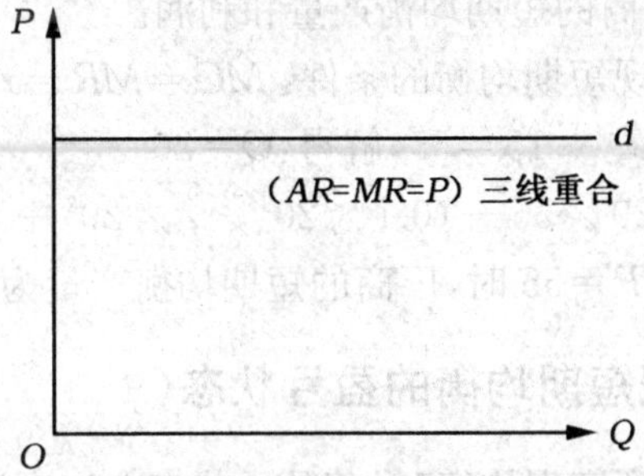

图 7－3　完全竞争市场中单个厂商的需求曲线、平均收益曲线和边际收益曲线

第三节　完全竞争厂商的短期均衡

一、完全竞争厂商实现短期均衡的条件

上一章中，我们用数学推导得出了利润最大化（即厂商均衡）的条件是：边际收益 MR 等于边际成本 MC。在此，我们可以进一步运用成本曲线和收益曲线来证明此结论。

如图 7－4 所示，假定完全竞争市场中，某个厂商的短期成本曲线为 STC，收益曲线为 TR，将两条曲线放在同一个坐标平面内，根据利润的定义，利润的大小可以用收益曲线与成本曲线之间的垂直距离来表示，垂直距离最大时利润达到最大化。那么，厂商到底生产多少能使利润达到最大呢？我们可以将 TR 曲线向下平行移动直到与 STC 相切于 E 点，只有在 E 点进行生产，利润才能达到最大，此时收益曲线与成本曲线之间的垂直距离最大。在 E 点处，收益曲线与短期总成本曲线的斜率相等，短期总成本曲线的斜率就是短期边际成本，总收益曲线的斜率就是边际收益，即

$$SMC=MR$$

在完全竞争市场中，因为边际收益、平均收益都等于市场均衡价格，所以完全竞争市场中厂商实现短期均衡的条件可用公式表示为：

$$MC = MR = AR = P$$

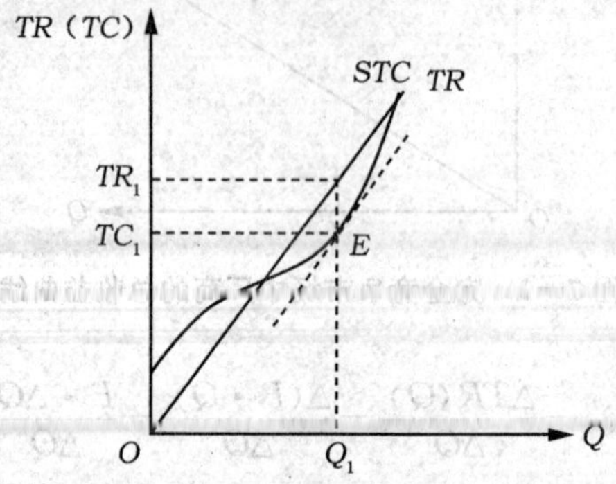

图 7—4　完全竞争厂商的短期均衡

例 7—1　已知某完全竞争厂商的短期成本函数为：$STC=0.1Q^3-2Q^2+15Q+10$，求：当市场上产品价格 $P=55$ 时，厂商的短期均衡产量和利润。

解：根据完全竞争厂商实现短期均衡的条件：$MC=MR=AR=P$

$MC=STC'=0.3Q^2-4Q+15=55$，解得：$Q=20$

利润：$\pi=TR-STC=20\times55-(0.1\times20^3-2\times20^2+15\times20+10)=790$

所以，当市场上产品价格 $P=55$ 时，厂商的短期均衡产量为 20，利润为 790。

二、完全竞争厂商实现短期均衡的盈亏状态

由于短期生产的特点，厂商实现均衡时，其盈亏状态会出现以下 5 种不同的情况：

1. 获得超额利润

图 7—5(a)中，厂商利润最大化的均衡点为 MR 曲线和 SMC 曲线的交点 E_1，均衡产量为 Q_1，在 Q_1 的产量水平，平均收益为 E_1Q_1，平均成本为 FQ_1，平均收益大于平均成本，厂商获得超额利润。如图所示，厂商生产单位产品的利润为 E_1F，产量为 OQ_1，则厂商获得的总利润为 $E_1F\times OQ_1$，相当于图中的阴影部分面积。

2. 获得正常利润(零经济利润)

图 7—5(b)中，厂商的需求曲线刚好相切于 SAC 曲线的最低点 E_0，即 SAC 曲线与 SMC 曲线的交点，在该点厂商的边际收益等于边际成本，实现生产者均衡，均衡产量为 Q_0。在 E_0 处，平均收益又等于平均成本，都为 E_0Q_0，此时，厂商的经济利润为零，实现了正常利润。由于在 E_0 点厂商的经济利润为零，收支相等，所以该均衡点也称为收支相抵点。

3. 亏损，但在短期内会继续生产

图 7—5(c)中，厂商利润最大化的均衡点为 MR 曲线和 SMC 曲线的交点 E_2，均衡产量为 Q_2，在 Q_2 的产量水平，平均收益为 E_2Q_2，平均成本为 FQ_2，平均收益小于平均成本，厂商亏损。如图所示，亏损量相当于图中的阴影部分面积。但是，在产量 Q_2 的水平上，厂商的平均收益 AR 大于平均可变成本 AVC(平均收益曲线 AR 高于平均可变成本曲线 AVC)，厂商虽然亏损，但继续生产却是有利的。因为，即使厂商在短期不生产也要支付固定成本，如银行利息、厂房租金等，厂商成本的其他部分是可变成本，如原材料、工人工资等。因此，只要收入减去可变

成本后能弥补部分固定成本，继续生产对生产者是有利的，因为停止生产损失更大，继续生产虽然亏损，但可以弥补部分固定成本，实现亏损最小。

4. 亏损，生产与不生产一样

图 7－5(d)中，厂商的需求曲线刚好相切于 AVC 曲线的最低点 E_3，即 AVC 曲线与 SMC 曲线的交点，在该点厂商的边际收益等于边际成本，实现生产者均衡，均衡产量为 Q_3。在 E_3 处，平均收益等于平均可变成本，厂商的损失正好等于固定成本，相当于图中阴影部分的面积。此时厂商继续生产或停止生产其结果都是一样，都是损失所有固定成本，所以 E_3 也称为停止营业点。

5. 亏损，停止生产

图 7－5(e)中，厂商利润最大化的均衡点为 MR 曲线和 SMC 曲线的交点 E_4，均衡产量为 Q_4，在 Q_4 的产量水平，厂商的亏损相当于图中的阴影部分。厂商的平均收益 AR 小于平均可变成本 AVC。此时，厂商将停止生产。因为，如果继续生产，其收益无法弥补可变成本，更不能弥补固定成本，厂商只有停止生产以使其损失最小化。

综上所述，完全竞争厂商短期均衡的条件是：$MR=SMC$，其中，又有 $MR=AR=P$。在短期均衡处，厂商可能获得超额利润，可能利润为零，也可能亏损，其盈亏状况主要取决于价格与平均成本的相互关系。

课堂思考

某电视机厂连续两年亏损，厂长召集销售和生产部门的负责人开会，研究扭亏为盈的办法，会议要点如下：

厂长：我厂去年亏损 500 万元，比前年还糟，金融机构对于连续三年亏损的企业将停止贷款，如果今年不扭亏为盈，企业将被迫停产。

销售经理：问题的关键是我们以每台电视机1 600元的价格出售，而每台电视机的成本是1 700元。如果提高售价，面临竞争，电视机就卖不出去，只有降低成本这条路，否则，销售越多，亏损越大。

生产经理：我不同意。每台电视机的制造成本只有1 450元，我厂的设备和工艺是国内最先进的，技术力量强，熟练工人多，控制物耗成本的经验得到同行业人士的肯定。问题在于生产线的设计能力是年产 10 万台，而销路打不开，去年只生产 4 万台，所销售的 5 万台中，还有 1 万台是前年生产的。由于开工不足，内部矛盾增加，人心涣散。

厂长：成本到底是怎么回事？

对于销售经理和生产经理的分歧，厂长请财务经理提出具体意见。财务经理向厂长解释道：每台电视机的变动成本是1 050元，全厂固定制造费用总额是1 600万元，销售和管理费用总额是1 250万元。并建议生产部门满负荷生产，通过扩大产量来降低单位产品所负担的固定制造费用。这样，即使不提价和扩大销售也能使企业扭亏为盈、渡过危机。为了减少将来的风险，今年应追加 50 万元来改进产品质量，这笔费用计入固定制造费用，再追加 50 万元做广告宣传，追加 100 万元做职工销售奖励。

请思考：

(1)去年亏损的 500 万元是怎样计算出来的？

(2)厂长会采纳财务经理的建议吗？若采纳财务经理的意见，今年能够盈利多少？

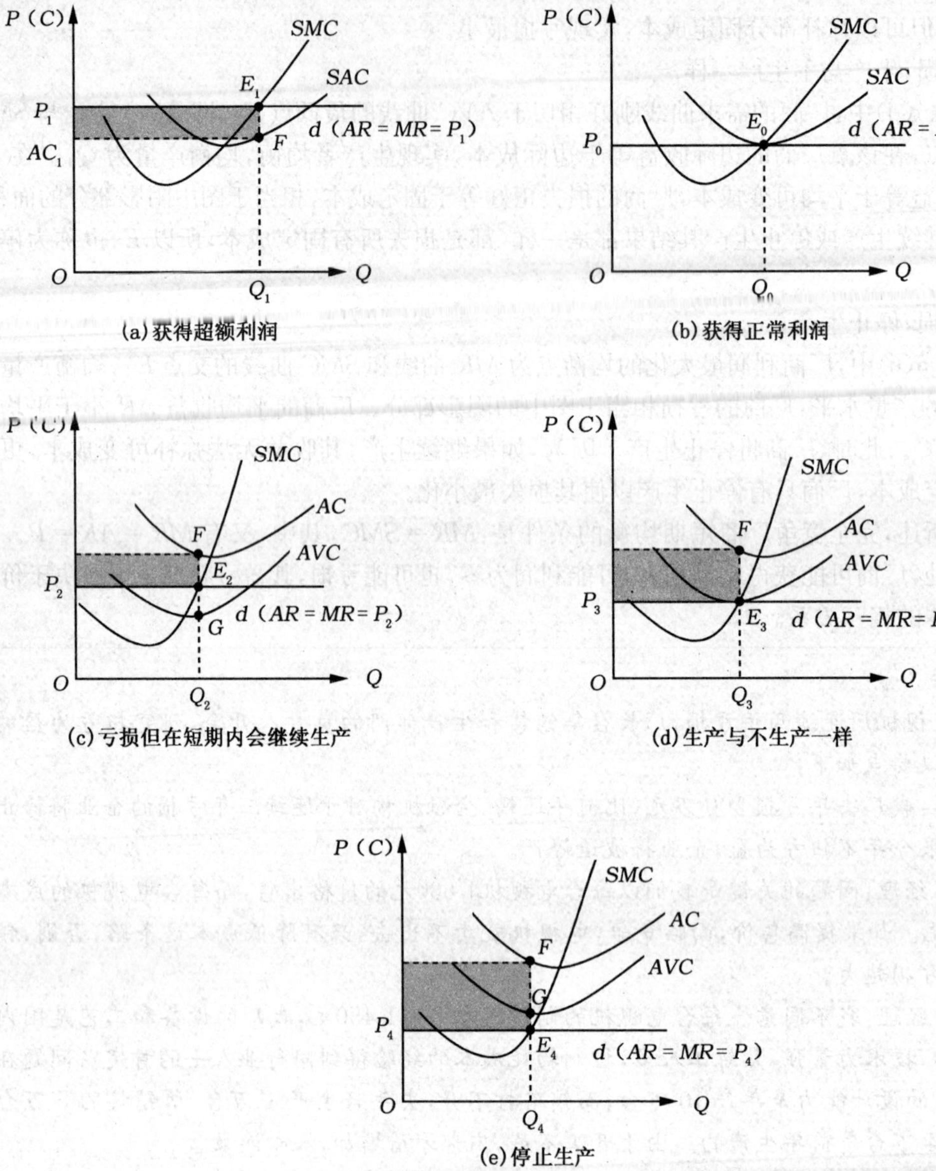

图 7—5 完全竞争市场中厂商短期均衡时的盈亏情况

三、完全竞争厂商的短期供给曲线

在上述完全竞争厂商的短期均衡条件分析中，我们可知厂商为了获得短期的最大利润，应该选择一个最优的产量，使得产品价格 P 和短期边际成本 SMC 相等。也就是说，给定一个价格 P，就有一个相应的最优产量 Q，能够使得厂商实现利润最大化。其实，这种关系就确定了厂商的供给曲线。完全竞争厂商的均衡条件意味着厂商供给曲线上的点将都在边际成本曲线上，但是，反过来，边际成本曲线上的点并不是都在厂商的供给曲线上，只有位于平均可变成本最低点 E_4 以及 E_4 上方的边际成本曲线才是厂商的供给曲线，如图 7－6 所示。厂商的供给曲线是 SMC 曲线的实线部分，原因是一旦价格降到停止营业点 E_4 以下，厂商就会停产。所以，完全竞争厂商的短期供给曲线是其平均可变成本之上的边际成本曲线。

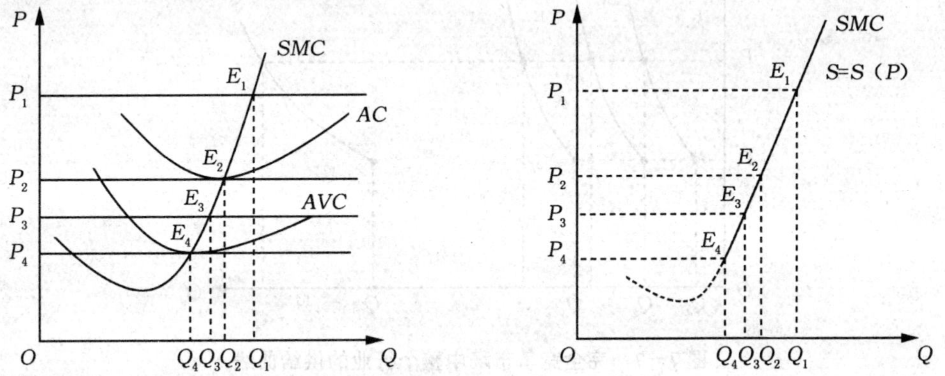

图 7—6 完全竞争市场中厂商的供给曲线

例 7—2 已知某完全竞争厂商的短期成本函数为：$STC=0.1Q^3-2Q^2+15Q+10$，求：

(1)当市场价格下降为多少时，厂商必须停产？

(2)厂商的短期供给函数。

解：(1)根据厂商生产均衡的条件：$MC=MR=P$，而且只有当完全竞争厂商的平均收益(市场价格)等于平均可变成本时，厂商继续生产或停止生产其结果都是一样，到达停止营业点，厂商必须停产，即：

$$\begin{cases} MC=STC'=0.3Q^2-4Q+15=P \\ AVC=0.1Q^2-2Q+15=P \end{cases}$$

解方程组，得：$P=5$，$Q=10$。

当市场价格降至 5 时，厂商必须停产。

(2)完全竞争厂商的短期供给曲线就是其平均可变成本之上的边际成本曲线：

$P=MC=0.3Q^2-4Q+15 \quad (Q\geqslant 10)$

四、完全竞争市场中整个行业的短期供给曲线

一种产品的市场均衡价格，是由整个行业的供给(市场供给)与市场需求共同决定的。一个行业(一个市场)的供给量是由该行业内各个厂商的供给量加总而成的。

如图 7—7 所示，假定某完全竞争行业中共有三家厂商，三家厂商的供给曲线分别为 S_1、S_2、S_3，当价格为 P_1时，三家厂商的供给量分别为 Q_1、Q_2、Q_3，将这三家厂商的供给量相加，就可以得到该行业在价格水平为 P_1时供给量为 Q_0。依此类推，我们可以得到在每一个价格水平下该行业的供给量，由此得出该行业的短期供给曲线 S。

假设某行业内共有 n 家厂商，我们可以将厂商的短期供给函数与行业的短期供给函数之间的关系表示为：

$$S(P)=\sum_{i=1}^{n}S_i(P)$$

式中，$S_i(P)$为第 i 个厂商的短期供给函数；$S(P)$表示整个行业的短期供给函数。

完全竞争市场中，行业的短期供给曲线与单个厂商的短期供给曲线的基本特征相同，也是向右上方倾斜的，它表示市场的产品价格和市场的短期供给量同方向变动。行业的短期供给

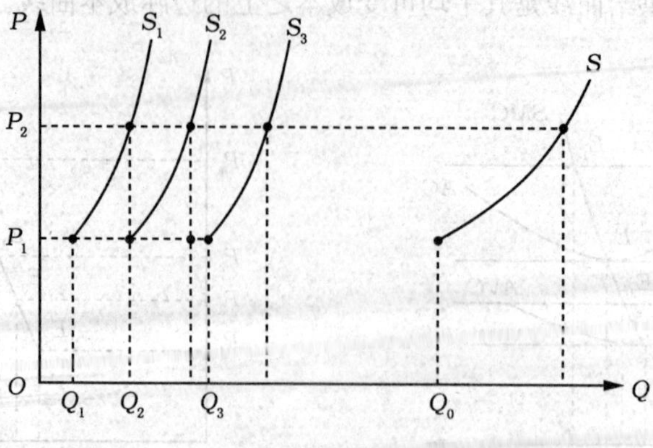

图 7—7　完全竞争市场中整个行业的供给曲线

曲线上与每一价格水平相对应的供给量都是可以使全体厂商在该价格水平获得最大化利润或最小亏损的最优产量。

五、完全竞争市场中的生产者剩余

生产者剩余(Producer Surplus)是指行业或厂商在提供一定数量的某种产品时实际接受的总支付与愿意接受的最小总支付之间的差额。在图形上可以用市场价格线以下、厂商的供给曲线(即 SMC 曲线的相应部分)以上的面积来表示。在图 7－8 中,市场均衡价格为 P_0时,厂商愿意提供的产量为 Q_0,市场价格线以下的矩形面积 OP_0EQ_0表示总收益,即厂商实际接受的总支付,供给曲线以下的面积表示厂商愿意接受的最小总支付,这两块面积之间的差额构成生产者剩余,如图中阴影部分面积所示。

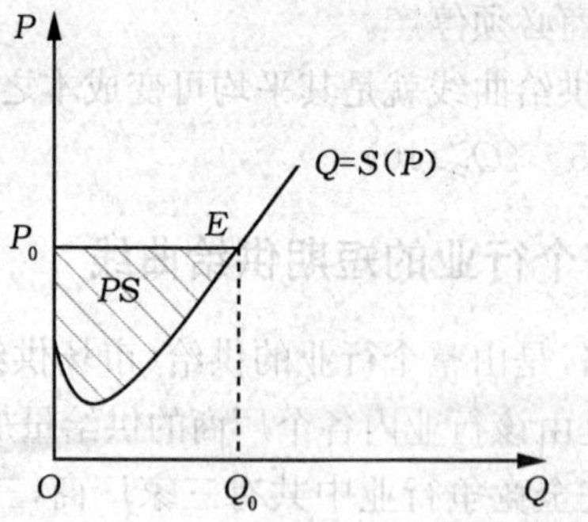

图 7—8　完全竞争市场中的生产者剩余

生产者剩余也可以用数学公式定义,假定短期供给函数为 $Q=S(P)$,那么供给函数的反函数可以表示为 $P=f(Q)$,市场均衡价格为 P_0时,厂商提供产量 Q_0时的生产者剩余可以表示为:

$$PS=P_0Q_0-\int_0^{Q_0} f(Q)\,dQ$$

式中,PS 是生产者剩余的缩写,式中第一项表示厂商提供产量 Q_0时的总收益,第二项表示厂商提供产量 Q_0时愿意接受的最小总支付。

第四节　完全竞争厂商的长期均衡

在短期内，由于厂房设备等生产要素的数量是既定的，厂商无法调整生产规模，只能按照 $MR=SMC$ 的原则实现短期均衡，此时厂商可能获利也可能亏损。就整个行业来说，短时期内厂商的数目也是固定的，因为没有足够的时间让新的厂商进入该行业。

与此对应，在长期内，完全竞争市场中的厂商和行业则会有两方面的变化：第一，长期中各厂商能够调整它的生产规模，即厂商能够根据生产的产量，按照边际收益等于长期边际成本原则选择一个平均成本最低的生产规模，即最优生产规模。第二，长期内，行业内厂商数目能够发生变化，因为厂商有充足的时间选择进入或退出该行业。当行业内的已有厂商能获得超过正常利润的超额利润时，就会有新的厂商进入该行业，从而使该行业的厂商数量增加；反之，当已有厂商不能获得正常利润时，有的厂商就会退出，从而使该行业的厂商数量减少。下面我们将分别从这两个方面的变化研究完全竞争市场中厂商的长期均衡问题。

一、完全竞争厂商对最优生产规模的选择

如图 7－9 所示，假定完全竞争市场价格为 P_0，假设厂商现有的生产规模既定，可用短期平均成本曲线 SAC_1 和短期边际成本曲线 SMC_1 表示。厂商在既定的生产规模下，按边际收益等于边际成本的原则，在 P_0 的价格水平上，会将产量确定在 Q_1 的水平上以实现利润最大化，产量确定为 Q_1 时所获得的利润为矩形 P_0E_1BA 的面积。而在长期内，厂商能够调整它的生产规模，例如厂商可以选择与短期平均成本曲线 SAC_2 和短期边际成本曲线 SMC_2 相对应的较大的生产规模，并将其产量确定在 Q_2，此时厂商所获得的利润是图中 P_0E_2DC 的面积，即图中的整个阴影部分。比较可知，厂商肯定会选择第二种生产规模进行生产，因为这样可以获得更多的利润。

可见，厂商通过在长期内调整规模，可获得比在短期内更大的利润。同样，如果厂商在短期内处于亏损，在长期内也可以通过对生产规模的调整扭转亏损。

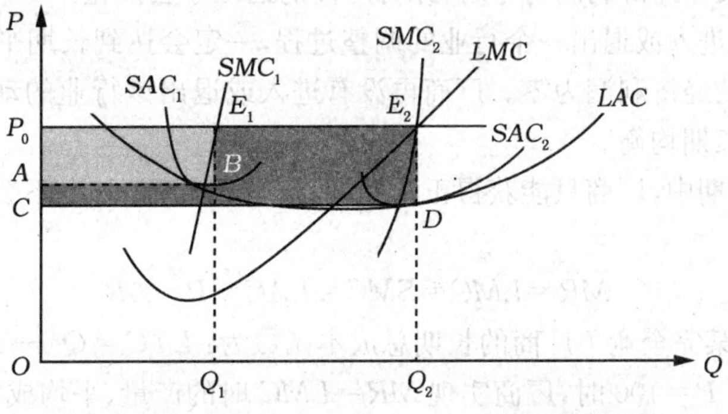

图 7－9　长期中厂商对最优生产规模的调整

二、完全竞争市场中行业内厂商数目的调整

在长期内，如果行业内的单个厂商可以获得经济利润，则会吸引其他新的厂商加入该行业中来。随着新厂商的加入，行业内的厂商数目增加，整个行业的供给就会增加，导致市场均衡

价格下降，直至降到使单个厂商的经济利润消失为止；相反，如果行业内有单个厂商的生产是亏损的，那么行业内的一部分厂商就会自动退出生产。随着原有厂商的退出，行业内厂商的数目就会减少，整个行业的供给就会减少，市场均衡价格也就会上升，价格将一直上升到使单个厂商的亏损消失为止。最后，由于行业中的每一个厂商都处于一种既无经济利润又无亏损的状态，行业内厂商的进入和退出也就停止了。于是，完全竞争企业处于一种长期均衡状态，可用图 7－10 具体说明这一过程。

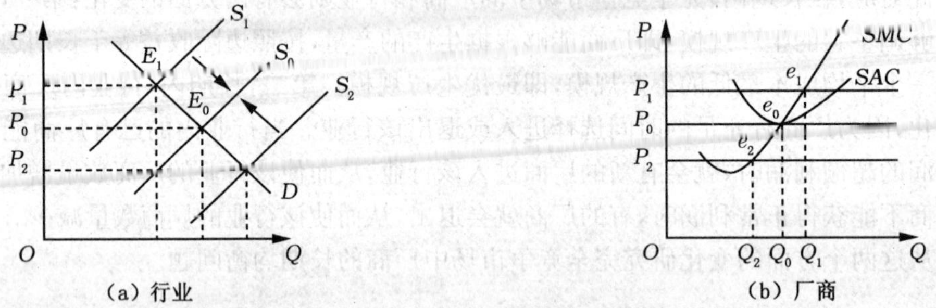

图 7－10　厂商长期均衡：短期超额利润的调整

假定初始的市场价格较高，为 P_1时，如图 7－10(a)所示。根据边际收益等于长期边际成本这一利润最大化原则，厂商确定的产量水平为 Q_1，相应地最优生产规模由短期平均成本曲线 SAC 和短期边际成本曲线 SMC 表示，此时厂商获得超额利润，如图 7－10(b)所示。超额利润的存在会吸引新的厂商进入该行业，随着行业内厂商数量的增加，产品的市场供给就会增加。如图 7－10(a)所示，市场供给曲线从 S_1向 S_0移动，导致市场价格逐步下降，单个厂商的经济利润就会逐步减少。一直到市场价格下降到 P_0，单个厂商的经济利润为零时，新厂商的进入才会停止。相反，如果市场价格较低，为 P_2时，此时厂商是亏损的，这就促使一部分厂商退出该行业，随着行业内厂商数量的减少，产品的市场供给就会减少。如图 7－10(a)所示，市场供给曲线从 S_2向 S_0移动，市场价格逐步上升，单个厂商的亏损就会减少。一直到市场价格上升到 P_0，亏损消失即经济利润为零时，原有厂商的退出才会停止。

总之，这种厂商进入或退出一个行业的调整过程，一定会达到长期平均成本曲线 LAC 的最低点，此时，厂商的经济利润为零。厂商再没有进入或退出该行业的动力，从而使行业内的每个厂商都实现了长期均衡。

综上所述，在长期中，厂商只能获得正常利润，没有超额利润，也不会亏损，长期均衡的条件是：

$$MR=LMC=SMC=LAC=P=AR$$

例 7－3　已知某完全竞争厂商的长期总成本函数为：$LTC=Q^3-12Q^2+40Q$，试求：

(1)当市场价格 $P=100$ 时，厂商实现 $MR=LMC$ 时的产量、平均成本和利润。

(2)该行业长期均衡时的价格和单个厂商的产量。

解：(1)完全竞争市场条件下 $MR=P$，当 $MR=LMC=P$ 时，即：

$LMC=LTC'=3Q^2-24Q+40=P=100$，解得 $Q=10$

平均成本 $AC=\dfrac{LTC}{Q}=Q^2-12Q+40=10^2-12\times10+40=20$

利润 $\pi=TR-LTC=100\times10-20\times10=800$

当市场价格为 100 时，厂商实现 $MR=LMC$ 时产量为 10、平均成本为 20 和利润为 800。

(2)完全竞争厂商的长期均衡条件为：$MR=LMC=LAC=P=AR$

$$\begin{cases} LMC=LTC'=3Q^2-24Q+40=P \\ LAC=\dfrac{LTC}{Q}=Q^2-12Q+40=P \end{cases}$$

解得：$P=4,Q=6$

该行业长期均衡时的价格为 4，单个厂商的产量为 6。

三、完全竞争市场中行业的长期供给曲线

在分析短期供给时，我们先推导出厂商的供给曲线，然后由行业内所有厂商的供给曲线推导出整个行业的供给曲线。但是我们不能用同样的方法来分析长期供给曲线，因为在长期内，企业随着价格的变化而进入或退出市场，这就不可能把所有的供给曲线加总起来，因为我们无法知道要把哪些企业的供给加起来。

在完全竞争的条件下，单个厂商的产量增减所引起的对生产要素需求量的增减，不会对生产要素价格产生影响。但是，整个行业产量的变化就有可能引起生产要素价格的变化。根据行业产量变化对生产要素价格变化的不同影响，完全竞争行业的长期供给曲线分为三种类型：水平的、向右上方倾斜的和向右下方倾斜的。它们分别是成本不变行业、成本递增行业和成本递减行业的长期供给曲线。

(一)成本不变行业的长期供给曲线

成本不变行业是这样的一种行业，它的产量变化所引起的生产要素需求的变化，不对生产要素的价格产生影响。这是因为要素市场也是完全竞争市场，或者这一个行业对生产要素的需求量只占生产要素市场需求量的很小一部分，所以，随着行业产量的增加，投入要素价格不变，长期平均成本不变，厂商始终在既定的长期平均成本的最低点从事生产。这种成本不变行业的长期供给曲线，是一条从均衡价格引出的水平线，斜率为零。

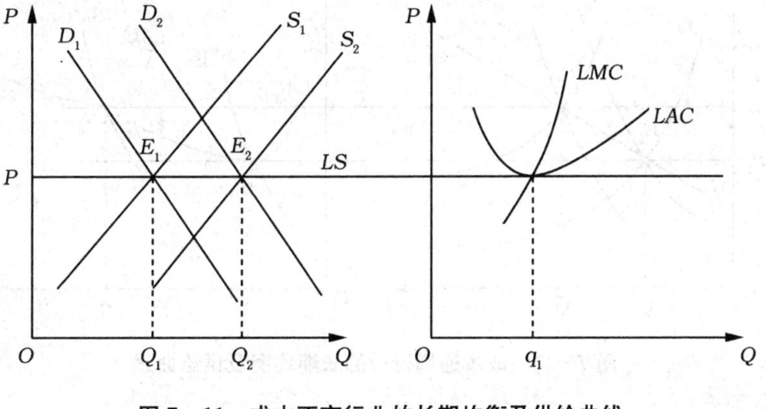

图 7—11　成本不变行业的长期均衡及供给曲线

如图 7—11 所示，D_1 为初始需求曲线，S_1 为初始供给曲线，q_1 和 Q_1 分别为初始长期均衡时企业和行业的产量，P 为均衡价格，LAC 为初始长期平均成本曲线。如果市场上需求增加，需求曲线从 D_1 移向 D_2，此时从短期来看，价格就会提高。但从长期看，只要价格高于平均成本，有经济利润，新企业就会进入行业，使供给曲线 S_1 向右移动。由于该行业为成本不变行

业，行业供给量增加，平均成本仍保持不变，所以 S_1 就会移动到 S_2，使价格又回到 P，即平均成本的最低点，此时这个行业又处于新的长期均衡状态。D_1 与 S_1 的交点为 E_1，D_2 和 S_2 的交点为 E_2，那么连接 E_1、E_2 的直线就是成本不变行业的长期供给曲线 LS，它反映了价格与行业供给量之间的长期关系，这是一条完全弹性的供给曲线。从长期看，市场价格始终是 P，不会发生变化，如果需求增加，供给量可无限扩大。

（二）成本递增行业的长期供给曲线

成本递增行业是这样一种行业，它的产量增加所引起的生产要素需求的增加，会导致生产要素价格的上升。如行业投入具有专用性，或者占有要素市场很大的份额，那么，随着行业产量增加，投入要素价格上涨，长期平均成本不断上升，这种成本递增行业的长期供给曲线是一条向右上方倾斜的曲线，具有正的斜率。

如图 7－12 所示，D_1 为初始需求曲线，S_1 为初始供给曲线，q_1 和 Q_1 分别为初始长期均衡时企业和行业的产量，P_1 为均衡价格，LAC_1 为初始原长期平均成本曲线。现假定需求增加，需求曲线从 D_1 移向 D_2，这时市场价格就会提高，厂商有超额利润，新厂商会进入。此行业就需要更多的原材料和其他投入资源，原材料就会涨价，成本就会提高。此时，由于产品成本提高，供给曲线会向左移动，但这种趋势被企业数目增加所抵消。由于厂商数目增加很多，最终导致供给曲线右移，一直移到新的价格恰好等于新的成本曲线的最低点为止，这时企业又处于长期均衡状态。这时的均衡价格为 P_2，新的短期行业供给曲线为 S_2，E_1E_2 线为成本递增行业的长期供给曲线。这是一条斜率为正值的曲线，它意味要增加行业产量，就要提高产品价格。

成本不变行业的长期供给曲线与成本递增行业的长期供给曲线的区别是：在成本不变行业中，需求增加，新企业进入，一直到价格恢复到原来水平；在成本递增行业中，新企业加入，一直到价格等于新的长期平均成本的最低点。

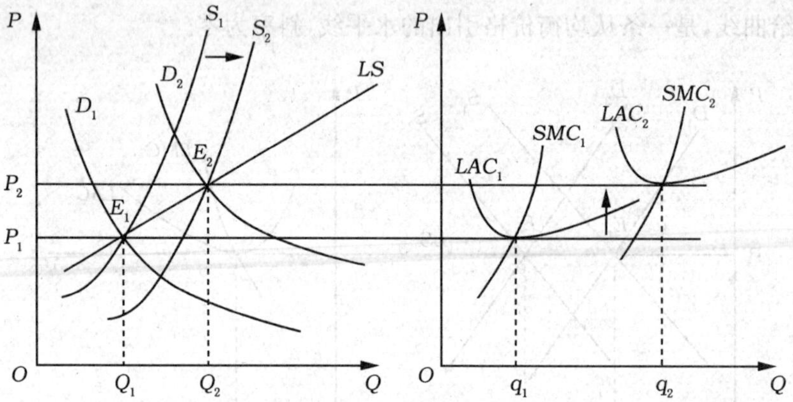

图 7－12　成本递增行业的长期均衡及供给曲线

（三）成本递减行业的长期供给曲线

成本递减行业是这样一种行业：它的产量增加所引起的生产要素需求的增加，反而使生产要素的价格下降了。这是因为供给生产要素的行业具有明显的规模经济，随着行业产量增加，长期平均成本不断下降，这种成本递减行业的长期供给曲线是一条向右下方倾斜的曲线，具有负的斜率。

如图 7－13 所示，D_1为初始需求曲线，S_1为初始供给曲线，q_1和 Q_1分别为初始长期均衡时企业和行业的产量，P_1为均衡价格，LAC_1为初始长期平均成本曲线。现假定需求增加，需求曲线从 D_1移向 D_2，这时市场价格就会提高，厂商有超额利润吸引新厂商进入，市场供给增加，供给曲线向右下方移动。在成本递减行业中，行业产量的增加会使生产要素的价格下降，单个厂商平均成本就会下降，平均成本曲线从 LAC_1移至 LAC_2。由于平均成本下降，供给曲线会进一步向右移动，一直移到新的价格恰好等于新的成本曲线的最低点为止，这时企业又处于长期均衡状态。这时的均衡价格为 P_2，新的短期行业供给曲线为 S_2，E_1E_2线为成本递增行业的长期供给曲线。这是一条斜率为负值的曲线，它意味着要增加行业产量，就要降低产品价格。

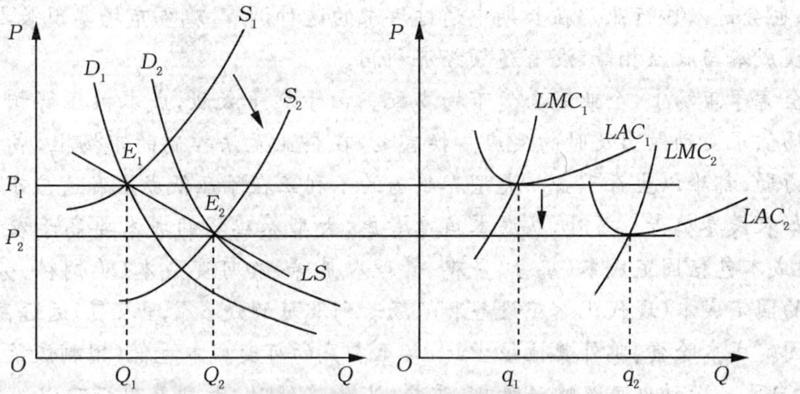

图 7－13 成本递减行业的长期均衡及供给曲线

在完全竞争条件市场中，从长期看，企业为追求最大利润，总会选择一个产量水平使自己的平均成本最小，或者说使平均成本达到平均成本曲线的最低点，企业在平均成本曲线的最低点进行生产，说明企业的生产效率达到了最高点。

在完全竞争条件市场中，价格也等于边际成本，这说明从社会资源合理分配的观点看，企业的产量水平处于最优。经济学中认为，边际成本代表多生产一件产品所需追加的资源的价值；价格代表社会消费者对每一件多生产的产品的价值的评价。如果企业生产某种产品，其产量水平处于 $P>MC$ 的情况，表明生产出来的产品的价值大于投入资源的价值，此时说明企业的产量水平不是最优，因为这时如果企业增加产量，还能进一步增加社会的总财富。如果企业生产某种产品，其产量水平处于 $P<MC$ 的情况，表明生产出来的产品的价值小于投入资源的价值，此时，说明企业的产量水平也不是最优，因为这时如果企业减少产量，也可以进一步增加社会的总财富。所以，只有当 $P=MC$ 时，其产量水平从整个社会资源的合理分配来看，是最优的。按这个产量水平生产，能够为社会提供最大的财富。

因此，在完全竞争条件下，企业追求最大利润，在长期看来既能达到企业内部生产效率最高，又能使社会资源在企业之间的分配最为合理，这就是亚当·斯密所说的有一只看不见的手，能把整个社会生产组织起来。

案例导读评析

大型养鸡场在市场上反而竞争不过农民养鸡专业户或老太太。从经济学的角度看，这首先在于鸡蛋市场的结构。鸡蛋市场有三个显著的特点：第一，市场上买者和卖者都很多，没有一个买者和卖者可以影响市场价格。即使是一个大型养鸡场，在市场上占的份额也微不足道，难以通过产量来控制市场价格。每家企业都是价格接受者，只能接受整个市场供求决定的价格。第二，大型养鸡场的蛋与老太太的鸡蛋没有太大不同，鸡蛋近乎为无差别产品，企业也不能以产品差别形成垄断力量。第三，自由进入与退出，任何一个农民都可以自由养鸡或不养鸡。这些特点决定了鸡蛋市场接近一个完全竞争市场。

在鸡蛋这样的完全竞争市场上，短期中如果供大于求，整个市场价格低，养鸡可能亏本；如果供小于求，整个市场价格高，养鸡可以赚钱。但在长期中，养鸡企业（包括农民和大型养鸡场）则要对供求做出反应；决定产量多少和进入还是退出。若鸡蛋价格较低，这时养鸡企业就要做出减少产量或退出养鸡业的决策。若价格较高，原有养鸡企业就会扩大规模，其他人也会进入该行业。在长期中通过供求的这种调节，鸡蛋市场实现长期均衡，各养鸡企业实现成本与收益相等，没有超额经济利润。

在完全竞争市场上，企业完全受市场支配。由于竞争激烈，成本被压得相当低。生产者要对市场供求变动做出及时的反应。换言之，在企业无法控制的市场上，成本压不下来或调节能力弱，都难以生存下去。大型养鸡场的不利正在于压低成本和适应市场的调节能力远远不如农民养鸡者。另外，从成本角度考虑，大型养鸡场的成本要高于农民。在短期内，养鸡的成本包括固定成本（鸡舍、蛋鸡、管理人员等）和可变成本（鸡饲料、劳动等）。大型养鸡场的固定成本（现代化养鸡设备和从场长到职员的众多管理人员）远远高于农民（农民养鸡的固定成本除蛋、鸡外其他很少）。甚至农民的可变成本也低（用剩饭菜等代替部分外购饲料，自己的劳动也可忽略不计）。这样，当价格低时，大型养鸡场难以维持或要靠政府财政补贴，而农民养鸡户却可以顽强地生存下来。长期中，大型养鸡场每个蛋的平均成本也高于农民，因为现代化大量养鸡带来的好处并不足以弥补巨额投资和庞大管理队伍的支出。农民则以低成本和低价格占领了鸡蛋市场。

本章小结

本章知识结构图：

- 完全竞争市场
  - 市场结构概述
    - 市场的概念与分类
    - 市场结构的概念与类型
  - 完全竞争市场概述
    - 完全竞争市场的概念和条件
    - 完全竞争市场中厂商的需求曲线和收益曲线
  - 完全竞争厂商的短期均衡
    - 完全竞争厂商实现短期均衡的条件
    - 完全竞争厂商实现短期均衡的盈亏状态
    - 完全竞争厂商的短期供给曲线
    - 完全竞争市场中整个行业的短期供给曲线
    - 完全竞争市场中的生产者剩余
  - 完全竞争厂商的长期均衡
    - 完全竞争厂商对最优生产规模的选择
    - 完全竞争市场中行业内厂商数目的调整
    - 完全竞争市场中行业的长期供给曲线

本章主要知识点：

1. 完全竞争市场是一种竞争充分而不受任何阻碍和干扰的市场结构，它必须同时具备下述五个条件：市场上有众多的生产者和消费者；厂商生产的产品具有同质性，不存在差别；生产者可以自由进出市场；生产者和消费者都拥有充分的信息；各种生产要素都能够充分地流动。

2. 在完全竞争市场条件下，单个厂商的需求曲线、平均收益曲线和边际收益曲线是完全重合的，是从市场价格引出的一条与横轴平行的直线。

3. 完全竞争市场中厂商实现短期均衡的条件可用公式表示为：$MC=MR=AR=P$。在短期均衡时，厂商可能获得超额利润，可能利润为零，也可能是亏损，其盈亏状况主要取决于价格与平均成本的相互关系。完全竞争厂商的短期供给曲线是其平均可变成本之上的边际成本曲线。生产者剩余是指行业或厂商在提供一定数量的某种产品时实际接受的总支付与愿意接受的最小总支付之间的差额。

4. 长期中各厂商能够调整它的生产规模，可以选择一个平均成本最低的生产规模，即最优生产规模。而且长期中行业内厂商数目发生变化，影响市场供给进而影响市场价格。所以在长期中，厂商只能获得正常利润，没有超额利润，也不会亏损，长期均衡的条件是：$MR=LMC=SMC=LAC=P=AR$。

5. 根据行业产量变化对生产要素价格变化的不同影响，完全竞争行业的长期供给曲线分为三种类型：水平的、向右上方倾斜的和向右下方倾斜的。它们分别是成本不变行业、成本递增行业和成本递减行业的长期供给曲线。

复习思考题

一、名词解释

市场结构　完全竞争市场　收支相抵点　停止营业点　生产者剩余　成本不变行业　成本递增行业　成本递减行业

二、判断题

1. 完全竞争厂商的需求曲线由市场价格所决定，故其完全缺乏弹性。（　）
2. 在完全竞争市场上，企业提高产品价格便能增盈或减亏。（　）
3. 所有完全竞争的企业都可以在短期均衡时实现经济利润最大化。（　）
4. 完全竞争市场的行业需求曲线是由单个厂商的需求曲线加总而成的。（　）
5. 当一个完全竞争行业实现长期均衡时，每个企业都实现了正常利润，且经济利润都为零。（　）
6. 在完全竞争条件下，产品价格等于平均收益并等于边际收益。（　）
7. 外部经济的存在必然导致行业的供给曲线向右下方倾斜。（　）

三、单项选择题

1. 对一个完全竞争的企业而言，边际收益等于价格，因为（　）。

A. 它生产了所在行业的绝大部分产品

B. 它对价格有较大程度的控制

C. 它能够将其产品与所在行业的其他企业的产品区别开来

D. 在该价格下，它可以销售所希望销售的任意数量的产品

2. 在完全竞争市场中，厂商短期均衡意味着（　）

A. $P=$最小AC　　B. $P=MC$

C. 不存在经济利润　　D. 不存在经济亏损

3. 一个追求利润最大化的企业发现在目前产量水平下，边际收益等于 20 美元，边际成本等于 412 美元，该产量的价格由需求曲线决定，它怎样做才能增加利润？（　）

A. 降低价格，增加产量　　B. 提高价格，增加产量

C. 降低价格，减少产量　　D. 提高价格，减少产量

4. 一个完全竞争企业使（　），以最大化利润。对它而言，总存在（　）。因此，它在（　）的地方最大化利润。

A. $MR>MC, MR<P, MC<P$　　B. $MR=MC, MR=P, MC=P$

C. $MR=MC, MR<P, MC<P$　　C. $MR>MC, MR=P, MC<P$

5. 假定在厂商的短期均衡产量上，AR 小于 SAC 但大于 AVC，那么厂商（　　）。

A. 亏损，立即停产　　B. 亏损，但继续生产

C. 亏损，生产或不生产都可以　　D. 获得正常利润，继续生产

6. 假如一个完全竞争厂商的收益不能弥补可变成本，为了减少损失，它应该（　　）。

A. 减少生产　　B. 增加生产　　C. 提高价格　　D. 停止生产

7. 在成本不变的一个完全竞争行业中，长期中需求的增加会导致市场价格（　　）。

A. 提高　　B. 不变　　C. 降低　　D. 先增后降

8. 如果某行业是一个成本递增的行业，则（　　）。

A. 行业的长期供给曲线有一正的斜率

B. 行业的长期供给曲线有一负的斜率

C. 生产中使用的要素供给曲线是垂直的

D. 短期平均成本曲线不是 U 形的

四、简答题

1. 完全竞争市场必须具备哪些特征？

2. 为什么厂商在短期亏损时仍然生产？在什么情况下不再生产？

3. 厂商实现利润最大化的原则是什么？

4. 为什么完全竞争厂商的短期供给曲线是 SMC 曲线上等于和高于 AVC 曲线最低点的部分？

5. 试分析完全竞争厂商的长期均衡条件及盈亏状况。

五、计算题

1. 完全竞争行业中某个厂商的成本函数为：$STC = Q^3 - 6Q^2 + 30Q + 40$，假设产品的价格为 66 元。试求：

(1)利润最大化时的产量以及利润总量。

(2)如果市场均衡价格变为 30 元，那么厂商是否会发生亏损？如果会的话，那么最小的亏损额为多少？

(3)该厂商在什么样的情况下才会停止生产？

2. 假定某完全竞争行业中有 100 家完全相同的厂商，每个厂商的成本函数为：$STC = 0.5Q^2 + Q + 10$。试求：

(1)市场的供给函数。

(2)假定市场的需求函数为：$Q_d = 2\,400 - 400p$，那么市场的均衡价格为多少？

3. 已知某完全竞争的成本不变行业中，单个厂商的长期总成本函数：$LTC = Q^3 - 12Q^2 + 40Q$。试求：

(1)当市场价格 P 为 100 时，厂商实现 $MR = LMC$ 时的产量、平均成本和利润。

(2)该行业长期均衡时的价格和单个厂商的产量。

4. 已知完全竞争市场上单个厂商的长期成本函数为：$LTC = Q^3 - 20Q^2 + 200Q$，市场的产品价格为 $P = 600$。试求：

(1)该厂商实现利润最大化时产量、平均成本和利润各是多少？

(2)该行业是否处于长期均衡？为什么？

(3)该行业处于长期均衡时每个厂商的产量、平均成本和利润各是多少？

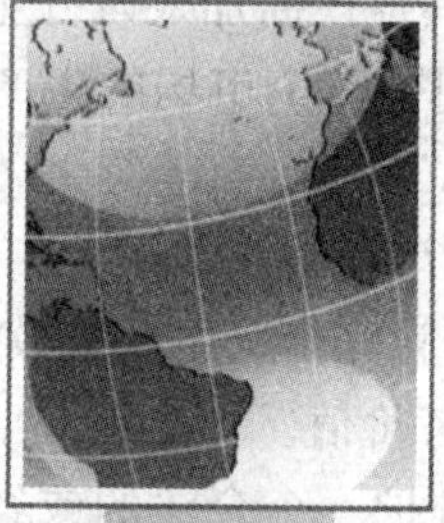

第八章 不完全竞争市场

【本章导读】

本章是上一章的延续和扩展，上一章建立了一个分析厂商行为的“理想模型”，然而在现实经济中真正意义上的完全竞争市场并不存在，不完全竞争市场却是一种常态。按照垄断的强弱程度不同，不完全竞争市场分为完全垄断市场、寡头市场、垄断竞争市场。本章将放松厂商是价格接受者的假设，分别考察三种不完全竞争市场条件下，生产者将如何决策其生产行为，从而实现短期均衡与长期均衡。

【学习目标】

1. 掌握不完全竞争市场条件下厂商的需求曲线和收益曲线。
2. 掌握三种不完全竞争市场条件下厂商均衡的实现条件。
3. 了解各类非完全竞争厂商的效率分析。

【能力目标】

能运用不完全竞争理论，分析实际生活中各类市场的结构，解决其效率损失问题。

【案例导读】

2015 年 2 月 10 日，国家发改委开出中国反垄断历史上金额最大的罚单——美国高通公司因垄断行为被罚 60.88 亿元，并被责令整改。这一罚单不仅改写了中国反垄断历史，更是在全球范围内率先改变了高通实行二十余年、通行全球的专利收费模式。

成立于 1985 年 7 月的高通是一家美国无线电通信技术研发公司，作为全球最大的专利许可收费公司和最大的无线通信芯片制造商，其专利之多，让几乎所有手机厂商都离不开这家公司的授权。包括 WCDMA、CDMA、TD-SCDMA、LTE 等技术规范在内，都绕不开高通的基本专利。此前，无线通信领域的知识产权反垄断调查执法一直是全球范围内的一大难点。此前高通由于涉嫌垄断行为，日本、韩国和欧盟相继对高通提起反垄断调查，但最终顺利走到处罚阶段的仅有韩国。

资料来源：中央政府门户网站 http://www.gov.cn，是什么让高通“认罚”60 亿元——揭秘中国史上最大金额反垄断罚单，2015 年 2 月 10 日。

思考与讨论：在西方国家对高通反垄断调查进展缓慢的情况下，为什么这家全球互联网“芯片”巨头在中国“认罚”60 亿元？

第一节 完全垄断市场中厂商的均衡

一、完全垄断市场形成的条件与原因

完全垄断市场（Perfectly Monopoly Market）又称“独家垄断市场”，是指整个行业中只有

一个生产者的市场结构，整个行业的市场供给完全为一家厂商所控制。一个完全垄断的市场须具备以下条件：第一，市场上只有唯一的厂商生产和销售商品，因而它的供给量就是整个市场的供给量；第二，该厂商提供的商品没有任何相近的替代品；第三，其他厂商加入该行业都是不可能的。在垄断市场条件下，排除了任何竞争因素，垄断厂商控制了整个市场的生产和销售，它可以控制和操纵市场价格。

完全垄断市场的条件非常严格。在现实的经济生活中，完全垄断市场也几乎不存在，它只近似地存在于某些公用事业，如邮政、电话、自来水和电力等行业。尽管完全垄断现象极少，但它对分析近似垄断的市场和了解抑制市场力量的作用却有一定的参考价值。

垄断市场形成的原因很多，最根本的一个原因就是为了建立和维护一个合法的或经济的壁垒，从而阻止其他企业进入该市场，以便巩固垄断企业的垄断地位，从而可连续获得垄断利润。具体地说，垄断市场形成的主要原因有以下几个方面：

(一)规模经济的要求

有些行业的生产需要投入大量的固定资产和资金，如果要充分发挥这些固定资产和资金的作用，这个行业只需要一个企业进行生产就能满足整个市场的产品供给，这样的企业适合于进行大规模的生产。具有这种规模的生产就具有经济性，低于这种规模的生产则不具有经济性。这样来看，规模经济就成为垄断形成的重要原因。同时，大量的固定资产和资金作用的充分发挥，使企业具有了进行大规模生产的能力和优势，因而这个企业能够以低于其他企业的生产成本或低于几个企业共同生产的成本、价格，向市场提供全部供给。那么，在这个行业中，只有这个企业才能够生存下来，其他企业都不具备这种生存能力，这种垄断也称为“自然垄断”。通常情况下，这些具有自然垄断性的行业是由政府来经营的，如电力、电话、自来水、天然气以及公共运输等。这些具有自然垄断性行业的发展必然要求实行垄断经营。自然垄断性行业的发展之所以要求垄断经营，是因为自然垄断性行业的发展与垄断经营之间存在着紧密联系的技术经济因素。

(二)对生产要素的控制

当某个生产者拥有并且控制了生产所必需的某种或某几种生产要素的供给来源时，就形成了垄断。这种垄断形成以后，其他任何生产者都难以参与此类要素的市场供给，从而就自然地限制或阻止了其他生产者的进入，这样就维护了这个生产者的垄断地位及垄断利益。这种自然垄断的形成有两个方面的原因：第一，生产中先行进入。由于先行进入某一行业，从而使其在某种要素或某几种要素的生产中先行具有了某些优势，如生产技术或生产经营的优势，从而增加了其他生产者的进入难度，先行进入者就可以逐渐形成垄断。第二，生产中占据的自然地理优势。某种要素或某几种要素生产的自然地理优势被某个生产者占据以后，其他生产者生产同种要素或同几种要素时就不再具有自然地理优势，前者就形成了生产中的自然地理优势垄断。典型例子是美国的制铝公司，该公司从 19 世纪末到 20 世纪 40 年代，一直是美国唯一生产铝的厂商。它之所以能够长期维持其垄断地位，重要原因就是它控制了用于生产铝的全部铝矾土矿产资源。

(三)保护专利的需要

专利是政府授予发明者的某些权利。这些权利一般是指在一定时期内对专利对象的制作、利用和处理的排他性独占权，从而使发明者获得应有的收益。某项产品、技术或劳务的发明者拥有专利权以后，在专利保护的有效期内形成了对这种产品、技术或劳务的垄断。专利创造了一种保护发明者的产权，在专利的有效保护期内其他任何生产者都不得进行这种产品、技术或劳务的生产与使用，或模仿这些发明进行生产。若不保护发明专利，社会和生产就难以进步与发展。

(四)政府特许经营

政府通过特许经营，给予某些企业独家经营某种物品或劳务的权利。这种独家经营的权利是一种排他性的独有权利，是国家运用行政和法律的手段赋予并进行保护的权利。政府的特许经营，使独家经营企业不受潜在新进入者的竞争威胁，从而形成合法的垄断。政府对进入市场进行法律限制形成法律垄断，主要基于三个方面的考虑：一是基于某种公司福利需要的考虑，例如某些必须进行严格控制药品的生产，必须由政府特许独家经营；二是基于保证国家安全的考虑，例如各种武器、弹药的生产必须垄断；三是基于国家财政和税收收入的考虑，例如国家对某些利润丰厚的商品进行垄断经营等。

拓展阅读

垄断必然导致“天价”

孝感安骋救援和咸宁安岛救援为湖北省内两家主营高速清障施救业务的公司，其清障费按200元每小时收取，若是多台车在一起，每台均分别收取清障费。根据记者调查，在2010年1月12日京珠高速咸宁段“连环撞”事故中，多名车主都被安岛救援收取了七八千元的吊车费，实际上大型吊车一个台班(8小时)收费一般不超过5 000元，两台1万元，考虑到是多辆车在同一路段发生事故，每辆事故车的吊车费应该大大降低。救援公司各项收费均执行政府最高限价，哪来的底气?

记者调查发现，安骋救援的底气就是垄断经营，垄断企业必然追求利润最大化。京珠高速公路湖北段的所有事故救援任务都由孝感安骋救援和咸宁安岛救援两家公司承担，它们分别负责该路段的北段和南段，互不冲突。据了解，省内高速公路救援基本都是这种模式。京珠路政三大队相关负责人说，事故救援必须由国家“指定”单位来做，安骋和安岛两家救援公司是路政部门和交警部门共同“指定”的，任务已经承包给这两家公司了，它们都与高速公路签了合同。这样，无论在京珠高速公路湖北段哪一路段发生事故，前来施救的都只有一家公司。

对于高速公路“天价救援”，省内保险业已经形成了一种“默契”：对清障费和评估费不赔付，拖车费最多赔付200元，吊车费少部分赔付，因为“救援费偏离市场价”。这样一来，绝大部分救援费用都得由事故车主承担。记者查阅《湖北省高速公路管理条例》，发现高速公路交通事故救援原则为“保本微利”。省物价局收费管理处相关负责人告诉记者，为了防止垄断，力争“保本微利”，省物价局曾提出在一个路段不只认定一家救援公司，但至今没被采纳。他提到，目前居然还有十余家高速公路救援公司“联名上书”省物价局，要求提高最高限价。

困境中的心灵最能感知冷暖。发生车祸，当事司机遭受损失，本已是一件悲痛的事。而这种情况下出现的“天价救援”，可想而知，会给他们带来怎样的心理感受。高速公路救援高收费，长期以来为人们所诟病。对于这一社会公共服务，当务之急，监管各方有责任打破垄断暴利局面，使之尽快回归市场合理价位，并逐步实现“保本微利”目标。

资料来源：张磊.垄断必然导致“天价”[N].湖北日报，2010－1－15。

二、完全垄断市场的需求曲线与收益曲线

(一)完全垄断厂商的需求曲线

既然完全垄断厂商是某产品的唯一生产者，那么，完全垄断厂商面临的需求曲线就是该行

业面临的需求曲线，是一条向右下方倾斜的曲线。这条需求曲线的形状与完全竞争厂商的水平需求曲线有明显的差别。其主要原因在于，完全竞争厂商是价格的接受者，而完全垄断厂商则是价格的制定者，垄断厂商能通过改变销售量来控制市场价格，例如，可以通过销售量的减少来提高市场价格，或以销售量的增加来压低市场价格。换言之，垄断厂商的销售量和市场价格呈反方向变动。

(二)完全垄断厂商的收益曲线

完全垄断厂商所面临的需求状况会直接影响其收益状况。垄断厂商的需求曲线与收益曲线的关系如图 8－1 所示。

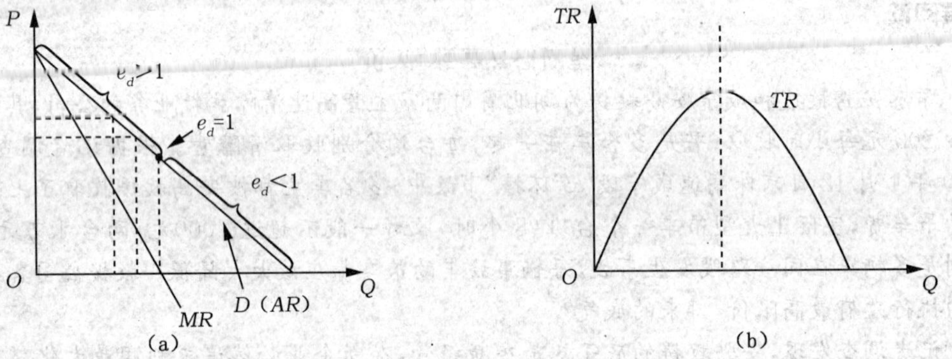

图 8－1 完全垄断厂商面临的需求曲线与收益曲线

1. 平均收益曲线

平均收益是厂商销售每单位产品得到的价格，所以完全垄断厂商的平均收益曲线与其面临的需求曲线是重叠的，都是一条向右下方倾斜的曲线，如图 8－1(a)中的 $D(AR)$。

2. 边际收益曲线

在完全垄断条件下，边际收益总是小于平均收益。在曲线图上边际收益比平均收益下降得更快，且边际收益曲线的斜率是需求曲线(平均收益曲线)斜率的两倍。假定垄断厂商的需求曲线是线性的，则可确定 MR 的函数形式，进而确定 MR 曲线的位置。具体分析如下：

假定垄断厂商的反需求函数为：

$$P=a-bQ$$

式中，a、b 都为大于零的常数。

则垄断厂商的总收益和边际收益函数分别为：

$$TR(Q)=P\cdot Q=(a-bQ)\cdot Q=aQ-bQ^2$$

$$MR(Q)=\frac{dTR}{dQ}=a-2bQ$$

根据 MR 的函数形式即可得图 8－1(a)所示的 MR 曲线，MR 曲线的斜率为 $-2b$，在纵轴上的截距与需求曲线相同，在横轴上的截距是需求曲线在横轴上截距的一半。

垄断厂商的边际收益不仅与价格相关，还与需求价格弹性相关。假定反需求函数为：$P=P(Q)$，则有：

$$TR(Q)=P(Q)\cdot Q$$

$$MR(Q)=\frac{dTR}{dQ}=\frac{d[P(Q)\cdot Q]}{dQ}=P+Q\cdot\frac{dP(Q)}{dQ}=P\left(1+\frac{Q}{P}\cdot\frac{dP(Q)}{dQ}\right)$$

即

$$MR=P\left(1-\frac{1}{e_d}\right)$$

式中，e_d 为需求价格弹性。

从该式可以看出：

当需求富有弹性时，即 $e_d>1$ 时，$MR>0$，富有弹性的需求曲线意味着产量的增加将使总收益增加。

当需求缺乏弹性时，即 $e_d<1$ 时，$MR<0$，缺乏弹性的需求曲线意味着产量的增加将使总收益减少。

当需求具有单位弹性时，即 $e_d=1$ 时，$MR=0$，此时垄断厂商的总收益达到最大值。

3. 总收益曲线

完全垄断条件下，总收益曲线是一条穹形曲线，如图 8－1(b)所示。根据上述推导的边际收益和需求价格弹性的关系可知：总收益最初随产量的增加而上升，此时需求价格弹性大于1，称为弹性充足的区域。当需求价格弹性等于 1 时，总收益达到最大值。随着产量的进一步增加，总收益又逐步下降，直至为 0，此时需求价格弹性小于 1，称为弹性不足的区域。

三、完全垄断市场中厂商的短期均衡与长期均衡

(一)完全垄断市场中厂商的短期均衡

1. 完全垄断市场中厂商短期均衡的条件与盈亏状态

在完全垄断的条件下，短期内厂商确定其产销量和价格仍应遵循利润最大化的一般条件：边际收益等于短期边际成本。与完全竞争市场一样，垄断厂商在短期的盈亏情况是由需求状况与短期成本状况共同决定的。在短期内，垄断可能因既定的生产成本过高(表现为相应的成本曲线位置过高)或垄断厂商所面临的市场需求过小而出现利润大于零、零利润和亏损三种情况。

如图 8－2 所示，图中 SMC 曲线和 SAC 曲线代表垄断厂商既定的生产规模，D 曲线和 MR 曲线代表垄断厂商的需求和收益状况。根据边际收益等于边际成本的利润最大化的均衡条件，垄断厂商将产量调整到短期均衡点 E 所对应的产量。图 8－2(a)、(b)、(c)对应的均衡产量分别为 Q_1、Q_2 和 Q_3，但均衡价格并非是均衡点 E 所对应的价格，而是需求曲线上 F 点所对应的价格 P_1、P_2、P_3。完全市场与完全竞争市场的关键差别在于，完全垄断市场的价格大于边际成本，而完全竞争市场中价格等于边际成本。图 8－2(a)中市场价格 $P_1(AR)$ 高于 SAC，厂商获得超额利润，利润量相当于图中阴影部分的面积；图 8－2(b)中市场价格 $P_2(AR)$ 与 SAC 相等，厂商获得零利润；图 8－2(c)中市场价格 $P_3(AR)$ 小于 SAC，厂商发生亏损，亏损额相当图中阴影部分的面积。如果价格高于平均可变成本，厂商除可变成本外还可以弥补一部分固定成本，因而有可能继续生产；如果价格即平均收益下降到等于平均可变成本，厂商可能生产，也可能不生产，不论是否生产，厂商都要蒙受亏损，亏损额等于全部固定成本；如果价格低于平均可变成本，厂商必定停止生产。

例 8－1　某垄断者的成本函数为 $TC=0.05Q^2+8Q$，产品的需求函数为 $Q=400-20P$。求：(1)垄断者利润最大化时的销售价格、产量和利润；(2)垄断者收支相抵时的价格和产量。

解：(1)垄断者的总收益函数为：$TR=P\cdot Q=\dfrac{400-Q}{20}\cdot Q=20Q-0.05Q^2$

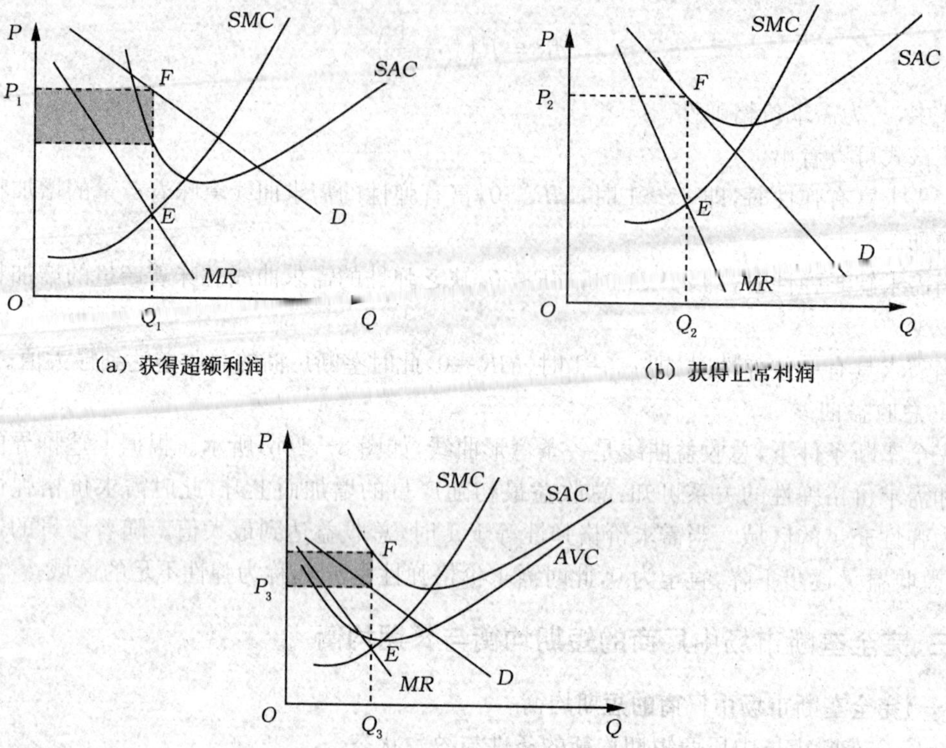

（a）获得超额利润

（b）获得正常利润

（c）亏损

图 8－2　垄断厂商的短期均衡

根据总收益函数，可得边际收益 $MR=TR'=20-0.1Q$

根据总成本函数，可得边际成本 $MC=TC'=8+0.1Q$

垄断者利润最大化时，$MC=MR$，即 $8+0.1Q=20-0.1Q$，得 $Q=60$

则 $P=\dfrac{400-Q}{20}=17$，利润 $\pi=P\times Q-TC=17\times 60-8\times 60-0.05\times 60^2=360$。

(2)垄断者收支相抵时 $TC=TR$

即 $0.05Q^2+8Q=20Q-0.05Q^2$，得 $Q=120$

价格 $P=\dfrac{400-Q}{20}=14$。

所以垄断者利润最大化时的销售价格为 17、产量为 60、利润为 360；垄断者收支相抵时的价格和产量分别为 14 和 120。

2. 完全垄断市场中厂商的短期供给曲线

上一节我们分析到，在完全竞争市场中厂商的产量与价格之间存在一一对应的关系，厂商的短期供给曲线也是位于平均可变成本曲线之上的边际成本线。但是，在完全垄断市场上，厂商在短期内却并不存在产量与价格的一一对应关系，也就是说，在垄断市场上，企业并不存在这种规律性的供给曲线。其原因在于，垄断企业在调整产量和价格以达到最大利润时，随着厂商面临的向右下方倾斜的需求曲线的位置移动，价格和厂商的产量之间不再必然存在如完全竞争市场中的那种一一对应的关系。与同一价格相对应，由于市场需求不同，它可以有多个利润最大化的产量；相应地，与同一产量相对，当需求状况不同时，它也可以有多个利润最大化的价格。

以上结论可以推广至所有带有垄断因素的不完全竞争市场中，或者说可以推广至凡是单个厂商对市场价格具有一定的控制力量的市场中。凡是单个厂商面临的需求曲线向右下方倾斜的市场中，都不存在具有规律性的厂商与行业的短期和长期的供给曲线。

(二)完全垄断市场中厂商的长期均衡

在长期生产过程中，由于垄断市场上只有一家厂商，没有对手，垄断厂商有能力也有条件把价格和产量调整到最有利于自己的位置上。换言之，垄断厂商可以通过对生产规模的调整来获得比在短期时更好的结果。

如图 8－3 所示，假设某垄断厂商短期均衡时的生产规模为短期平均成本 SAC_1 曲线和边际成本 SMC_1 曲线所表示的规模，边际收益曲线 MR 和 SMC_1 决定的均衡产量为 Q_1，市场价格为 P_1，且 $P_1(AR)$ 高于 AC_1，厂商有超额利润，利润量相当于图中阴影部分 a 的面积。但从长期看，这并不是最优的生产规模，因为垄断厂商通过对生产规模的调整，能进一步扩大利润。

若厂商调整至短期平均成本 SAC_2 曲线和边际成本 SMC_2 曲线代表的生产规模，此时 SMC_2 与 LMC 相等，边际收益曲线 MR 和 $(LMC)SMC_2$ 决定的均衡产量为 Q_2，市场价格为 P_2，且 $P_2(AR)$ 高于 AC_2，厂商有超额利润，利润量相当于图中阴影部分 b 的面积。此时，完全垄断厂商获得了比短期均衡更大的利润，实现了长期均衡。完全垄断厂商长期均衡的条件为：

$$MR=SMC=LMC$$

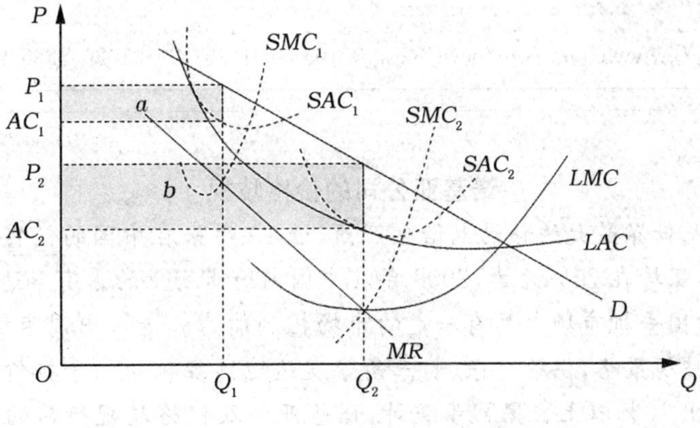

图 8－3　垄断厂商的长期均衡

四、完全垄断与价格歧视

(一)价格歧视的概念和实行条件

在完全竞争市场上，所有的购买者都对同质产品支付相同的价格，任何试图比现有市场价格要价更高的产品销售者都将发现，没有人会向提价者购买产品。然而，在非完全竞争的市场结构下，同一市场范围内存在各种各样的价格却是可行的，尤其在卖主为垄断者或寡头的市场中，差别价格则是很常见的。这种价格差别，也称为价格歧视，是指垄断厂商在同一时期对同一产品索取不同价格的行为。价格歧视既可以是对不同购买者索取不同价格，也可以对同一个购买者的不同购买数量索取不同价格。

厂商实行价格歧视必须具备以下几个条件：第一，能有效地将不同市场进行分离，否则消费者将在价格低的市场上购买商品，在价格高的市场上重新出售，从而使价格歧视难以维持；第二，被分隔开的多个市场的需求价格弹性不同，只有在这种情况下，垄断者根据不同的需求弹性对同一商品索取不同的价格，方能获得多于索取相同价格时的利润，否则最佳策略是对同一商品索取相同的价格。

案例阅读

机票上的价格歧视

"预订越早，折扣越多"这一机票定价模式是典型的"价格歧视"。看似并不复杂的定价模式，非常轻松地把消费者群体进行了区分，低消费能力者可以尽可能提前预订机票时间，获得更多的折扣。而有一定的消费能力，并有频繁商务往来的群体，一般是稳定的飞机乘客，他们选择其他出行的空间较小，于是成了平衡机票价格、保障航空营运利润的主力。相对来说，后一群体的时间成本比较高，他们因机票价格较高而改选其他交通方式的成本可能更高，尤其是有重要的商务活动时，对于机票的需求弹性小。这些早预订而选择特价机票的消费者，他们属于不经常坐飞机的群体，对于机票的需求弹性较大，选择出行的方式多，如果机票过高，容易令他们望而却步，而毫不犹豫地选择其他交通工具。

对于航空公司而言，每一航班的固定成本是不变的，包括燃料、检修以及工作人员工资等，而以预订时间区分消费者群体，哪怕最先订票的乘客的机票价格在成本控制线以下，这对航空公司来说仍是获利的。以提前预订机票来区分消费者群体，即把所有的机票按时间来划分，然后以不同消费者群体愿意承担的最高价格全部售出，最终实现收益最大化，并形成良性循环。

资料来源：http://www.citygf.com/news/new_001033/201010/t20101020_828532.html.

案例阅读

诺基亚公司的价格歧视

诺基亚公司是世界最大的移动电话生产商，近 10 年来在中国的销售额增长率保持在 25%以上，利润率保持在 20%左右，2008 年在中国内地市场上的占有率达到 38.9%。由此可见，诺基亚在中国手机市场上具有一定的市场控制能力。进入中国市场以来，诺基亚一直实施的是价格歧视策略，供给广东、长三角等发达地区经销商的手机价格要比中西部等相对落后地区高出 10%以上。据初步统计，诺基亚涉及价格歧视行为的手机有近百种型号，2008 年销售额接近 400 亿元，由价格歧视而导致消费者年福利损失在5 600万元到 11 000万元之间。

诺基亚之所以能够在中国实现市场份额逐年上升并多年成功实行价格歧视策略，依靠的是其独特的分区域、分价格的销售模式。诺基亚在中国的销售渠道包括全国直供分销平台、代理商和省级直控分销平台(Fulfillment Distribute，FD)等。FD 是销售渠道的主体，其下线客户分为两类：一类是地市级经销商 WKA(Wholesale Key Account)，这类客户是带有批发分销职能的重点零售商；另一类是区域零售商 RKA(Retailer Key Account)，这类客户只零售不批发。诺基亚通过这种安排将销售和市场推广两大职能牢牢地控制在自己手中，从而实现对重点零售终端客户的掌控。

价格歧视是具有一定市场势力的生产商为了获得最大化利润而采取的差别定价策略，

一般而言，价格歧视有利于生产商而不利于消费者，导致社会福利水平下降。价格歧视对社会福利水平的影响程度，需要联系具体市场的需求状况、价格差别程度和价格—成本边际进行具体分析。《反垄断法》并不禁止所有的价格歧视行为：具有市场支配地位的生产商的价格歧视行为应当受到《反垄断法》的严格管制；不具有市场支配地位的生产商的价格歧视行为，如果限制了公平竞争，损害了社会福利，也应接受竞争政策的管制；临时、非系统的价格歧视行为可能促进效率，因而不被禁止。

资料来源：余东华. 价格歧视、经销商串货与反垄断分析[J]. 财贸经济，2010(4)。

(二)价格歧视的类型

根据价格差别的程度，可把价格歧视区分为三个等级：

1. 一级价格歧视

一级价格歧视又称完全价格歧视，指厂商根据消费者愿意为每单位商品付出的最高价格而为每单位产品制定不同的销售价格。从消费者行为理论已知，需求曲线反映了消费者对每一单位商品愿意并且能够支付的最高价格。如果厂商已知消费者的需求曲线，即已知消费者对每一单位产品愿意并且能够支付的最高价格，厂商就可以按此价格逐个制定商品价格。

如图 8—4 所示，厂商销售第 1 单位商品时，消费者愿意支付的最高价格为 P_1，厂商就按 P_1 价格出售。当厂商销售第 2 单位商品时，消费者愿意支付的最高价格为 P_2，厂商就按 P_2 的价格出售。依此类推，直至厂商的销售量为 Q_m 止，厂商即以 P_m 销售第 m 单位的商品。这时，垄断厂商得到的总收益相当于图中的阴影部分面积。如果厂商不实行价格歧视，都按同一个价格 P_m 销售 Q_m 单位的商品，总收益仅为 P_mBQ_mO 的面积。因此，实行一级价格歧视的厂商实际上是将所有消费者剩余(图中 AP_mB 的面积)榨光，转化为生产者的垄断利润。

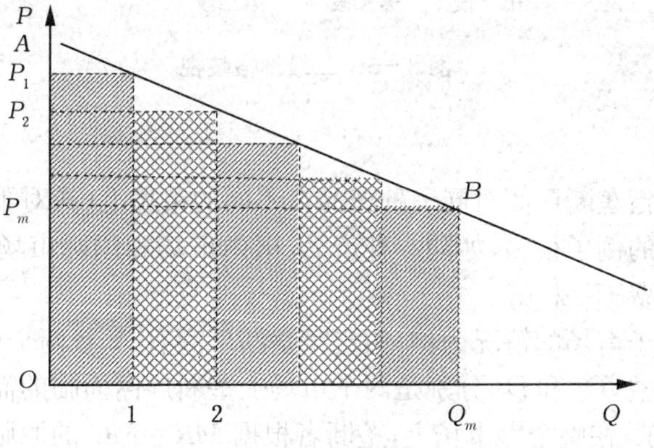

图 8—4　一级价格歧视

但事实上，由于企业通常不可能知道每一个顾客的保留价格，所以在实践中不可能实行完全的一级价格歧视。垄断厂商按不同的价格出售不同单位的产量，并且这些价格是因人而异的。这是一种极端的情况，现实中很少发生。

2. 二级价格歧视

二级价格歧视是垄断厂商根据消费者的需求曲线，把需求曲线分为不同段，根据不同购买量，确定不同价格，垄断者获得一部分而不是全部购买者的消费剩余。日常生活中，二级价格歧视比较普遍，公共事业部门普遍地采用这种形式的价格歧视，如电力公司实行的分段定价等。二级价格歧视主要适用于那些容易度量和记录的商品，如煤气、电力、水、电话通信等的出售。

以电力公司产品为例，如图 8－5 所示，假定消费者对电力公司产品的需求曲线为 D，当消费者的耗电量低于 Q_1时，公司按 P_1价格向消费者收费；当耗电量达到 Q_2时，增加消费的部分 Q_1Q_2按 P_2价格收费；当耗电量达到 Q_3时，按超过 Q_2的部分 Q_2Q_3以更低的价格 P_3收费。从图中可知，二级价格歧视与一级价格歧视不同，是对不同的数量制定不同的价格。厂商的收益为图中阴影部分的面积。假设垄断厂商的平均成本为 P_3，则销售量为 Q_3时，厂商的收益为图中 P_1P_3之间阴影部分的面积。当按同一价格，例如 P_3价格销售 Q_3产量时，利润为零。而 P_3以上阴影部分面积属消费者剩余的一部分，在二级价格歧视下，厂商将这部分消费者剩余转化成垄断利润。

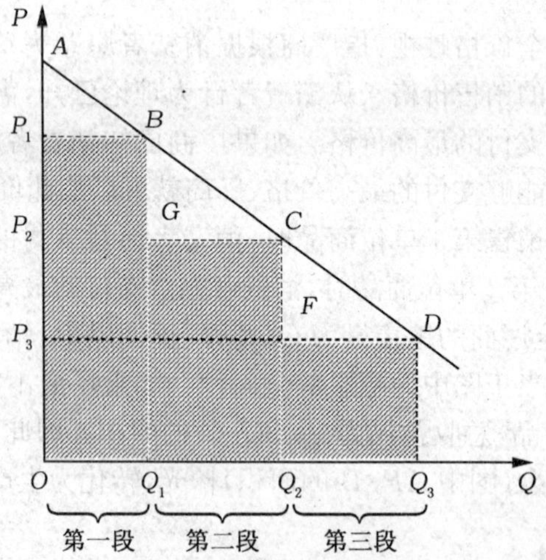

图 8－5　二级价格歧视

3．三级价格歧视

三级价格歧视是指垄断厂商对同一种产品在不同的市场上（或对不同的消费者群体）收取不同的价格。实际中的例子很多，如同一种产品，国内市场和国际市场价格不一样，黄金时间和非黄金时间的广告费不一样等。

以最简单的两个子市场的情况为例，假定某垄断厂商有 A、B 两个市场，MR_A和 MR_B分别是两个市场的边际收益，D_A和 D_B分别是两个市场上垄断厂商面临的需求曲线（见图 8－6）。

如图 8－6(c)所示，在整个大市场上，垄断者根据 $MR=MC$ 的原则确定均衡点，该点的均衡数量为 A、B 两个市场的总销售量，即 $Q=Q_A+Q_B$。完全垄断厂商为获取最大利润，必定会将两个市场的销售量都调整到 $MR_A=MR_B=MC$，即垄断厂商在两个市场上的边际收益应相等，都等于其边际成本；否则，厂商将会把产品从边际收益小的市场调整到边际收益大的市场销售，以获取更大的利润。

如图 8－6(a)、(b)所示，$MR_A=MR_B=MC$ 时，A、B 两个市场的定价分别为 P_A、P_B。也就是垄断厂商为了获得最大利润，需对不同市场索取不同的价格，这就是所谓的三级价格歧视。根据上一节中推导的边际收益与需求价格弹性的关系还可以知道：

$$MR_A=P_A\left(1-\frac{1}{e_A}\right)=P_B\left(1-\frac{1}{e_B}\right)=MR_B=MC$$

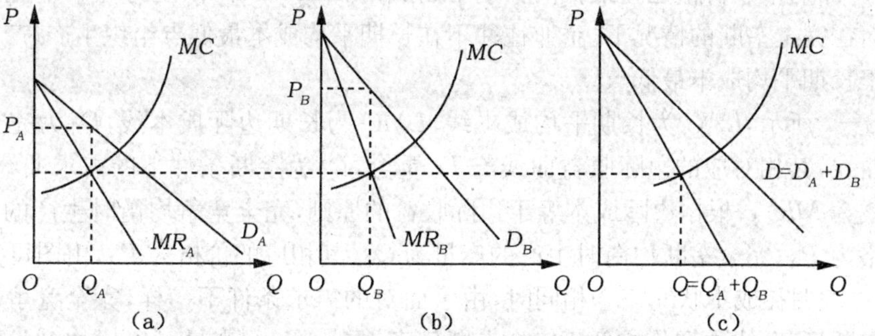

图 8—6　三级价格歧视

或

$$\frac{P_A}{P_B}=\frac{1-\frac{1}{e_B}}{1-\frac{1}{e_A}}$$

该式说明，在三级价格歧视情况下，需求价格弹性较大的市场，产品定价会较低；需求价格弹性较小的市场，产品定价会较高。

例 8—2　假定某垄断厂商的产品在两个分割的市场出售，产品成本函数和反需求函数分别为：$TC=Q^2+40Q$，$P_1=120-10Q_1$，$P_2=50-2.5Q_2$，若两个市场实行差别价格，求利润最大化时的两个市场的售价、销售量和利润。

解：垄断厂商实现利润最大化，需在两个市场上的边际收益都等于其边际成本：

$MC=TC'=2Q+40$

市场 1 的收益函数为 $TR_1=P_1\times Q_1=(120-10Q_1)\times Q_1=120Q_1-10Q_1^2$

边际收益 $MR_1=TR'=120-20Q_1$

根据 $MR_1=MC_1$，即 $2Q_1+40=120-20Q_1$，得 $Q_1\approx3.6$

$P_1=120-10Q_1=120-36=84$

市场 2 的收益函数为 $TR_2=P_2\times Q_2=(50-2.5Q_2)\times Q_2=50Q_2-2.5Q_2^2$

边际收益 $MR_2=TR'_2=50-5Q_2$

根据 $MR_2=MC_2$，即 $2Q_2+40=50-5Q_2$，得 $Q_2\approx1.4$

$P_2=50-2.5Q_2=46.5$

$\pi=P_1\times Q_1+P_2\times Q_2-TC=84\times3.6+46.5\times1.4-(3.6+1.4)^2-40\times(3.6+1.4)$
$=142.5$

所以若两个市场实行差别价格，利润最大化时市场 1 的售价为 84、销售量为 3.6；市场 2 的售价为 46.5、销售量为 1.4；厂商利润为 142.5。

五、完全垄断市场的效率损失与政府管制

(一)完全垄断市场的效率损失

许多经济学家认为，完全垄断对经济是不利的，原因在于垄断造成了生产资源的浪费和社会福利的净损失，这可以通过垄断与完全竞争均衡的比较来说明。在第二节中我们已经知道，当一个完全竞争的行业处于长期均衡时，每一个企业都在长期平均成本曲线 LAC 的最低点

组织生产，产品的市场价格也与最低的长期平均成本 LAC 相等，以至每一个企业的经济利润都为零。而在完全垄断的情况下，企业往往不在长期平均成本最低点组织生产，产品的市场价格通常高于长期平均成本最低点。

如图 8－7 所示，LAC 为长期平均成本线，LMC 为长期边际成本线，D_1 为完全竞争条件下的需求曲线，其相对应的边际收益曲线与 D_1 重合，D_2 为垄断条件下的需求曲线，其相应的边际收益线为 MR_2。根据边际成本等于边际收益的原则，完全竞争均衡时生产的产量为 Q_1，相应的价格为 P_1；完全垄断均衡时生产的产量为 Q_2，其相应的价格为 P_2，由图可知 $P_2>P_1$，$Q_1>Q_2$。这表明在成本状况完全相同时，由于面对的需求条件不一样，完全竞争厂商的产量大于完全垄断厂商，成本和价格低于完全垄断厂商，在均衡时，产量可以增加到长期平均成本的最低点，而完全垄断厂商的产量即使在长期也没有扩大到平均成本的最低点。因此，与完全竞争相比，垄断实际上使厂商以较高的成本生产较少的产量，并以较高的价格卖给消费者，这意味着在垄断条件下资源使用的效率比在竞争条件下低。

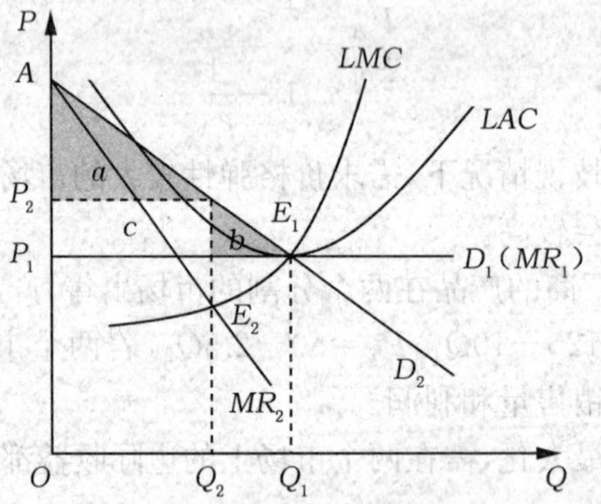

图 8－7　垄断与竞争的比较

但情况并不总是如此。有些行业适宜大规模生产，其规模经济效益非常显著，在同一行业，只允许很少量的企业经营，例如汽车制造业、飞机制造业等自然垄断行业。这种情况下，完全竞争或者是完全没有可能，或者导致很高的生产成本。例如，我国有大小 200 多家汽车制造厂，但其生产总量还不到国外一个工厂的规模经济产量，结果我国汽车工业制造成本居高不下，汽车市场价格远高于国际市场价格，200 多家汽车厂的竞争并没有带来高产量、低价格。

还有一种意见，由于完全垄断的生产在长期均衡中获得利润，从而有财力和强烈的动机从事研究和开发，因为垄断企业有把握得到技术创新的全部成果，不担心成果可以被竞争对手利用。研究和开发带来的技术进步是当今工业化国家生活水平提高的主要来源。当然并不是所有人都同意这种观点，他们认为并没有多少因素激励垄断生产者从事创新和技术进步，事实上，大量的技术进步是由许多小企业引进的。

但如果从全社会的角度出发，我们能够说明完全竞争要优于完全垄断。从图 8－7 还可以看出，垄断造成了社会福利的净损失，与完全竞争相比，消费者剩余减少了阴影部分 a 的面积，而生产者剩余则是增加了矩形 c 的面积。消费者剩余的减少与生产者剩余的增加相抵消后，社会的净损失为阴影部分 b 的面积，这一面积代表垄断条件下社会福利的净损失。而矩形 c 的面积代表收入从消费者转移到生产者的数量。因此，我们可以得出结论：垄断不仅导致了社会福利的净损失，而且造成了收入再分配。

除上述分析的社会福利损失(或称为增加的社会成本)之外,另一个往往为人们所忽视的成本是,垄断者们为了获得或维持其垄断地位,大量进行的、意图获得非生产性收益的非生产性活动。他们可能通过广告、各种赞助活动,乃至慈善活动,来宣传自己,美化自己在社会中的形象,以寻求公众对他们的支持。这些活动对垄断者和潜在垄断者来说是获得或维持其垄断地位所必需的,但对社会来说却并没有增加任何产出,因而是一种资源浪费。这方面的开支越大,意味着垄断引起的社会成本越大。

(二)政府对自然垄断的管制

为了改进资源的有效配置,减少出于垄断而造成的社会福利的无谓损失,一般来说,政府会对垄断市场进行管制,管制手段有法律和经济两个方面。

在法律上,各国政府通过设立各种反垄断法直接限制垄断厂商,禁止垄断市场的形成。当然,反垄断法主要反对的是原材料控制垄断和自然垄断。专利保护形成的垄断本来的目的就是为了保护发明者的权益,以提高发明者的积极性,促进科学技术的更大进步,自然不在反垄断法约束之列。当然也要注意垄断者控制和利用专利作为长期掌握垄断权力的源泉,对此也应采取必要的防范措施。至于政府允许的特许垄断往往出于非经济原因,追求的也往往不是利润最大化,自然也就不在反垄断法约束之列。

在经济上,政府往往通过价格和税收两种措施对垄断市场间接加以管制和调节,在此我们只对价格管制进行分析。所谓价格管制,就是政府对垄断企业的价格进行管制,使垄断者将价格定在对社会有利的水平,以减少社会福利的净损失。价格管制主要有以下几种方法:

1. 边际成本定价法

边际成本定价法是使产品的价格与其边际成本相等,即 $P=MC$。从理论上看,按照产品或服务的边际成本来确定管制产业的价格,是一种理想方式,能够实现帕累托最优效率。但这种方法在自然垄断产业中难以执行,因为这些产业具有明显的规模经济效应,如果按边际成本定价,就会出现价格低于平均成本,企业面临亏损,从而没有动力提供供给。尽管政府可以运用税收对企业进行财政补贴,却可能导致企业缺乏有效的激励去提高内部效率。若在成本递增行业采取边际成本定价法,又无法消除企业的超额利润。

2. 平均成本定价法

既然边际成本定价法会使企业发生亏损,从而无法实现社会福利最大化,那么至少应该限制企业的超额利润,使其盈亏相抵、收支平衡。本着这样一种思想,按垄断企业平均成本确定产品的价格,使社会福利达到次优状态,这就是平均成本定价法,即 $P=AC$。平均成本定价法是在保持提供公共物品的企业和事业对外收支平衡的情况下,采取尽可能使经济福利最大化的一种定价方式。

用此方法定价,政府首先必须知道企业的平均成本是多少,然后才能根据平均成本来确定管制价格。因此,价格管制的一个关键问题是如何正确地估计企业的平均成本。在实践中,由于企业的成本状况和市场需求在不断地变化,因而根据平均成本来确定管制价格往往不可能。在这种情况下,政府只能根据回报率来进行管制,使垄断者获得接近于竞争状态下的回报率或公平的回报率。当然,回报率管制也有问题:一是作为确定回报率的资本存量难以估计;二是“公平”的回报率必须基于企业的实际资本成本,而该成本反过来又取决于管制机构的行为。

3. 双重价格法

双重价格法类似于价格歧视的做法,政府允许厂商可以对一部分购买欲望较强的消费者收取较高的价格,且通常 $P>AC$,厂商可以获得超额利润。对一部分购买欲望较弱的消费者仍按照边际成本定价法收取较低的价格，$P<AC$，厂商会亏损，即对高收入者定高价，对低收入者定低价。双重价格法的目的是使厂商由于收取较高的价格所获得的利润能补偿由于收取较低价格所遭受的亏损。

4. 价格听证

价格听证会制度是政府定价程序中的一项重要制度。《价格法》第 23 条规定，制定关系群众切身利益的公用事业价格、公益性服务价格、自然垄断经营的商品价格等政府指导价、政府定价时，应当建立听证会制度，由政府价格主管部门主持，征求消费者、经营者和有关方面的意见，论证其必要性、可行性，在考虑各方意见的基础上形成中准价和浮动幅度。

第二节　垄断竞争市场中厂商的均衡

在现实生活中，完全竞争与完全垄断都是罕见的，比较常见的情况是一个行业中只有几家大型企业，它们控制着该行业全部或大部分的产量；或者一个行业虽然有较多的企业，但每个企业都生产不完全相同的产品。这两种情况都使企业对市场有一定的垄断力量，但同时也存在着一定的竞争。

一、垄断竞争市场的概念和特征

垄断竞争市场(Monopolistic Competition Market)是指由众多生产和销售相近但非同质而是具有差别的商品厂商组成的一种市场结构。它是一种介于完全竞争与完全垄断之间的市场组织形式，在这种市场中，既存在着激烈的竞争，又具有垄断的因素。在垄断竞争理论中，把市场上大量的生产非常接近的同种产品的厂商总和称作生产集团(Product Group)，例如，汽车加油站集团、快餐食品集团、理发店集团等。

垄断竞争市场主要具有以下特征：

(1)厂商数目众多。市场上厂商数目众多，每个厂商都要在一定程度上接受市场价格，但每个厂商又都可对市场施加一定程度的影响，不完全接受市场价格。厂商之间无法相互勾结来控制市场，对于消费者而言，情况也是类似的。

(2)互不依存。市场上的每个厂商都自以为可以彼此相互独立行动，互不依存。一个人的决策对其他人的影响不大，不易被察觉，可以不考虑其他人的对抗行动。

(3)产品差异性。同一个产品集团中不同厂商的产品互有差别，要么是质量差别，要么是功用差别，要么是非实质性差别(如包装、商标、广告等引起的印象差别)，要么是销售条件差别如地理位置、服务态度与方式的不同造成消费者愿意购买这家的产品，而不愿购买那家的产品。产品差别是造成厂商垄断的根源，但由于同一产品集团中产品之间的差别不大，产品在一定程度上可相互替代，这种相互替代是厂商竞争的根源。

(4)进入或退出产品集团比较容易。厂商进入或退出一个产品集团比较容易，这一点与完全竞争市场类似，厂商规模不算很大，所需资本不是太多，进入或退出一个行业障碍不大，比较容易。

二、垄断竞争市场中厂商的需求曲线与收益曲线

由于垄断竞争厂商可以在一定程度上影响商品的价格，所以垄断竞争厂商的需求曲线是向右下方倾斜的。但是，市场中同时存在的竞争因素，又使得垄断竞争厂商向右下方倾斜的需

求曲线比较平坦。垄断竞争厂商的需求曲线被分为主观需求曲线 d 和客观需求曲线 D 两种：

主观需求曲线 d 表示单个垄断竞争厂商单独改变价格时所预期的市场对自己产品的需求量。由于垄断竞争市场有大量垄断竞争厂商存在，使得单个厂商会认为自己的行为不会引起其他厂商的反应，于是，它便认为可以像完全垄断厂商那样，独自决定价格。因此，单个厂商在主观上有一条斜率较小的需求曲线，称为主观需求曲线。它表示垄断竞争市场中某个厂商改变商品价格，而其他厂商的商品价格都不变时，该厂商的商品价格与销售量之间的关系。

客观需求曲线 D 表示每个垄断竞争厂商在每一市场价格水平实际所面临的市场需求量。事实上，当单个垄断竞争厂商降低价格时，其他厂商为保住市场份额势必也会跟着降价，这样垄断竞争厂商就面临着一条客观的需求曲线，称为比例需求曲线或实际需求曲线，它是市场竞争的结果。它表示垄断竞争市场中某个厂商改变商品价格，而其他厂商也随之使自己商品的价格发生相同变化时，该厂商的商品价格与销售量之间的关系。

在图 8－8 中，垄断竞争市场中商品初始价格固定在 P_1，当一个垄断竞争厂商将价格由 P_1 降到 P_2 时，它认为自己产品的销售量会沿着需求曲线 d 从 Q_1 增加到 Q_3。但由于其他厂商也会采取同样的降价措施，该厂商实际销售量只会沿着需求曲线 D 从 Q_1 增加到 Q_2，低于它预期的销售量。需求曲线 d 描述了一个厂商改变价格的动机，需求曲线 D 描述了一个厂商改变价格的实际结果。很显然，主观需求曲线 d 的弹性大于客观需求曲线 D，即前者较之于后者更平坦一些。当整个市场价格上升或下降时，主观需求曲线会分别沿着客观需求曲线向上或向下平移。主观需求曲线和客观需求曲线相交时，在 E 点，垄断竞争市场处于供求相等状态，此时厂商预期的销售量和实际销售量相等。

平均收益是厂商销售每单位产品得到的价格，垄断竞争厂商的平均收益曲线与其面临的需求曲线是重叠的，都是一条向右下方倾斜的曲线。根据上一节完全垄断厂商的边际收益曲线的分析，在存在垄断因素的市场中，边际收益总是小于平均收益，垄断竞争厂商的边际收益曲线斜率是需求曲线（平均收益曲线）斜率的两倍，位于需求曲线下方，如图 8－8 所示。

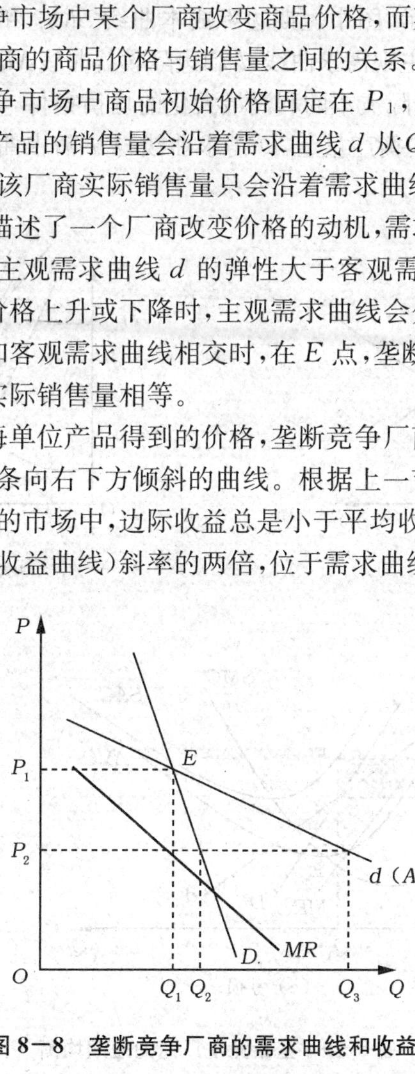

图 8－8　垄断竞争厂商的需求曲线和收益曲线

三、垄断竞争市场中厂商的短期均衡与长期均衡

（一）垄断竞争市场中厂商的短期均衡

短期中，垄断竞争厂商在既定的生产规模下通过价格和产量的调整实现利润最大化的均

衡。虽然垄断竞争厂商的实际产量是由客观需求曲线来获得的，但由于观察不到客观需求曲线，所以厂商总是根据主观需求曲线来决定自己的价格和产量。这样，在垄断竞争厂商的利润最大化问题中，其边际收益曲线便是与主观需求曲线 d 所对应的。与完全竞争厂商和完全垄断厂商一样，垄断竞争厂商也根据 $MR=MC$ 原则来实现自己的利润最大化目标。

而且，由于垄断竞争厂商特殊的需求曲线，因此要使得市场均衡，即供求相等，还必须要求垄断竞争厂商预期的销售量等于实际的销售量，即 $d=D$。综上所述，垄断竞争厂商短期均衡的条件是：$MR=SMC$，且 $d=D$。

与完全竞争市场和完全垄断市场一样，垄断竞争厂商在短期的盈亏情况也是由需求状况与短期成本状况共同决定的。在短期，垄断竞争厂商的盈亏情况也有获得超额利润、零利润和亏损三种情况。如图 8－9 所示，图中短期边际成本曲线 SMC 和短期平均成本曲线 SAC 代表垄断厂商既定的生产规模，主观需求曲线 d 和边际收益曲线 MR 代表垄断厂商的需求和收益状况。根据边际收益等于边际成本的利润最大化的均衡条件，垄断厂商将产量调整到短期均衡点 E 所对应的产量。在均衡产量上，D 需求曲线与 d 需求曲线相交，表示市场的供求相等。

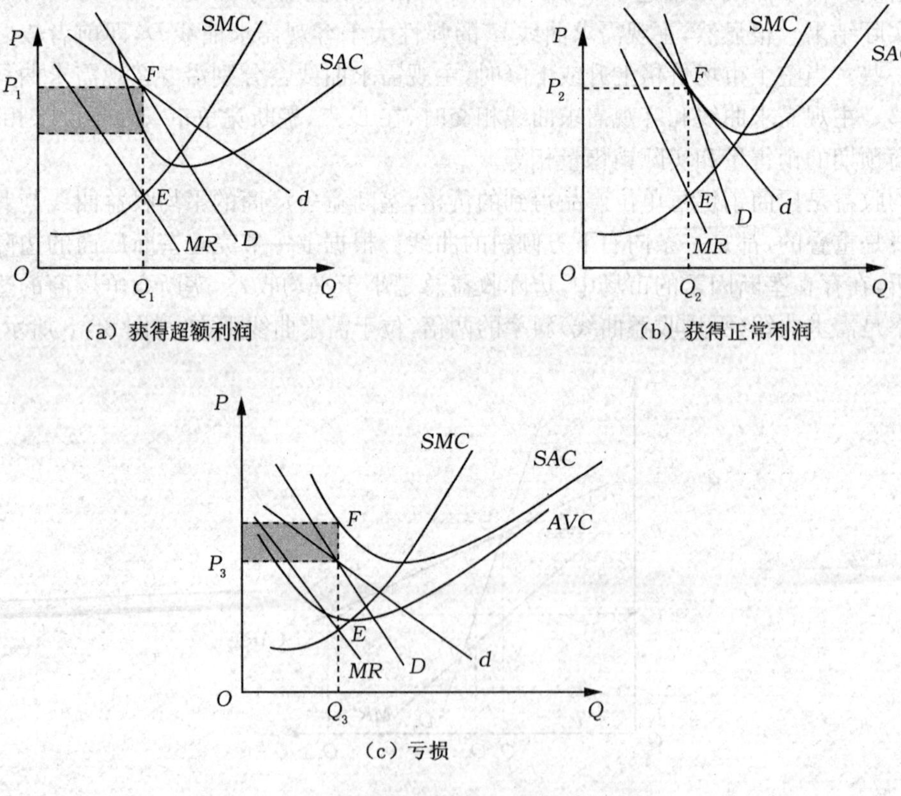

图 8－9　垄断竞争厂商的短期均衡

当垄断竞争厂商面临如图 8－9(a)所示的主观需求曲线 d 和边际收益曲线 MR 时，均衡产量为 Q_1，均衡价格为 P_1，市场价格 $P_1(AR)$ 大于 SAC，厂商获得超额利润，利润量相当图中阴影部分的面积。

当垄断竞争厂商面临如图 8－9(b)所示的主观需求曲线 d 和边际收益曲线 MR 时，均衡

产量为 Q_2，均衡价格为 P_2，市场价格 $P_2(AR)$ 正好与 SAC 相等，厂商获得零利润(正常利润)。

当垄断竞争厂商面临如图 8－9(c)所示的主观需求曲线 d 和边际收益曲线 MR 时，均衡产量为 Q_3，均衡价格为 P_3，市场价格 $P_3(AR)$ 小于 SAC，厂商发生亏损，亏损额相当图中阴影部分的面积。如果价格高于平均可变成本，厂商除可变成本外还可以弥补一部分固定成本，因而有可能继续生产；如果价格即平均收益下降到等于平均可变成本，厂商可能生产，也可能不生产，不论是否生产，厂商都要蒙受亏损，亏损额等于全部固定成本；如果价格低于平均可变成本，厂商必定停止生产。

(二)垄断竞争市场中厂商的长期均衡

在长期内，垄断竞争厂商不仅可以调整生产规模，还可以加入或退出生产集团。因此，短期中某行业的厂商如果能获得超额利润，长期中其他厂商就会因为超额利润而加入该行业。因为新厂商的加入，一方面分割了原有厂商的市场，从而使得需求曲线向下移动；另一方面，新老厂商为了争夺市场，加强竞争能力，都会采取使产品进一步差别化的措施，例如大量进行广告宣传、增加售后服务、进行技术改革等从而造成成本增加，平均成本曲线上移。由于上述两方面的作用，最后使得新的需求曲线和新的成本曲线相切，此时超额利润为零，新厂商不再加入该行业，达到长期均衡，厂商只能获得正常利润。

短期中某行业的厂商若发生亏损，长期中一些厂商就会因为得不到正常利润而退出该行业，这样也导致了两方面的变化：一方面，由于部分厂商的退出而使得剩下的厂商获得了更多的销售市场，其面临的需求曲线向上移动；另一方面，部分厂商的退出也使竞争减弱，销售环境宽松，剩下的厂商可以减少广告、推销、服务方面的费用，使产品成本降低，平均成本曲线向下移动，直到与需求曲线相切，此时因可获得正常利润，厂商不再退出，因无超额利润，新厂商也不再进入，达到长期均衡。

垄断竞争厂商所形成的长期均衡状态如图 8－10 所示，图中由 $MR=LMC$ 条件决定的长期均衡点是 E。在长期均衡产量 Q_0 上，客观需求曲线 D 与 LAC 曲线相切，表示厂商的利润为零；主观需求曲线 d 与客观需求曲线 D 相交，表示市场的供求相等。综上所述，垄断竞争厂商长期均衡的条件是：$MR=LMC$ 且 $AR=LAC$。

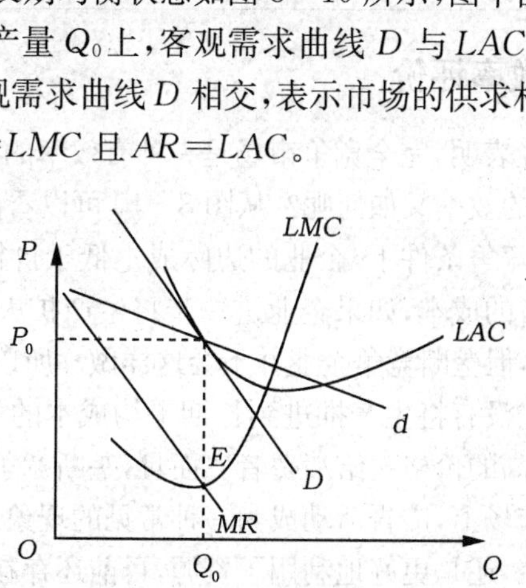

图 8－10　垄断竞争市场中厂商的长期均衡

(三)垄断竞争市场中厂商的供给曲线

如同垄断市场一样，垄断竞争市场上不存在具有规律性的供给曲线。其主要原因在于垄断竞争厂商的需求曲线也是向右下方倾斜的，因此，厂商的均衡产量和均衡价格有可能出现非一一对应的情况。

四、垄断竞争市场中厂商的非价格竞争

厂商之间的竞争大致可分为两类:价格竞争和非价格竞争。价格竞争是通过降价来扩大产品销售,争夺市场。非价格竞争则排除了价格因素,是指通过提高产品的质量和性能、增加花色品种、改进商品包装装潢和规格、改善售前售后服务、提供优惠的支付条件、更新商标牌号、加强广告宣传和保证及时交货等手段,来提高产品的素质、信誉和知名度,以增强商品的竞争能力,扩大商品的销售。

无论采用价格竞争还是非价格竞争,厂商的最终目的都是为了扩大产品的销售,获取利润,以求生存和更好的发展。经济学家对非价格竞争的评价是不尽相同的,有的人认为非价格竞争作为厂商之间的一种竞争形式,强化了市场竞争程度,并且非价格竞争的一些具体做法,客观上也满足了消费者的一些需要。也有人认为,非价格竞争增加了消费者对某些产品的依赖程度,从而使厂商加强了对自己产品的垄断。

课堂思考

现实生活中,广告对我们每个人来说已经是习以为常的事情。在黄金时间打开电视,你就会观察到什么类型的产品广告做得较多:饮料、化妆品、零食……这些快速消费品行业一般把收入的10%～20%投放于广告。我们注意到这些行业都是典型的垄断竞争结构,同时我们很难想象一些企业会花大把的金钱请明星作为产品代言人,因为这些产品要么是标准化的,要么被一两家企业完全垄断,没必要做广告。

广告的规模有多大呢?有人估计大概有2 000亿美元。也许这个数字难以想象,那么你就想想仅仅凭着在线广告作为收入的互联网企业就可以动辄拥有几十亿美元的市值吧。

请思考:在垄断竞争理论中,广告会起到哪些作用?依据你的认识,你觉得,站在消费者的角度来看,做广告有什么好处和坏处?并对这些好处和坏处做整体的评价。

五、垄断竞争市场的效率评价

第一节和第二节分析已经表明,完全竞争市场是一种有效率的市场,而完全垄断市场是一种无效率的市场,那么垄断竞争的效率又如何呢?从图8－10可以看出,垄断竞争与完全竞争虽然都不存在经济利润,但在垄断竞争条件下,企业的边际成本低于价格,这意味着多生产一单位产量对消费者的价值大于生产者的成本,如果企业进一步将生产扩大到需求曲线与边际成本线的交点,社会的总福利将会增加,但垄断竞争企业并不会这样做。所以,与完全竞争相比,垄断竞争造成了社会福利的净损失。它没有将生产推进到长期平均成本的最低点生产,而是以更高的成本生产了更少的产量,并以更高的价格卖给消费者。而且,垄断竞争的另一个结果是它导致了巨额的推销费用。在垄断竞争市场上,广告活动成为一种常见的现象,这种非生产性的活动对整个社会来说究竟是一种资源浪费,还是更好地利用了资源,目前还存在着广泛的争论。

当然,与垄断相比,垄断竞争的效率损失并不大,因为在垄断竞争条件下企业的垄断程度并不高,企业的自由进入和退出,实际上保证了垄断竞争行业的竞争性,通过比较充分的竞争,使资源使用的效率得以保持在较高的水平。更重要的是,在垄断竞争条件下,每个企业都生产一种有差别的产品,这种多样化的生产能够更好地满足消费者的个性化需求,即使消费者付出的代价高一点,对大多数消费者来说,这样做也是愿意的。这种产品多样化的好处甚至使垄断竞争比完全竞争更有吸引力,因为大多数消费者的需求具有差异性。

第三节 寡头垄断市场中厂商的均衡

一、寡头垄断市场的概念和特征

寡头垄断市场(oligopoly monopoly market)是指这样一种市场结构:在市场上,由少数几家厂商生产和销售同一个行业的全部或大部分产品,每家厂商的产量在总产量中都占有相当大的份额。寡头垄断市场是处于完全竞争和完全垄断之间的一种市场结构,与垄断竞争市场一样,都是中间形态的市场,但其侧重于完全垄断。与完全垄断市场比,二者都有垄断的因素,但垄断程度要小于完全垄断。寡头垄断市场在当代经济生活中占有十分重要的地位,它是一种普遍存在的市场结构。

寡头垄断市场主要具有以下特征:

(1)厂商极少。市场上的厂商只有一个以上的少数几个(当厂商为两个时,叫双头垄断),每个厂商在市场中都具有举足轻重的地位,对其产品价格具有相当大的影响。

(2)厂商之间相互依存。任何一家厂商进行决策时,必须把竞争者的反应考虑在内,因而既不是价格的制定者,也不是价格的接受者,而是价格的寻求者。

(3)产品同质或异质。产品没有差别,彼此依存的程度很高,叫纯粹寡头,存在于钢铁、水泥等产业;产品有差别,彼此依存关系较低,叫差别寡头,存在于汽车、重型机械、石油产品、电气用具、香烟等行业。

(4)厂商进入或退出行业极不容易。其他厂商进入相当困难,甚至极其困难,因为不仅在规模、资金、信誉、市场、原料、专利等方面,其他厂商难以与原有厂商匹敌,而且由于原有厂商相互依存、休戚相关,其他厂商不仅难以进入,现有厂商也难以退出。

拓展阅读

中石油能否在"去垄断化"上迈一步

中石油运营着全国绝大部分的天然气管道,绝对的一家独大。其垄断地位,不仅体现在中小企业身上,连其他的央企甚至几桶油都被挡在门外,既谈不上市场的有效竞争,也谈不上所谓自然垄断的规模经济效应。中石油在天然气管道上的垄断优势,有点"肥一己而瘦天下"的味道。如此,天然气的市场结构就很难支撑天然气价改。因此,管道业务的剥离似乎众望所归,近来重压之下的中石油在这个时候也无法过分地反对。

不过,中石油的垄断,管道只是其中的一部分。事实上,撇开管道不谈,中石油和其他两桶油在石油石化产业方面的垄断是不分伯仲的,是抱团搭伴的。在原油进口市场几乎完全垄断,在国内原油开采方面,换个词,那就是完全几乎垄断。在加油站上的垄断优势稍减,不再是绝对垄断,而只是相对垄断,大概占据着半壁江山。但凭借着上游的垄断执照和供给特权,民营加油站基本上被锁住咽喉,乖乖听话才有油供,否则就只能是闹油荒了。

有人说,在其他发达经济体的市场上也只是几桶油,为何不见抱怨和指责。因为市场不怕寡头,怕的是垄断的寡头。寡头之间的竞争,其实未见得不激烈,消费者的利益未被逼迫。但是寡头如果不竞争,享受楚河汉界的垄断地位,那消费者的利益就无从保障了。垄断运行起来,消费者只能被动接受。更重要的是,老百姓并没有觉得"三桶油"的垄断造福了自己,如同纸面上所讲的,财富为全民所共享。

垄断没有好与坏之分，只有坏与更坏的区别。这不是"黑板经济学"，而是经过现实世界的摸爬滚打，群众通过自己雪亮的眼睛看到的"生活经济学"。垄断导致的暴利，如果不能明明白白地补贴全体人民的社会福利，那这种垄断就底气不足。就好像草坪如果不能躁不能躺不能休憩，还不如种上仙人球。

资料来源：韩哲. 中石油能否在"去垄断化"上迈一步[N]. 北京商报，2013－9－27。

二、寡头垄断市场条件下厂商的均衡

西方经济学家认为，分析寡头市场的产量和价格的决定是很困难的，至今没有形成一个为多数人所接受的关于寡头市场的产量和价格决定理论，即西方学者迄今为止无法找到寡头厂商一般性的短期和长期均衡点。在西方经济学中，存在多种解释寡头行为的模型，模型的结论依赖对寡头行为的假定，对寡头行为作出的假定不同，模型的结论也就不同。有多少关于竞争对于反应方式的假定，就会有多少寡头厂商的模型，就可以得到多少个不同的结果。这里我们介绍几种常见的模型。

（一）古诺模型

古诺模型是早期的寡头垄断模型。它是法国经济学家古诺于1838年提出的，它通常被作为寡头理论分析的出发点。古诺模型是一个只有两个寡头厂商的简单模型，该模型也被称为"双头模型"，其结论可以很容易地推广到三个或三个以上的寡头垄断厂商的情况中去。

古诺模型分析的是两个出售矿泉水的生产成本为零的寡头垄断厂商的情况。该模型的基本假定是：市场上有A、B两个厂商生产和销售相同的产品，它们的生产成本为零；它们共同面临的市场需求曲线是线性的，A、B两个厂商都准确地了解市场的需求曲线；A、B两个厂商都是在已知对方产量的情况下，各自确定能够给自己带来最大利润的产量，即每一个厂商都是消极地以自己的产量去适应对方已确定的产量。

古诺模型均衡时的价格和产量可用图8－11来说明。在图中，D曲线为两个厂商共同面临的线性的市场需求曲线。由于生产成本为零，因而图中无成本曲线。开始时，假定A厂商是唯一的生产者，A厂商面临D市场需求曲线，为使利润最大，将产量定为市场容量的$\frac{1}{2}$，即产量$OQ_1=\frac{1}{2}O\overline{Q}$（在$Q_1$点，实现$MR=MC=0$）。因为此时厂商的边际收益曲线是$\overline{P}Q_1$，

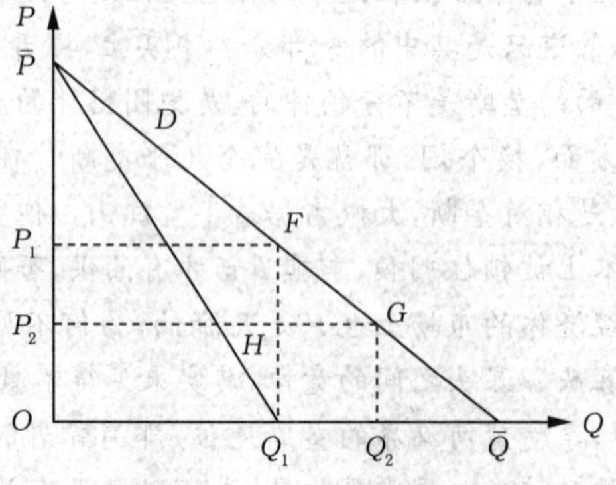

图8－11 古诺模型

价格为 OP_1，A 厂商利润量相当于图中矩形 OP_1FQ_1 的面积(由于假定生产成本为零，所以厂商的收益就等于利润)。当 B 厂商进入该行业时，B 厂商准确地知道 A 厂商留给自己的市场容量为 $Q_1\overline{Q}=\frac{1}{2}O\overline{Q}$，B 厂商为求利润最大，也将生产所面临的市场容量的 $\frac{1}{2}$，即产量为 $Q_1Q_2=\frac{1}{2}\times\frac{1}{2}Q_1\overline{Q}=\frac{1}{4}O\overline{Q}$（在 Q_2 点，实现 $MR=MC=0$)。此时，市场价格下降为 P_2，B 厂商获得的利润相当于图中矩形 Q_1HGQ_2 的面积。而 A 厂商的利润因价格的下降而减为矩形 OP_2HQ_1 的面积。

B 厂商进入该行业后，A 厂商发现 B 厂商留给它的市场容量为 $\frac{3}{4}O\overline{Q}$。为了实现利润最大，A 厂商将产量定为自己所面临的市场容量的 $\frac{1}{2}$，即产量为 $\frac{1}{2}\times\frac{3}{4}O\overline{Q}=\frac{3}{8}O\overline{Q}$。A 厂商调整产量后，B 厂商的市场容量扩大为 $\frac{5}{8}O\overline{Q}$，B 厂商将生产自己所面临的市场容量的 $\frac{1}{2}$ 的产量，即产量为 $\frac{5}{16}O\overline{Q}$，这样，两个寡头垄断厂商将不断地调整各自的产量，为求利润最大，每次调整都是将产量定为对方产量确定后剩下的市场容量的 $\frac{1}{2}$。这样，根据无穷等边级数可知：

A 厂商的均衡产量为：

$$O\overline{Q}\left(\frac{1}{2}-\frac{1}{8}-\frac{1}{32}-\cdots\right)=\frac{1}{3}O\overline{Q}$$

B 厂商的均衡产量为：

$$O\overline{Q}\left(\frac{1}{4}+\frac{1}{16}+\frac{1}{64}+\cdots\right)=\frac{1}{3}O\overline{Q}$$

可见，在均衡时，A、B 两个厂商的产量都为市场总容量的 $\frac{1}{3}$，即每个厂商的产量为 $\frac{1}{3}O\overline{Q}$，行业总产量为 $\frac{2}{3}O\overline{Q}$。

以上双头古诺模型的结论可以推广。令寡头垄断厂商的数量为 m，则可以得到一般的结论如下：每个寡头垄断厂商的均衡产量为 $\frac{1}{m+1}O\overline{Q}$，行业的均衡总产量为 $\frac{m}{m+1}O\overline{Q}$。与其他市场结构比较可知，若是完全垄断市场，厂商的均衡产量为 $\frac{1}{2}O\overline{Q}$；若是完全竞争的市场，厂商的数目越多，单个厂商的产量越少，而总产量 $\frac{m}{m+1}O\overline{Q}$ 就越大，所以寡头垄断市场的总产量大于完全垄断市场的总产量，小于完全竞争市场的总产量。

古诺模型也可以用建立寡头垄断厂商的反应函数的方法来说明。在古诺模型的假设条件下，设市场的线性反需求函数为：

$$P=a-bQ=a-b(Q_1+Q_2)$$

式中，P 为产品价格，Q 为市场的总需求量，Q_1 和 Q_2 分别为 A、B 两个寡头厂商的产品需求量，即

$$Q=Q_1+Q_2$$

对 A 寡头垄断厂商而言，其利润函数为：

$$\pi_1 = TR_1 - TC_2$$

因假定其生产成本为 0，所以：

$$\pi_1 = PQ_1 - 0 = [a - b(Q_1 + Q_2)]Q_1$$

A 寡头垄断厂商利润最大化的一阶条件为：

$$\frac{\partial \pi_1}{\partial Q_1} = \frac{\partial [a - b(Q_1 + Q_2)]Q_1}{\partial Q_1} = 0$$

解得

$$Q_1 = \frac{a}{2b} - \frac{Q_2}{2}$$

同理，B 寡头垄断厂商利润最大化的一阶条件为：

$$\frac{\partial \pi_1}{\partial Q_2} = \frac{\partial [a - b(Q_1 + Q_2)]Q_1}{\partial Q_2} = 0$$

解得

$$Q_2 = \frac{a}{2b} - \frac{Q_1}{2}$$

$Q_1 = \frac{a}{2b} - \frac{Q_2}{2}$ 就是 A 寡头垄断厂商的反应函数，如图 8－12 所示，它表示 A 厂商的最优产量是 B 厂商的产量的函数。也就是说，对于 B 厂商的每一个产量 Q_2，A 厂商都会作出反应，确定能给自己带来最大利润的产量 Q_1，反过来，B 厂商也是如此。

图 8－12　古诺模型中寡头厂商的反应函数

（二）斯威齐模型

斯威齐模型也被称为弯折的需求曲线模型，是由美国经济学家斯威齐于 1939 年提出的。人们观察到，在寡头市场中价格一般比较稳定，厂商之间主要采取非价格竞争的方法。有时候也会爆发价格战，但总是为时不长，因为厂商都清楚地知道，打价格战的结果往往是两败俱伤，弯折的需求曲线理论模型就是用来解释这一现象的。

斯威齐认为，寡头垄断厂商推测其他厂商对自己价格变动的态度是：跟跌不跟涨。这就是说，如果一个寡头垄断厂商提高价格，行业中的其他寡头厂商都不会跟着改变自己的价格，因而提价的寡头厂商的销售量的减少是很多的；如果一个寡头厂商降低价格，行业中的其他寡头厂商会将价格下降到相同的水平，以避免销售份额的减少，因而该寡头厂商的销售量的增加是很有限的。在上述情况下，寡头垄断厂商的需求曲线就是弯折的。

如图 8－13 所示，某寡头厂商的一条 dd' 需求曲线和一条 DD' 需求曲线，它们与上一节分析的垄断竞争厂商所面临的主观需求曲线和客观需求曲线的含义是相同的。dd' 需求曲线表示该寡头厂商变动价格而其他寡头厂商保持价格不变时的该寡头厂商的需求状况，DD' 需求曲线表示行业内所有寡头厂商都以相同方式改变价格时该厂商的需求状况。假定开始时的市场价格为 dd' 需求曲线和 DD' 曲线的交点 B 所决定的 P^*，那么，根据斯威齐的观点，该垄断厂商由 B 点出发，提价所面临的需求曲线是 dd' 需求曲线上的 dB' 段，降价所面临的需求曲线是 DD 曲线上的 BD 段，于是，这两段共同构成的该寡头厂商的需求曲线为实线部分 dBD，显然，这是一条弯折的需求曲线，折点是 B 点。这条弯折的需求曲线表示该寡头厂商从 B 点出发，在各个价格水平所面临的市场需求量。

由弯折的需求曲线可以得到间断的边际收益曲线，图 8－13 中与需求曲线 dB 段所对应的边际收益曲线为 MR_d，与需求曲线 BD 段所对应的边际收益曲线为 MR_D，两者结合在一起，便构成了寡头厂商的间断的边际收益曲线，其间断部分为垂直虚线 FG。

利用间断的边际收益曲线，便可以解释寡头市场上的价格刚性现象。只要边际成本 SMC 曲线的位置变动不超出边际收益曲线的垂直间断范围，寡头厂商的均衡价格和均衡数量都不会发生变化。譬如，在图中的边际收益曲线的间断部分 FG，SMC_1 曲线上升为 SMC_2 曲线的位置，寡头厂商仍将均衡价格和均衡产量保持在原来的水平。除非成本发生很大变化，如成本上升使得边际成本曲线上升为 SMC_3 曲线的位置，才会影响均衡价格和均衡产量水平。

斯威齐模型很好地解释了寡头市场中的价格刚性问题，但模型中并没有说明最初的价格是怎样形成的，所以斯威齐模型只是关于寡头定价行为的未完成的模型。

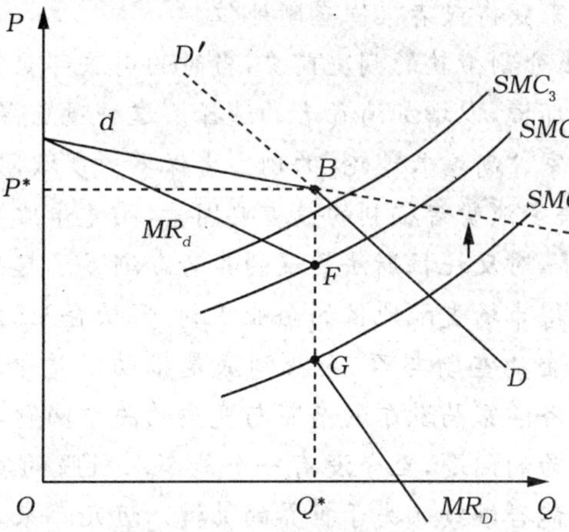

图 8－13　弯折的需求曲线

拓展案例

美国对微软公司的反垄断调查

早在 1990 年，美国联邦贸易委员会（FTC）就微软是否将 MS-DOS 与应用软件捆绑销售展开调查。1993 年以后，调查重点放在了更具影响力的 Windows 操作系统上。1998 年5月18日，美国司法部连同19个州及哥伦比亚特区的总检察官对微软提起诉讼，指控微软公司滥用其在软件市场的垄断地位，非法阻止其他厂商与其进行正当竞争。1999年11月，经过司法部与微软的激烈庭辩，美国哥伦比亚特区地方法官杰克逊正式发布了对微软极其不利的事实认定书。2000年6月7日，杰克逊法官正式宣布了最后的判决：判定将微软分拆为两家独立的公司，一家经营Windows操作系统，另一家经营office等应用软件和包括IE在内的网络业务。

2000年6月初，微软公司提起上诉。2001年6月28日，哥伦比亚特区上诉法院作出判决，确认微软采取非法和反竞争手段来维持它在基于英特尔芯片的计算机操作系统软件上的垄断地位，但对于微软将浏览器软件与Windows 95和Windows 98操作系统捆绑销售违反反垄断法发回重审，并且撤销了杰克逊法官担任本案主审的资格。2001年9月6日，美国司法部正式表示，政府将不再坚持要求将微软一分为二，同时也放弃追究微软将IE浏览器与Windows操作系统捆绑销售的责任。2002年11月1日，重审微软案的地方法官科特莉法官批准了司法部与微软提交的和解协议。

资料来源：冷柏军，吴锦今. 微软垄断案的法律与经济分析[J]. 对外经贸实务.2005(9)。

请思考：为什么历时十年的美国政府对微软的调查起诉最后不了了之？

案例分析：微软的命运之所以能够发生如此戏剧性的转折，一个重要的原因是美国的反垄断政策发生了变化，即从过去的维护价格竞争转向促进创新。美国政府实施反垄断法的最终目的是"通过促进市场竞争来保护经济自由和获得机会"。从美国的反垄断法来看，虽然通过"不正当行为"维持或获得垄断地位是违法的，但一家公司拥有垄断地位或企图获得垄断地位并不一定违法。微软是新经济的代表，新经济的生命力在于不断的技术创新。微软也是以创新为武器来为自己辩护的，比尔·盖茨在法庭上说，美国的反垄断法是为了保护竞争机制而不是保护竞争对手，反垄断法不反对通过正当竞争获得垄断地位，而是反对运用不正当的竞争手段来获得或者巩固垄断地位。

在杰克逊2001年作出分割微软的判决前夕，当时的司法部长雷诺表示，对微软采取反垄断行动是为了创造竞争环境，以增加消费者的选择。这种观点得到不少反垄断问题专家的赞同。美国著名经济学家、"新增长理论"的创立者保罗·罗默同样支持对微软采取反垄断行动。他认为，创新是决定消费者福利的最重要因素，而竞争比垄断更有可能带来创新。

不过，在美国经济学界，对反托拉斯法质疑的声音渐渐多了起来。一些学者认为，目前的反垄断措施经常是对取得市场支配地位的企业不利，哪怕企业的支配地位是通过高效和低价取得的；而在现实中，企业垄断与否，企业到底是推动了竞争还是抑制了竞争很难判断。对于当年曾困惑大经济学家马歇尔的垄断与竞争的关系问题，甚至对于微软的捆绑销售究竟是垄断还是竞争行为的问题，至今没有一个能令人折服的答案。可以肯定的是，保持创新的活力是美国经济能否继续领先于世界的关键。近几年来，美国以反垄断为核心的竞争政策重点转向促进创新。可以说，正是为了重振信息产业、促进科技发展，美国政府最终放弃分拆微软。

案例导读评析

国家发改委在长期反垄断调查后发现，在拥有大量专利的背后，高通通过收取不公平的高价专利许可费、没有正当理由搭售非无线通信标准必要专利许可、在基带芯片销售中附加不合理条件等垄断行为，在中国赚取了高额利润。数据显示，高通通过芯片销售和许可费于2013年在全球获得248亿美元的收入，而其中近一半来自中国，可以说，中国已成为高通公司全球最大、最重要的市场之一。针对此，中国反垄断部门不仅对高通实施了巨额罚款，还对其专利收费模式进行了重大改变。

相关专家认为，中国反垄断部门对高通的执法，是全球反垄断领域的标志性事件。而中国在高通一案中能首先取得重大突破，一方面是因为中国已经成为世界最大的无线通信市场，例如，高通50%的收入来自中国市场，中国反垄断执法机构因而有着更大的发言权。另一方面，按照高通在华赚取的利润计算，罚款数额并不多，高通不舍得失去中国市场，这可能也是其接受60亿元罚单的原因之一。在对高通公司反垄断处罚结果公布后，高通公司股价不跌反涨，不少行业分析师认为这也从一个层面说明，投资者认为高通是在以罚款换市场。

本章小结

本章知识结构图：

- 不完全竞争市场
  - 完全垄断市场中厂商的均衡
    - 完全垄断市场形成的条件与原因
    - 完全垄断市场的需求曲线与收益曲线
    - 完全垄断市场中厂商的短期均衡与长期均衡
    - 完全垄断与价格歧视
    - 完全垄断市场的效率损失与政府管制
  - 垄断竞争市场中厂商的均衡
    - 垄断竞争市场的概念和特征
    - 垄断竞争市场中厂商的需求曲线与收益曲线
    - 垄断竞争市场中厂商的短期均衡与长期均衡
    - 垄断竞争市场中厂商的非价格竞争
    - 垄断竞争市场的效率评价
  - 寡头垄断市场中厂商的均衡
    - 寡头垄断市场的概念和特征
    - 寡头垄断市场条件下厂商的均衡

本章主要知识点：

1. 完全垄断市场是指整个行业中只有一个生产者的市场结构，这种市场类型的形成可能是由于规模经济、政府的行政干预、生产者控制了某种特殊的资源和投入等原因。

2. 在垄断条件下，厂商的需求曲线也就是整个市场的需求曲线，需求曲线向右下方倾斜，因而厂商的边际收益曲线总位于需求曲线的下方。垄断企业根据边际收益等于边际成本的原则来选择产量和决定价格。与完全竞争企业不同的是，垄断企业在长期内也可以获得经济利润。凡是单个厂商面临的需求曲线向右下方倾斜的市场中，都不存在具有规律性的厂商和行业的短期与长期的供给曲线。

3. 在垄断条件下，企业为了攫取更多的消费者剩余，往往采取价格歧视。价格歧视可分为一级价格歧视、二级价格歧视和三级价格歧视三种形式。根据收益与弹性的关系，在三级价格歧视情况下，需求弹性较大的市场，产品定价会较低；需求价格弹性较小的市场，产品定价会较高。

4. 从总体上看，垄断是无效率的，因而经济学家和政府都反对垄断。反垄断法就是用法律的武器来对付垄断问题的表现。然而，对于自然垄断问题，政府却不能简单地反对，由于存在巨大的规模经济，一些行业只能通过自然垄断的形式来经营才可以享受到规模经济的好处。政府对自然垄断的态度是让其经营，但要对价格进行管制，以减少垄断造成的福利损失，增进社会效率。

5. 垄断竞争市场是指由众多生产和销售相近但非同质而是具有差别的商品厂商组成的一种市场结构。

垄断竞争市场的主要特征有：厂商数目众多、互不依存、产品具有差异性、进入或退出产品集团比较容易。

6. 垄断竞争厂商有两条需求曲线：主观需求曲线 d 和客观需求曲线 D 两种，主观需求曲线 d 的弹性大于客观需求曲线 D。垄断竞争厂商的边际收益曲线斜率是需求曲线(平均收益曲线)斜率的两倍，位于需求曲线下方。

7. 由于观察不到客观需求曲线，所以厂商总是根据主观需求曲线来决定自己的价格和产量。垄断竞争厂商短期均衡的条件是：$MR=SMC$ 且 $d=D$。在短期内，垄断竞争厂商的盈亏情况也有获得超额利润、零利润和亏损三种情况。在长期内，垄断竞争厂商不仅可以调整生产规模，还可以加入或退出生产集团，厂商只能获得正常利润。长期均衡的条件是：$MR=LMC$ 且 $AR=LAC$。垄断竞争市场上也不存在具有规律性的供给曲线。

8. 寡头市场是指少数几个厂商控制整个市场的产品的生产和销售的一种市场结构。寡头市场的主要特征有：厂商极少、厂商之间相互依存、产品同质或异质、厂商进入或退出行业极不容易。

9. 至今没有形成一个为多数人所接受的关于寡头市场的产量和价格决定理论，常见的寡头模型有古诺模型、斯威齐模型。

复习思考题

一、名词解释

完全垄断市场　自然垄断　价格歧视　垄断竞争市场　主观需求曲线　客观需求曲线　寡头垄断市场　弯折的需求曲线　非价格竞争　古诺均衡

二、判断题

1. 一个垄断厂商可以随心所欲地定价，以取得最大利润。（　）
2. 如果一个企业的产品市场有多个，而且是可以分割的，实行统一的价格，比实行差别价格赚取的利润多。（　）
3. 垄断厂商是不会发生经济亏损的。（　）
4. 垄断厂商的平均收益曲线与边际收益曲线是同一条曲线。（　）
5. 垄断竞争厂商的短期均衡的位置只能是它刚好获得正常利润。（　）
6. 垄断厂商、垄断竞争厂商及寡头垄断厂商的供给不能给出定义，因为在这几种情况下，价格和厂商的产出不存在唯一的关系。（　）
7. 垄断厂商不必像垄断竞争厂商那样采用广告战略，因为前者没有竞争对手。（　）
8. 古诺模型假定，行业中只有两个厂商，它们的边际成本既定，且每个厂商都假定另一个厂商的产出数量不变。（　）

三、单项选择题

1. 对一个垄断企业而言，它的边际收益（　）。

A. 大于价格　B. 等于价格　C. 小于价格　D. 曲线是水平的

2. 垄断企业面对一条（　）；完全竞争企业面对一条（　）。

A. 向右下方倾斜的需求曲线；完全有弹性的需求曲线
B. 完全有弹性的需求曲线；向右下方倾斜的需求曲线
C. 向下倾斜的需求曲线；向右下方倾斜的需求曲线
D. 完全有弹性的需求曲线；完全有弹性的需求曲线

3. 垄断会降低经济效率，因为（　）。

A. 利润最大化时，总收益超过总成本　B. 利润最大化时，价格超过边际成本
C. 利润最大化时，边际收益超过边际成本　D. 利润最大化时，边际成本超过边际收益

4. 当垄断企业面对的需求曲线富有弹性时，（　）。

A. 边际收益与边际成本之间的差额较大　B. 边际收益与价格之间的差额较大

C. 边际收益与价格之间的差额为零　　D. 边际收益与价格之间的差额较小

5. 垄断竞争厂商短期均衡时，(　　)。

A. 厂商一定能获得超额利润　　B. 厂商一定不能获得超额利润

C. 只能得到正常利润　　D. 前面三种情况都可能发生

6. 垄断竞争的长期均衡条件下，(　　)。

A. 超额利润为 0　　B. 价格高于边际成本

C. 主观需求曲线与客观需求曲线相交　　D. 只有 A 和 C 正确

7. 寡头垄断厂商的产品是(　　)。

A. 同质的　　B. 有差异的

C. 既可以是同质的又可以是有差异的　　D. 以上都不对

8. 在古诺假定下，如果厂商的数量增加，(　　)。

A. 每一厂商的产量将增加　　B. 行业产量增加，价格降到竞争时的水平

C. 市场价格接近勾结时的价格　　D. 垄断者的行为更倾向于勾结

四、简答题

1. 导致完全垄断的原因有哪些？

2. 垄断厂商是价格的制定者，这是否意味着该厂商对于给定的产量，可以任意索取一个价格？

3. 垄断厂商一定能保证获得超额利润吗？如果最优产量处于亏损，它在短期内会继续生产吗？在长期内又会怎样？

4. 为什么垄断厂商的供给曲线无法定义？

5. 什么是价格歧视？垄断厂商实行价格歧视的市场条件是什么？

6. 为什么说垄断市场相比于完全竞争市场缺乏效率？

7. 什么是垄断竞争市场？该市场的条件有哪些？

8. 对比其他市场结构，说明不能建立一般的寡头模型的原因。

五、计算题

1. 已知完全垄断厂商其商品的需求弹性为 4，边际成本为每单位 9 美元。问：该垄断厂商在其均衡时商品的价格为多少？

2. 假定某垄断者面临的需求曲线为 $P=100-4Q$，总成本函数为 $TC=50+20Q$，求：

(1)垄断者利润最大化时的利润、产量、价格。

(2)假设垄断者遵从完全竞争法则，那么厂商的利润、产量及价格如何？并与(1)进行比较，你能得出什么样的结论？

3. 假设垄断厂商拥有不变的平均成本和边际成本，并且 $MC=AC=6$，厂商面临的市场需求曲线 $Q=70-P$。求：

(1)垄断厂商利润最大化时的均衡价格和均衡产量，并求出相应的利润水平。

(2)如果垄断厂商的成本情况由 $TC=0.25Q^2-5Q+300$ 给定，请求出此时垄断厂商利润最大化时的均衡价格和均衡产量，并求出相应的利润水平。

4. A 和 B 是两个向小镇提供矿泉水服务的厂商，边际成本相同，都为常数 C，市场需求曲线是 $P=a-Q$。求：

(1)如果两个厂商在古诺双头垄断的环境中展开竞争，同时选择产量，求两个厂商的均衡产量和价格。

(2)如果两个厂商互相勾结，其产量和价格又是多少？

(3)上述两种产量哪一种更有利？一般而言，两个厂商会选择哪一个产量？为什么？

5. 设双寡头厂商面临的市场需求曲线为 $P=30-Q$(Q 是两厂商的总产量，$Q=Q_1+Q_2$)，设两厂商都有零边际成本：$MC_1=MC_2$，求市场均衡价格。

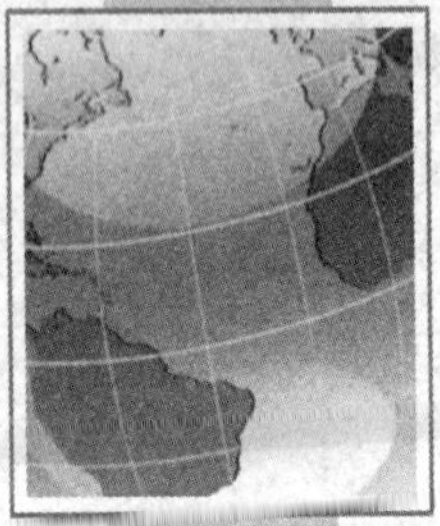

第九章 博弈论与厂商的行为决策

【本章导读】

前面所有章节的分析都是在信息对称的假设前提下进行，但是在现实经济社会中，这个假设条件无法满足，厂商面临价格、产量等决策时需要收集和甄别尽可能多的信息，并要充分考虑其他经济主体的策略或行为，从而采取不同的对策。博弈论就是研究决策主体的行为发生直接相互作用时的决策以及决策主体之间的均衡问题。本章将扩展和深化对厂商决策行为的分析，简单描述博弈论在微观经济学中的运用。

【学习目标】

1. 理解博弈论的基本概念和分类。
2. 重点掌握纳什均衡、囚徒困境、占优策略。
3. 了解智猪博弈和斗鸡博弈。

【能力目标】

1. 了解博弈论的基本思想。
2. 能够找出纳什均衡和占优策略。
3. 运用博弈论的思维去思考经济中的问题。

【案例导读】

广告是现代企业一种重要的非价格竞争方式，特别是在垄断竞争市场和寡头垄断市场中，广告的作用非同一般。某产品市场有两家企业，如果A垄断企业不投入广告或者广告不如B企业，就会发现顾客逐渐被吸引过去购买竞争对手B的产品。假设两家企业都做广告，企业A、B各有利润110和50（单位均为万元人民币）；如果A做广告而B不做，则A得150，B只得到10；如果A不做广告，则A得60，B得70；如果两家都不做广告，则A得100，B得20（单位均为万元）。当然，广告及其他推销活动的开支也是相当大的，在考虑竞争对手做不做广告时，企业该如何决策呢？

第一节　博弈论的基本介绍

博弈论（Game Theory）是研究各相关决策主体的行为发生相互作用时，理性的行为主体如何决策以及这种决策的均衡问题。也就是说，当一个主体，好比说一个人或一个企业的选择受到其他人、其他企业选择的影响，而且反过来影响到其他人、其他企业选择时的决策问题和均衡问题，所以博弈论又称“对策论”。

实际上，博弈是一种日常现象，人们之间决策行为相互影响的例子很多，比如说，国际交往中各国家之间的决策相互制约、相互影响；一国中央政府和地方政府的财政预算、货币政策和财政政策等的相互影响；一个大家庭内兄弟姐妹之间、婆媳之间、夫妻之间的关系；相互竞争的企业位置的选择、价格策略问题等。

一、博弈论的由来

博弈论的正式提出是在20世纪40年代，但博弈的思想有着悠久的历史。1944年，冯·诺伊曼和摩根斯顿合作出版了《博弈论与经济行为》一书，标志着博弈理论的正式提出。到20世纪50年代，博弈论得到了巨大的发展。图克于1950年提出了“囚徒困境”。纳什在1950年到1951年发表了两篇关于非合作博弈的重要文章，提出了“纳什均衡”的概念，以及证明纳什均衡存在的纳什定理，奠定了现代博弈论学科体系的基础。这个时期的博弈论研究主要集中在对静态博弈模型的研究。

50年代中后期到70年代是博弈论产生重要成果的阶段。泽尔滕将纳什均衡的概念引入了动态分析，提出了“多步对策”“子博弈完美纳什均衡”和“颤抖均衡”的概念，并发展了推导归纳法等分析方法。豪尔绍尼开创了不完全信息对策研究的新领地，提出了“贝叶斯纳什均衡”的概念和分析不完全信息博弈问题的标准方法，初步运用随机分析方法解决信息不完全和不对称问题。

80年代以后，博弈论开始走向成熟，理论框架逐渐完整和清晰，与其他学科之间的关系也逐渐深入，并开始受到经济学家真正的重视，特别是90年代以来博弈论领域的经济学家已经三次获得经济学诺贝尔奖，该理论已经对经济学产生了重大的影响。

二、博弈论所涉及的基本概念

博弈论的基本概念包括参与人、行动、信息、战略、支付函数、结果、均衡。

参与人(又称“局中人”)指的是博弈中选择行动以最大化自己效用的决策主体，可以是个人，也可以是国家或企业等团体。

行动是参与人的决策变量，战略是参与人选择行为的规则。如“人不犯我，我不犯人；人若犯我，我必犯人”是一种战略，这里“犯”与“不犯”是两种不同的行为，战略规定了什么时候选择“犯”，什么时候选择“不犯”。通俗地说，战略就是告诉参与人在什么时候选择什么行为。

信息指的是参与人在博弈中的知识，特别是有关其他参与人的特征和行动的知识。

支付函数是参与人从博弈中获得的效用水平，它是所有参与人战略或行动的函数，是每个参与人真正关心的东西。有的教材把支付称为得益，即博弈参与人所获得的收益或效用。

结果是指博弈参与人所感兴趣的要素的各种组合。

均衡是所有参与人的最优战略或行动的组合。理性决策者是从自我利益最大化出发作出的决策，当然就没有一个参与人愿意去改变当前的状态，这就达到了经济学中所说的相对稳定的均衡状态。

三、博弈的分类

按照不同的划分标准博弈有不同的类型，下面主要介绍按信息特征和行动先后顺序来划分的博弈类型：

第一个标准按参与人对其他参与人的知识的掌控程度，博弈可以划分为完全信息博弈和不完全信息博弈。完全信息指的是每一个参与人对所有其他参与人的特征、战略、支付函数有准确的知识；否则就是不完全。

第二个标准按参与人行动的先后顺序，博弈可以分为静态博弈和动态博弈。静态博弈指的是博弈中参与人同时选择行动，或虽非同时但后行动者并不知道前行动者采取了什么具体行动。动态博弈指的是参与人的行动有先后顺序，且后行动者能够观察到先行动者所选择的行动。

将上述两个标准结合起来，就得到四种不同类型的博弈，即完全信息静态博弈、完全信息动态博弈、不完全信息静态博弈、不完全信息动态博弈。本书只讨论完全信息静态博弈，其他博弈类型的探讨可参看专门的博弈论教材。

第二节　完全信息静态博弈

一、著名的博弈论案例——囚徒困境

“囚徒困境”(Prisoner’s Dilemma)的故事讲的是，两个嫌疑犯作案后被警察抓住，被分别关在不同的房间里受审讯。警察知道两人有罪，但缺乏足够的证据定罪，除非两个人当中至少一个人坦白。警察告诉每个人：如果两人都不承认，每个人都以轻微的犯罪判 1 年；如果两人都坦白，各判 5 年；如果两人中一人坦白另一个人抵赖，坦白的释放出去，抵赖的判刑 8 年。这样，每个嫌疑犯面临四个可能的后果：或释；被判 1 年；被判 5 年；被判 8 年。

表 9—1　　　　　　　　**囚徒困境矩阵**

		囚徒 B	
		坦白	抵赖
囚徒 A	坦白	−5，−5	0，−8
	抵赖	−8，0	−1，−1

表中每一格的两个数字代表对应策略组合下两个囚徒的支付(效用)，其中第一个数字是囚徒 A 的支付，第二个数字是囚徒 B 的支付。从表中看出两个囚徒都面临坦白和抵赖两种策略。但是，每个囚徒最终都会选择坦白的战略。对于 A 来说，如果 B 选择坦白，A 选择坦白会判 5 年，A 选择抵赖会判 8 年，所以作为理性人的 A 会选择坦白；如果 B 选择抵赖，A 选择坦白会被释放，A 选择抵赖就会判 1 年，所以坦白比抵赖好，A 会选择坦白。同理，无论 A 做什么选择，B 都会选择坦白。结果是，两个囚徒都选择坦白，各判 5 年。

由上所述，在一些博弈中，一个参与人的最优策略可能不依赖于其他参与人的战略选择，就是说，不论其他参与人选择什么战略，他都选择对于自己来说是最优的唯一策略，这样的策略被称为“占优策略”(Dominant Strategy)，又称上策。

在囚徒困境例子中，两个囚徒都存在唯一的最优策略，那就是坦白。所以，(坦白，坦白)是占优策略均衡或上策均衡。然而大家会发现，若两个囚徒都选择抵赖获得的效用(−1，−1)要比占优策略均衡下获得的效用(−5，−5)大。可见，从个体理性出发的占优策略均衡，却是整体利益的最差结局，存在个体理性与集体理性的冲突。

二、纳什均衡

在每个参与人都有占优策略的情况下，占优策略均衡是一个非常合理的预测，但在绝大多数博弈中，占优策略均衡是不存在的。但是，如果给定对手策略的情况下，每一个参与人可以找到应对的最优策略，这样的策略组合就是纳什均衡(Nash Equilibrium)。

在一个博弈中，只要每一个参与者都具有占优策略，该博弈就一定存在占优策略均衡。但是，在有的博弈中，参与者并不总存在占优策略，仍然可以达到博弈均衡，以下举例说明。

如表9—2所示，博弈的参与者厂商A和B，策略集合为高价和低价，参与者的得益就是矩阵中的每个企业的利润值。首先，分析厂商A的情况：如果B选择低价策略，则A发现低价策略可以获得8个单位的利润，采取高价策略只获得5个单位的利润，因此应该选择低价策略；如果B选择高价策略，则A发现低价策略可以获得15个单位的利润，实施高价策略只能获得10个单位的策略，因此A还是会选择低价策略。因此，厂商A存在占优策略就是实行低价策略。再分析厂商B的情况：如果A选择低价策略，B采取低价策略获得2个单位的利润，而采取高价策略只能获得1个单位的利润，因此B会选择低价策略；如果A选择高价策略，B采取低价策略可以获得6个单位的利润，采取高价策略只可以获得4个单位的利润，则它会选择低价策略获得更多的利润。可见，无论B做什么选择，A都选择低价策略；无论A做什么选择，B都选择低价策略。因此，A和B都存在一个占优策略即低价。

表9—2　　定价博弈矩阵

		厂商B	
		低价	高价
厂商A	低价	8,2	15,1
	高价	5,6	10,4

对上面的矩阵稍作改动，得到的结论又是怎样呢?

表9—3　　修改后的定价博弈矩阵

		厂商B	
		低价	高价
厂商A	低价	11,4	9,1
	高价	5,6	12,7

根据修改后的矩阵(如表9—3所示)，对于A来说，如果B实行低价，A采取低价的利润11个单位大于采取高价的利润5个单位，则“低价”是A的最优策略；如果B实行高价，A采取低价的利润9小于采取高价的利润12个单位，则“高价”是A的最优策略。对于B来说，如果A实行低价，B采取低价的利润4个单位大于实行高价的利润1个单位，则低价是B的最优策略；如果A实行高价，B采取低价的利润6个单位小于采取高价的利润7个单位，则高价是B的最优策略。因此，A和B不存在占优策略，A的最优策略随B策略的变化而变化，B的最优策略也随着A策略的变化而变化。

根据纳什均衡的定义，上表中(低价，低价)和(高价，高价)这两组策略组合都是纳什均衡。因为给定B选择低价策略，A必然选择低价策略；如果给定B选择高价策略，A必然选择高价策略。同理，B也是一样，给定A选择高价策略，B必然选择高价策略，给定A选择低价策略，B必然选择低价策略。

从上面的分析中可以得出结论，每一个占优策略均衡一定是纳什均衡，但并非每一个纳什均衡是占优策略均衡。也可以说，占优策略均衡是纳什均衡的特例。这就如同在评选“三好生”的过程中，每一个校“三好生”一定首先是院系“三好生”，但并非每一个院系“三好生”都是校“三好生”，校“三好生”是院系“三好生”的特例。

三、智猪博弈

智猪博弈(Boxed Pigs Game)讲的是猪圈里有两头猪，一头大猪一头小猪，猪圈的一头有一个猪食槽，另一头安装着一个按钮，控制着猪食的供应。按一下按钮，就会有12个单位的猪进食槽，但要付出2个单位的效用成本，假设1个单位的食品提供1个单位的效用。这里，每头猪都有两种战略：按或等待。表9－4列出不同战略组合下的支付矩阵，每格的第一个数字代表大猪的支付，第二个数字代表小猪的支付。

表9－4　　智猪博弈矩阵

		小猪	
		按	等待
大猪	按	6,2	5,5
	等待	11,－1	0,0

如表9－4所示，大猪和小猪如果一起跑过去按钮再跑回来进食，大猪获得的效用值是6个单位(进食8个单位效用而付出2个单位效用成本，剩余效用为6)，而小猪只能获得2个单位的效用值(进食4个单位效用付出2个单位效用成本，剩余效用2)；如果小猪跑去按钮再奔回来进食只能吃到1个单位的食品，获得－1个单位效用(进食1个单位效用而付出2个单位效用，剩余效用－1)，原地等待的大猪可以进食11个单位，从而获得11个单位的效用；如果大猪跑去按钮再奔回来进食只能吃到7个单位食品，获得5个单位效用，原地等待的小猪可以进食5个单位，获得5个单位效用；当然，如果都不去按钮，则无猪进食槽，得到的效用均为0。

显然，不论大猪选择“按”还是“等待”，小猪的最优选择都是“等待”，在预期小猪“等待”的前提下，大猪的最优策略是“按”。所以纳什均衡就是大猪“按”，小猪“等待”。结果，多劳者没有多得。

拓展阅读

中国证监会于2006年4月发布的《上市公司股权激励管理办法》为股改后上市公司管理层股权激励提供了进一步的法律依据。显然，监督机构期望通过股权或期权激励使得管理层的收益达到一致。利用二级市场股价和市值使得经理层和全体股东的利益机制趋于一致也是投资者对股改的最大期盼。股权激励能有效地激励管理层着眼于公司的长远利益和整体利益，减少短视行为。与此同时，管理层的利益与二级市场股价建立关联，也为拥有公司控制权和财务信息的管理层侵害股东利益创造了新的机会。

股改后，我国证券市场进入全流通阶段，大股东持有的非流通股可以上市流通，其利益跟二级市场的股价和市值有了联系，所以对于大股东而言，股改后对管理层的监督较股改以前具有更大的积极性。而且由于大股东持股比例较大，市值的变动对其影响也远甚于中小股东，所以大股东监督管理层的积极性也要明显高于中小股东。因此，中小股东“搭便车”的动机也更加强烈，如此才能真正形成一个“智猪博弈”。

表 9—5　　大小股东支出矩阵

		中小股东 B	
		监督	不监督
大股东 A	监督	X_1D-C_1, X_2D-C_2	X_1D-C_1, X_2D
	不监督	X_1D, X_2D-C_2	0,0

为了方便分析，假设只有两个利益主体，即大股东 A 和中小股东 B。A 和 B 都可以选择监督和不监督两种策略。收益函数为 $R=XD-C$，设大股东和中小股东的持股比例分别为 X_1、X_2($X_1>X_2$)，每股收益为 D，监督成本分别为 C_1、C_2。

从收益情况来看，当大股东选择监督时，中小股东选择不监督，获益最大(X_2D)；当大股东选择不监督，中小股东选择监督时，监督管理层的所有成本和压力都要由中小股东来承担，由于技术、信息及人才等方面的劣势，中小股东监督的额外成本非常高，在收益一定(X_2D)的情况下，中小股东选择监督的结果极有可能是入不敷出及收益为负数(X_2D-C_2)。若中小股东也选择不监督，那么由于管理层得不到有效的监督，会损害公司利益，中小股东最终可能一无所获，即收益为 0，但选择不监督的收益仍然要优于选择监督的收益。

总而言之，无论大股东选择什么战略，中小股东的最优战略总是不监督。此博弈没有占优策略均衡，尽管不监督是中小股东的占优策略，但是大股东没有占优策略。大股东的最优策略依赖于中小股东的战略：如果中小股东选择不监督，那么大股东的最优策略只能是监督，因为如果大股东也选择不监督，那么由于管理层得不到有效监督，代理问题会更加突出，大股东和中小股东都将遭受损失；反之，若中小股东选择监督，那么大股东的最优策略是不监督。但是，对于理性的中小股东来讲，股改后大股东的利益与自己捆绑在一起，而由于大股东持有股份较多，其监督收益要明显高于其他股东，从而不监督带来的损失也更大。所以，中小股东认定大股东一定会选择监督，而自己就可以顺理成章地“搭便车”。理性的大股东对此有清醒的认识，但是别无选择，只能承担起收集信息、监督经理层的重担。故此博弈的纳什均衡是：大股东监督，中小股东不监督。

资料来源：柴聪，孙红梅.股改后大小股东的新智猪博弈分析[J]. 学术研究，2011(9)。

课堂讨论：中大小股东会存在什么利益冲突？如何解决大小股东间的利益冲突？

四、斗鸡博弈

斗鸡博弈(Chicken Game)也是一个经典的纳什均衡例子。设想有 A 和 B 两个人相向而过独木桥，而桥一次只能过一个人。每个人有两种战略选择：一是继续前进，二是败下阵来。因此有四种情形：一是如果两个人继续前进，双方都会掉进水里，双方丢面子；二是双方都退下来，也都丢面子，但都不会掉到水里去；三是 A 退下来，丢面子，B 过去；四是 B 退下来，丢面子，A 顺利通过。这四种结果，第一种是两败俱伤，第二种是两败不伤，第三、四种是一胜一败。假设其支付矩阵如表 9—6 所示。

表 9—6　　斗鸡博弈矩阵

		B	
		前进	后退
A	前进	−2,−2	2,0
	后退	0,2	0,0

这个博弈中也有两个纳什均衡：如果 A 前进，则 B 的最优策略应是后退；如果 B 前进，则

A 后退。两方都前进或后退不是纳什均衡。当然，斗鸡博弈的问题是：究竟哪方败下阵来。因为退下来虽然比两败俱伤好，却总归是丢面子的事情。若双方都寄希望于另一方后退，则两败俱伤仍会出现。

拓展阅读

所谓"斗鸡博弈"(Chicken Game)，是博弈学中一个非常简单的模型。两只公鸡狭路相逢，即将展开一场厮杀，此时有两个选择，两败俱伤和一进一退。博弈论的研究表明，这种对抗的最后结果就是"只占便宜不伤命"，因为两只公鸡都负担不起你死我活的彻底冲突，在最后关头这两只公鸡不会都采取进攻策略，但也不会都采取退让妥协策略。通常是一只鸡进，就占了便宜；另一只鸡退，肯定就要吃亏。在分析大国博弈时，这个模型常常会被用到。这个模型可以得出这样几个推论：

(1)一有对抗就宣传战争亡国论、战争恐怖论来主张妥协、退让是没有依据的，大国间在一般问题的对抗上不会导致最后的生死冲突，最后总会有一方做出妥协，一味地只是宣传战争亡国论、恐怖论，实际上就等于是在逼自己人妥协。

(2)主张实力决定一切的观点也是不恰当的，即使一方的实力比较小，但只要全面冲突能给另一方造成无法承受的损失，上面那个模型就成立了。也就是说，如果一国具备一定的实力，那么在合适的策略下，对抗国力强于自己的对手也是可以占到便宜的。

(3)双方谁妥协都是这个模型的解，但要说双方一起妥协就共赢了，这是自欺欺人。

在朝鲜战争最激烈的时候，美国曾扬言要使用核武器，毛泽东的回应则是，"你打你的原子弹，我打我的手榴弹！"一句话：接着打！如今这种行为被某些所谓的公共知识分子称为是战争疯子，是不顾人民安危的举动，但真实的历史是——原子弹最终没有落到中国人头上，相反，中国在中美对抗中获利了，这是为什么呢？

从斗鸡博弈模型来看，双方在最后关头总会有一方选择妥协。而由谁来妥协，则取决于双方的决心与勇气，谁显示出的决心更加坚定，谁就是最后的胜利者。所谓斗鸡博弈，说白了就是"狭路相逢勇者胜"。这并非是什么血气之勇，而是真正基于冷静、理性的思考，毛泽东才是真正的博弈大师。

当然，要表决心，并非是口头说说就可以了，一个无法让人信服的威胁是无效的。而口头的威胁是否会被对方相信，则取决于说话的一方之前的"信誉"。中国在 1840 年以来一直是在被动挨打，这就是说这段时期中国的"信誉"非常糟糕。中国政府之前曾反复警告：一旦美军越过"三八线"，中国就出兵，但因为之前的"信誉"极低，这个威胁在美国人看来就是无效的，所以美军才会毫无顾忌地推进到鸭绿江畔，中国才不得不出兵。从这个角度说，抗美援朝也是为今后中国对其他国家的博弈储备了"信誉"。后来越南战争爆发，基于朝鲜战争所建立的"信誉"，中国警告美国不得越过北纬 17 度线，美国就必须视此为有效的威胁，不能越雷池一步。通俗来说，朝鲜战争就是中国给美国的一个"下马威"，有了这个教训，美国在以后判断中国的举动时就会理智得多，这样反倒对中美双方都有好处。

总之，言战并非就是冲动，言退、言妥协也并非是理性和冷静。这个道理，过去适用，现在适用，将来同样适用。

资料来源：王伟.看懂世界格局的第一本书[M]. 南方出版社，2011。

请思考：从博弈的视角如何看待大国和小国之间的关系？

斗鸡博弈对于我们今天构建和谐家园、化解人际矛盾，富有启迪意义。在我们的学习生活中经常会碰到斗鸡博弈，由于面子作怪而处理不好关系，使得矛盾和问题形成了一个胶着状态之后，谁都不愿先让步，谁都想让对方先让步，最后导致悲剧。所以，妥协是一种深奥的艺术，古语说“小不忍则乱大谋”。

我们再把视角放大到社会人际关系交往中，无论是和同事、上司的人际冲突，还是和恋人、亲人之间的矛盾，都不要选择硬碰硬，千万不能做出两败俱伤的对抗，否则一定会追悔莫及。正如那句名言所说“忍一时风平浪静，退一步海阔天空”。

斗鸡博弈还提示我们，面对复杂局面，应对社会危机，处理各种矛盾，需要把我们的目标层次化，从最高目标开始，逐次递减，着眼于长远目标，立足于现实目标，保证次优目标，其他都可以妥协。“留得青山在，不愁没柴烧”，讲的就是这个道理。

案例导读评析

根据已知我们可以编写出两家企业的广告得益矩阵，如表9—7所示：

表9—7　企业广告博弈矩阵　　单位：万元

		企业B	
		做广告	不做广告
企业A	做广告	110,50	150,10
	不做广告	60,70	100,20

在此例中，企业A的最优策略为做广告。因为对企业A来说，企业B如果选择做广告，企业A做广告获得利润110万元，不做广告只获得利润60万元，当然企业A会选择做广告获得更多利润；如果企业B选择不做广告，企业A仍然会选择做广告，因为做广告可以获得150万元的利润大于不做广告获得的100万元。所以，无论企业B选择哪种策略，企业A都会选择做广告获得更多利润，对A来说是最优的。同理，企业B的最优策略也是选择做广告。所以得益组合(110,50)构成了这一博弈的均衡点，对应于A、B企业的最优策略，从而构成了占优策略均衡。

可见，对于不完全竞争企业而言，广告是不可缺少的。广告可以加强竞争，因为广告提供给人们更多的有关可替代品和劳务的信息，可以削弱有关生产者的垄断力量，为消费者提供更多合理选择所需要的大量市场信息。但是，同时注意广告投入的费用要合理，不能过度膨胀，导致边际生产成本和边际广告成本之和大于企业产品边际收益，进而不能实现利润最大化。

本章小结

本章知识结构图：

- 博弈论与厂商的行为决策
  - 博弈论的基本介绍
    - 博弈论的由来
    - 博弈论所涉及的基本概念
    - 博弈的分类
  - 完全信息静态博弈
    - 囚徒困境
    - 纳什均衡
    - 智猪博弈
    - 斗鸡博弈

本章主要知识点：

1. 博弈论是研究各相关决策主体的行为发生相互作用时，理性的行为主体如何决策以及这种决策的均衡问题。

2. 博弈论的基本概念包括参与人、行动、信息、战略、支付函数、结果、均衡。

3. 按照不同的划分标准，博弈有不同的类型：按参与人对其他参与人的知识的掌控程度，博弈可以划分为完全信息博弈和不完全信息博弈。完全信息指的是每一个参与人对所有其他参与人的特征、战略、支付函数有准确的知识；否则就是不完全。按参与人行动的先后顺序，博弈可以分为静态博弈和动态博弈。静态博弈指的是博弈中参与人同时选择行动，或虽非同时但后行动者并不知道前行动者采取了什么具体行动。动态博弈指的是参与人的行动有先后顺序，且后行动者能够观察到先行动者所选择的行动。

4. 在一些博弈中，一个参与人的最优策略可能不依赖于其他参与人的战略选择，就是说，不论其他参与人选择什么战略，他都选择对于自己来说是最优的唯一策略，这样的策略被称为“占优策略”，又称上策。纳什均衡则指的是，给定对方采取的决策下，博弈方所能采取的最佳策略。占优策略均衡一定是纳什均衡，但纳什均衡不一定是占优策略均衡。

5. 囚徒困境下博弈人根据自己利益最大化而做出的决策，存在纳什均衡，但是体现了个人理性和集体理性的冲突。

6. 智猪博弈和斗鸡博弈都是纳什均衡的经典案例，都存在纳什均衡，但存在差别。智猪博弈只存在一个纳什均衡，就是弱者选择“搭便车”，强者选择主动出击。斗鸡博弈存在两个纳什均衡，即你进我退，我退你进，当然所谓狭路相逢勇者胜。

7. 囚徒困境、智猪博弈和斗鸡博弈都是完全信息静态博弈。

复习思考题

一、名词解释

博弈论　　囚徒困境　　占优策略　　纳什均衡　　智猪博弈　　斗鸡博弈

二、填空题

1. ______是参与人从博弈中获得的效用水平，它是所有参与人战略或行动的函数，是每个参与人真正关心的东西。有的教材把支付称为得益，即博弈参与人所获得的收益或效用。

2. 博弈论的基本概念包括______、行动、信息、战略、支付函数、______、均衡。

3. 按参与人对其他参与人的知识的掌控程度，博弈可以划分为______和______。

4. 按参与人行动的先后顺序，博弈可以分为______和______。

5. 在一些博弈中，一个参与人的最优策略可能不依赖于其他参与人的战略选择，就是说，不论其他参与人选择什么战略，他都选择对于自己来说是最优的唯一策略，这样的策略被称为______。

6. 从个体理性出发的占优策略均衡，却是整体利益的最差结局，存在______与______的冲突。

三、判断题

1. 囚徒困境说明个人的理性选择不一定是集体的理性选择。（　）

2. 纳什均衡一定是占优策略均衡。（　）

3. 在一个博弈中只可能存在一个纳什均衡。（　）

4. 如果一个博弈中存在多个纳什均衡则不存在占优策略。（　）

5. 在博弈中存在的纳什均衡是博弈双方能够获得的最好结果。（　）

6. 占优策略均衡一定是纳什均衡。（　）

四、单项选择题

1. 博弈论中，局中人可以从一个博弈中得到的最终结果被称为（　）。

A. 决策　　B. 信息　　C. 策略　　D. 支付

2. 下列关于博弈的划分，表述正确的是（　）。

A. 博弈可以划分为非完全信息博弈和动态博弈
B. 博弈可以划分为非合作博弈和静态博弈
C. 博弈可以划分为完全信息博弈和动态博弈
D. 博弈可以划分为完全信息博弈和非完全信息博弈

3. 博弈参与人指的是(　　)。
A. 参加博弈游戏的人　　B. 制定博弈规则的人
C. 为博弈支付的人　　D. 可以最大化自己效用的主体

4. 囚徒困境中,(　　)。
A. 双方都依照自身利益行事,导致最好的选择
B. 双方合谋,从而实现最好的结果
C. 双方依照自己的最大效用的实现而决策,导致了最不利的局面
D. 没有实现均衡,情况复杂

5. 智猪博弈中,(　　)。
A. 无论大猪选择什么策略,小猪都会选择"按"的策略
B. 无论大猪选择什么策略,小猪都会选择"等待"的策略
C. 大猪存在占优策略
D. 无论小猪怎么选择,大猪都会选择"等待"的策略

6. 斗鸡博弈中(　　)。
A. 存在两个纳什均衡　　B. 不存在纳什均衡
C. 存在一个纳什均衡　　D. 博弈双方都有占优策略

五、简答题

1. 什么是囚徒困境？请列举生活中存在囚徒困境的现象。
2. 比较占优策略均衡和纳什均衡。
3. 斗鸡博弈对于高校大学生之间的人际关系有何启示？
4. 智猪博弈给予大企业在开发新产品方面有何启示？

六、计算题

假定企业 A 和企业 B 都是手机制造商,它们都可以生产中低档产品和高档产品,不同选择下企业获利的报酬矩阵如表 9－8 所示(利润单位:亿元)。

表 9－8

		企业 B	
		中低档	高档
企业 A	中低档	50,50	100,80
	高档	80,100	40,40

(1)这两家企业有没有占优策略？
(2)该博弈有没有纳什均衡？请指出,并说明过程。

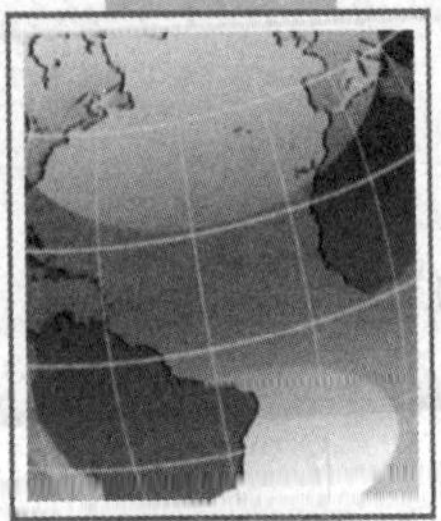

第十章 要素市场均衡

【本章导读】

前面已经探讨了各种市场结构下产品市场上均衡产量和均衡价格的决定，它是以厂商投入的要素价格既定不变为前提的。生产要素的投入决定着企业成本，企业成本决定着利润的实现。那么接下来应该思考什么决定生产要素的价格、要素市场的均衡数量应该如何确定等问题。

【学习目标】

1. 理解边际生产力分配理论。
2. 了解要素市场和产品市场的区别与联系。
3. 掌握生产要素的需求与供给原则。
4. 掌握完全竞争市场条件下要素均衡价格的决定。
5. 掌握工资、利息、地租的决定。
6. 了解洛伦兹曲线与基尼系数。

【能力目标】

1. 会用供求曲线分析要素价格的决定。
2. 能够运用所学的要素分配理论解释现实分配问题。

【案例导读】

已知某完全竞争厂商只有一种可变要素 L（劳动），产出一种产品 Q，固定成本为既定的，短期生产函数为 $Q=-0.02L^3+L^2+16L$，L 为每个月该厂商雇用的人数，已知生产出来的产品每单位销售价格为 200 元，1 名工人每个月工资为4 400元。

思考与讨论：根据前面所学的生产理论可知该厂商雇用劳动人数的合理范围为 $25\leqslant L\leqslant 40$，那么为了实现利润最大化到底要雇用多少劳动人数呢？

通过前面的学习我们知道，生产是厂商对各种生产要素进行组合以制造产品或提供服务的行为，生产要素一般包括劳动、资本、土地与企业家才能。产品市场和要素市场联系密切，产品市场的利润最大化的基本原则在要素市场也适用，只是表现形式有所差异。而且，要素的价格决定于要素市场的供求，要素市场的供求与产品市场的供求有所区别。并且，要素市场也分为完全竞争和非完全竞争的状态。本章我们将重点讨论完全竞争状态下生产要素价格的确定。

第一节　生产要素的需求

一、生产要素的需求

（一）生产要素需求的定义

生产要素的需求就是指厂商在一定时期内，在一定的价格水平下，愿意而且能够购买的生产要素数量。它像消费者对商品的需求一样也是购买欲望和支付能力的统一，两者缺一不可。

（二）生产要素需求的特点

1. 派生性

生产要素需求的派生性是指由于对产品的需求而引起了对生产要素的需求。例如，制鞋厂对工人、机器等要素的需求主要是因为其要提供鞋给消费者，消费者对该厂鞋的需求越大，制鞋厂对生产要素的需求就越多。产品需求直接源于消费者的欲望和支付能力，要素需求是由产品需求引致出来的间接需求。

2. 联合性

生产要素需求的联合性体现在两个方面：一方面，生产要素需求的联合性体现在任何一种产品都不是单独一种生产要素所能生产出来的，都需要多种生产要素进行配合，共同协作。并且，在一定范围内各种要素可以相互替代，企业一般要用价格低的生产要素替代价格高的生产要素，从而各种生产要素的相对价格对其需求就有重要的影响。另一方面，生产要素需求的联合性体现为产品市场和要素市场相互依存。生产要素价格取决于生产要素的供求，而生产要素的供求又取决于产品市场。如果产品市场销售困难，生产收缩，势必减少对生产要素的需求，并进而影响到生产要素市场上生产要素的价格；反之，生产要素价格也会影响到产品价格，如果生产要素价格上涨，会提高产品的生产成本，从而推动产品价格上涨。

二、完全竞争厂商生产要素的使用原则

生产要素的需求是一种派生需求，厂商之所以对生产要素形成需求，是因为厂商要提供消费者所需要的产品，而生产产品是为了实现厂商利润最大化，实现厂商利润最大化的原则就是要满足 $MR=MC$。所以，生产要素的需求也必须满足利润最大化原则。为了分析生产要素市场的需求，我们先引入两个新的术语——边际产品收益和边际要素成本。

边际产品收益（Marginal Revenue Product ，MRP），即使用生产要素的“边际收益”，是指每变动一单位投入生产要素给厂商带来的收益变动量。它可以表示为生产要素的边际产量（MP）与产品的边际收益（MR）的乘积，即 $MRP=MP\times MR$。边际产量表示增加一单位生产要素投入带来的产品产量的增量，边际收益表示增加一单位产品所带来的收益增量。边际要素成本（Marginal Factor Cost，MFC），即使用生产要素的“边际成本”，是指每变动一单位投入要素而导致的厂商总成本的变动量。

在生产要素市场上，为了实现利润最大化，厂商就会把它的产量调节到使用生产要素的边际收入等于边际成本的水平，也就是必须满足 $MRP=MFC$。如果 $MRP<MFC$，说明增加一单位生产要素的投入所增加的收益小于为此所增加的成本，理性的厂商必然会减少生产要素的投入。如果 $MRP>MFC$，说明增加一单位生产要素的投入所增加的收益大于为此所增加的成本，理性的厂商必然会增加生产要素的投入。因此，只有当 $MRP=MFC$ 的时候，厂商对

于生产要素的需求才能够稳定，厂商的利润达到最大。

厂商具有双重身份，它是产品市场的供给者（卖者），也是要素市场的需求者（买者）。这里的完全竞争厂商是指同时处于完全竞争产品市场和完全竞争要素市场中的厂商。完全竞争产品市场的特征以前已经描述过了，完全竞争要素市场的特征与完全竞争产品市场类似，可以描述为：有无数的生产要素的供求者；生产要素没有差别；生产要素供求双方具有完全的信息；生产要素可以充分自由地流动。显然，完全满足这些要求的要素市场在现实中也是不存在的。鉴于非完全竞争市场比较复杂，本教材不展开讨论，只讨论完全竞争市场的生产要素需求的确定。为了研究简单，这里假定，完全竞争厂商只使用一种生产要素、生产一种产品。

（一）完全竞争厂商使用生产要素的“边际收益”

根据前面的讲述，边际产品收益等于边际产量与边际收益的乘积，即 $MRP=MP\cdot MR$，并且完全竞争产品市场上存在产品的边际收益等于产品价格即 $MR=P$，所以可以推导出 $MRP=MP\cdot P$。这就是说，完全竞争厂商使用生产要素的“边际收益”实际上就是增加一单位生产要素所增加产品的市场价值，为了与其他市场结构相区别，通常把完全竞争市场的边际产品收益称为边际产品价值（Value of Marginal Product，VMP），于是有：$VMP=MP\cdot P$，由于要素的边际产量 MP 是产量对生产要素的导数，故它也是要素的函数。为了表示这层意思，可以写成 $MP(L)$。根据“边际生产力递减规律”，MP 随着 L 的增加而递减。由于价格 P 为正的常数，边际产品价值 VMP 也是关于 L 的函数，写成 $VMP(L)$。VMP 曲线的形状取决于 MP，即随着 L 的增加而下降，如图 10－1 所示。VMP 曲线位置的高低取决于 MP 和 P，如果边际产量 MP 和产品价格 P 提高，VMP 曲线往右上方移动，反之则相反。VMP 曲线和 MP 曲线的相对位置取决于 P，如果产品价格 P 大于 1，对于给定的使用要素数量水平，边际产品价值 VMP 大于边际产量 MP，因而 VMP 曲线位于 MP 曲线的上方；如果产品价格 P 等于 1，VMP 曲线和 MP 曲线重合；如果产品价格 P 小于 1，VMP 曲线位于 MP 曲线的下方。

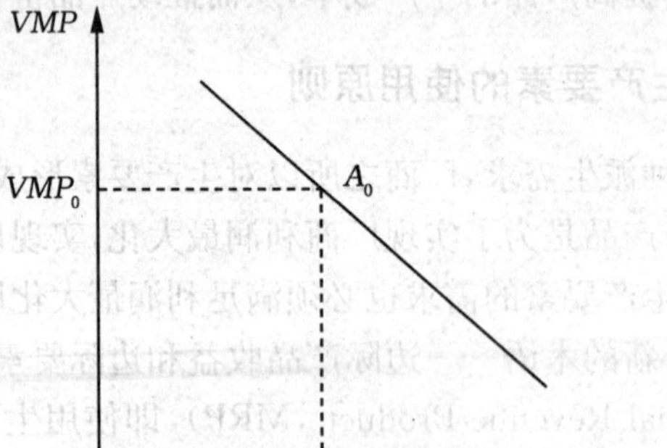

图 10－1　边际产品价值曲线

（二）完全竞争厂商使用生产要素的“边际成本”

我们再来看完全竞争厂商使用生产要素的边际成本，即边际要素成本 MFC。以劳动要素投入为例来说明。假设所使用的劳动要素价格即工资为 W，则使用生产要素的成本可以表示为劳动要素价格和劳动使用数量，即 $C=W\cdot L$。由于要素市场是完全竞争的，要素价格 W 是既定不变的常数。这是因为，在完全竞争条件下，要素买卖者数量很多且毫无区别，任何一家厂商都不能决定并影响生产要素价格。生产要素价格取决于要素市场的供需情况，单个厂商只能被动地接受这个要素市场价格。因此使用生产要素的边际成本 MFC 等于要素的价

格,即:

$$MFC=\frac{dC(L)}{dL}=\frac{dWL}{dL}=W$$

例如,设劳动价格为固定每小时 50 元,则厂商每增加使用一小时劳动就需要支付 50 元的成本,于是它使用的劳动要素的边际成本为 50 元。需要提醒大家的是,只有在完全竞争市场中使用生产要素的边际成本才是个常数,在非完全竞争市场中,使用生产要素的边际成本不再是常数,一般会高于 W。

(三)完全竞争厂商使用生产要素的原则

在完全竞争条件下,厂商使用生产要素的"边际收益"称为边际产品价值 VMP,厂商使用生产要素的"边际成本"恒等于生产要素价格 W。根据厂商使用生产要素实现利润最大化的原则,完全竞争厂商使用生产要素的原则可以表示为:

$$VMP=MP\cdot P=W$$

只有当上述条件被满足时,完全竞争厂商才达到了利润最大化,此时使用的生产要素数量为最优数量,厂商也不会改变当下的状况而处于均衡,否则厂商就会调节生产要素的使用数量。

在非均衡情况下,如果工资 W 高于边际产品价值 VMP,厂商根据利润最大化原则会形成对劳动要素的低需求;如果工资 W 低于边际产品价值 VMP,厂商形成对劳动要素的高需求。因此,使用生产要素的需求函数应该是生产要素需求量与生产要素价格之间的一种反向变动关系。经济学家认为,如果只考虑单个要素投入单个完全竞争厂商,则其所面临的生产要素的需求曲线和边际产品价值曲线重合。在考虑多要素投入、多个厂商共同调整时或非竞争市场上,生产要素的需求曲线和边际产品价值曲线就不重合了,本教材不讨论后一种情况。

例 10－1 假设某一厂商使用的可变要素为劳动 L,其生产函数为 $Q=-0.1L^3+0.9L^2+27L$,其中,Q 为每日的产量,L 是每日投入的劳动小时数,所有市场都是完全竞争的,单位产品价格是 1 元,小时工资为 15 元,厂商要求利润最大化。问:厂商每日要雇用多少小时劳动?

解:根据已知条件可知:

$$W=15,P=1,MP=(TP)'=(-0.1L^3+0.9L^2+27L)'=-0.3L^2+1.8L+27,$$

根据完全竞争厂商要实现利润最大化使用生产要素的原则:$VMP=MP\cdot P=W$

建立方程:$(-0.3L^2+1.8L+27)\times 1=15$,求解得 $L=-4$(舍去);$L=10$。

所以该厂商利润最大化时必须每日雇用 10 小时劳动。

第二节 生产要素的供给

上一节讨论了生产要素的需求,生产要素价格是由需求和供给两方面决定的。本节对生产要素的供给进行分析,现实中每种生产要素的供给差别较大,在后面几节中再详细论述劳动、土地、资本的供给问题。

一、生产要素的供给者

生产要素的供给者就是生产要素的所有者,生产要素的供给者既可以是生产者,也可以是消费者。生产者生产许多将要再次投入生产过程的"中间产品"或"中间生产要素"(如水泥、汽车零件等)。消费者则向市场提供"原始生产要素"(如劳动、土地等),因此是原始生产要素的供给者。本章探讨的是原始生产要素供给者的行为决策，因为中间生产要素本身就是一般的产品，而关于一般产品的供给理论在产品市场中已经详细讨论过了。

一旦局限于消费者范围之内，生产要素供给便存在一个明显的特点：消费者拥有的生产要素数量（也可称资源）在一定时期内总是既定不变的。例如，消费者拥有的时间一天只能是 24 小时，其劳动的供给不可能超过这个数；消费者拥有的土地也是固定的，比如说 3 公顷，则他可能拥有的土地供给也不能超过这个数；消费者拥有的收入每个月固定为5 000元，则其储蓄（理解为资本的供给）不可能比这更多。

由于资源是既定的，消费者只能将其拥有的全部既定资源的一部分作为生产要素来提供给市场，以获得收入。全部既定资源中除去供给市场的生产要素外，剩下的部分可以称为"保留自用"（或简称自用）的资源。如何分配供给要素的数量和自用资源的数量就是生产要素的供给决策。

二、生产要素的供给原则

西方经济学家认为，消费者的行为决策都是以效用最大化为原则的。因此，所谓生产要素的供给问题，可以看成消费者在一定生产要素价格水平下，将其全部既定资源在要素供给和保留自用两种用途上进行分配以获得最大效用。那么怎样分配才能实现效用最大化呢？为了确定生产要素的供给原则，先要引入两个概念。

（一）要素供给的边际效用

把资源作为生产要素供给市场，对消费者来说并无任何效用，但是供给生产要素能够获得收入。消费者获得收入以后可以去消费从而获得效用。可见，生产要素供给的效用是"间接效用"，即要素供给通过收入而与效用相联系。

假设要素供给增量（以劳动供给为例）为 ΔL，由此引起的收入增量为 ΔY，而由收入增量所引起的效用增量为 ΔU，则：

$$\frac{\Delta U}{\Delta L}=\frac{\Delta U}{\Delta Y}\cdot\frac{\Delta Y}{\Delta L}$$

如果增量比较小，上式可以表示为：

$$\frac{dU}{dL}=\frac{dU}{dY}\cdot\frac{dY}{dL}$$

式中，dU/dL 为要素供给的边际效用，它表示每增加一单位要素供给给消费者所带来的效用增量；dU/dY 为收入的边际效用，它表示每增加一单位收入所带来的效用增量；dY/dL 为要素供给的边际收入，它表示每增加一单位要素供给所带来的收入增量。可见，要素供给的边际效用等于收入的边际效用与要素供给的边际收入的乘积。

（二）自用资源的边际效用

与要素供给提供间接效用相比，自用资源的情况稍微复杂一些：它既可以带来间接效用，也可以带来直接效用。例如，如果消费者不把时间用于工作（工作就是劳动的供给），则可以把时间拿来做家务、看电视或者干脆休息。显然，自用时间在这里产生了不同的效用。第一种为直接效用，因为看电视或者休息可以给消费者带来愉悦的心情和健康的身体。第二种为间接效用，因为自己把家务活做了不用请别人来做，节约了家政服务费用，从而间接增加了效用。但为了分析简单，我们一般只考虑自用资源所带来的直接效用。仍以劳动为例，若用 L_S 表示自用资源数量，则自用资源的边际效用就应该表示为效用增量与自用资源增量之比，即

$\Delta U/\Delta L_S$，如果增量比较小，可以表示为 dU/dL_S。

(三)生产要素的供给原则

生产要素的供给原则为：要素供给的边际效用等于自用资源的边际效用。借助上面的概念可以表示为：

$$\frac{dU}{dL}=\frac{dU}{dL_S}$$

如果要素供给的边际效用小于保留自用的边际效用，消费者肯定会减少要素供给从而增加自用资源，进而增加总效用；反之，如果要素供给的边际效用大于自用资源的边际效用，消费者肯定会增加要素供给，减少自用资源，从而增加总效用。根据边际效用递减规律，消费者做这样的调整都会使得总效用增大。调整只有在要素供给的边际效用刚好等于自用资源的边际效用的时候停止，才能达到均衡。

第三节 工资的决定

一、劳动的服务价格——工资

工资是劳动者提供生产服务的报酬，也是劳动这种生产要素的价格。劳动者提供劳动获得工资收入。可以从不同的角度把工资分为不同的种类，按计算方式分，可以分为按劳动时间计算的计时工资和按劳动成果计算的计件工资；按支付手段分，可以分为以货币支付的货币工资和以实物支付的实物工资；按购买力来分，可以分为按货币单位衡量的名义工资（或称货币工资）和按实际购买力衡量的实际工资。

知识链接

1. 生产服务源泉和生产服务

生产服务的源泉不同于生产服务本身。例如，劳动者作为生产服务的源泉可以提供理发、按摩、心理咨询、操作机器等生产活动。再如，土地是生产服务的源泉，土地可以用来种庄稼、盖房子等。再如，机器设备这些资本作为生产服务的源泉，不同于它们所提供的服务，具体来说，烤箱用来烤面包，制鞋的机器用来生产鞋。

2. 生产服务源泉的供给（需求）和生产服务的供给（需求）

源泉的供求是指卖和买生产服务的载体；服务的供求则是指卖和买生产服务本身。有些生产服务的源泉及其服务都可以在市场中买卖，例如，土地和资本；有些生产服务的源泉则不能，例如，劳动服务可以被买卖，但劳动服务的源泉（劳动者本身）却不能被买卖，现代文明社会是这样。

3. 生产服务源泉的价格和生产服务价格

如果生产服务及其源泉均可在市场上交易，则就有两个价格，即源泉价格和服务价格。例如，就土地而言，有使用 1 亩土地 1 年的价格，一般称为土地的租金（简称地租）；还有一个 1 亩地的买卖价格，前者是土地服务的价格，后者是源泉的价格。

提醒大家的是，劳动是一个例外，只有劳动服务能够买卖，劳动服务的载体（劳动者）是不能买卖的，所以只存在劳动服务的价格，即工资。在谈及劳动的供给和劳动的价格，不需要特别说明，它就是指劳动服务的供给和劳动服务的价格。

二、劳动的供给及供给曲线

(一)劳动的供给

影响劳动供给的因素很多,例如总人口中能够参加工作的劳动者人数、劳动者的年龄结构和性别构成、工作条件、工作观念意识、宏观经济发展政策等。但我们一般假定其他因素不变的情况下,只将劳动供给(L)看作劳动价格——工资率(w)的函数。工资率指的是单位时间的工资。根据单位时间的不同,可以分为小时工资率、日工资率等。

劳动供给涉及消费者对其拥有的既定时间资源的分配。消费者拥有的时间资源是既定的,具有两层含义:首先,每人只有24小时,这是不会改变的;其次,在这固定的24小时中必须有一部分用于睡眠。必须睡眠的时间是不能挪用的,否则会影响消费者的满足程度即效用和劳动生产率。为了方便起见,这里假定消费者每天必须睡眠8小时。因此,消费者可以自由支配的时间为16小时。

由上述假定,消费者可能的劳动供给不可能超过16小时。如果劳动供给量为8小时,则自由支配时间剩下8小时,我们把剩下的时间资源称为闲暇时间。闲暇时间包括必需的睡眠时间和劳动时间之外的全部活动时间,例如用于吃、喝、玩、乐等消费活动的时间。在现实生活中,闲暇时间也可以用于非市场活动,例如做家务。为简单起见,我们不讨论像做家务这种产生间接效用的活动。一般用H表示闲暇时间,则$(16-H)$表示为消费者的劳动供给量。因此,劳动的供给就可以看成消费者如何决定其固定的时间资源16个小时中如何分配闲暇时间和劳动时间。

消费者选择一部分时间作为闲暇时间来享受,选择其余时间作为劳动供给时间。闲暇带来直接效用的增加,劳动供给则可以带来收入,收入可以用来消费从而也可以间接增加效用。因此,消费者在闲暇和劳动供给二者之间的选择可以转化为闲暇与劳动收入之间的选择。或者更一般的表述,是在自由资源与收入之间的选择。

(二)劳动的供给曲线

理论研究时,劳动的供给是关于工资率的函数。为什么要将劳动供给看做工资率的函数而不是工资的函数呢?譬如,张某的工资每月5 000元,但每周工作6天每天工作10小时,而林某的工资是4 000元,每周工作5天每天工作6小时。可见,虽然张某的绝对工资总额高于林某,但是林某的工资率却比张某高。

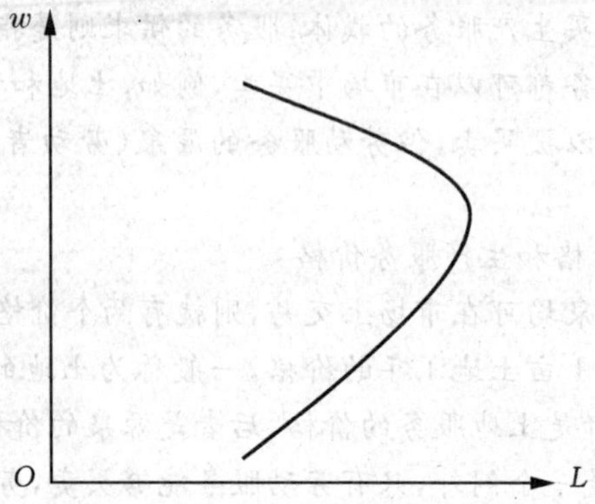

图10—2 向后弯曲的劳动力供给曲线

从理论上分析，工资率的变化对劳动供给会产生替代效应和收入效应。具体来说，工资率提高后，意味着闲暇的成本上升，人们会觉得闲暇的代价太大，而选择减少闲暇时间增加劳动时间，即人们用劳动时间去替代了部分闲暇时间，这是替代效应。同时，工资率的提高使得人们的收入增加，这样人们会增加对闲暇这种特殊、高级商品的需求，从而减少劳动供给时间，这就是收入效应。当替代效应大于收入效应的时候，随着工资率的上升，劳动的供给会增加；当替代效应小于收入效应的时候，随着工资率的上升，劳动的供给会减少。所以，劳动供给曲线具有一个鲜明的特征：当工资率上涨到一定程度，供给曲线向后弯曲。

拓展阅读

改变中国的“五天”

1994 年 2 月 3 日，时任国务院总理李鹏签发了第 146 号国务院令，规定：为了合理安排职工的工作和休息时间，维护职工的休息权利，调动职工的积极性，国家实施职工每日工作 8 小时、平均每周工作 44 小时的工时制度。自 3 月 1 日起实施，当月第一周星期六和星期日为休息日，第二周星期日为休息日，依次循环。

资料来源：徐天.改变中国的“五天”[N]. 中国新闻周刊，2013－3－26.

谈一谈向后弯曲的劳动力供给曲线在生活中的应用。

三、均衡工资率的决定

在完全竞争的劳动市场上，工资率水平是由劳动的需求和劳动的供给决定的。根据前面的论述，企业对劳动的需求主要取决于劳动的边际生产力。根据企业利润最大化原则，企业在购买劳动时要使劳动的边际成本（工资率）等于劳动的边际产品价值（产品价格与劳动要素的边际产量的乘积）。如果劳动的边际产品价值大于工资率，劳动的需求就会增加；如果劳动的边际产品价值小于工资率，劳动的需求就会减少。因此，劳动的需求曲线是一条向右下方倾斜的曲线，表明劳动的需求量与工资率呈反方向变动。将所有企业的劳动需求曲线水平相加，得到整个市场的劳动需求曲线也是一条向右下方倾斜的曲线。

将所有单个消费者的劳动供给曲线水平相加，即得到整个市场的劳动供给曲线。尽管单个消费者的劳动供给曲线会向后弯曲，但劳动市场供给曲线仍然是向右上方倾斜的。因为，在较高的工资率水平上，现有的工人也许提供较少的劳动，但较高的工资也会吸引新的劳动者进来，因而总的市场劳动供给一般还是随着工资率的上升而增加的。

向右下方倾斜的劳动需求曲线和向右上方倾斜的劳动供给曲线的交点确定的工资率就是均衡工资率。当然，随着这两条曲线的变化，均衡工资率会发生改变。比如，由于进入人口高峰期，劳动者供给增加，劳动的供给曲线水平向右移动，在劳动需求不变的情况下，均衡工资率会下降；相反，如果一国老龄化现象严重，出生率又下降，导致劳动供给减少，劳动的供给曲线水平向左移动，在劳动需求不变的情况下，均衡工资率将上升。当外部条件使得劳动需求增加，劳动的需求曲线向右移动，在劳动供给不变的情况下均衡工资率会上升；反之，均衡工资率会下降。

实际经济运行过程中，完全竞争的劳动市场是不存在的。劳动市场上存在不同程度的垄断：一种是劳动者对劳动的垄断，即劳动者组成工会，垄断了劳动的供给；另一种是企业对劳动购买的垄断；再一种就是劳动的供给方和需求方都存在一定的垄断力量。均衡工资水平意味着在同一行业所有劳动者都有相同的工资，但在实际生活中，劳动者的工资是存在差异的。影响工资差异的因素有很多,比如工会的作用、就业准入制度、企业的就业歧视性对待、政府的相关法律制度、劳动者本身的质量差异、劳工的补偿性待遇等。

课堂讨论

请列举现实生活中其他关于就业歧视的现象,谈谈你对此的看法。

最近这段时间,东莞南城第一国际汇一城近百名清洁工很郁闷,因为"长相"竟成为决定工资高低的标准之一。年纪轻、形象好的,月薪1 800元,其他的则为1 650元,而两者工作量几乎差不多。工资拼长相,可以说是一种赤裸裸的相貌歧视;而相貌歧视,是就业歧视最常见的一种表现形式。

需要厘清的是,相貌是否与执行该工作有关,或是否构成衡量劳动者工作能力的一个标准,是判断相貌要求是否合理、是否构成歧视的关键。相貌如果与劳动者完成工作岗位职责无关,用人单位若以此为由区别对待,就构成了就业歧视,应被法律所禁止。而环卫工从事的是清洁工作,长相美丑显然与岗位职责和工作能力毫无关系。可见,环卫工的工资拼长相,已涉嫌相貌歧视和就业歧视。

尽管主流的价值观不提倡"以貌取人",但在现实中,人们总会有意和无意地在"以貌取人"或者"以貌被取"。俊男美女不仅在情场上春风得意,在职场上也更是顺风顺水。调查显示,六成职场人表示自己遭遇过相貌歧视,而有24.7%的职场人对自己的容貌不满意。在反歧视斗争越来越激烈的今天,乙肝歧视、性别歧视等都有了明文禁令,而相貌歧视,作为人的视觉的主观喜恶感和潜在心理感觉,却无法可依。毕竟,"丑女无敌"终究只是一场肥皂剧。

有专家指出,"外貌主义"是种族主义的新形式,应该在文明社会中被摒弃。虽然目前我国对相貌歧视并没有明确的法律规定,但在反就业歧视中可以找到相关法条。比如,《中华人民共和国劳动法》第三条规定,劳动者享有平等就业和选择职业的权利。又如,《中华人民共和国就业促进法》第六十二条规定,实施就业歧视的,劳动者可以向人民法院提起诉讼。

资料来源:汪昌莲."工资拼长相"是就业歧视的现实标本[N].南方都市报,2014-10-15。

第四节 利息的决定

一、资本、利息和利息率的定义

西方经济学中,与工资是劳动的报酬一样,利息被认为是对资本的报酬。劳动者提供了劳动,得到工资;资本所有者提供了资本,得到利息。那么什么是资本呢?西方经济学家认为,资本是人们生产出来并且用作投入的生产要素,以便进一步生产物品和劳动,它包括生产过程中使用的厂房、机器和各种各样的生产工具、原材料等。资本的特点有三个:第一,它的数量是可以改变的,即它可以通过人们的经济活动生产出来;第二,它被生产出来的目的是为了以此获得更多的商品和服务;第三,它是投入要素,即通过用于生产过程来得到更多的商品和服务。

根据资本的三个特点,可以发现资本是可以增值的,决定了资本本身具有一个市场价格,即所谓的资本价值。例如,一台机器在市场上可以按一定的价格出售。另一方面,资本也与土地和劳动等其他要素一样,可以在市场上被租赁出去,提供服务。因此,作为生产服务,资本也有一个价格，即使用资本的价格，这个价格就是利息。可见，利息就是资本家提供资本这种生产要素所得到的报酬。利息率是每一单位时间内的利息收入在货币资本中所占的比率，简称利率。

二、利息的决定

利息的多少在理论分析上一般用利率来表示。利率的高低决定于资本的供求关系。

资本的供给有以下几个基本来源：家庭的储蓄、厂商的未分配利润、中央银行新发行的货币、股票与债券发行募集的资本，等等。单个消费者的资本供给曲线是向后弯曲的曲线，说明随着利率的上升，会增加人们的储蓄即资本供给增加，曲线向右上方倾斜，但利率上升到一定水平后，储蓄会减少即资本供给会减少。原因也与劳动供给曲线相同。将单个消费者的资本供给曲线水平加总就可以得到市场供给曲线。对于资本的市场供给曲线的形状，不同的经济学家有着不同的看法。有的认为，资本供给曲线为向右上方倾斜的曲线，有的认为是垂直线。本教材采取资本供给曲线为向右上方倾斜的曲线的观点，说明利率越高，储蓄者愿意提供更多的储蓄即资本的供给越多。

资本的需求主要来自以下几个方面：厂商的投资需求、政府的支出、个人的贷款需求等。资本的需求曲线自左向右下方倾斜。说明，如果利率越高，厂商投资需求的成本越高，厂商投资的需求降低；反之，利率越低，厂商投资需求的成本越低，投资需求增加。

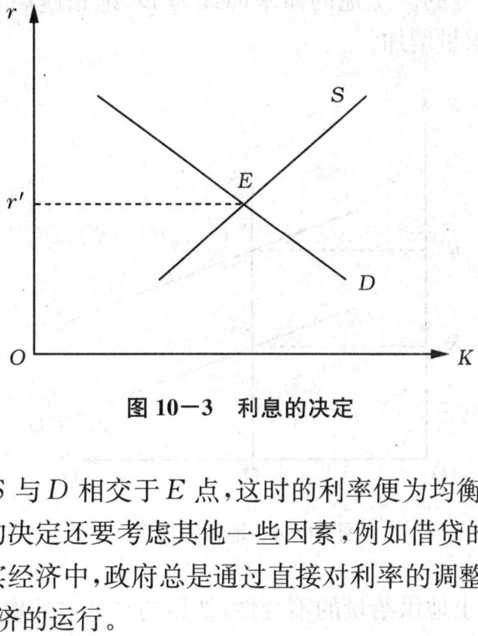

图 10—3　利息的决定

如图 10—3 所示，当 S 与 D 相交于 E 点，这时的利率便为均衡利率。这时的均衡利率不等于实际利率，实际利率的决定还要考虑其他一些因素，例如借贷的风险程度、借贷的时间长短、宏观经济形势等。现实经济中，政府总是通过直接对利率的调整或者通过货币供给量的改变间接调整利率来影响经济的运行。

第五节　地租的决定

一、土地、土地的服务价格及土地的价格

土地总是表现为一定的自然形态（如山、河、平原等），经济学上的土地包括山脉、河流、海洋等。一定范围的土地也总是与某些地表资源和地下资源相联系的，地表资源包括地表的自

然资源、既存的建筑物和依附的人文资源(如名人故居、历史遗址等)。土地的自然供给是固定不变的,在微观经济学研究中土地的数量既不会增加也不会减少。

土地是经济活动最基本的生产要素。土地的服务价格一般简称为地租,地租就是使用土地的价格,又称土地租金。地租构成了土地所有者的收入,它又与工资、利息等一起构成了租用土地和借入资本的企业的生产成本。

土地这种生产要素还会发生所有权的转让和买卖,这时的要素价格便表现为土地价格,简称地价。

二、地租的决定

地租的高低由土地的供求关系决定。就整个社会而言,土地是一种固定供给的生产要素,其供给弹性为零,也就是说,无论地租如何变化,土地的自然总量是固定的;就一个行业或一家农场而言,土地的供给是有弹性的,其前提是这种土地本身必须要有多种用途可供选择,也就是说,不同用途的土地的供给量是可以变动的,例如原来的旧厂区可用于建造商场,原来的荒地可用于建厂生产。所以,对整个社会而言,土地的供给曲线是一条垂线。

土地的供给取决于大自然,但对土地的需求来自人类的生产和生活需要。土地的需求取决于土地的边际生产力,土地的边际生产力也是递减的。所以,土地的需求曲线是一条向右下方倾斜的曲线。如图 10－4 所示,土地的供给固定为 Q_0,土地的供给曲线为 S,不管地租如何变化,土地的供给是固定不变的。土地的需求曲线为 D,地租越高,对土地的需求量越少,随着地租的下降对土地的需求量增加。

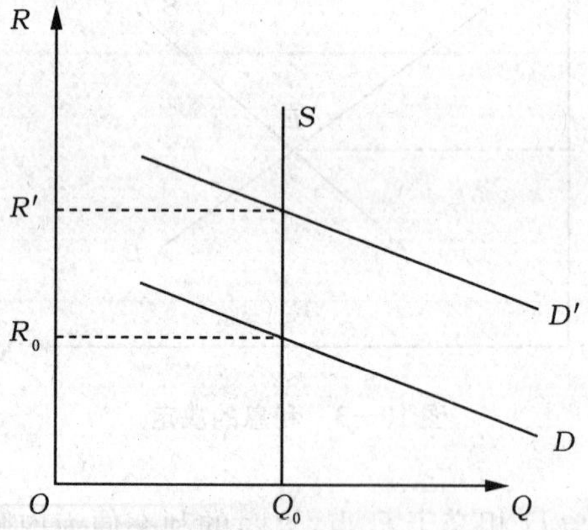

图 10－4　地租的决定

可见,由于整个社会的土地供给量的不变性,地租的高低主要取决于土地的需求。随着经济的发展,对土地的需求不断增加,而土地的供给不增加,地租就有不断上升的趋势。如图 10－4 所示,社会对土地的需求增加,土地的需求曲线向右移动,在土地供给不变的情况下,地租从 R_0 上升到 R'。

土地的地理位置是固定的、不能移动的,这样就形成了土地在位置优劣、肥沃程度和特殊用途等方面的差别,从而形成了土地质量和等级的差异性。租用土地的市场竞争必然使得租用较高质量和较好等级的土地要付出较高的地租。同一用途的、不同级别的土地交付的地租与该用途最劣等土地交付的地租的差额便称为级差地租。

三、经济租金与寻租行为

以上上述的地租是一种租金，对它的分析将进一步推广，可以引申经济租金这一概念。就长期来看，收入往往成为要素转移的诱因，为了防止要素转移到别的用途而必须支付的报酬，最低应该等于要素转移后所能够得到的最高报酬（即要素的机会成本），否则要素肯定会转移其用途。要素所有者得到的报酬中超过该要素机会成本的部分，称为经济租金（economic rent），简称经济租。例如，假定一个有特殊才能的篮球明星的年薪为 60 万元人民币，但若他从事其他职业，最多只能赚得 7 万元人民币，这表示他本人提供打球这样的劳务的机会成本，即由于打球以致未能从事另一职业所牺牲的收入为 7 万元人民币，这样他的 60 万元人民币收入超过 7 万元人民币的余额 53 万元人民币，即为经济租金。

在经济租金的基础上，后来又发展出寻租（Rent Seeking）理论。政府对经济领域的行政干预和行政管制抑制了充分的市场竞争，造成和扩大供求缺口，从而使得某领域或某企业的产品的市场价格可以远远高于成本，该领域或该企业的相关生产要素因此能够获得高于其他领域或企业的要素收入，即存在经济租金。寻租指的是个人或利益集团利用各种合法或非法的手段，如游说、疏通、哄骗、贿赂，以得到占有这种由于行政管制或垄断而产生的经济租金的特权。经济社会中的寻租现象很多，如为了寻求和维持垄断特权获得垄断利润，寻求优惠的关税、税收、贸易配额等政策获取额外收入，寻求生产补贴等。

寻租所带来的只是“直接非生产性利润”，一般而言，它不会导致社会真实财富的增加。相反，寻租使本来可以用于生产性行为的许多资源浪费在对社会无益的活动上，造成了资源配置的扭曲。寻租阻碍了充分的经济竞争，从而阻碍了更有效的生产方式的实施。寻租的实现还会使消费者的利益受损，腐败滋生，降低社会福利水平。因此，限制和遏制寻租是十分必要的。显然，减少和取消各级政府不必要、不合理的行政干预，健全和完善社会监督机制是其中的重要举措。

拓展阅读

2015 年 1 月 26 日上午，中央纪委监察部网站公布了《中共国家体育总局党组关于巡视整改情况的通报》，其中不乏亮眼之处。比如，取消亚运会、奥运会贡献奖奖项的评选，对全运会等全国综合性运动会只公布比赛成绩榜，不再分别公布各省区市的金牌、奖牌和总分排名，等等。什么是亚运会、奥运会贡献奖？就是每一届此类赛事之后，根据获得奖牌尤其是金牌的运动员的籍贯，对各省体育局的“论功行赏”。取消了这些以及“不再分别公布”，等于放下了一直高举着的“金牌至上”的“指挥棒”。

“金牌至上”即使在我们国度，也早就颇受诟病。因为这样一来，我们发展体育运动的动机便渐渐地背离了体育的本意。这种“金牌至上”的政绩观，与经济发展领域的“唯 GDP 是从”实质上并无二致。经济发展不是不要 GDP，而是不能“唯 GDP 是从”，唯其是从，就会不惜以“高投入、高能耗”来换取“低产出”，虽然杀鸡取卵、竭泽而渔，但能够为“现管”的官员带来政绩，所以仍然屡试不爽。体育领域也是如此，不是不要金牌，而是不能“金牌至上”，一旦如此，因为金牌带来的政治荣誉、经济利益，同样会令一些领导干部不择手段。《通报》中明确的这几点——赛事审批不规范、不透明，凸显部门利益问题；运动员裁判员选拔选派不公开、不透明，寻租现象较为严重的问题；弄虚作假，破坏赛风赛纪，违背体育精神问题——就是其恶果的具体体现。与此同时，《通告》还指出，少数领导干部因为片面追求运动成绩、金牌数量，疏于对运动员和教练员的教育、引导和严格管理，甚至给予错误的政策导向，导致少数运动员、教练员在赛场上公然违背体育精神和体育道德，甚至铤而走险，违反国家的法律法规。

试思考：体育界的寻租行为有哪些？消除"金牌至上"对于体育界的寻租行为有何影响？

第六节　洛伦兹曲线与基尼系数

生产要素的价格从另一个角度看就是要素所有者的收入。因此，生产要素价格的确定过程，同时也是各种生产要素参与收入分配的过程。在市场经济中，按生产要素在生产中所做出的贡献大小，由市场决定的收入分配是一次分配或初次分配。由于每个人拥有的生产要素数量和质量不同，市场经济中的分配必然引起收入不平等。下面就来学习衡量社会收入分配状态的两种指标：洛伦兹曲线和基尼系数。

一、洛伦兹曲线

为了研究国民收入在国民之间的分配问题，美国统计学家洛伦兹(Max Otto Lorenz)于1907年提出了著名的洛伦兹曲线。它先将一国人口按收入由低到高排队，然后考虑收入最低的任意百分比人口所得到的收入百分比。将这样的人口累计百分比和收入累计百分比的对应关系描绘在图形上，即得到洛伦兹曲线。

洛伦兹曲线用于比较和分析一个国家在不同时期或者不同国家在同一时期的财富不平等状况，该曲线作为一个总结收入和财富分配信息的便利的图形方法得到广泛应用。图10—5中横轴 OH 表示人口(按收入由低到高分组)的累计百分比，纵轴 OM 表示收入的累计百分比，弧线 OL 为洛伦兹曲线。

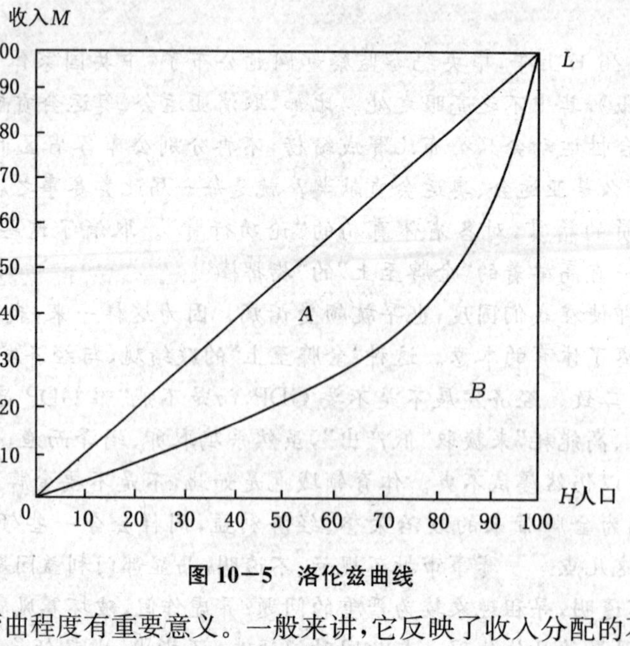

图10—5　洛伦兹曲线

洛伦兹曲线的弯曲程度有重要意义。一般来讲，它反映了收入分配的不平等程度。弯曲程度越大，收入的分配越不平等；反之亦然。特别是，如果所有收入都集中在一人手中，而其余人口均一无所获时，收入分配达到完全不平等，洛伦兹曲线成为折线 OHL。另一方面，若任意人口百分比均等于其收入百分比，从而人口累计百分比等于收入累计百分比，则收入分配是完全平等的，洛伦兹曲线成为通过原点的45度线OL。

一般来说，一个国家的收入分配，既不是完全不平等，也不是完全平等，而是介于两者之间。相应地，洛伦兹曲线既不是折线OHL，也不是45度线OL，而是像图中这样向横轴凸出的弧线OL，尽管凸出的程度有所不同。

二、基尼系数

基尼系数(Gini Coefficient)是意大利经济学家基尼(Corrado Gini，1884～1965)于1912年提出的，是国际上用来综合考察居民内部收入分配差异状况的一个重要分析指标。将图10－5中洛伦兹曲线与45度线之间的部分A叫作“不平等面积”，当收入分配达到完全不平等时，洛伦兹曲线成为折线OHL，OHL与45度线之间的面积$A+B$叫作“完全不平等面积”。不平等面积与完全不平等面积之比即为基尼系数，是衡量一国贫富差距的标准。基尼系数G可表示为：

$$G=\frac{A}{A+B}(0\leqslant G\leqslant 1)$$

可见，$A=0$，$G=0$，收入分配绝对平等；$B=0$，$G=1$，收入分配绝对不平等。通常G介于0与1之间，基尼系数越大，说明收入分配越不平等。

基尼系数被西方经济学家普遍公认为一种反映收入分配平等程度的指标，联合国给出了贫富差距衡量的基本标准，如表10－1所示。

表10－1　　联合国贫富差距衡量标准

基尼系数	贫富差距
低于0.2	收入绝对平均
0.2～0.3	收入比较平均
0.3～0.4	收入相对合理
0.4～0.5	收入差距较大
0.5以上	收入差距悬殊

拓展阅读

中国基尼系数6连降，贫富差距仍超警戒线

中国国家统计局20日发布数据显示，2014年全国居民收入基尼系数为0.469。这是基尼系数自2009年来连续第6年下降，不过，这一数字仍然超过国际公认的贫富差距警戒线——基尼系数0.4。中国官方自2000年公布中国基尼系数为0.412之后，直到2013年年初，才一次性地公布了2003～2012年的基尼系数。2003～2008年，中国基尼系数分别为0.479、0.473、0.485、0.487、0.484和0.491。随后，自2009年开始逐年回落，2009年为0.490，2010年为0.481，2011年为0.477，2012年为0.474，2013年为0.473，2014年为0.469。

“作为衡量贫富差距的指标，基尼系数6连降，表明中国收入分配差距呈现逐步缩小的态势”，中国人民大学财政金融学院副院长赵锡军分析，包括央企负责人限薪、养老金并轨等新措施，都有利于缩小收入分配差距，这是中国政府大力推进收入分配改革的成果。

2014年，中国居民收入增速同比实际增长8.0%，跑赢了GDP(国内生产总值)7.4%的增速，也跑赢了物价2.0%的涨幅。不过，在收入水平不断增长的同时，人们要求收入分配更加合理。虽然中国基尼系数持续下降，但仍超国际社会公认的社会贫富差距“警戒线”——基尼系数0.4。“从绝对值来看，中国的基尼系数仍然处于较高的水平”，赵锡军指出，基尼系数超过0.4，说明收入差距比较大。

收入分配差距较大不利于社会稳定，容易导致经济社会失衡。对此，赵锡军强调，中国仍需要加速收入分配制度改革，真正让全体居民共同分享经济发展成果。“当前收入分配改革没有完全到位，居民财产性收入差距很大。”赵锡军表示，下一步仍要按照“提低、扩中、控高”的思路，继续推进社会保障领域改革，加快财税体制改革，包括推出房地产税、遗产税，这些都对缩小收入差距产生有利的影响。

资料来源：中国新闻网，http://www.chinanews.com/gn/2015/01－20/6986564.shtml。

请思考：收入分配差距较大有利于社会发展还是不利于社会发展？结合我国的实际情况谈谈你的看法。

案例导读评析

课堂思考：根据前面所学的生产理论可知该厂商雇用劳动人数的合理范围为$25 \leqslant L \leqslant 40$，那么为了实现利润最大化到底要雇用多少劳动人数呢？

解：根据要素使用的原则$VMP=W$，才能使得厂商利润最大化。

已知$P=2\,000$，$W=4\,400$，$Q=-0.02L^3+L^2+16L$

则：$MP=Q'=(-0.02L^3+L^2+16L)'=-0.06L^2+2L+16$

根据$MP\times P=W$，则$(-0.06L^2+2L+16)\times 200=4\,400$，

解得$L=-10/3$（舍去）和$L=30$。

因此厂商为了实现利润最大化必须每个月雇用30名劳动者。

本章小结

本章知识结构图：

- 要素市场均衡
  - 生产要素的需求
    - 生产要素的需求
    - 完全竞争厂商生产要素的使用原则
  - 生产要素的供给
    - 生产要素的供给者
    - 生产要素的供给原则
  - 工资的决定
    - 劳动的服务价格——工资
    - 劳动的供给及供给曲线
    - 均衡工资率的决定
  - 利息的决定
    - 资本、利息和利息率的定义
    - 利息的决定
  - 地租的决定
    - 土地、土地的服务价格及土地的价格
    - 地租的决定
    - 经济租金与寻租行为
  - 洛伦兹曲线与基尼系数
    - 洛伦兹曲线
    - 基尼系数

本章主要知识点：

1. 生产要素的需求就是指厂商在一定时期内，在一定的价格水平下，愿意而且能够购买的生产要素数量。它像消费者对商品的需求一样也是购买欲望和支付能力的统一，两者缺一不可。生产要素需求具有派生性和联合性。

2. 生产要素的需求是一种派生需求，厂商之所以对生产要素形成需求，是因为厂商要提供消费者所需要的产品，而生产产品是为了实现厂商利润最大化。实现厂商利润最大化的原则就是要满足 $MR=MC$。所以，生产要素的需求必须满足利润最大化原则。在生产要素市场上，为了实现利润最大化，厂商就会把它的产量调节到使生产要素的边际收入等于边际成本的水平，也就是必须满足边际产品收益（MRP）等于边际要素成本（MFC）。

3. 在完全竞争条件下，厂商使用生产要素的"边际收益"，我们称为边际产品价值 VMP，厂商使用生产要素的"边际成本"恒等于生产要素价格 W。根据厂商使用生产要素实现利润最大化的原则，完全竞争厂商使用生产要素的原则可以表示为：$VMP = MP \cdot P = W$。

4. 生产要素的供给原则为：要素供给的边际效用等于自用资源的边际效用，可以表示为 $\frac{dU}{dL}=\frac{dU}{dLs}$。

5. 工资是劳动者提供生产服务的报酬，也是劳动这种生产要素的价格。在完全竞争的劳动市场上，工资率水平是由劳动的需求和劳动的供给决定的。单个消费者的劳动供给曲线是向后弯曲的曲线，整个社会的劳动供给曲线是自左向右上方倾斜，整个社会的劳动需求曲线是自左向右下方倾斜。劳动的供给曲线和需求曲线的交点决定了均衡工资率。

均衡工资水平意味着在同一行业所有劳动者都有相同的工资，但在实际生活中，劳动者的工资是存在差异的。影响工资差异的因素有很多，比如工会的作用、就业准入制度、企业的就业歧视性对待、政府相关的法律制度、劳动者本身的质量差异、劳工的补偿性待遇等。

6. 西方经济学中，与工资是劳动的报酬一样，利息被认为是对资本的报酬。利息的多少在理论分析上一般用利率表示。利率的高低决定于资本的供求关系。利率越高，资本的供给越多，资本的需求越少。资本供给曲线自左向右上方倾斜，资本需求曲线自左向右下方倾斜。资本供给曲线与资本需求曲线的交点决定了均衡利率。但实际利率受到很多其他因素的影响，特别是货币政策的影响。政府通过直接和间接调整利率来影响宏观经济运行。

7. 土地的服务价格一般简称为地租，地租的高低取决于土地供求关系。土地自然供给相对保持不变，土地的供给曲线是垂线，不随地租的变化而改变供给数量。土地的需求主要取决于土地的边际生产力，因此土地的需求曲线是自左向右下方倾斜的。土地的供给曲线和需求曲线的交点决定均衡地租，随着经济的发展对土地的需求增加，则地租会上涨。

8. 从长期来看，收入往往成为要素转移的诱因，为了防止要素转移到别的用途而必须支付的报酬，最低应该等于要素转移后所能够得到的最高报酬（即要素的机会成本），否则要素肯定会转移其用途。要素所有者得到的报酬中超过该要素机会成本的部分，称为经济租金，简称经济租。

9. 衡量一国收入分配状况的指标大多采用洛伦兹曲线和基尼系数，洛伦兹曲线越是凸向横轴，则基尼系数越大，表明该国收入分配越不平等。

复习思考题

一、名词解释

边际产品价值　　边际要素成本　　边际收益产品　　经济租金　　洛伦兹曲线　　基尼系数

二、填空题

1. 在传统经济学中，生产要素被分为三类：劳动、土地和资本，这三种生产要素的价格分别为________、________和________。

2. 边际产品收益是指每变动一单位投入生产要素给厂商带来的收益变动量，它可以表示为生产要素的

______与产品的______的乘积。

3. 在生产要素市场上，为了实现利润最大化，厂商就会把它的产量调节到使生产要素的边际收入等于边际成本的水平，也就是必须满足 $MRP=MFC$。如果 $MRP<MFC$，说明增加一单位生产要素的投入所增加的收益______为此所增加的成本，理性的厂商必然会______生产要素的投入。如果 $MRP>MFC$，说明增加一单位生产要素的投入所增加的收益______为此所增加的成本，理性的厂商必然会______生产要素的投入。

4. 边际产品收益等于边际产量与边际收益的乘积即 $MRP=MP \cdot MR$，并且完全竞争产品市场上存在产品的边际收益等于产品价格即 $MR=P$，所以可以推导出 $MRP=$______。

5. 如果要素供给的边际效用小于保留自用的边际效用，消费者肯定会______要素供给，从而______自用资源，进而增加总效用；反之，如果要素供给的边际效用大于自用资源的边际效用，消费者肯定______要素供给，从而______自用资源，增加总效用。

6. 劳动供给曲线是一条向后弯曲的曲线，因为当替代效应______收入效应的时候，随着工资率的上升，劳动的供给会增加；当替代效应______收入效应的时候，随着工资率的上升，劳动的供给反而会减少。

7. 土地的服务价格一般简称为______，它构成了土地所有者的收入，它又与工资、利息等一起构成了租用土地和借入资本的企业的生产成本。

三、判断题

1. 当某完全竞争厂商使用劳动要素达一定量时，$VMP=400$，而 $W=420$，该厂商应该减少劳动的使用量。（　）

2. 厂商对生产要素的需求是一种间接性的需求。（　）

3. 随着工资的提高，单个劳动者提供的劳动越来越多。（　）

4. 完全竞争厂商的要素需求曲线和 MP 曲线重合。（　）

5. 经济租金等于要素收入与机会成本之和。（　）

6. 土地的供给曲线是一条垂直于横轴的直线，这是因为土地的自然供给是不变的。（　）

7. 基尼系数越大，表明收入分配越不平等。（　）

四、单项选择题

1. 完全竞争厂商对单一要素的需求曲线（　）。

A. 向右下方倾斜　　B. 与其 VMP 曲线重合

C. 向左下方倾斜　　D. 低于 VMP 曲线

2. 如果 $VMP<W$，则（　）。

A. 厂商应该增加劳动要素的投入　　B. 厂商应该减少劳动要素的投入

C. 厂商应该增加资本要素的投入　　D. 厂商应该减少资本要素的投入

3. 洛伦兹曲线越是向横轴靠近，（　）。

A. 基尼系数越大，收入分配就越不平等

B. 基尼系数越小，收入分配就越不平等

C. 基尼系数越小，收入分配就越平等

D. 基尼系数越大，收入分配就越平等

4. 如果一个歌星的年收入是 100 万元，但是她成为歌星前从事保险经纪人获得的年薪是 10 万元，那么他的经济租金便是（　）万元。

A. 100　　B. 10　　C. 90　　D. 110

5. 在完全竞争条件下，厂商使用要素的边际收益是指（　）。

A. 边际产量和产品价格的乘积　　B. 边际产量和边际收益的乘积

C. 边际产量和要素价格的乘积　　D. 产品价格和要素价格的乘积

6. 如果保留自用的资源的边际效用大于供给资源带来的边际效用，则（　）。

A. 增加保留自用的资源　　B. 减少保留自用的资源

C. 增加供给资源的数量　　D. 维持不变

五、简答题

1. 什么是工资变动的替代效应和收入效应?
2. 简述厂商使用生产要素的原则。
3. 为什么说生产要素需求是一种引致需求?
4. 工资决定的其他因素有哪些?
5. 举例分析现实社会中的寻租现象,并提出遏制的对策。
6. 向后弯曲的劳动供给曲线对于企业的激励机制有何启迪?

六、计算题

已知企业的生产函数为 $Y=48L+9L^2-L^3$,其中 L 为雇用工人的数量,求:企业劳动投入的合理区域。若企业生产的产品价格 $P=2$,工资率 $W=54$。问:企业应该雇用多少工人能够实现利润最大化?

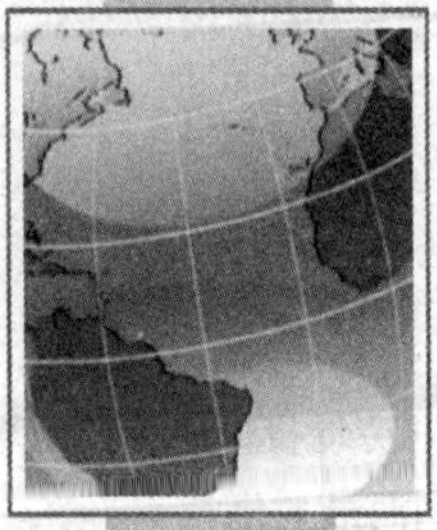

第十一章 一般均衡与福利经济学

【本章导读】

在前面各章中我们曾指出，微观经济学研究的是资源配置问题，一旦我们分析的视野超出单个市场，就必须考虑许多与资源配置有关而前面各章尚未涉及的问题。将生产的均衡过程与消费的均衡过程联系在一起，分析所有市场共同均衡的过程以及这一过程中所有价格的共同决定问题。

福利经济理论依据不同的社会福利标准对现实不同的经济状况进行判断，确定社会福利最大的条件，其目的是评价一个经济体系的运行及其结果的优劣。

【学习目标】

1. 掌握局部均衡与一般均衡的概念与区别。
2. 掌握交换的均衡与生产的均衡以及共同均衡的实现过程。
3. 掌握一般均衡的实现条件。
4. 掌握帕累托最优标准。
5. 理解社会福利最大化。
6. 掌握基尼系数的意义与标准。

【能力目标】

1. 掌握一般均衡的基本分析方法。
2. 理解福利经济学的基本思想。

【案例导读】

如果市场对某几种产品的需求相互影响，可能会出现什么情形呢？其中一种情形就是，导致一种产品价格发生变化的因素，将同时影响对另一种产品的需求。举例而言，20世纪70年代，美国的汽油价格上升，这一变化马上对小型汽车的需求产生了影响。

回顾20世纪70年代，美国市场的汽油价格两次上调，第一次发生在1973年，当时石油输出国组织切断了对美国的石油输出；第二次是在1979年，由于伊朗国王被推翻而导致该国石油供应瘫痪。经过这两件事件，美国的汽油价格从1973年的每加仑1.27美元猛增至1981年的每加仑1.40美元。作为“轮子上的国家”，石油价格急剧上升当然不是一件小事，美国人面临一个严峻的节省汽油的问题。

既然公司和住宅的距离不可能缩短，人们只好继续奔波于两地之间。美国司机找到的解决办法之一就是他们需要放弃自己的旧车、购置新车的时候，选择较小型的汽车，这样每加仑汽油就可以多跑一段距离。

分析家们根据汽车的大小来分类确定其销售额。就在第一次汽油价格上升之后，每年大约出售250万辆大型汽车、280万辆中型汽车以及230万辆小型汽车。到了1985年，这三种汽车的销售比例出现明显变化，当年分别售出150万辆大型汽车、220万辆中型汽车以及370万辆小型汽车。由此可见，大型汽车的销售自20世纪70年代以来迅速下降；反过来，小型汽车的销售却持续攀升，只有中型汽车勉强维持了原有水平。

对于任何产品的需求曲线均假设其互补产品的价格保持不变。以汽车为例，它的互补产品之一就是汽油。汽油价格上调导致小型汽车的需求曲线向右移动，与此同时，大型汽车的需求曲线向左移动。造成这种变化的理由是显而易见的。假设你每年需要驾驶15 000英里，每加仑汽油可供一辆大型汽车行驶15英里，如果是一辆小型汽车就可以行驶30英里。这就是说，如果你坚持选择大型汽车，每年你必须购买1 000加仑汽油；如果你满足于小型汽车，你只需购买一半的汽油，也就是500加仑，当汽油价格处于1981年的最高点，即每加仑1.40美元的时候，选择小型汽车意味着每年可以节省700美元。即便你曾经是大型汽车的拥护者，在这种情况下，在每年700美元的数字面前，难道你就不觉得有必要重新考虑一下小型汽车的好处吗？

资料来源：梁小民.微观经济学纵横谈[M]. 北京三联出版社，2005。

思考与讨论：

(1)结合案例分析什么是局部均衡？什么是一般均衡？

(2)联系实际说明我国汽油价格的上调对整个市场均衡的影响。

第一节　一般均衡分析

一、局部均衡分析与一般均衡分析

微观经济学研究的是单个决策单位，如消费者、资源所有者和企业的经济行为。这一说法似乎意味着，将这些个体和每个市场分离开来，孤立地、分别地进行研究。而在事实上，微观经济学也涉及这些单位和市场间的相互协调问题。

在一个市场的价格变动对其他市场价格没有明显影响的假设基础上进行的分析，称作局部均衡分析。我们在前面各章中所做的就是所谓的局部均衡分析，因为我们假定每一个市场都是独立的，特别是假设一个市场的价格对其他市场的价格不会产生影响，每一个市场中的价格都是由各自的需求与供给决定的，其供给与需求曲线不受其他市场的影响。

当在分析中考虑到不同价格间的相互关系和相互影响时，就是所谓的一般均衡分析。这是一种更接近现实情况的假设，任何一个市场中的变量发生变动都会引起其他市场中变量的变动，并最终还会反馈到原来的市场。比如，某种汽车价格和需求发生变动将立即引起钢、玻璃、橡胶等要素的供给和价格变动，并影响到汽车行业的工资收入和其他行业的收入，进而波及汽油和交通运输等行业需求和价格变化，使整个经济体系的所有价格或多或少都受到影响。所以说，在消费者追求效用最大化、生产者追求利润最大化的前提下，无论是商品市场还是要素市场，只要任一价格发生变动，有关市场就会发生一系列的变动和再变动，直到各个市场重新达到均衡为止。

如果经济处于完全竞争条件下，所有市场上的买者和卖者都是价格接受者，当经济中出现一组价格，能使所有消费者对商品组合的选择和生产者对投入—产出组合的选择都满足下列条件时，整个经济便达到了一般均衡状态：

(1)每一个消费者都在其既定的收入下达到了效用最大化；

(2)每一个厂商都在其生产函数决定的投入—产出组合下达到了利润最大化；

(3)所有市场同时出清，即各自的供求相等；

(4)每一个厂商都只获得正常利润，即其经济利润为零。

(1)、(2)两个条件是说消费者和厂商必须处于均衡状态。消费者的均衡意味着需求将会稳定在某一水平上，而厂商的均衡意味着供给已经稳定于某一水平。第(3)个条件保证了所有市场的供求相等，它意味着所有市场都有一个稳定的价格。第(4)个条件则意味着经济中不再有厂商扩大或减少其产量的动机。

二、交换的一般均衡

交换的一般均衡指在社会生产状况和收入分配状况既定条件下，消费者之间通过交换商品达到效用最大化的均衡状况。

假定有两个消费者A、B和两种商品X、Y，A、B两个消费者分别消费X和Y的数量为：X_A和Y_A、X_B和Y_B。假定X和Y的产量已经确定为X_0和Y_0，我们可由埃奇沃思盒状图分析二者对X、Y两种商品进行交换达到一般均衡的过程和条件(见图11 1)。

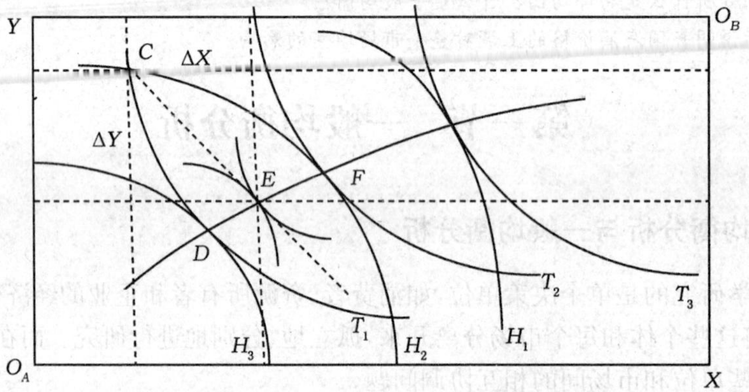

图11—1 交换的一般均衡

T_1、T_2、T_3为A的三条无差异曲线，其中，T_1所代表的效用和满足程度最低，T_3所代表的效用和满足程度最高。H_1、H_2、H_3代表B的三条无差异曲线，其中，H_1所代表的效用和满足程度最低，H_3所代表的效用和满足程度最高。一般来说，当由靠近原点的一点向靠近盒形图右上角的一点移动时，A的满足感将会增强。与此相对应，当由靠近盒形图右上角的一点向原点移动时，B的满足感会增强。

在初始配置状况下，A处于无差异曲线T_2上，B处于H_1上。通过比较T_2和H_1在这一点的效率，可以看出，在该点上，无差异曲线T_2和H_1的商品X对商品Y的边际替代率MRS_{XY}不等。若消费者A用ΔY数量的Y商品交换消费者B的ΔX数量的X商品，即A、B二者对X和Y商品的分配最初的C点通过对X、Y商品的交换移动到E点，则消费者的效用水平由无差异曲线T_2增加到T_3，而消费者B的效用水平也由H_1增加到H_2。消费者A和B的效用都从商品的交换中提高了。

假若消费者A、B通过X和Y商品的交换从C沿着无差异曲线T_1移动到D点，或者从C点沿着无差异曲线H_2移动到F点，这样商品交换的结果就是：一位消费者的效用增加，而另一位消费者的效用不变。若两位消费者的商品交换从C点移动到D点和F点之间的某处，则两者的效用或多或少都增加了。

交换的埃奇沃思盒状图中，两位消费者的无差异曲线切点的轨迹被称为交换的契约曲线。在这些切点处，两位消费者的无差异曲线的斜率相等。也就是说，交换契约线上，消费者A和B的商品边际替代率MRS_{XY}都相等，即交换的一般均衡条件为：

$$MRS_{XY}^{A}=MRS_{XY}^{B}$$

这时，消费者A和B通过商品交换由任何不在契约线上的一点到达契约线上，可使两位消费者的效用水平都得到提高，或者至少一位消费者的效用提高，而另外一位消费者的效用并未减少。这就是说，只要消费者追求效用最大化，最终会处于交换契约线上的某一点来分配既定数量的商品。

三、生产的一般均衡

生产的一般均衡指在技术和社会生产资源总量既定的情况下，厂商之间通过生产资源的配置达到产量最大的均衡状况。

假定一个经济体系中只使用劳动 L 和资本 K 两种生产要素，只生产 X 和 Y 两种商品，而且劳动与资本的总数量为 L_0 和 K_0。其中，L_X 和 L_Y 分别表示分配给生产 X 和生产 Y 的劳动投入量，K_X 和 K_Y 分别表示分配给生产 X 和生产 Y 的资本投入量。与交换的一般均衡分析一样，仍然借用埃奇沃思盒状图来分析生产的一般均衡的过程和条件。

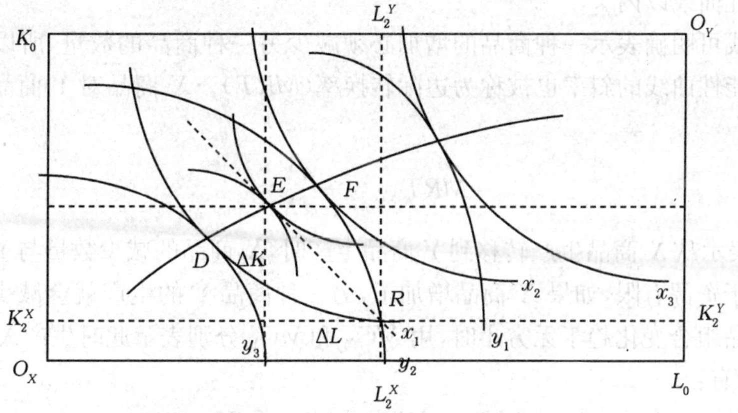

图 11－2 生产的一般均衡

该盒状图的长表示劳动的既定数量 L_0，宽表示资本的既定数量 K_0，左下角为生产 X 的资源分配原点，右上角为生产 Y 的资源分配原点，$x_1 \sim x_3$ 表示一组生产 X 的凸向原点的等产量线；$y_1 \sim y_3$ 为一组生产 Y 的凸向原点的等产量线。

初始资源分配点在 R 点处，此时厂商使用 L_2^X 数量的劳动和 K_2^X 数量的资本来生产 x_2 产量的 X 商品；使用 L_2^Y 数量的劳动和 K_2^Y 数量的资本来生产 y_2 产量的 Y 商品。由于等产量曲线 x_2 和等产量曲线 y_2 的斜率不相等，所以生产 X 商品的边际技术替代率并不等于生产 Y 商品的边际技术替代率。如果生产两种商品的要素分配沿着等产量线 x_2 或者 y_2 从 R 点移动到 D 点和 F 点，通过要素的重新配置，增加了一种商品的产量而没有减少另一种商品的产量。可见，R 点不是生产商品 X 和 Y 的最佳要素投入配置。若从生产 X 商品中取出部分劳动 ΔL 用于生产 Y，从生产 Y 商品中取出部分资本 ΔK 用于生产 X 商品，则两种商品的产量都会增加。

在盒状图中，两种商品的等产量曲线切点的轨迹被称为生产的契约曲线。在这些点处，等产量曲线的斜率相等。也就是说，在生产的契约曲线上，两种要素的边际技术替代率 $MRTS_{LK}$ 相等，那么生产的一般均衡条件为：

$$MRTS_{LK}^X = MRTS_{LK}^Y$$

这样，在既定资源条件下，生产 X 商品的厂商和生产 Y 商品的厂商通过交换一定量的生产要素，可由任何不在契约线上的一点到达契约线上，这就使两种商品的产量都得到了提高，或者至少一种商品的产量提高而另一种商品的产量并未减少。这就是说，只要生产者追求产量最大化，最终会处于契约线上。

四、生产可能性曲线

生产可能性曲线是指在既定资源的限制下，厂商生产 X 和 Y 商品的最大可能的产出组合点的轨迹。根据生产契约曲线，可以推导出生产可能性曲线。

用 X 的产量做横轴，用 Y 的产量做纵轴，在坐标系中画出生产契约线上所表示的 X 和 Y 的产量组合点，连接这些点就得到了一条生产可能性曲线。该曲线表示在劳动 L_0 和资本 K_0 的限制下，该经济体系可能生产的各种 X 和 Y 的产量组合，因此被称为生产可能性曲线。凡是生产契约曲线上的点都会位于生产可能性曲线上。因此，凡是生产可能曲线上的产量组合点都表示资源是在被充分利用的基础上被分配的，凡是不能使资源有效利用的产量组合点都位于生产可能性曲线以内。

由于该曲线可明确表示一种商品的增加必须减少另一种商品的数量，所以又称产品转换曲线。生产可能性曲线的斜率也被称为边际转换率（MRT）。X 商品对 Y 商品的边际转换率可表示为：

$$MRT_{XY}=-\frac{dY}{dX}$$

MRT_{XY} 表示从 X 商品生产转移到 Y 商品生产时，X 商品的减少数量与 Y 商品的增加数量的比值。由于资源有限，如果 X 商品增加了，另一种商品 Y 的生产就会减少。当在生产可能性曲线上商品组合变化趋于无穷小时，用 MC_X 和 MC_Y 分别表示此时生产 X 商品和 Y 商品的边际成本，就有：

$$|MC_X\cdot dX|=|MC_Y\cdot dY|$$

则有

$$-\frac{dY}{dX}=\frac{MC_X}{MC_Y}$$

所以

$$MRT_{XY}=-\frac{dY}{dX}=\frac{MC_X}{MC_Y}$$

也就是说，X 商品对 Y 商品的边际转换率也等于生产 X 商品的边际成本与生产 Y 商品的边际成本之比。

在完全竞争市场上，厂商是价格的接受者，为了追求利润最大化，厂商要调整自己的产量使其边际成本 MC 等于商品的定价 P，于是有 $MC_X=P_X$，$MC_Y=P_Y$。由于边际成本之比就是边际商品转换率，所以从商品市场的角度看，厂商的利润最大化行为必然会使下式成立：

$$MRT_{XY}=\frac{P_X}{P_Y}$$

该式表明，产量组合的确定是由两种商品的价格之比来调节的。只要两种商品的价格比率确定了，厂商就根据利润最大化原则来分别调整 X 和 Y 的产量，直到其边际成本之比等于价格之比。

五、生产和交换的一般均衡

生产达到均衡并不能同时保证交换达到均衡；交换达到均衡也不能同时保证生产达到均

衡。生产和交换的一般均衡是指生产与交换同时达到均衡。

交换契约曲线上的每一点都表示交换的一般均衡，生产可能性曲线上的任一点都表示资源的有效利用和厂商利润最大化，对于生产和交换的共同均衡必然是两种商品的边际转换率 MRT 和两种商品的边际替代率 MRS 相等，并且都等于两种商品的价格之比。也就是说，生产和交换的一般均衡条件是：

$$MRT_{XY}=\frac{P_X}{P_Y}=MRS_{XY}^{A}=MRS_{XY}^{B}$$

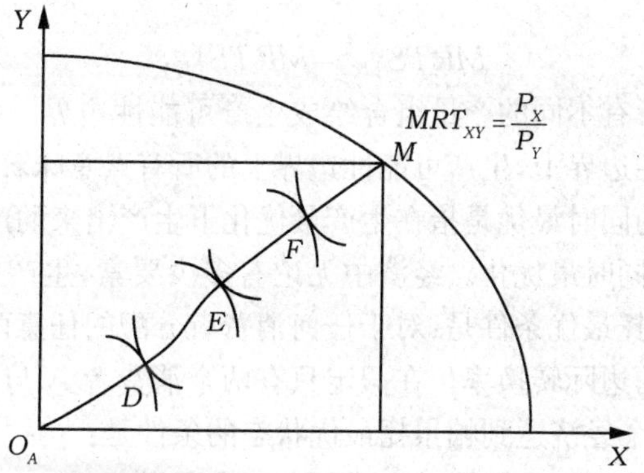

图 11－3　生产和交换的一般均衡

第二节　福利经济学

一、帕累托最优与竞争性均衡

福利经济学研究一般均衡模型的条件即经济社会达到最优的条件，考察产品生产和商品交换的经济效率以及收入分配公平的条件，从而对一个经济的运行及其结果的好坏作出评价，并得出应该如何改善社会福利的结论。显然，要使社会福利达到最大，必然要求商品生产的资源实现最佳配置，生产的商品在消费者之间实现最佳分配。

(一)帕累托标准与帕累托改进

1897 年，意大利经济学家帕累托在研究资源配置时提出了一个最优状态标准，简称为“帕累托最优(效率)”。资源配置中，如果至少有一个人认为方案 A 优于方案 B，而没有人认为 A 劣于 B，则认为从社会的观点看亦有 A 优于 B。这就是所谓的帕累托最优状态标准，简称为帕累托标准。利用帕累托最优状态标准，可以对资源配置状态的任意变化做出好与坏的判断：如果既定的资源配置状态的改变使得至少有一个人的状态变好，而没有使任何人的状态变坏，这种状态称为帕累托改进。

所谓的帕累托最优，是指经济社会达到这样一种状态：不管经济发生何种变化，不再可能使一个人福利增加的同时而不使其他任何人的福利减少，整个社会的福利就达到了最大。

(二)经济效率或帕累托最优的边际条件

对于某种既定的资源状态，如果所有的帕累托改进都不存在，这种资源状态就达到了帕累托最优状态。满足帕累托最优状态是具有经济效率的，否则就是缺乏经济效率的。

假定两种既定数量的产品在两个消费者之间最优分配，如能使各自达到效用的最大化就是最优。交换的埃奇沃思盒状图中的交换契约曲线是消费者交换最理想点的轨迹，它表示两种产品 X、Y 在两个消费者 A、B 之间的所有最优分配的集合，即交换帕累托最优状态。也就是说，消费者交换的帕累托最优必须在交换契约曲线上，因此交换的帕累托最优条件是：

$$MRS_{XY}^{A}=MRS_{XY}^{B}$$

生产的最优可以利用生产的埃奇沃思盒状图来分析，生产契约曲线是厂商生产最理想点的轨迹，它表示厂商生产两种产品 X、Y 时劳动 L 和资本 K 两种要素的最优配置的集合，即要素配置的帕累托最优状态。也就是说，生产的帕累托最优必须在生产的契约曲线上，因此牛产的帕累托最优状态是：

$$MRTS_{LK}^{X}=MRTS_{LK}^{Y}$$

将生产契约曲线上所有不同的产量组合绘成生产可能性边界。那么，满足上式的所有产量组合都位于生产可能性边界上，生产可能性边界上的所有点意味着生产的帕累托最优。

帕累托生产和交换的同时最优是指在生产最优化下生产出来的产品组合恰好可以使交换达到最优，即生产和交换同时最优化。经济中无论有多少要素，生产多少产品，多少消费者消费这些产品，生产的帕累托最优条件是：对于任何消费者分配的任意两种产品的边际替代率必须等于生产这两种产品的边际转换率。在假定只有两个消费者 A 与 B 和只有两种商品 X 和 Y 的一个简单经济中，整个经济达到帕累托最优状态的条件是：

$$MRT_{XY}=MRS_{XY}^{A}=MRS_{XY}^{B}$$

(三)福利经济学定理

福利经济学第一定理是指任何完全竞争经济的一般均衡状态都是帕累托最优状态。同时，任何一个帕累托最优状态也都可由一套竞争价格来实现。

只要整个经济处于完全竞争状态，只要消费者追求效用最大化，厂商追求最大利润，商品的价格比就会起到调节机制的作用，自动将生产引导到与消费相一致的均衡状态，从而使消费者对商品的边际替代率等于生产这些商品的边际产品转换率。将商品的产量组合与消费者对产品的消费组合调整到相一致的水平，会引起对要素需求结构的变化，从而引起要素价格的变化，导致资源重新分配，厂商的利润最大化行为会保证资源的利用重新处于最佳状态。因此，要实现帕累托最优状态，整个经济就必须是完全竞争的。帕累托最优状态说明一个经济体系是有经济效率的，故经济分析将经济效率与帕累托最优等同。在一定条件下，一个在所有市场都存在着完全竞争的经济社会，价格机制推动市场运行，导致资源最佳配置，消费者福利达到最大。从某种意义上讲，亚当·斯密"看不见的手"的论断是正确的。第一定理的结论基于以下主要假设条件：市场是完全竞争的；不存在外部性；没有交易成本；市场信息是完全的；不存在规模经济等。

福利经济学第二定理是指在完全竞争的市场条件下，政府所要做的事情是改变个人之间禀赋的初始分配状态，其余的一切都可以由市场来解决。每一种具有帕累托效率的资源配置都可以通过市场机制来实现。

二、社会福利最大化

福利是个人需求得到满足之后的心理主观享受，又叫效用。先有个人效用，后有社会福利。而所谓社会福利，就是指全体社会成员个体在个人需求得到满足后的个人效用总和。

(一)效用可能性边界

效用可能性边界(见图 11—4)与生产可能性边界相对应。显示在一轴上的两个(或两组)

消费者的效用或满足的几何图。它向下倾斜，表示从A至B进行收入再分配将降低A的效用而提高B的效用。处在效用可能性曲线上的点体现着配置(或帕累托)效率。根据帕累托有效配置原理，使某些人境况改善，而同时不致使其他人境况变坏的办法在这条线上是不存在的。

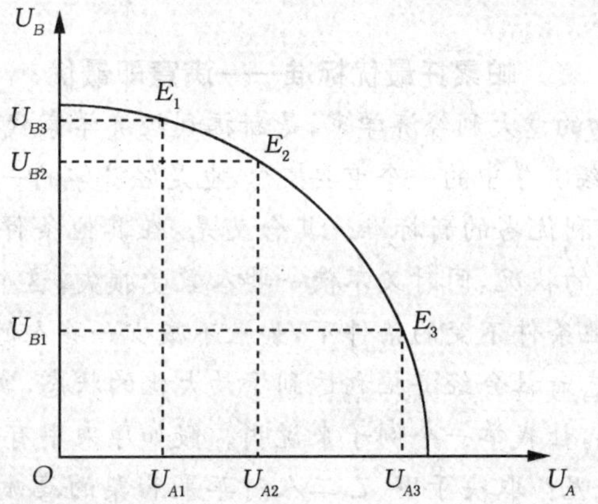

图11－4　效用可能性边界

(二)社会福利函数

社会福利函数(Social Welfare Function)把社会福利看作个人福利的总和，所以社会福利是所有个人福利总和的函数。以效用水平表示个人的福利，则社会福利就是个人福利的函数。假设社会中共有 n 人，社会福利函数 W 可以记作：

$$W = f(U_1, U_2, \ldots, U_n)$$

假定社会中共有A、B两个人，这时的社会福利函数可以写成：

$$W = f(U_A, U_B)$$

对于不同的社会福利水平 W_1、W_2、…、W_n，可以得出一系列的等福利曲线。等福利曲线与效用可能性曲线的区别在于：效用可能性曲线是消费者在分配某一既定数量产品时可能得到的各种效用组合；等福利曲线则表示不同产品的配置组合可以达到相同的社会福利效用水平。

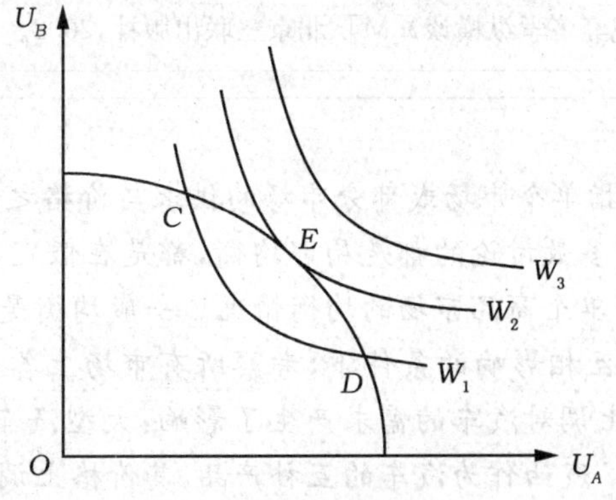

图11－5　等福利曲线

在图11－5中，由于等福利曲线有无数条，总会有一条等福利曲线与效用可能性曲线相切，图中 W_2 与效用可能性曲线相切于 E 点。可以看出，等福利曲线 W_1 与效用可能性曲线相交于 C 点和 D 点，因而是可以实现的，但 W_1 代表的社会福利水平较低；等福利曲线 W_3 代表的社会福利水平很高，但在既定的资源和技术条件下却是无法实现的；只有在等福利曲线 W_2 与效用可能性曲线相切的 E 点，经济实现了社会福利的最大化，并且由于 E 点同时位于效用可能性曲线上，即表明它是满足帕累托最优的点。因此 E 点既是经济上有效率的，又实现了社会福利最大化，所以这一点被称作“限制条件下的最大满足点”。

拓展案例及分析

帕累托最优标准——满意即最优

帕累托是19世纪初的意大利经济学家，是新福利经济学家代表人物。以他的名字命名的“帕累托最优”是现代经济学中的一个重要概念，也是经济学的一个美好的理想境界。

这一命题是判断福利优劣的新标准。其含义是：在其他条件不变的条件下，如果某一经济变动改善了一些人的状况，同时又不使一些人蒙受损失，这个变动就增进了社会福利，称为帕累托改进；在其他条件不变的条件下，如果不减少一些人的经济福利，就不能改善另一些人的经济福利，标志着社会经济福利达到了最大化的状态，实现了帕累托最优状态。

这个概念非常费解，让我举一个例子来说明。假如原来甲有一个苹果，乙有一个梨，他们是否就是帕累托最优呢？取决于甲、乙二人对苹果和梨的喜欢程度，如果甲喜欢苹果大于梨；乙喜欢梨大于苹果，这样就已经达到了最满意的结果，也就已经是“帕累托最优”了。如果是甲喜欢梨大于苹果；乙喜欢苹果大于梨，甲、乙之间可以进行交换，交换后甲、乙的效用都有所增加，这就是帕累托改进。我国经济学家盛洪在他著的《满意即最佳》中说过一句话：“一个简单的标准就是，看这项交易是否双方同意，双方是否对交易结果感到满意。”而正是谁也不愿意改变的状态，就已经是“帕累托最优”了。

我们通俗地讲“帕累托改进”是在不损害他人福利的前提下进一步改善自己的福利，用老百姓的俗话说就是“利己不能损人”。同样，只有在不损害生产者和经营者权利的前提下维护消费者的权益，才能在市场经济的各个主体之间达到“帕累托最优”的均衡状态。

市场经济有两个最本质的特征：其一是提高资源配置效率；其二是实现充分竞争。所谓帕累托最优，通俗的解释就是在资源配置过程中经济活动的各个方面，不但没有任何一方受到损害，而且社会福利要尽可能实现最大化，社会发展要达到最佳状态。西方经济学中的帕累托最优，实际上就是要求不断提高资源的配置效率。

资料来源：梁小民.《微观经济学纵横谈》[M]. 北京三联出版社，2002。

案例导读评析

1. 局部均衡一般是指单个市场或部分市场的供求与价格之间的关系或均衡状态。在前面的章节分析中，我们多数讨论的都是局部均衡，都是在假定其他市场供求和价格固定不变的情况下，讨论某一单个商品市场的均衡情况。一般均衡是指在考虑供求与市场上各种价格存在相互关系和互相影响的条件下，考察所有市场上各种商品的价格与供求的关系。案例中汽油价格的上调对汽车的需求产生了影响：大型汽车的销售量迅速下降，小型汽车的销售量持续攀升。汽油作为汽车的互补产品，其价格上调导致小型汽车的需求曲线向右移动，与此同时，大型汽车的需求曲线向左移动。一种产品价格发生变化，将影响对另一种产品的需求，这讨论的就是一般均衡问题。

2. 我国由于受国际原油价格波动的影响，国内汽油的价格几次上调，在这种情况下养车成本就更高了，消费者为节约成本，选择节油的小排量汽车，也是这个道理。因此在销售排名榜上领先的始终是小排量车。

本章小结

本章知识结构图：

- 一般均衡与福利经济学
  - 一般均衡分析
    - 局部均衡分析与一般均衡分析
    - 交换的一般均衡
    - 生产的一般均衡
    - 生产可能性曲线
    - 生产和交换的一般均衡
  - 福利经济学
    - 帕累托最优与竞争性均衡
    - 社会福利最大化

本章主要知识点：

1. 一般均衡理论把各个市场的变化以及相互之间的影响联系起来，考虑各个市场共同达到均衡的过程和条件。

2. 交换的一般均衡指在社会生产状况和收入分配状况既定条件下，消费者之间通过交换商品达到效用最大化的均衡状况。其实现条件是：

$$MRS_{XY}^{A}=MRS_{XY}^{B}$$

3. 生产的一般均衡指在技术和社会生产资源总量既定的情况下，厂商之间通过生产资源的配置达到产量最大的均衡状况。其实现条件是：

$$MRTS_{LK}^{X}=MRTS_{LK}^{Y}$$

4. 生产可能性曲线指在既定资源的限制下，厂商生产 X 和 Y 商品的最大可能的产出组合点的轨迹。根据生产契约曲线，可以推导出生产可能性曲线。生产和交换的一般均衡条件是：

$$MRT_{XY}=\frac{P_X}{P_Y}=MRS_{XY}^{A}=MRS_{XY}^{B}$$

5. 福利经济学研究一般均衡模型的条件即经济社会达到最优的条件，从而对一个经济的运行及其结果的好坏作出评价，并得出应该如何改善社会福利的结论。

复习思考题

一、名词解释

局部均衡与一般均衡　　帕累托最优状态　　帕累托最优条件　　契约曲线　　生产可能性曲线

二、单项选择题

1. 甲、乙两人现有的效用水平分别为 10 和 20，资源的再配置使得两人的效用发生了变化，属于帕累托改进的一种变动是：(　　)。

A. 甲的效用变为 10，乙的效用变为 15　　B. 甲的效用变为 8，乙的效用变为 25

C. 甲的效用变为 8，乙的效用变为 30　　D. 甲的效用变为 10，乙的效用变为 30

2. 当洛伦茨曲线和绝对不平均线所夹面积为零时，基尼系数(　　)。

A. 等于 0　　B. 等于 1　　C. 无穷大　　D. 无法确定

3. 只研究一个市场上出现的情况，而忽略其他市场，这种分析被称为(　　)。

A. 局部均衡分析　　B. 供给和需求分析　　C. 部门均衡分析　　D. 一般均衡分析

4.同时分析经济中所有市场上的相互依存关系，这种分析称为(　　)。

A. 局部均衡分析　　B. 供给均衡分析　　C. 部分均衡分析　　D. 一般均衡分析

5. 在两个个人(甲和乙)、两种商品(X 和 Y)的经济中,达到交换的全面均衡的条件为(　　)。

A. 对甲和乙,$MRT_{XY}=MRS_{XY}$　　B. 对甲和乙,$MRS_{XY}=P_X/P_Y$

C. (MRS_{XY})甲$=(MRS_{XY})$乙　　D. 上述所有条件

6. 如果对于消费者甲来说,以商品 X 替代商品 Y 的边际替代率等于 3;对于消费者乙来说,以商品 X 替代商品 Y 的边际替代率等于 2,那么有可能发生(　　)。

A. 乙用 X 向甲交换 Y　　B. 乙用 Y 向甲交换 X

C. 甲和乙不会交换商品　　D. 以上均不正确

7. 在两种商品(X 和 Y)、两种生产要素(L 和 K)的经济中,达到生产的全面均衡的条件为(　　)。

A. $MRTS_{LK}=P_L/P_K$　　B. $MRTS_{LK}=MRS_{XY}$

C. $MRT_{XY}=MRS_{XY}$　　D. $(MRTS_{LK})^X=(MRTS_{LK})^Y$

8. 生产契约曲线上的点表示生产者(　　)。

A. 获得了最大利润　　B. 支出了最小成本

C. 通过生产要素的重新配置提高了总产量　　D. 以上均正确

9. 转换曲线是从(　　)导出的。

A. 消费契约曲线　　B. 效用可能性曲线　　C. 社会福利曲线　　D. 生产契约曲线

10. 一个社会要达到最高的经济效率,得到最大的经济福利,进入帕累托最优状态,必须(　　)。

A. 满足交换的边际条件:$MRS_{XY}^A=MRS_{XY}^B$

B. 满足生产的条件:$(MRTS_{LK})^X=(MRTS_{LK})^Y$

C. 满足替代的边际条件:$MRT_{XY}=MRS_{XY}$

D. 同时满足上述三个条件

11. 两种商品在两个人之间的分配,能被称为帕累托最优的条件为(　　)。

A. 不使某个人受损失就不能使另一个人受益

B. 个人都处在其消费契约线上

C. 个人都处在他们的效用可能性曲线上

D. 包括以上所有条件

三、计算题

假定小王(A)和小李(B)的效用函数分别为:$U_A=X_AY_A$,$U_B=X_B+Y_B$

(1)请针对两人分别写出 X 对 Y 的边际替代率。

(2)如果交易通过价格体系来实施,请写出均衡时的(可行的)价格比率。

(3)假定共有 100 单位的 X 和 200 单位的 Y。最初,小王有 25 单位的 X 和 75 单位的 Y,而小李有 75 单位的 X 和 125 单位的 Y。请说明经过市场交易后,均衡时两人分别拥有的两种商品的数量。

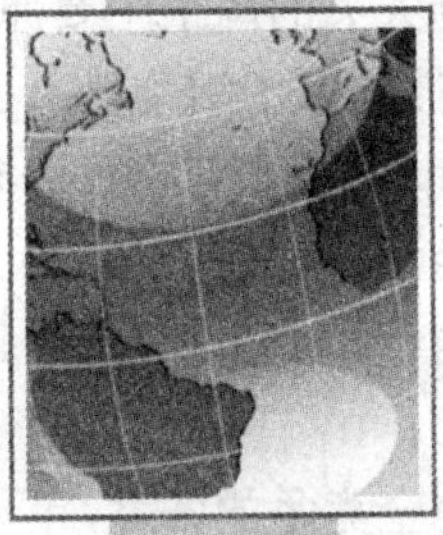

第十二章 市场失灵

【本章导读】

前面的章节所讨论的核心问题在于市场机制的充分有效性，但在现实经济中，市场经济并没有理论上所阐述的如此有效，会出现诸如垄断等很多有关市场失灵的情况。这正是由于市场机制充分发挥作用的假设条件过于严格所导致的。本章将讨论市场失灵的含义、表现及具体应对措施。

【学习目标】

1. 掌握市场失灵现象的含义及本质。
2. 掌握各种市场失灵表现的具体原因及解决措施。

【能力目标】

1. 正确看待市场与政府之争。
2. 对于市场的作用能够有自己的观点。

【案例导读】

一段时间以来，关于温州“炒煤团”的报道不时见诸报端。这些长篇累牍但又浅尝辄止的文章，揭开了一个个黑洞洞的井口，而其内里究竟如何，却依然深不见底。

这是一个虽反常但必然的局面。即使是在最基本事实的掌握上，有说法称温州煤商控制了山西省60%的中小煤矿，煤炭年产量8 000万吨，占山西省煤炭年总产量的1/5，全国的1/20；而浙江、温州两级经济技术协作办公室及浙江富兴电力燃料公司共同完成的调研报告则显示，在山西投资兴办煤矿的温州民营煤矿年产量只有2 000多万吨。无须细数，类似这样各执一词的说法比比皆是。从根本上说，在煤炭采掘这类官商不分、令出多门、利益纠缠难分难解的领域中，信息的传达往往是失真的，基于信息的判断往往是片面的，经判断而来的规制往往是低效的。

譬如说，生死攸关于“炒煤团”命运的政策主张主要有两条：其一，以山西长治为典型的，以安全生产、环境保护为由的大规模整治清剿行动；其二，浙江省政府发布的2006年“一号文件”，明确规定凡是法律法规没有明确禁入的行业和领域，非公资本都可以进入。乍看之下，两者不仅不矛盾，而且可相互配套，但在实际运行中，其间的空白点又是如此之多，以至于温州资本跨省投资这一再平常不过的现象，必须再次面临巨大的不确定性。

思考与讨论：分析炒房现象中的市场失灵因素。

第一节 市场失灵的含义与表现

一、市场失灵的含义

市场失灵是指市场无法有效率地分配商品和劳务的情况。对经济学家而言，这个词汇通常用于无效率状况特别重大时，或非市场机构较有效率且创造财富的能力较私人选择为佳时。另一方面，市场失灵也通常被用于描述市场力量无法满足公共利益的状况。在此着重于经济学主流的看法。经济学家使用模型化理论解释或了解这个状况，市场失灵的两个主要原因为：成本或利润价格的传达不适切，进而影响个体经济市场决策机制；次佳的市场结构。

微观经济学理论认为，在一系列理想的假定条件下，自由竞争的市场经济可导致资源配置达到帕累托最优状态。完全的市场体制取决于六大假设条件：一是经济信息完全对称，二是完全竞争市场，三是规模报酬不变或递减，四是无任何外部效应，五是当事人完全理性，六是交易成本可以忽略不计。

但是理想化的假定条件并不符合现实情况，或者即使市场符合完全竞争的条件，市场配置资源的结果也可能不符合社会所能接受的公平标准。此外，对于一些特殊的产品，还可能根本就不存在所谓的市场，因而也就不可能通过市场来配置资源。我们把市场由于上述原因而不能配置资源，或虽然可以配置资源，但是配置资源的结果却不符合社会所能接受的效率和公平标准的现象称为市场失灵。

二、市场失灵的表现

（一）收入与财富分配不公

这是因为市场机制遵循的是资本与效率的原则。资本与效率的原则又存在着“马太效应”。从市场机制自身作用看，这是属于正常的经济现象，资本拥有的越多，在竞争中越有利，效率提高的可能性也越大，收入与财富向资本与效率也越集中；另一方面，资本家对其雇员的剥削，使一些人更趋于贫困，造成了收入与财富分配的进一步拉大。这种拉大又会由于影响到消费水平而使市场相对缩小，进而影响到生产，制约社会经济资源的充分利用，使社会经济资源不能实现最大效用。

（二）外部负效应问题

外部负效应是指某一主体在生产和消费活动的过程中，对其他主体造成的损害。外部负效应实际上是生产和消费过程中的成本外部化，但生产或消费单位为追求更多的利润或利差，会放任外部负效应的产生与蔓延。如化工厂，它的内在动因是赚钱，为了赚钱，对企业来讲，最好是让工厂排出的废水不加处理而进入下水道、河流、江湖等，这样可减少治污成本，增加企业利润，从而对环境保护、其他企业的生产和居民的生活带来危害。社会若要治理，就会增加负担。

（三）竞争失败和市场垄断的形成

竞争是市场经济中的动力机制。竞争是有条件的，一般来说，竞争是在同一市场中的同类产品或可替代产品之间展开的。但一方面，由于分工的发展使产品之间的差距不断拉大，资本规模扩大和交易成本增加，阻碍了资本的自由转移和自由竞争。另一方面，由于市场垄断的出现，减弱了竞争的程度，使竞争的作用下降。造成市场垄断的主要因素有：(1)技术进步；(2)市场扩大；(3)企业为获得规模效应而进行的兼并。一旦企业获利依赖于垄断地位，竞争与技术进步就会受到抑制。

（四）公共产品供给不足

公共产品是指消费过程中具有非排他性和非竞争性的产品。所谓非排他性，也就是当这类产品被生产出来，生产者不能排除别人不支付价格的消费。因为这种排他一方面在技术上做不到，另一方面即使技术上能做到，但排他成本高于排他收益。所谓非竞争性，是因为对生产者来说，多一个消费者、少一个消费者不会影响生产成本，即边际消费成本为零。而对正在消费的消费者来说，只要不产生拥挤也就不会影响自己的消费水平。如国防、公安、航标灯、路灯、电视信号接收等，所以这类产品又叫非营利产品。从本质上讲，生产公共产品与市场机制的作用是矛盾的，生产者是不会主动生产公共产品的。而公共产品是全社会成员所必须消费的产品，它的满足状况也反映了一个国家的福利水平。这样一来，公共产品生产的滞后与社会成员与经济发展需要之间的矛盾就十分尖锐。

（五）公共资源的过度使用

有些生产主要依赖于公共资源，如渔民捕鱼、牧民放牧。他们使用的就是以江湖河流这些公共资源为主要对象，这类资源既在技术上难以划分归属，又在使用中不易明晰归属。正因为这样，由于生产者受市场机制追求最大化利润的驱使，往往会对这些公共资源出现掠夺式使用，而不能给资源以休养生息。有时尽管使用者明白长远利益的保障需要公共资源的合理使用，但因市场机制自身不能提供制度规范，又担心其他使用者的过度使用，出现使用上的盲目竞争。

市场失灵的表现还有许多，它要求人们科学地认识市场机制的作用。

第二节　市场失灵的解决

一、外部性

（一）外部性的定义

外部性又称为溢出效应、外部影响或外差效应，指一个人或一群人的行动和决策使另一个人或一群人受损或受益的情况。经济外部性是经济主体（包括厂商或个人）的经济活动对他人和社会造成的非市场化的影响，即社会成员（包括组织和个人）从事经济活动时其成本与后果不完全由该行为人承担。它分为正外部性（Positive Externality）和负外部性（Negative Externality）。正外部性是某个经济行为个体的活动使他人或社会受益，而受益者无须花费代价；负外部性是某个经济行为个体的活动使他人或社会受损，而造成负外部性的人却没有为此承担成本。通过市场发生的影响不是外部性。

外部性表现为单个经济主体的经济行为给其他主体带来危害或利益时，该主体既没有支付赔偿或也没有得到相应的报酬。可见，外部性包含两个层面的内容：第一，单个经济主体是经济行为的主导力量，其行为结果存在两种可能：给其他主体带来伤害和带来利益；第二，不发生直接的对应关系，即带来危害不支付赔偿，带来利益未得到补偿。

（二）外部性的分类

外部经济就是一些人的生产或消费使另一些人受益而又无法向后者收费的现象；外部不经济就是一些人的生产或消费使另一些人受损而前者无法补偿后者的现象。例如，私人花园的美景给过路人带来美的享受，但他不必付费，这样，私人花园的主人就给过路人产生了外部经济效果。又如，邻居音响的音量开得太大影响了其他人的休息和睡眠，这时，邻居给其他人带来了外部不经济效果。

生产的外部性就是由生产活动所导致的外部性，消费的外部性就是由消费行为所带来的外部性。以往经济理论重视的是生产领域的外部性问题。20 世纪 70 年代以后，关于外部性理论的研究范围扩展至消费领域。从外部经济与外部不经济、生产的外部性与消费的外部性两种分类出发，可以把外部性进一步细分成生产的外部经济性、消费的外部经济性、生产的外部不经济性和消费的外部不经济性四种类型。

(三)外部性的效率问题与解决

由于存在没有能在市场中反映出来的外部性,由于外部性的存在造成私人成本与社会成本之间的差距,市场配置资源的效率就会降低。

如何解决外部性导致的市场失灵问题,世界各国都程度不同地通过政府干预这只“看得见的手”来对市场失灵进行矫正和调节。政府对市场干预的方法有很多,比如采取禁止或强迫命令的方法,或者采取税收等经济方法。但是一般认为,采取禁止或强迫命令的方法过于简单,可使用的范围有限,而且往往需要付出很大的代价,成本过高,也不能实现资源的有效配置。因此,不到万不得已最好不要采取这种方法。对外部性问题,西方经济学家认为主要应用经济手段来解决,并就此提出了一些具体的政策建议。这些政策建议主要有以下几点:

第一,使用税收和津贴。对造成外部不经济的企业,国家应该征税,其数额应该等于该企业给其他社会成员造成的损失,从而使该企业的私人成本恰好等于社会成本。例如,在生产污染的情况下,政府向污染者收税,其税额等于治理污染所需要的费用;反之,对造成外部经济的企业,国家则可以采取津贴的办法,使企业的私人利益与社会利益相等。如我国采取的退耕还林政策,连续补贴八年。无论是何种情况,只要政府采取措施使得私人成本和私人利益相应的社会成本和社会利益相等,则资源便可达到优化配置。

第二,使用企业合并的方法。例如,一个企业的生产影响到另一个企业。如果是正的(外部经济),则第一个企业的生产就会低于社会最优水平;反之,如果影响是负的(外部不经济),则第一个企业的生产就会超过社会的最优水平。但是如果把这两个企业合并为一个企业,则此时的外部影响就“消失”了,即被“内部化”了。合并后的单个企业为了自己的利益将使自己的生产确定在其边际成本等于边际收益的水平上。而由于此时不存在外部影响,故合并企业的成本与收益就等于社会成本与收益,于是就达到了资源优化配置的目的。

如果由一个企业同时种树和造纸,这个企业在其决策中自然会考虑造纸给种树带来的外部性。在这种情况下,由于该企业将直接承担造纸生产外部性导致的成本,也就是说,这个经合并的企业将支付造纸生产的全部社会边际成本。这时企业就会调整造纸的产量,使产量定在价格等于社会边际成本的水平上,这样就实现了生产过程中的外部化,实现了资源的优化配置。

第三,使用规定财产权的办法。在许多情况下,外部影响之所以导致资源配置失当,是由于财产权不明确。如果财产权是完全确定的并得到充分保障,则有些外部影响就可能不会发生。例如,某条河流的上游污染者使下游用水者受到损害。如果给予下游用水者以一定质量水源的财产权,则上游的污染者将因把下游水质降到特定质量之下而受罚。在这种情况下,上游污染者便会与下游用水者协商,将这种权利从他们那里买过来,然后再让河流受到一定程度的污染。同时,受到损害的下游用水者也会使用他出售污染权而得到的收入来治理河水。总之,由于污染者为其不好的外部影响支付了代价,所以其私人成本与社会成本之间不存在差别。

拓展阅读

扩大碳排放权交易试点,研究启动碳期货市场建设

全国政协委员、广东证监局局长侯外林向中国证券报记者表示,针对气候变化问题,建议有关部门增强制度约束力,加快推进碳排放权法规体系建设。同时,扩大碳排放权交易试点,加快推进全国统一碳市场的建设,并研究启动碳期货市场建设,发展期、现货良性互动的多层次碳市场的体系。

侯外林指出,我国碳排放权交易试点仍存在一些问题,包括法律法规亟待完善,制度约束力有待加强。目前7个试点中均出台了碳排放管理制度，但法规的层级不高，惩罚力度弱，法律约束力欠缺。由于惩罚规则受制于行政许可和处罚的限制，约束力较小，部分试点企业存在“碳排放履约不如罚款”的实际情况。各省试点市场分割，碳配额政策不统一。7个试点各自出台了碳排放权交易管理办法，在配额总量、分配方式、控排行业以及控排企业标准等方面存在一定的差异，各试点配额不能跨省清缴。而部分试点地区启动碳交易较快，碳排放核证核查方法不一，核定的排放权公信力还有待检验。市场有效性不足，市场广度和深度不够。相对欧盟11 500余家控排企业，我国七个碳交易试点地区合计参与的控排企业仅有2 000家，且参与主体主要是控排企业，参与主体结构单一，市场供需关系有待完善。

他建议，增强制度约束力，加快推进碳排放权法规体系建设。碳排放权市场目前存在的最基础问题就是法律缺失。针对这一现状，首先应加快碳排放权市场立法建设：一是明确碳排放权的产权属性，为碳排放权交易市场制度提供法律基础；二是国家层面出台碳排放权总量目标及分配方案，综合考虑地区、行业特征，科学设定配额计算方法及分配方式；三是界定交易主体、交易对象、交易种类和交易程序；四是建立科学的MRV体系(监测报告核查系统)，以合理反映市场排放基准线，便于主管机构核查排放量、实时监测；五是加快相应财税政策的推进，确定碳排放权的会计与税务处理方式，建议现阶段将碳配额费用化，税前抵扣。其次，应扩大碳排放权交易试点，加快推进全国统一碳市场的建设。为发挥市场规模效应，避免试点地区的控排企业向非试点地区转移的“碳泄漏”问题以及试点市场分割和规则冲突等问题，建议国家发改委会同证监会等相关部门总结现有试点的成果和经验，加强顶层设计，积极研究推进全国统一市场的建设工作。此外，应研究启动碳期货市场建设，发展期、现货良性互动的多层次碳市场的体系。

资料来源：扩大碳排放权交易试点，研究启动碳期货市场建设[N]. 中国证券报，2015-3-7。

二、垄断

(一)垄断的效率损失

以垄断为代表的市场势力，是造成市场失灵的最重要原因之一。市场势力是指企业在市场上有影响价格的能力。根据市场势力的大小，可以将其划分为完全垄断、寡头垄断和垄断竞争三种。市场势力可以使市场无效率，因为它会使价格和数量完全背离完全竞争的供求均衡。它是引起市场失灵的一个重要原因，其极端的情况是完全垄断。完全垄断只是市场势力的特例，更多的市场势力表现为不完全垄断，即几个厂商相互竞争而共同控制某个行业的全部或大部分产量。现实生活中，大多数国家的汽车、飞机制造以及大部分自然垄断行业，如电力、铁路、电话、自来水供应等都属于垄断市场。当存在这样的市场势力时，社会的产量将会从生产边界上移至边界内，即过高的价格对应过少的产出，消费者剩余将会减少，而生产者剩余将会增加。但是消费者剩余的减少将大于生产者剩余的增加，社会福利因为垄断这种市场势力的存在而产生了无谓损失，资源配置无效率。

根据前面相关章节对垄断厂商利润最大化的长期均衡状况的分析，已经证明了垄断厂商在达到长期均衡时，并没有达到帕累托最优状态。在其利润最大化的产量上，价格高于边际成本，表明消费者为增加一单位产品所支付的代价超过了生产该单位产品所引起的成本，意味着存在帕累托改进的余地，如图 12—1 所示。该图反映了完全竞争和完全垄断长期均衡时的价格和产量。

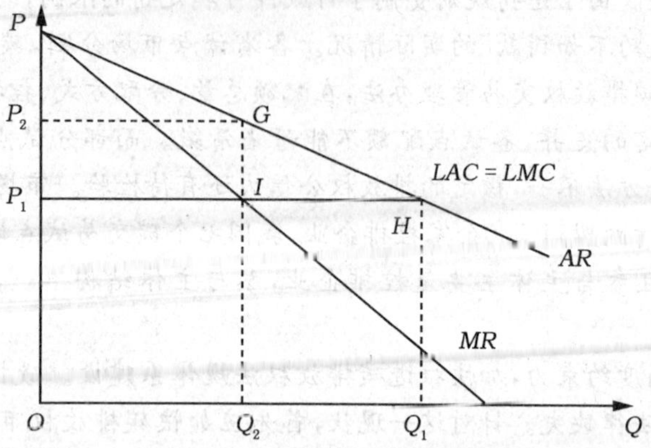

图 12—1　垄断与低效率

(二)垄断的解决

垄断被认为是经济效率最低的市场。因为垄断厂商可以通过控制产量和价格使其利润最大化。垄断往往导致资源配置的低效率，垄断利润也是不公平的。这就使得有必要对垄断进行政府干预。政府对垄断的干预是多种多样的。其中，最主要的有以下几个方面：

第一，对垄断的公共管制。政府对垄断的公共管制主要是政府对垄断价格进行管制。所谓价格管制，就是要使处于管制之下的垄断厂商制定的价格反映生产的边际成本，也就是说，要使其按边际成本来定价。这样可以将垄断所造成的社会福利损失减小到最低限度，可以实现帕累托最优条件，从而实现社会资源的优化配置。

对于政府来说，解决垄断条件下的价格高于竞争价格这一问题，方法之一是对垄断厂商可能索取的价格进行管制。如果一个垄断厂商在正常情况下索取 5 元的价格，那么政府可以实施一个 2 元的最高限价，以降低消费者使用该产品的成本。一般而言，在一个竞争市场上实行最高限价会导致产量减少，从而造成在控制价格下的短缺和非价格配给。但是，垄断厂商对最高限价的反应方式与竞争行业不同，在一定条件下，对垄断价格的强制限制可能会导致垄断产量的提高。我们知道，垄断厂商限制产量的目的是为了索取较高的价格，实施最高限价意味着限制产量不能得到较高的价格，所以最高限价将消除垄断厂商限制产量的理由。但是，强制性按边际成本定价，由于垄断厂商的成本曲线是递减的，因此，与边际成本相等的价格将会低于平均成本，由于任何厂商都不可能无限期地在亏损的条件下运营，这就使执行价格管制的政府机构陷入两难境界：或者放弃边际成本定价目标，或者政府不断地向垄断厂商提供补贴。

对此，西方经济学家提出两种解决问题的思路：一是实行双轨制价格。就是在实行边际成本定价的同时，允许垄断厂商对一部分消费者收取高价，同时对“边际”消费者保持低价。部分消费者所支付的高价可对由于另一部分消费者实行低价所造成的损失进行补偿，从而解决了垄断厂商在价格管制下的亏损问题。

第二，法律约束。政府对垄断更强烈的反应是制定反垄断法或反托拉斯法。西方许多国家都程度不同地制定了反托拉斯法，其中最为突出的例子是美国。虽然西方国家在形式上存在反垄断法，但对它们的执行并不十分认真，西方的企业合并浪潮出现过多次，现在企业的生产规模越来越大、越来越集中，就可以很好地说明这一点。

美国从1890年就开始制定相关的反托拉斯法律。这些法律规定,限制贸易的协议或共谋、垄断或企图垄断市场、兼并、排他性规定、价格歧视、不正当竞争和欺诈行为等,都是非法的。如1890年通过的《谢尔曼法》规定:任何以托拉斯或其他形式进行的兼并或共谋,任何限制洲际或国际的贸易或商业活动的合同,均属非法;任何人垄断或企业垄断,或其他个人或多人联合或共谋垄断洲际或国际的一部分商业和贸易的,均应认为是犯罪。1914年通过的《克莱顿法》修正和加强了《谢尔曼法》,禁止不公平竞争,宣布导致削弱竞争或造成垄断的不正当做法为非法,包括价格歧视、排他性或限制性契约、公司相互持有股票和董事会成员相互兼任。1914年通过《联邦贸易委员会法》规定:建立联邦贸易委员会作为独立的管理机构,授权防止不公平竞争以及商业欺骗行为,包括禁止伪假广告和商标等。1936年通过的《罗宾逊—帕特曼法》宣布卖主为消除竞争而实行的各种形式的不公平的价格歧视为非法,以保护独立的零售商和批发商。1938年通过的《惠特—李法》修正和补充了《联邦贸易委员会法》,宣布损害消费者利益的不公平交易为非法,以保护消费者。1950年通过的《塞勒—凯弗维尔法》则宣布任何公司购买竞争者的股票或资产,从而实质上减少竞争或企图造成垄断的做法均为非法。《塞勒—凯弗维尔法》还禁止一切形式的兼并,包括横向兼并、纵向兼并和混合兼并,这类兼并指大公司之间和大公司对小公司的兼并,但不包括小公司之间的兼并。

三、公共物品

(一)公共物品的定义

公共物品是指公共使用或消费的物品。公共物品是可以供社会成员共同享用的物品,严格意义上的公共物品具有非竞争性和非排他性。所谓非竞争性,是指某人对公共物品的消费并不会影响别人同时消费该产品及从中获得效用,即在给定的生产水平下,为另一个消费者提供这一物品所带来的边际成本为零。所谓非排他性,是指某人在消费一种公共物品时,不能排除其他人消费这一物品(不论他们是否付费),或者排除的成本很高。

通常不具备排他性或(和)竞争性,一旦生产出来就不可能把某些人排除在外的商品称为(纯)公共物品。所谓商品的排他性,是指商品的生产者或者购买者可以很容易地把他人排斥在获得该商品带来的利益之外;商品的竞争性是指消费商品的数量与生产这一数量的成本有关。

第一类是纯公共物品,即同时具有非排他性和非竞争性;第二类公共物品的特点是消费上具有非竞争性,但是却可以较轻易地做到排他,有学者将这类物品形象地称为俱乐部物品(Club Goods);第三类公共物品与俱乐部物品刚好相反,即在消费上具有竞争性,但是无法有效地排他,有学者将这类物品称为共同资源或公共池塘资源物品。俱乐部物品和共同资源物品通称为准公共物品,即不同时具备非排他性和非竞争性。准公共物品一般具有"拥挤性"的特点,即当消费者的数目增加到某一个值后,就会出现边际成本为正的情况,而不是像纯公共物品,增加一个人的消费,边际成本为零。准公共物品到达"拥挤点"后,每增加一个人,将减少原有消费者的效用。公共物品的分类以及准公共物品"拥挤性"的特点为我们探讨公共服务产品的多重性提供了理论依据。

(二)公共物品的特征

(1)公共物品都不具有消费的竞争性,即在给定的生产水平下,向一个额外的消费者提供商品或服务的边际成本为零。

(2)消费的非排他性,即任何人都不能因为自己的消费而排除他人对该物品的消费。

(3)具有效用的不可分割性。公共物品是向整个社会提供的,整个社会的成员共同享用公共物品的效用,而不能将其分割为若干部分,分别归属于某些个人、家庭或企业享用。或者,按照“谁付款,谁受益”的原则,限定为之付款的个人、家庭或企业享用。

(4)具有消费的强制性。公共物品是向整个社会供应的,整个社会成员共同享用它的效用。公共物品一经生产出来提供给社会,社会成员一般没有选择余地,只能被动地接受。换句话说,公共物品不是自由竞争品,它具有高度的垄断性。公共物品的这一性质,提醒人们必须注意公共物品的质量和数量。公共物品的废品、次品绝不能流入社会,一旦流入社会,其危害性远远大于私人产品。公共物品的数量不足,不能满足社会的需要,其危害性也是明显的;公共物品生产供应过度,对社会也会带来消极的影响。

(三)公共物品的有效供给

单纯靠市场机制的调节,由私人部门生产公共物品通常不能使其产量达到合理的水平,确切地说,这会使公共物品的产量低于资源最优配置状态(也就是帕累托最优状态的产量水平)。因此,公共物品会导致市场失灵。为什么公共物品会导致市场失灵?其主要原因在于公共物品具有非竞争性和非排他性的特点。

公共物品的生产和消费问题不能由市场上的个人决策来解决。因此,必须由政府来承担提供公共物品的任务。政府如何来确定某公共物品是否值得生产以及应该生产多少呢?西方经济学家提出了一个重要的方法就是成本—收益分析。

成本—收益分析是用来评估经济项目或非经济项目的。它首先估计一个项目所花费的成本以及它可能带来的收益,然后把两者加以比较,最后根据比较的结果决定该项目是否值得。如果有几个可选择的项目就分别比较这几个项目的成本和收益,然后根据哪个项目的社会净效益大就选择哪个项目。

公共物品也可以看成一个项目,并运用成本—收益方法来加以讨论。如果评估的结果是该物品的收益大于或至少等于其成本,则它就值得生产;否则,就不值得生产。

这样的方法从理论上来说是比较简单和可行的,但是在实际经济生活中,要计算出每个项目的成本和收益常常是十分困难的。有些收益是无法计算的。比如说,修建一个水坝会对国内其他地区的消费者、劳动者、投资者和企业生产产生间接的影响。有些成本和收入是无形的,例如,水坝的修建可能破坏自然景观,可能淹没地下资源,而这些无形的成本常常很难用市场价值来衡量,甚至是根本无法衡量的。

另一方面,我们说成本有社会成本和个人成本,收益也有社会收益和个人收益,社会收益是社会福利,只能与社会成本相比较。个人收益和个人成本的变化可能会使一些人有所得,而另一些人有所失,从而影响收入分配。但由于一个人收入的增加可能被其他人的收益损失所抵消,并不影响社会整体的成本和收益。例如政府修建一座水坝可能会提高当地建筑工人的工资,可能会增加当地建筑材料生产部门的收益,但从社会的角度看,这些人的收益的增加会被其他人的收益的下降所抵消,因为修建水坝的经费是由全社会的公民通过征税提供的。此外,水坝的修建可能使当地的服务业生意兴隆、价格提高,但这些服务业由此增加的收益会被服务对象被迫支付的较高价格而造成的损失所抵消。另外,水坝修建的地区也会造成地区收益的变化,如果有几个可选择的地点,选在这里而不选在那里也可能造成得到项目的地区收益增加,而没有得到项目的地区收益相对减少。也就是说,虽然社会总成本和总收益不变,但是由于选择的不同也会引起个人或地区收益的变化。

拓展阅读

公地悲剧与反公地悲剧

“悲剧”的产生是由“公地”的产权特性所决定的。“公地”作为一项资源或财产有许多拥有者,他们中的每一个人都有使用权,而且没有人有权阻止其他人使用,结果是资源的过度使用和枯竭。过度放牧的草原、过度砍伐的森林、过度捕捞的渔业资源以及污染严重的河流和空气,都是“公地悲剧”的典型例子。它们之所以叫悲剧,是因为每个当事人都知道资源将由于过度使用而枯竭,但每个人对阻止事态的继续恶化都感到无能为力,而且都抱着“及时捞一把”的心态加剧事态的恶化。

反公地有相反的产权特性。反公地作为一项资源或财产也有许多拥有者,但他们中的每一个人都有权阻止其他人使用资源,而没有人拥有有效的使用权。“反公地”的产权特性是给资源的使用设置障碍,导致资源的闲置和使用不足,造成浪费。就像在一间房子的大门上安装需要十几把钥匙同时使用才能开启的锁,这十几把钥匙分别归十几个人保管,而这些人往往无法在同一时间到齐。显而易见,打开房门的机会非常小,房子的使用率非常低。

中国“反公地悲剧”的一个例子是福建省前副省长张遗记述的关于闽江河沙的故事:日本东京的水泥厂每年需进口淡水沙 300 万吨,而闽江上游的洪水每年给闽江口带来 700 万吨河沙,阻塞航道。把闽江河沙卖给东京水泥厂既能疏通航道又可以赚取外汇,是捞起“掉进河里的钞票”的好事情。日本议会日中友好议员协会会长古井喜实 1979 年给邓小平写信,要求福建长期提供闽江口淡水河沙。邓小平批示支持,李先念也批示赞成。没想到闽江河沙是“反公地”,诸多的“产权拥有者”都想得到掉进河里的钞票。外贸局认为河沙出口属于外贸,应该归外贸局经营;交通航运部门则认为挖沙与清理航道分不开,应该由他们经营;建筑材料局又说河沙属于建筑材料,国家分工属于他们经营;还有集体所有制的闽江河沙队,说是历史上它们以挖沙谋生,国家不应与民争利。这些单位相互间不断扯皮,一拖 6 年,日本方面只好作罢。掉进河里的钞票最终还是没有捞起来。

对“反公地悲剧”问题,政府部门近来有较明确的认识。国务院发展研究中心市场经济研究所所长张军扩认为,国有企业管理体制存在一个突出的问题是同一企业的所有权由不同的政府机构行使。例如,人事权和监督权掌握在企业工委和国企监事会手中,收益由财政部负责,薪酬则由劳动部审定。其结果是,每个机构都可以从某个方面向企业发号施令,但谁都不对企业经营的整体结果负责,也不可能负责。意识到产权支离破碎的弊端,十六大提出了在中央和地方设立国有资产管理机构,以确保国企所有者责、权、利的统一。建立统一的所有权代表的确是国企改革的一个重要步骤,它的目的是通过整合产权来解决“反公地悲剧”问题。

诚然,在交易费用很高的情况下由政府出面整合产权要比市场整合有效得多。应该注意的是,现有的产权拥有者不会轻易放弃既得利益,而产权有偿转让的方案则会使问题复杂化。另外,“委托—代理人”问题也将继续存在于独立、统一的国有资产管理机构之中。

资料来源:陈抗. 掉地上的钞票为什么没人捡?——兼谈“反公地悲剧”[J]. 百姓,2003(10)。

四、信息不对称

(一)信息不对称含义

信息不对称(Asymmetric Information)指交易中的各人拥有的信息不同。在社会政治、经济等活动中，一些成员拥有其他成员无法拥有的信息，由此造成信息的不对称。

在市场经济活动中，各类人员对有关信息的了解是有差异的；掌握信息比较充分的人员，往往处于比较有利的地位，而信息贫乏的人员，则处于比较不利的地位。不对称信息可能导致逆向选择(Adverse Selection)。一般而言，卖家比买家拥有更多关于交易物品的信息，但反例也可能存在。前者如二手车的买卖，卖主对该卖出的车辆比买方了解。后者如医疗保险，买方通常拥有更多的信息。

(二)信息不对称可能产生的问题

1. 代理人问题

代理人并不总是为了委托人的最大利益而行事。如经理作为全体股东的代理，但是可能不会始终维护股东的利益，在决策时尽可能使自身利益最大化。在委托代理关系中，由于信息不对称，股东和经理人之间的契约并不完整，需要依赖经理人的“道德自律”。股东和经理人追求的目标是不一致的，股东希望其持有的股权价值最大化，经理人则希望自身效用最大化，因此股东和经理人之间存在道德风险，需要通过激励和约束机制来引导和限制经理人的行为。这也是股权激励的原则。

2. 道德风险问题

道德风险是指在信息不对称的情形下，市场交易一方参与人不能观察另一方的行动或当观察(监督)成本太高时，一方行为的变化导致另一方的利益受到损害。

理论上讲，道德风险是从事经济活动的人在最大限度地增进自身效用时做出不利于他人的行动。它一般存在下列情况：由于不确定性和不完全的或者限制的合同使负有责任的经济行为者不能承担全部损失(或利益)，因而他们不承担他们的行动的全部后果，同样地，也不享有行动的所有好处。显而易见，这个定义包括许多不同的外部因素，可能导致不存在均衡状态的结果，或者，均衡状态即使存在，也是没有效率的。

3. 逆向选择问题

逆向选择，指的是这样一种情况：市场交易的一方如果能够利用多于另一方的信息使自己受益而对方受损时，信息劣势的一方便难以顺利地做出买卖决策，于是价格便随之扭曲，并失去了平衡供求、促成交易的作用，进而导致市场效率的降低。

拓展阅读

趣谈逆向选择

所谓逆向选择，举个例子就是，比如卖车，买车的人不知道这个车子到底是好车(cherry)还是不好的车子(lemon)，但是卖车的人通常掌握这个信息。于是二手车市场上出现了一个价钱，是中和了这个车子可能是lemon的风险因素。本来一辆好车应该值10万元，但是由于很多不好的车子只卖3万～5万元，好车的价格也要被迫降下来，因为买家也不知道哪个是好车，哪个是不好的车。于是市场价格现在可能是7.5万元。lemon的车主暗自庆幸，cherry的车主心中不满。于是有好车的人说，算了，不在这里卖了，我换一个市场，或者我就是卖这个价钱，直到有识货的人来买。车子价值在8万元、9万元和10万元的车主都走了，现在只剩下价值7.5万元的车主了，他们想，不对呀，只有我的车子真的值7.5万元，他们的破车也卖这个价钱，我不是赔了吗？我也走吧。或者我也卖7.5万元吧，但是这个时候这个市场上的车子的平均价格已经因为好车的撤走，变成了5万元。一怒之下，7.5万元价值的车主也走了，以此类推，最后留下的都是一次一次淘汰留下的次品。换言之，能够找到更好的市场的人都走了，留下的都是没有更好机会的人，都是次品中的次品，或者更加次品的。

小城市里面的人第一次去纽约，除了震撼之余，通常会被 overwhelm，小城市的人也许会说“我才不喜欢纽约，没有意思”。而 New Yorkers 已经习惯了纽约的速度和节奏，觉得繁华的曼哈顿一如既往，稀松平常，他们也不愿意去平静的小城市。纽约还是纽约，看风景的人的背景和心态以及世界观不同，难免感受不同。

Adverse Selection 换成大白话就是一种“劣胜优汰”的现象，这种理论同样可以用来解释为什么一等美女嫁的大多是三等男人，根据自由选择，一般一等美女身边会有众多追求者，其中 1～3 等男人都有，这个时候美女陶醉在一种自我满足感中，她不知道这么多男人中哪个是真心爱她的，尽管每个男人对于自己用情深浅是清楚的。美女不愁嫁，所以她多半会延迟作出选择，因为时间可以淘汰用情不深者。2 年过后，最先退出的是最优秀的男人，因为自然法则决定他身边也有很多女人围绕，他想：此处不留爷，自有留爷处！又 2 年过后，2 等男人出于同样的原因退出，因为在这里耗着看不到回报。再 2 年过去，美女的价值随着年岁的增加呈现“跳水”的趋势，当她决定作出选择的时候，发现身边仅有的男人只剩几个了，虽然条件不好但起码鞍前马后陪了自己这么多年，证明了痴心一片，将就一下就嫁了。对于三等男人，有时并非用情极深，只不过他的条件在哪个女人跟前都不是最优选择，转换目标还不如一直在这赖着，终于熬到走了一波又一波的竞争者。这就是 Adverse Selection 吧。

资料来源：http://bbs.pinggu.org/thread-2133119-1-1.html。

“逆向选择”在经济学中是一个含义丰富的词汇，它的一个定义是指由于交易双方信息不对称和市场价格下降产生的劣质品驱逐优质品，进而出现市场交易产品平均质量下降的现象。在现实经济生活中，存在着一些与常规不一致的现象。本来按常规，降低商品的价格，该商品的需求量就会增加；提高商品的价格，该商品的供给量就会增加。但是，由于信息的不完全性和机会主义行为，有时候，降低商品的价格，消费者也不会做出增加购买的选择(因为可能担心生产者提供的产品质量低，是劣质产品，而非原来他们心中的高质量产品)；提高价格，生产者也不会增加供给的现象，所以叫“逆向选择”。

案例导读评析

首先，从“炒房团”到“炒车团”，再到“炒煤团”，急于寻求利益回报的温州资本一次次站到了公众评判的风口浪尖，就某种程度而言，这种不顾公共利益而一味见缝就钻的取向，也确实显著表现为市场失灵之痼疾。而问题则在于，就在温州炒家四处游走的背后，显然存在着对于民营资本过于严格乃至歧视性的投融资限制。出于资本逐利的天性，倘若政府不能对其实行有效的疏导、引导，则必然陷于被动的、事后的、四处扑火式的疲于应对中，更遑论合理运用更具经济人理性的民营资本服务于经济体效率提升的长远大计了。

其次，不同于“炒房”“炒车”“炒煤”所进入的领域是高度管制下的，仰仗的手段是非炒卖型的，面临的调控手段是非市场化的，它所带出的对于制度缺陷的拷问更深刻地烙有转轨中的中国特色。眼下，对于温州“炒煤团”的指责很容易集中到安全生产、环境保护等正义公理上来，对其一关了事更是足慰人心立竿见影之举手之劳。且不论山西、云南等地(其实也包括浙江)的做法是否有地方保护主义的嫌疑，最起码，如同“炒煤团”之所以能够发展壮大一样，这种做法仍然暗示着诺斯悖论的发生，即一旦政府具有了过分强大的力量，那么，那些管理该政府的人便会利用这种力量来谋取自身的利益，而以牺牲社会其他人的利益为代价。很难想象，在这个充满不确定因素、寻租求租难以杜绝的市场中，新的经营者、监管者能够自觉契合于社会利益的最大化。

"炒煤团"现象的发生、兴起、式微，它的生命轨迹中时时表现为市场失灵与政府失灵的相互强化。这是一个典型的案例，而其根本性的破解之道在于，政府的权力应该是强大同时又被有效限定了的，从而使追求私利的冲动为着私利的目的不得不去做增进公共利益的事。

本章小结

本章知识结构图：

- 市场失灵
  - 市场失灵的含义与表现
    - 市场失灵的含义
    - 市场失灵的表现
  - 市场失灵的解决
    - 外部性
    - 垄断
    - 公共物品
    - 信息不对称

本章主要知识点：

1. 垄断、外部性、公共物品和信息不对称引起的市场失灵，是市场本身的问题，说明市场机制进行配置资源是不完善的，需要微观经济政策进行干预，以确保市场正常运转。

2. 与完全竞争市场相比，垄断市场的价格过高而产量过低，资源没有实现帕累托最优配置，导致社会福利损失。解决垄断导致的市场失灵问题，一是通过政府公共管制政策，例如实施行政管制、价格管制、税收管制；二是通过立法措施，即制定反垄断法来防止垄断的出现。

3. 外部性是造成市场低效率的一个重要原因。外部性包括生产行为和消费行为引起的正外部性和负外部性。正的外部性将导致市场的短缺，而负的外部性将导致过量的生产。对此西方经济学家提出了征税或者补贴、企业合并以及界定产权的治理政策。科斯定理的思想是主张通过产权界定与交易来解决外部性问题，但其假设条件在现实中很难满足，因为没有哪一个交易是可以无成本进行的。

4. 公共物品具有两个基本特征：非竞争性和非排他性，存在着"搭便车"现象，不能依赖市场机制去实现有效供给和防止市场失灵。因此，政府有必要承担起提供公共物品的任务。提供公共物品所花费的成本要由政府来承担，或者通过政府协调实现合理承担。于是，政府提供公共物品的问题就转化为政府采取何种方式对公共物品的生产成本进行补偿的问题。

5. 信息不对称限制了市场机制的作用，降低了经济运行效率。当市场上交易双方在交易过程中所掌握的信息量不一致时，就可能出现逆向选择、道德风险等问题，导致市场不能有效地配置资源。

复习思考题

一、名词解释

市场失灵　外部性　不完全信息　垄断　公共物品　政府宏观调控

二、简答题

1. 阐述市场失灵的含义、类别及相关特征。
2. 分析市场失灵的形成原因并举例加以说明。
3. 举例说明垄断的类型和特征。

参考文献

[1][美]保罗·A. 萨缪尔森,威廉·D·诺德豪斯著. 经济学(第十七版)[M]. 北京:人民邮电出版社,2004.

[2][美]保罗·R. 克鲁格曼,黄卫平等译. 国际经济学(第八版)[M]. 北京:中国人民大学出版社,2011.

[3][美]弗里德曼. 微观经济政策分析. 纽约:麦格鲁—希尔公司,1984.

[4][美]罗伯特·H. 弗兰克,本·S. 伯南克著,李明志等译. 微观经济学原理[M]. 北京:清华大学出版社,2010.

[5][美]曼昆著,梁小民译. 经济学原理[M]. 北京:机械工业出版社,2003.

[6][美]尼库尔森. 微观经济理论(第五版)[M]. 纽约:德里顿出版社,1992.

[7][美]平狄克、鲁宾费尔德. 微观经济学(第四版)[M]. 北京:中国人民大学出版社,2000.

[8][美]斯蒂格利茨,平新乔译. 经济学[M]. 北京:中国人民大学出版社,1997.

[9][英]亚当·斯密著,郭大力,王亚南译[M]. 国民财富的性质和原因的研究. 北京:商务印书馆,1972.

[10]崔东红,戴卫东. 经济学原理[M]. 北京:电子工业出版社,2009.

[11]高鸿业. 西方经济学(微观部分)(第五版)[M]. 北京:中国人民大学出版社,2011.

[12]李楠,王秀繁. 西方经济学[M]. 北京:中国铁道出版社,2010.

[13]李善民. 新编西方经济学原理[M]. 广州:中山大学出版社,2003.

[14]厉以宁. 西方经济学[M]. 北京:高等教育出版社 ,2000.

[15]梁小民. 微观经济学纵横谈[M]. 北京:北京三联出版社,2005.

[16]梁小民. 西方经济学(第二版)[M]. 北京:中央广播电视大学出版社,2011.

[17]刘伟. 西方经济学[M]. 成都:电子科技大学出版社,2009.

[18]刘秀光等. 西方经济学原理(第二版)[M]. 北京:清华大学出版社,2013.

[19]齐利平. 微观经济学原理及其应用[M]. 北京:中国物价出版社,2001.

[20]盛晓白,黄健康. 微观经济学新编[M]. 北京:北京大学出版社,2002.

[21]王秀云. 西方经济学[M]. 北京:北京工业大学出版社,2010.

[22]徐炽强. 经济学基础[M]. 北京:清华大学出版社,2010.

[23]薛治龙. 经济学通论[M]. 北京:经济管理出版社,2009.

[24]杨继波,杨旭彪. 西方经济学教程[M]. 上海:华东理工大学出版社,2008.

[25]杨连波等. 微观经济学基础[M]. 北京:经济科学出版社,2003.

[26]尹伯成. 西方经济学简明教程(第七版)[M]. 上海:格致出版社,2011.

[27]喻德坚,喻葵. 微观经济学[M]. 武汉:华中科技大学出版社,2009.

[28]袁志刚. 微观经济学[M]. 北京:高等教育出版社,2008.

[29]战勇. 微观经济学简明教程[M]. 大连:东北财经大学出版社,2007.

[30]张广胜等. 微观经济学[M]. 北京:中国农业大学出版社,2003.

[31]张卫东. 微观经济学[M]. 北京:首都经济贸易大学出版社,2003.

[32]左相国. 微观经济学[M]. 北京:中国铁道出版社,2010.